혁명의 만회

혁명의 만회

국립중앙도서관 출판시도서목록(CIP)

혁명의 만회 / 안또니오 네그리 지음 ; 영광 옮김.
-- 서울 : 갈무리, 2005
p. ;   cm. -- (아우또노미아총서 ; 9)

원서명: Revolution retrieved
원저자명: Negri, Antonio
참고문헌과 색인수록
ISBN   89-86114-83-6 04300 : \18500
       89-86114-21-6(세트)

301.52-KDC4
335.4-DDC21
                              CIP2005002046

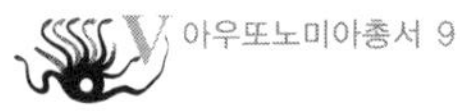

아우또노미아총서 9

혁명의 만회 Revolution retrieved

지은이 안또니오 네그리
옮긴이 영광

펴낸이 장민성
책임운영 신은주 편집부 김선영 마케팅 오정민

펴낸곳 도서출판 갈무리 등록일 1994. 3. 3. 등록번호 제17-0161호
용지 화인페이퍼 인쇄 한영문화사 제본 한영제책사
초판인쇄 2005년 10월 30일 초판발행 2005년 11월 11일

주소 서울 마포구 서교동 375-13 성지빌딩 101호 (121-839)
전화 02-325-1485 팩스 02-325-1407
website http://galmuri.co.kr   e-mail galmuri@galmuri.co.kr

ISBN   89-86114-83-6 04300 / 89-86114-21-6 (세트)

값 18,500원

혁명의 만회

Revolution retrieved

안또니오 네그리 지음

영광 옮김

2005

우리는 아무것도 발명하지 않았습니다. 우리는 단지
맑스를 독해하는 사람들일 뿐이며, 우리 시대의 정치적인
혁명적 선동가들일 뿐입니다.

안또니오 네그리, 뜨라니 감옥 1980년 11월

참으로, 그 책은 사라졌다. 그토록 좋은 희곡이 사라진다는
것은 애석한 일이기에 우리는 그것을 발견하였고 이제
그것을 상연한다.

존 마스턴, 『반항자』

차례

4장　맑스를 넘어선 맑스:『요강』에 대한 연구노트

5장 위기국가의 위기

6장 고고학과 기획: 대중노동자와 사회적 노동자

일러두기

1. 이 책은 Antonio Negri, *Revolution Retrieved : Selected Writings on Marx, Keynes, Capitalist Crisis and New Social Subjects* 1967-1983 (London : Red Notes, 1988)을 옮긴 것이다. 이미 한글로 번역된 적이 있거나 다른 영어번역본이 있는 글들의 경우에는 그러한 판본들을 참조하여 번역했으며, 구체적인 출처는 주석에 밝혀놓았다.
2. 이 책의 서문과 각 글에 대한 소개는 영국 〈레드 노츠〉그룹에 의해 덧붙여졌다.
3. 각 글의 발표연도는 해당 글의 끝의 대괄호([ ])속에 표시되어 있다.
4. 4장과 5장의 경우 필요에 따라 옮긴이가 소제목을 달았다.
5. 원문에 충실하려고 노력했으나, 원본(이탈리아어본)을 직접 옮기는 것이 아니고 번역본인 영어본을 옮기는 것임을 감안하여, 필요하다고 생각되는 경우에는 원어와 번역어 사이의 일대일 대응관계에 집착하기보다는 독자들의 내용이해에 도움이 되는 쪽으로 옮기려고 하였다.
6. 본문에 등장하는 인용문의 한글번역이 존재하는 경우에는 그 번역을 참조하고 주석에 출처를 표기하였으나, 그대로 옮기지는 않았다.
7. 아무런 표시가 없는 주석은 지은이의 것이며 영역자의 주석에는 [영역자], 옮긴이의 주석에는 [옮긴이]라고 표시해주었다. 본문에 들어있는 대괄호([ ]) 안의 내용은 옮긴이가 읽는 이의 이해를 돕기 위해 덧붙인 것이다.
8. 외국 인명과 지명은 발음에 가장 가깝게 표기하는 것을 원칙으로 하였다. 다만 '이탈리아'처럼 특정의 표기가 관행으로 굳어진 경우에는 관행을 따랐다. 인명, 도서명 등은 처음 나올 때 한번만 원어 병기하는 것을 원칙으로 하였다.
9. 단행본, 전집, 정기간행물, 영상ㆍ음반ㆍ공연물에는 겹낫표(『 』)를, 논문ㆍ논설ㆍ기고문ㆍ단편 등에는 홑낫표(「 」)를, 단체명이나 행사명에는 가랑이표(〈 〉)를 사용하였다.

서문

이 책은 안또니오 네그리가 1960년대 이래로 이탈리아의 혁명적 좌파에 깊이 관여했던 시기 전반에 걸쳐 집필한 핵심적인 정치적·이론적 논문들의 선집이다. 이 책에 실린 글들은 이탈리아의 아우또노미아 운동―이 운동은 1970년대 유럽에서 내핍정치(austerity politics) 체제와 그 체제 내부에서 기성좌파가 담당했던 역할에 대한 가장 강력하고 일관된 도전들 중 하나를 전개하였다―의 정치적 전망을 이해하는 데에 필수적이다. 네그리의 논문들은 (1960년대 '노동자주의'에서 발생하여 1970년대 '자율'운동에까지 이르는) 욕구의 해방과 자본주의적 노동체제에 대한 거부에 기초를 두고 있는 이 새로운 코뮤니즘적 계급정치의 발전 속에서 계속되고 있는 논쟁들을 위한 하나의 이론적·비판적 준거점을 제공해 주었다. 그러한 이유에서 이 논문들은 혁명적인 계급적 관점에서 오늘날의 문제들을 이해하는 데에 있어서도 매우 결정적이다.

네그리는 1979년에 내란음모죄로 다른 많은 사람들과 함께 체포·

구금된 것과 관련하여 전세계적으로 악명이 높다. 네그리의 재판과정은 그가 공헌했던 운동 전체의 사상들과 기억을 범죄시하고 파괴하려는 시도였다. 이 책의 목적 중 한 가지는 이 사상들에게 가해졌던 일반적인 왜곡에 맞서, 그것들을 다시 논의의 중심에 가져오는 것이다.

현재 그는 그가 펼쳤던 정치적 활동들의 대가로 이탈리아에서 30년의 금고형(禁錮刑)을 선고받은 뒤, 프랑스에서 망명생활을 하고 있다.[1] 그에게 제기되었던 본래의 혐의들은 대부분 항소 단계에서 기각되었다(1987년 2월 현재). 8년간의 망명 그리고/또는 구금 이후에 그 재판의 공동 피고인들은 석방되었다. '4월 7일 재판'이 처음부터 끝까지, 기성정치체제의 외부에서 그것에 반대하는 운동들에 죄를 덮어씌우기 위해 '테러리스트'라는 딱지를 사용한 정치적 마녀사냥이었음은 이제 널리 인정되고 있다. 즉 네그리는 '역사적 타협'(Historic Compromise)으로 알려진 당 협정을 강화하기 위한 정치적 희생양으로 이용되었던 것이다.

영어권에는 새로운 혁명적 맑스주의 관점에 공헌한 네그리의 작업의 질(質)과 폭 그리고 개념적 독창성에 대해 알려진 바가 거의 없다. 그러나 오늘날 맑스주의의 개념적 어휘가 (현재 위기의 시기에 나타난) 노동에 대한 자본주의적 통제의 발본적 변화, 국가권력의 새로운 형태, 계급적대의 새로운 형태들 — 노동계급에 대한 전통적인 규정들을 넘어서는 새로운 계급주체성 및 주체들의 발전 — 을 파악할 수 있

---

1. [옮긴이] 이 글이 쓰여진 1988년 2월의 상황을 말하는 것이다. 네그리는 1997년 자진귀국하여 6년여의 수감과 연금(軟禁) 생활을 마친 후 2003년 자유의 몸이 되었다.

도록 '갱신'되어야 한다면, 네그리의 저작들은 그 핵심적인 준거점이라고 할 수 있다. 이러한 주제들에 관해 작업해 온 다른 유럽의 저자들은 영어로 번역되어 흡수되어 왔다. (몇 가지만 예로 들자면 푸꼬, 프랑스의 '신(新)철학자들', 국가 및 정통성(legitimacy)의 도출에 관한 독일의 논쟁 등이 있다). 이것은 네그리의 경우에는 해당되지 않았다. 프랑스, 독일, 스페인 등과 같은 유럽 국가들에서는 그의 저작과 수준 높은 논쟁들이 광범위하게 출판되었음에도 불구하고 말이다.

우리는 우리가 내는 이 책이 이러한 간극을 메우고, 오늘날 우리가 직면해 있는 계급상황의 독특성에 대해 맑스주의적·코뮤니즘적 관점에서 새로운 수준의 분석과 논쟁을 자극하기를 바란다. 현존하는 계급 분석의 어휘들이 위기에 처해 있다는 점, 그리고 그것들이 오늘날 국가권력과 계급주체들의 새로운 적대에 직면하여 점점 무력해져가고 있으며 미래에 대한 어떠한 새로운 지침도 제공해 줄 수 없다는 것이 널리 받아들여지고 있는 지금, 네그리의 저작들을 담은 이 책의 출간은 매우 중요하고 시의 적절한 것이 아닐 수 없다.

이 책의 중요성은 논문들이 쓰여진 시기 내내, 현대의 변화들에 비추어 맑스를 재해석함으로써 계급분석의 범주들을 갱신하는 방법들을 찾으려 했던 네그리의 한결같은 노력에 있다. 그는 위기 속에서의 자본–노동관계와 계급 재구성에 대한 역동적인 독해를 부단히 참조함으로써 변화하는 국가형태에 대한 분석을 발전시킨다. 그의 방법은 맑스, 특히 『정치경제학 비판 요강』(Grundrisse : 이하 『요강』) — 네그리는 이 텍스트를 코뮤니즘을 향한 계급투쟁의 전반적인 경향에 관한 흥미로운 새로운 통찰들을 제공하는 방식으로 해석한다 — 의 저평가된 맑스에 대한 재독해에 기초하고 있다.

네그리는 현재의 계급투쟁 경향이 그 형태, 내용 그리고 구성에 있어서 어떻게 과거와 질적으로 다른지에 관해 결정적인 암시들을 제공해 준다.

네그리에게 있어서 현대의 항구적 위기상태는 생산에서뿐만 아니라 전반적인 재생산과 순환에서까지 자본주의적 노동관계에 도전하는, 소득을 위한 그리고 프롤레타리아의 삶-욕구(life-needs)의 해방을 위한 투쟁들의 자율성으로 인해 야기된 것이다. 계급적대는 코뮤니즘적 내용을 직접적으로 제시하는 투쟁의 새로운 주체성들을 둘러싼 사회화의 한층 높은 수준에서 재구성되어 왔다. 위기는 무엇보다도 임금노동 관계의 위기, 가치형태 자체의 일반적 위기이다. 이는 처음부터, 즉 1960년대 후반 이래 케인즈주의 시스템의 토대를 허물었던 투쟁들의 거대한 국제적 물결을 '대중노동자'가 구성했던 때부터 해당되는 말이다. 이에 이어서 1970년대 중반 이래 자본주의 (그리고 사회주의) 세계 전반에 걸쳐 발생했던, 내핍체제에 맞선 다양한 봉기들은 낡은 맑스주의적 도식에서 말하는 것과는 달리 결코 '주변인들' 혹은 '예비군'(reserve army)의 봉기가 아니었다. 그것들은 생산성 강제와 노동시장의 훈육에 맞서 욕구의 자기가치화를 주장한 운동들이었다. 그러므로 계급적대에 대한 맑스주의적 분석의 새로운 문제들과 관점들이 제기된다. 그리고 또한 여전히 노동생산성과 계획이라는 가치들에 매어 있는 사회주의의 전통적 관점과 어휘들로는 넘어설 수 없는 문제들이 도출된다. 결국 위기는 반자본주의적 대안으로서의 사회주의의 결정적 위기이기도 하다. 네그리는 현대의 위기와 발전이 더 이상 조절되지 않는 자본주의의 그것이 아니라고 주장한다. 그가 '계획자국가'(planner state)라고 규정한 케인즈주의적 국가와 포스트케인즈주의적 '위기국가' 모두 역사적으로 새로운 수준의 정치적·화폐적 통제, 즉 새로운 수준의 계급 도전을 봉쇄하는 것을 목적으로 하는 국가형태의 재규정들로 구성된다. 이것들은 오직 오늘날의 조건에 적합한 반자본주의적 관점을 발전시키는 데 무력해지는 대가를 감수하고서만 무시될 수 있는 것들이다.

요약하면, 네그리를 우리 시대의 가장 신뢰할 만한 맑스주의자들 중 하나로 돋보이게 만드는 것은 바로 '노동계급의 견지'에서 경제적 범주들을 정치화하고 역사화하려는 지속적이고 체계적인 관심이다.

우리의 책은 여섯 개의 주요 논문들과 네그리의 투옥 및 '4월 7일' 재판과 관련된 몇 개의 보충적인 자료들을 담고 있다. 이 책은 네그리가 감옥에 있었던 시기(1979~1983)의 논문들도 포함한다. 각 논문에는 그 논문을 그것의 정치적·이론적 맥락에서 살펴본 편집자의 소개글이 붙어 있다. 이 책은 또한 도서목록과 간략한 전기(傳記)를 포함하고 있다.

이 책을 출간하기까지 몇 년이 걸렸다. 이 책은 후에 『레드 노츠 이탈리아 아카이브』의 전체 내용을 담게 될 시리즈물의 첫째 권이다.[2] 책을 만드는 작업은 무척 힘들었지만, 우리는 성취된 결과를 자랑스럽게 생각한다. 우리는 이 책의 제목을, 맑스의 발본적 충동을 약화시키

---

2. 이탈리아 혁명적 좌파들의 글을 번역한 자료 모음집인 『레드 노츠 이탈리아 아카이브』는 약 2,000쪽에 달하며, 리딩 앤드 앤 아버 대학(University of Reading and Ann Arbor)의 도서관에 보관되어 있다. 이탈리아어로 된 많은 양의 자료들은 영국정치경제과학도서관 (British Library of Political and Economic Science = the LSE Library)에 소장되어 있다.

고 신비화하려고 했던 사람들의 손아귀로부터 '혁명적인' 맑스를 구출
해 내려는 네그리의 시도들을 표현해주는 것으로 선택했다. 우리는 또
한 이 책의 제목을, 미래를 위한 희망 — 노동계급적·코뮤니즘적 의미
에서의 사회혁명 — 으로서 선택했다.

런던, 1988년 2월

레드 노츠

1

케인즈 그리고 1929년 이후의 자본주의적 국가이론

　　이 논문을 포함하여 본 네그리 선집의 처음 두 논문은 이론적 비평지인 『반계획』(*Contropiano*)의 1968년 1 호와 2 호에 연속적으로 수록되었던 것이다. 이 저널은 1960년대 이탈리아 노동자주의(operaismo) 운동의 지도적 주창자들—뜨론띠(Tronti), 까치아리(Cacciari), 아쏘르 로사(Asor Rosa), 네그리 그리고 여타의 사람들—에 의해 운영되었다. 네그리는 이탈리아 공산당에로의 전술적 입당주의(entrism) 문제를 둘러싼 의견 대립으로 인해 두 번째 논문 발표 후 이 저널을 떠났는데, 뜨론띠를 비롯한 여타의 인물들은 그 시점에 공산당에 합류하게 된다.

　　이 두 논문은 당시 네그리가 빠도바(Padova) 대학에서 사회정치과학 연구소(the Institute of Social and Political Science)의 교수 자격으로 관여했던 좀 더 광범위한 집단적 연구 기획의 맥락 속에서 이해되어야 한다. 이 논문들은 원래 10월혁명 50주년을 기념하기 위해 1967년에 사회

---

1. 이 논문의 다른 한글번역으로는 마이클 하트의 영역본을 옮긴 「케인즈와 국가에 대한 자본주의적 이론」(『디오니소스의 노동-국가형태 비판』, 이원영 옮김, 갈무리, 1996, 59~107쪽)이 있다.

정치과학연구소에서 개최되었던 일련의 연구 세미나들을 위해 쓰여진 것이었다. 이 두 글은 후에 세미나의 다른 논문들과 함께 『노동자와 국가』[2]라는 제목의 책에 재수록되었는데, 이 논문집은 판에 판을 거듭하면서 좌파운동 내의 '베스트셀러'가 되었다. 외관상 학술적인 형태를 띠고 있음에도 불구하고, 이 논문들은 1968년에서 1970년 사이에 공장, 학교 그리고 대학에서 벌어졌던 대중투쟁들 속에서 형성된 노동자·학생 투사들의 정치―그리고 특히 후에 네그리가 지도적 역할을 하게 될, 새로운 혁명적 단체인 〈노동자의 힘〉(Potere Operaio)―의 핵심적인 준거점이었다. 이것이 이 두 논문이 이 책에 수록된 이유이다.

독자들은 『노동자와 국가』의 주요 내용들에 대한 요약을 통해 이 기획의 목적을 어느 정도 이해할 수 있을 것이다. 책의 전체 제목은 『노동자와 국가: 10월혁명에서 뉴딜정책까지의 노동자투쟁과 자본주의 국가의 개혁』 (*Workers and the State : Workers' Struggles and the Reform of the Capitalist State from the October Revolution to the New Deal*)이다. 이 책은 이곳에 번역된 네그리의 두 논문 외에 노동자평의회 운동에 대한 세르지오 볼로냐(Sergio Bologna)의 논문[3], 전간기(戰間期)의 미국 노동자투쟁에 관한, 미국의 노예제도 역사가인 조지 래윅(George Rawick)의 논문, 뉴딜정책에 대한 루치아노 페라리 브라보(Luciano Ferrari Bravo)― 그는 후에 1979년의 '4월 7일' 체포 파동 때 네그리와 함께 투옥된 사람들 중 한 명이다―의 논문 그리고 영국의 포드사(Ford社)에 관한 페루치오

---

2. *Operai e Stato*, Feltrinelli, Milano 1972.
3. *Telos*, no. 13, 1972에 번역 게재되었다.

감비노(Ferruccio Gambino)의 논문4 등을 포함하고 있다. 이러한 연구를 통해 진전된 주요 주제들에 대한 영어로 된 다소 도식적인 요약은 구이도 발디(Guido Baldi)의 평론 「대중노동자와 사회적 자본에 관한 테제들」5에서 찾아볼 수 있다.

네그리의 논문들은 1960년대에 다른 나라들에서와 마찬가지로 이탈리아에서도 중심적이었던 케인즈주의적 발전계획의 이론 및 정치에 대한 비판을 담고 있다. 케인즈주의적 발전계획은 자본주의 국가의 새로운 형태, 축적과정을 조절하는 데 있어서의 노동에 대한 정치적 통제형태의 기초와 근거로서 제시되는데, 네그리는 이것을 '계획자국가'(stato-piano)라고 정의한다. 이 새로운 국가형태는 전간기의 혁명적 위협과 일반적 위기에 대한 대응으로 나타났다. 미국의 계급투쟁, 즉 (앞서 언급된 논문집의 서문을 인용하자면) '최고 수준의 대결'은 이탈리아 노동자주의자들에게는 중요한 의미를 가졌는데, 왜냐하면 새로운 국가형태의 예시(豫示)로서의 뉴딜정책과 함께 '대중노동자 구성'—'신자본주의'(neo-capitalism)에 대한 그들의 모든 분석의 기저에 놓인 기본적인 계급적 준거점—이 역사적으로 처음 모습을 드러낸 곳이 바로 미국이기 때문이다.

1960년대 이탈리아 '노동자주의' 운동의 성격, 즉 맑스의 '복원'과 기성 좌파에 대한 비판은 얼마간의 명확한 설명을 필요로 한다. 이탈리아에서 지배적이었던, 노동계급이 전선 동맹에서 하나의 구성요소일 뿐이라고

---

4. *Workers' Struggles and the Development of Ford in Britain* (Red Notes, London 1976)으로 번역되었다.
5. "Theses on the Mass Worker and Social Capital", *Radical America*, Vol. 6, no.3(May-June 1972).

하는 반(反)파시즘 전선 측의 견해―'위'로부터의 헤게모니―에 맞서, 노동자주의자들은 자신들의 방법론과 계급구성에 대한 '전투적 연구'를 통해, 대량생산 내부에서 발생하는 새로운 계급주체인 '대중노동자'가 그 대결을 사회주의적·'민주주의적 계획' 목표들 너머로 이동시켰다고 주장하였다. 대결은 일자리와 기술들의 위계를 둘러싸고 협상하는 노동조합과 '노동자들의 통제'를 넘어서, 공장에서의 (그리고 확대하면) 사회 전체에서의 자본주의적 노동조직화에 대한 도전으로 나아갔다. 자본주의적 노동조직화에 대한 '거부'라는 특질과 함께 공장으로부터 시작된 이 '아래로부터의' 노동계급의 특정한 물질적 자기이해(self-interest)는 미래의 어떠한 통일적 계급 재구성에도 중심적이다. 네그리에게서 자주 발견되는 '노동자들의 관점으로부터'라는 어구는 (낡은 사회주의적 통설에서처럼 더 이상 생산을 위한 것이 아닌) 이 독립적인 계급적 자기이해를 가리키는 것이다.

이 텍스트들에서 중요하고 분명한 다른 하나는 '집합적 자본가'(collective capitalist)로서의 국가라는 개념이다. 노동자주의자들에 따르면, 자본은 점차 '사회적 자본'으로 통합되었다. 그리고 그 통합은 더 이상 경쟁으로부터 파생된 것이 아니었다. 발전된 자본주의는 '계획적일 수 있을'(plannable) 뿐만 아니라 자본주의적 사회주의라는 맑스의 예측을 증명해주기까지 했다. 이 주제는 일찍이 1960년대에 라니에로 판찌에리(Raniero Panzieri)[6]와 마리오 뜨론띠[7]에 의해 발전되었었다.

---

6. *Labour Process and Class Strategies*, CSE and State One Books, London(1976)에 번역되어 실린 "Surplus Value and Planning-Notes for a Reading Capital."
7. 특히 *Telos*, no. 17(1973)에 번역되어 실린 "The Plan of Capital."

네그리의 공헌은 어떻게 (논문에서 그것의 가장 주요한 이론가인 케인즈를 통해 연구되는) 계획자국가가 임금변수(wage variable)를 통해 축적과정 내에서 노동계급적대를 인정하고 그것을 발전계획의 중심축으로서 역동적으로 조절하려고 하는지 — 따라서 노동계급은 계획자국가 내에서 '자본주의적 발전의 원동력'이 된다 — 를 보여준 것이었다. 이러한 분석은 노동자주의 운동에 있어서 중요한 정치적 함의를 가지고 있었다. 그것은, '계획'이라는 틀 내부에 놓여져 있으며 발전 정책들을 조절되지 않는 자본주의에 대한 하나의 진보적 대안으로 간주하는 개량주의적·수정주의적 노동 정치의 고유한 기초를 가리켜 주었다. 기성좌파는 — '맑스주의적'이든 아니든 간에 — 기본적으로 케인즈주의적이었다. 둘째로 그것은 계획의 **외부에서** 계획에 **대항하는**, 적대의 특정한 지형이자 노동계급 재구성으로서의 임금투쟁이 갖는 핵심적인 정치적 잠재력을 알려 주었다. 일단 임금투쟁이 생산성으로부터 독립하게 되면, 그것은 소득에 대한 정치적 요구들의 새로운 통일 — '더 많은 돈, 더 적은 노동' — 을 위한 매개체가 된다. 그리고 그 결정적 지형 위에서 노동계급은 재구성되고 정치적으로 자율적이게 된다.

발전의 외부에서 그것에 대항하는 독립적 힘으로서의 계급 자율성이 소득의 임금노동으로부터의 분리라는 형태를 취하는 것으로 보는 이러한 관점은, 이후에 케인즈주의 체제를 세계적 차원에서 위기에 빠뜨리게 될 투쟁들의 성격과 충격을 이해하는 열쇠를 제공해 주었다.

1. 근대국가의 시기구분을 위한 근본적 계기로서의 1929년

1917년 붉은 10월의 사건들 이후 50년이 지났다. 그 사건들은 파리의 거리에서 일어난 1848년 6월 봉기 — 이 때 근대적 산업 프롤레타리아트가 처음으로 자신의 계급 자율성, 자본주의 체제에 대한 자신의 독립적 적대를 발견하였다 — 로 시작된 역사적 운동의 절정이었다. 더욱 결정적인 전환점은 1871년 코뮌과 더불어 파리에서 다시 나타났다. 파리코뮌의 패배는 당 슬로건을, 그리고 계급 자율성을 정치적으로 조직할 필요에 대한 인식을 일반화시켰다.

1848~1871년과 1871~1917년. 이러한 시기 구분은 현대국가의 이론화에 유일하게 적합한 틀을 제공하는 것으로 보인다. 그러한 시기구분과 이론화는 19세기 하반기에 발생한 혁명적 위기들에서 나타났던 계급권력관계의 총체적 변화를 고려해야만 한다. 1848년의 계급적 도전이 정치적 사유와 행동에 부과한 문제는 현재 자본주의 체제에서 노동계급이 맡고 있는 중심적 역할에 대한 — 다소간 신비화된 — 새로운 비판적 인식을 낳았다. 자본과 국가의 변형 이면에서 작용하는 이러한 계급적 결정요인을 파악하지 못한다면, 우리는 부르주아 이론에 갇혀 있게 되며, 역동적 계급관계로서의 자본으로부터 분리된 '정치'라는 형식화된 영역에서 끝나고 만다. 우리는 '산업화 과정'에 대한 진부한 서술들을 넘어서야 한다. 우리의 출발점은 착취의 변증법 — 임금노동 관계의 고유한 종속과 적대 — 의 사회화가 근대국가의 정치적·제도적 관계 전체로 확장되었던 자본주의적 발전의 일정한 국면에 대한 확인이다. 이러한 이해를 포함하지 못할 때에는, 현대국가에 대한 어떠한

정의도 헤겔이 말한 "모든 암소들이 회색으로 보이는 어두운 밤"과 같은 것이 된다.

1917년은 이러한 과정에 있어서의 결정적 단절점이다. 이 지점에서 역사는 현대와 만난다. 1848년에 이미 입증된 진실 — 노동계급이 자신의 정치적 자율성을 강제할 정도로까지 자본주의적 발전과정의 독립적 변수로 나타날 수 있는 가능성 — 은 이제 완전히 현실화되어서, 자유로의 돌파(Durchbruch ins Freie)[8]를 이루어냈다. 소련은 노동계급의 적대가 국가라는 독립적 형태로 구조화되어 있는 지점으로 서있었다. 그 자체로 그것은 국제적으로 노동계급을 위한 내적인 정치적 동일시(identification)의 초점이 되었다. 그것은 현존하는, 즉각적으로 현실적인, 객관적인 계급 가능성이었기 때문이다.

이 지점에서 사회주의는 유토피아에서 현실성으로의 발걸음을 내딛었다. 이 이후로 국가에 관한 이론들은 착취의 가일층의 사회화와 관련된 문제들 이상의 것을 고려하지 않으면 안 되었다. 국가이론들은, 정치적 정체성을 획득하였으며 정당한 자격으로 역사의 주인공이 된 노동계급과 타협해야만 했다. 이제 국가는 계급운동 전체 — 그 물질적 내용에 있어서 이것은 이미 혁명적 함축을 지니고 있었다 — 의 전복적 잠재력과 대면하지 않으면 안 되었다. 다시 말해서 노동계급 세계혁명에 있어서의 이 최초의 도약이 갖는 거대한 정치적 잠재력은 일정한 계급구성 속에 내면화되었다. 자본주의적 조직화의 모든 층위에는 이제 보다 깊고 보다 위협적이며 보다 모순적인 노동계급이 존재하고 있

---

8. 〔영역자〕 역사적 경향이 처음으로 분명하게 나타났을 때를 가리키는 헤겔의 말이다.

었다. 그 계급은 이제 자율적이며 정치적으로 일관된 계급이었다. 이러한 의미에서 노동계급투쟁의 이전의 순환들과 비교할 때 1917년이 가지는 독창성, 그것이 제기한 도전의 고유한 성격은 매우 출중한 것이다. 이후부터 모든 문제들은 새로운 지평, 전혀 새로운 차원에서 다루어졌다. 노동계급의 관점은 이제 완전히 독립적으로 자신을 표현할 수 있었다.

물론 10월혁명의 진정한 충격은 자본가계급의 지각 속으로는 단지 서서히 침투했을 뿐이다. 처음에 그것은 본질적으로 외적인 사실인 것처럼 간주되었다. 최초의 반응은 그 위험을 외면화하고, 소비에트 공화국을 군사적·외교적으로 고립시키며, 혁명을 다른 나라의 문제로 전화시키려고 시도하는 것 — 그 성공의 수준은 각양각색이었다 — 이었다. 그러나 존재하는 것은 내적 위협이었다. 곧바로 이어졌던 노동자투쟁의 국제적 파도, 즉 강력하고 새로운 대중적 노동조합의 창설 및 생산에 대한 통제에 도전하는 공장평의회 운동의 폭발 등에 대한 자본의 일반적 대응은 무엇이었는가?[9] 이 시기에 오직 후진적이고 미숙한

9. 10월혁명에 뒤이은, 러시아 외부의 노동조합운동과 정치운동은 본질적으로 '자주관리'(self-management)에 기초한 동질적 운동으로 요약될 수 있는데, 일반적으로 그것들은 운동이 대중적 성격을 지녔던 사례에서조차도 노동계급 귀족들에 의해 표현되고 지도되었다. 세르지오 볼로냐의 논문 「노동자평의회운동의 기원에 있어서의 계급구성 및 당 이론」(Composizione di classe e teoria del partito alle origini del movimento consiliare, *Operai e Stato*, Feltrinelli, Milano 1972, pp. 13~46 : 이 글의 영역본은 레드 노츠에서 찾아볼 수 있다)은 그 운동의 동질성을 규정하는 데 몰두한다. 관련된 문제들에 대한 일반적 소개로는 A. S. Ryder, *The German Revolution,* Cambridge University Press, Cambridge 1966; A. Rosenberg, *Histoire du bolchevisme,* Grasset, Paris 1967; Branko Pribicevic, *The Shop Steward Movement in England,* Oxford University Press, Oxford 1955; Theodore Draper, *American Communism and Soviet Russia,* Viking press, New York 1960; Gaspare de Caro, "L'esperienza torinese dei consigli operai"("Turin's Experience fo the Workers'

지배계급만이 파시즘적 억압으로 대응했다. 그러나 더욱 일반적인 대응인 봉쇄(containment)라는 개량주의적 모델의 재생산은 단지 새로운 정치적 현실의 표면만을 건드릴 뿐이었다. 뒤이은 시기에 자본의 전반적인 목표는 노동계급전위를 무너뜨리는 것, 좀더 명확하게 말하면 이러한 국면에서 전위가 담당하고 있었던 지도적 역할의 물질적 기초 — 즉 그 필연적 귀결로서 자주관리의 이데올로기를 지닌 비교적 고도로 '전문화된' 부문을 포함하는 계급구성 — 를 무너뜨리는 것이었다. 다시 말해 자본의 일차적 목표는 노동자 전위들과 프롤레타리아 대중 사이의 동맹 — 이것이 볼세비키적 조직화의 전제이다 — 의 기초를 파괴하는 것이었다. 전위를 공장으로부터 떼어내는 것, 그리고 계급으로부터 공장을 떼어내는 것, 다시 말해 계급 내부로부터 볼세비키 당을 뿌리째 뽑아내는 것 — 이것이 자본주의적 재조직화의 목적이었고, 서구에서 이루어진 1917년에 대한 반격의 특정한 형태였다.

테일러주의와 생산에 있어서의 포드혁명(the Ford revolution) 그리고 새로운 '미국식 노동조직화'는 바로 이러한 기능, 즉 생산과정의 대규모화와 노동력의 탈숙련화를 통해 볼세비키 전위들을 계급으로부터 고립시키고, 헤게모니적 생산자 역할로부터 쫓아내는 기능을 수행하였다. 이것은 낡은 노동계급 귀족들의 공격력을 깨뜨리고, 그들의 정치적 잠재력을 무력화시키며, 그들의 재결집을 가로막으면서 새로운 프롤레타리아적 힘들의 생산 속으로의 주입을 가속화시켰다. 일찍이 19세기 중반에 자본은 노동귀족의 탄생을 조장하는 새로운 산업구

Councils") in *Classe Operaia*, Year 1, no.1 January 1964를 참조하라.

조를 통해 맹아적인 프롤레타리아 전선을 깨뜨리려 했었다. 그와 마찬가지로, 1917년 이후 계급 내부의 위계가 점차 정치적으로 융합되고, 순환에 있어서의 저 단절점의 결과로 노동계급이 정치적 재구성을 달성하자, 자본은 다시 한번 기술혁신적(technological) 방식의 억압으로 선회하였다. 언제나 그렇듯이 이러한 기술혁신적 공격 — 새로운 부문들의 유기적 구성의 비약적 고도화, 조립라인(assembly line), 흐름생산(flow production), 노동의 과학적 조직화, 작업의 세분화와 단편화 등등 — 은 현존하는 계급구성의 경직성과 이것이 자본주의적 통제에 가하는 위협에 대한 자본의 최초의 그리고 거의 본능적인 대응이었다.

그러나 1917년 이후의 질적으로 새로운 상황이 한계를 부과한 곳이 바로 이 곳이었다. 단기적으로 보았을 때 전후 복구 국면에서 노동력 재구성의 가능성이 존재하는 것은 분명했다. 그러나 자본가계급은 이러한 재조직화가 장기적으로는 한층 더 위협적인 상황을 초래하게 될 것이라는 사실을 곧 깨달았다. 자본은 이러한 변화가 불가피하게 초래하게 될 계급의 확대된 재생산과 싸워야했을 뿐만 아니라, 노동력의 더 높은 수준으로의 대규모화와 사회화를 기초로 해서 이루어지는 계급의 즉각적인 정치적 재구성에 직면해야 했다. 10월혁명은 일거에 전복이라는 정치적 특질을 노동계급의 물질적 욕구와 투쟁 속으로 도입하였다. 그것은 쫓아낼 수 없는 유령과 같은 것이었다. 이렇게 새로운 상황에서, 기술혁신적 해법은 결국 역화(逆火)를 불러일으키게 되어있었다. 그것은 계급의 정치적 재구성을 보다 높은 수준으로 다시 올려놓을 뿐이었다. 이와 동시에 이러한 대응/반격은 어떻게 노동계급의 정치적 출현을 인정하면서도 (상대적 잉여가치 추출을 위한 사회적 메커니즘의 완전한 재구조화를 통해) 체제의 작동 메커니즘 내부에서 이 새로운 계급을 정치적으로 통제할 새로운 수단을 찾아낼 것인가라는 자본이 직면한 실질적 문제에 맞서기에는 충분치 않은 것이었다. 노동계급 자율성의 승인은 그것을 정치적으로 통제할 수 있는 능력을 수반해야만 했다. 1917년의 독창성에 대한 인식, 즉 자본의 현존하는 물질적 구조 전체가 망가졌으며 사태를 돌이킬 수도 없다는 사실에 대한 인식은 자본에게는 조만간 하나의 정치적 필연성이 될 것이었다.

대가를 치를 날이 도래하는 데에는 그렇게 오랜 시간이 걸리지 않았다. 언제나 그랬듯이, 자본의 정치적 주도권은 스스로를 느슨하게 하도록 강제당해야만 했다. 1926년 영국에서의 총파업이 패배 — 전후 시기의 확장하는 혁명적 과정의 외적 한계를 표지(標識)하는 것으로 보였던 사건 — 한 이후 곧 1917년의 유령은 새롭고 보다 위협적인 모습으로 다시 돌아왔다. 1929년부터 시작된 붕괴는 이러한 잠재적 위협 때문에 한층 더 치명적인 것이었다. 자본주의는 이제 그것에 가해진 억압으로 인해 사회적으로 평준화된, 그 자율성을 인정하지 않으면 안 될 정도로까지 대규모화된, 그리고 그 전복적 잠재력이 인정되어야 할뿐만 아니라 모든 미래적 발전모델의 배후에 존재하는 결정적 요소이자 추동력으로 파악되지 않으면 안 될 노동계급과 직면해 있었다. 1929년 이후의 대공황은 노동계급에 대한 이전의 기술혁신적 공격이 자본의 구조에 되돌아오는 진실의 순간이자, 그러한 공격의 한계가 증명되는 순간이었다. 1917년의 교훈은 이제 이러한 '지연된 반작용'을 통해 체제 전반에 스스로를 부과했다. 너무나 정확하고 격렬한 파괴력을 지녔으며 오직 단기적으로 밖에 통제될 수 없는 것이었던 1917년의 노동계급의 정치적 주도력은 자신이 무시될 수도 회피될 수도 없는 것임을 보여주면서 체제 전반의 위기로 스스로를 드러내었다. 문제를 회피하려는, 즉 체제에 대한 노동계급의 명확한 정치적 영향력의 실제적인 현실성을 무시하려는 이전의 시도들은 이제 체제 자신에게로 되돌아 왔다. 위기는 정확히 자본이 가장 강력하고, 기술혁신적 전환이 가장 철저했던 곳(미국)에 가장 깊은 충격을 주었다.

이러한 의미에서 1929년 이후의 위기는 현대국가의 출현에 있어서 결정적으로 중요한 계기 — 맑스주의의 경제주의적 전통에 의해 크게 오해된 정치적 전환점 — 를 표현한다. 위기는 자유주의적 입헌국가의 물질적 기초에 가장 주요하게 영향을 미쳤다. 1929년은 1917년이 파괴했던 가치들에 대한 향수(nostalgia)의 찌꺼기마저도 깨끗이 쓸어버렸다. 1929년 '검은 목요일'의 월 스트리트의 붕괴는 부르주아 지배의 한 세기를 풍미했던 정치적인 것과 국가에 관한 신화들을 파괴했다. 그것은 '권리국가'(state of Right) — 이것은 '적법절차'(due process)라는 부르주아적 보호장치를 통해 개인의 권리를 형식적으로 보호하는 것을 목적으로 하는 국가권력 기구로, 그리고 시민권(citizenship)이라는 기초 위에서 부르주아의 헤게모니를 보증하기 위해 수립된 국가권력 기구로 이해된다 — 의 역사적 종말을 표지했다. 그것은 국가와 시장의 분리라는 고전적 자유주의 신화의 최종적 매장, 즉 자유방임주의(laissez—faire)의 종말이었다.

그러나 여기에서 그것은 단순히 국가와 시민사회 간의 고전적 관계의 타도와 '개입주의' 국가의 도래라는 문제만은 아니다. 따지고 보면 1871년 이후의 시기에도 국가의 개입이 확대되고, 생산양식은 사회화되었다. 새로웠던 것, 우리가 다루고 있는 시기를 결정적인 것으로 만드는 것은 노동계급의 출현에 대한 인식, 그리고 노동계급이 국가권력이 받아들일 수밖에 없는 체제의 필연적 특징으로 제시한, 체제 내부의 제거불가능한 적대에 대한 인식이었다. 너무나 자주 (파시즘이 허용한 제한된 전망에 갇힌 이탈리아에서만이 아니라 그 외의 지역에서도) 대공황으로부터 출현한 새로운 국가의 새로움은 국가권력의 '자유주의적' 형태에서 '전체주의적' 형태로의 이행이라는 관점에서 규정되어 왔다.[10] 이것은 잘못된 관점이다. 그 관점은 통치형식(the form of régime)인 파시즘적·코포라티즘적 해법에 대한 직접적이고 한정적인 의지(依支)를 자본주의적 국가의 새로운 역사적 형태를 변별짓는 중심적이고 최우선적인 특징으로 오해한다. 새로운 자본주의적 국가형태의 진정한 특징은 노동계급의 고유한 적대의 발견에 기초한 국가의 재구축이다. 물론 이러한 재구축은 전체주의적 함의를 가질 수도 있다. 그것이 국가의 모든 층위에 내재적인 적대와 투쟁에 대한 인식을 포함한다는 의미에서라면 말이다.

역설적이게도 자본은 맑스에게로 돌아갔다. 아니 적어도 그것은 『자본론』을 (비록 당연히 신비화된 것이지만, 그럼에도 불구하고 효과적인 자기 자신의 관점에 따라) 읽어 배웠다. 일단 적대가 인식되자 문제는 적대의 한 극이 자유롭게 독립적인 파괴적 행동을 시작하는 것을 저지하는 방식으로 적대가 기능하도록 하는 것이었다. 노동계급의 정치혁

---

10. 예컨대 일부 대기업이 미국의 뉴딜정책을 대하여 퍼부었던 '전체주의적 파시즘'이라는 비난을 생각해 보라.

명을 피할 수 있는 유일한 길은 권력을 향한 노동계급의 끊임없는 투쟁을 체제 내부의 역동적 요소로 '승화'시키는 전반적인 메커니즘 내부에서 그것이 움직이도록 만들면서 이 새로운 계급세력관계를 인정하고 받아들이는 것뿐이었다. 노동계급은 '소득혁명'(incomes revolution)의 단계적 조절을 통해 이따금씩 역동적으로 재조정되는 일련의 균형 메커니즘들 내부에서 기능적으로 통제되어야 했다. 말하자면 국가는 이제 균형조건의 영구적 재조정 과정 속에서 자신의 정당성의 원천을 지속적으로 재창출하기 위해 시민사회로 내려갈 준비가 되어 있었다. 새로운 '헌법의 물질적 기초'는 계획자로서의 국가, 더 정확하게는 계획으로서의 국가가 되었다. 활동하는 세력들 사이에서 소득을 재균형화(re-equilibrating)하기 위한 이 메커니즘은 곧 주기적 계획이라는 형태로 절합되었다. 일정한 시기의 계획을 위해 설정된 균형모델은 균형을 새로운 수준으로 끌어올리는 일체의 주도권과 재조정이 입헌국가 그 자체에 있어서의 수정(revision) 과정을 열어 놓았음을 의미했다. 다시 말해 안정에 이르는 길은 이제 국가권력의 이 새로운 불안정한 기초에 대한 인식에 달려 있는 것처럼 보였다. 국가계획의 동역학(動力學)은 일종의 '영구혁명'을 자신의 목표로 받아들이는 것, 즉 자본에 의해 이루어지는 그 슬로건의 역설적 지양(Aufhebung)[11]을 함축했다.

그러나 자본의 과학은 반드시 드러내는 만큼 신비화하기 마련이다. 그것은 계급 세력들의 새로운 관계를 파악하고, 노동계급이 국가의 삶

---

11. [영역자] '영구혁명'이라는 슬로건을 이어받아서, 그것을 자본의 목적에 맞게 회복시키고 변형시키는 것을 의미한다.

속으로 내면화되는 고통스러운 과정과 그것이 담당하고 있는 자본주의 발전의 원동력으로서의 중심적인 역동적 역할을 기록했다. 그러나 이와 동시에 자본의 과학은 이러한 노동계급의 출현이 가지는 적대적 성격보다는 오히려 그것이 체제에 미치는 효과의 보편성을 신비화하고 은폐하였다. 그것은 새로운 국가형태인 이 불안정하게 통제되는 균형을 유지하기 위해 요구되었던 폭력을 은폐하였다. 실제로 그것은 새로운 사회와 그것의 폭력적 행동영역을 '공동선'의 실현 혹은 행동하는 '일반의지'라고 강력하게 추켜세웠다. 계급세력들의 새로운 관계에 대한 신비화와 비판적 인식의 이같은 상호작용 속에서 자본의 과학은 다시 한번 모순적 요소들의 필연적 공존을 드러냈다. 언제나 그랬듯이 그것은 분석과 변호론이라는 힘겨운 과제를 수행하지 않을 수 없도록, 또 현존하는 구조의 불안정성에 대한 비판적 인식과, 안정을 달성하기 위한 결정 사이의 좁은 길을 헤쳐 나가지 않을 수 없도록 강제되었다. 결국 이러한 모순에 대한 유일하게 가능한 해법은 독립적인 정치적 의지를 믿는 것, 다시 말해 자본주의 체제의 필수적이면서도 상호대립적인 다양한 요소들 — 생산양식의 사회화와 착취의 사회화, 조직화와 폭력, 노동계급의 착취를 위한 사회의 조직화 — 을 재결합시킬 수 있는 일종의 '정치적 기적'을 믿는 것이다.

변화한 것은 자본주의적 과정의 기본적 성격이 아니라 오히려 착취가 작동하는 구조나 차원들 그리고 자본이 자신의 이익을 주장하기 위해 맞서야만 하는 계급적 주역(protagonist)이었다. 계급의 적대적 현존이 의미하는 바는 모든 마찰의 신호가 불안의 원인이 되고, 모든 실수가 파국으로 이어지기 쉬우며, 모든 운동이 투쟁 속에 결박되어 있는 두 계급들 간의 권력균형(power-balance)에 극적인 변화를 초래할 수 있다는 것이었기 때문에, 정치적 기적이 더욱 더 필요한 것처럼 보였다. 뚜렷이 부각된 것, 그리고 체제의 모든 층위들에 끊임없는 개입을 필요로 하는 저 불균형을 부과한 것은 지금까지 겪어 온 혁명적 경험에 의해 뒷받침된 노동계급의 놀라운 강력함이었다.

자본주의적 과학은 이러한 사실을 기록해야 했다. 어느 정도로 이러한 기록을 수행했는가 하는 것이 새로운 상황에 대한 그것의 이해력과 분별력의 척도이다. 자본주의적 과학의 숨겨진 얼굴을 밝혀내고 그것의 과학적 요소들과 이데올로기적 요소들을 변별하면서 이 복합적 과정을 따라가는 것이 노동계급적 비판의 과제이다. 이 논문에서 나는 10월혁명에서 대공황 시기까지의 자본주의 체제의 전반적 위기에 대한 케인즈의 사유와 고찰을 추적한다. 그것은 그가 이 결정적 전환점에서 자본이 직면한 새로운 상황과 대결함에 있어서 가장 훌륭한 지각력과 가장 세련된 정치적 통찰을 보여주었기 때문이다. 미몽에서 벗어난 진단으로 국제적 자본가계급을 위한 치유책을 마련해준 것이 바로 케인즈였다. 아마도 케인즈는 자본주의적 재구축에 대한, 그리고 혁명적 노동계급이 가한 1917년의 충격에 대한 반작용으로 출현한 새로운 자본주의적 국가형태에 대한 가장 예리한 이론가였을 것이다.

2. 케인즈와 1917~1929년의 시기 : 10월혁명이 자본주의 구조에 미친 충격을 이해하기

그렇다면 우리는 어떻게 이 시기에 이루어진 자본주의적 인식의 발전을 추적할 수 있을까? 자본은 1929년 위기[12]의 발본적 함의를 어떤 형태로, 어느 정도나 파악했던 것일까? 그리고 무엇보다도 자본은 1917년과 1929년 사이의 연관성을 얼마나 알게 되었을까?

앞서 살펴보았듯이 10월혁명은 두 가지 방식으로, 즉 국제적으로는 반혁명(소련을 고립시키기)의 문제로, 그리고 국내적으로는 이 혁명적 경험을 자본주의 세계 전체로 확장시키는 노동계급의 강력한 노동조합과 정치운동을 억압하는 문제로 이해되었다. 경험은 동질적으로 나타났다. 운동이 노동자평의회(1918~1926)의 형태를 취한 곳에서도 그리고 운동의 형태가 좀 더 직접적으로 노동조합주의적이었던 곳에서도 공통의 준거점은 일정한 유형의 계급전위였고 또 생산의 자주관리에 대한 요구였다.[13]

---

12. [옮긴이] 정치경제학적 맥락에서 'crisis'는 통상 '공황'으로 번역되나, 본 역서에서는 '위기'를 주된 역어로 택하고 꼭 필요한 경우에만 '공황'을 병기할 것이다. 네그리에게서 'crisis'는 언제나 계급투쟁을 근본적인 요인으로 하여 발생하는 것이고, 그런 의미에서 정치적인 성격을 띠고 있는 것이기 때문이다.

13. 이것은 미국의 노동계급투쟁에도 해당되는 말이다. 제1차 세계대전 직후에 미국과 유럽 노동계급의 행동 형식 간의 동질성에 관해서는 『노동자와 국가』(*Operai e Stato*, 앞의 책)에 수록된 세르지오 볼로냐와 조지 래윅의 논문을 참조하라. 특히 기억되어야 할 것은 1914년에서 1920년 사이에 AFL의 회원수가 2백만에서 4백만—이것은 1930년대까지 넘어서지 못한 숫자이다—으로 늘어났다는 사실이다. 유용한 자료로는 Irving Bernstein, *The Lean Years : A History of the American Worker, 1920~1933*, Houghton Mifflin Co., Boston 1960 그리고 Domenico Demarco, J. Dhondt, D. Fauvel-Rouif가 함께 편집한 *Mouvements ouvriers et dépression économique*, Van Gorcum, Assen 1966,

당시 국제적인 자본주의 지도자들이 어떻게 문제의 이 두 가지 측면의 엄격한 분리를 지속시켰는가하는 문제는 주목할만한 것이다. 그들은 이 두 가지 혁명적 도전에 각각 다른 수법을 사용하여 대응하였다. 자본주의적 사고는 아직 국제적으로 통합된 노동계급의 존재를 납득하지 못하고 있었다. 앞서 언급한 이 두 가지 측면의 분리는, 적어도 부분적으로는, 현실적 상황에 대한 그들의 파국적인 몰이해를 설명해 준다.

적어도 존 메이나드 케인즈(John Maynard Keynes)는 그렇게 생각했다. 만약 국제 질서의 자본주의적 재구축을 위한 핵심적 계기가 베르사이유 평화조약이었다고 한다면, 이것은 이미 잃어버린 기회였던 셈이다. 케인즈는, 민족국가들 간 역관계의 수세기에 걸친 전통의 이 마지막 막(幕)에는 계급투쟁의 새로운 차원들을 이해하지 못하는 총체적 실패가 놓여 있다고 주장했다. 그것은 문제의 두 측면에 대한 분리에서 명백하게 나타났다. 그렇지 않다면 베르사이유의 저 어리석음이 어떻게 설명될 수 있단 말인가? 베르사이유 조약은 유럽을 파멸로부터 구하기 위한 계획을 세우는 대신, 수세기에 걸친 권력정치의 좌절과 불화만을 표현했다. 혁명이 대문을 두드리고 있을 때, 승리한 열강(列强)의 지도자들은 겨우 유럽 질서를 재구축할 수 없는 징벌체제(punitive system)만을 만들었을 뿐이다. 게다가 외교적 위선이 휴전협정에서 만들어진 약속들을 짓누르고 승리하기까지 했다.

이것은 결코 체제를 방어하고 그것에 새로운 구조를 부여하는 방법

---

pp. 124~143에 실린 W. Galenson의 논문을 참조하라.

이 아니었다. 반대로 그것은 위기를 심화시킬 뿐이었다. 특히 독일에 배상금을 부과하는 경제적 어리석음은 평화조약의 효과를 독일뿐만 아니라 세계시장의 통합된 네트워크 전체에 누적적으로 확장되도록 만들었다.

> 만약 우리가 고의적으로 중부 유럽의 궁핍화를 초래한다면, 감히 예언컨대 복수(復讐)를 피할 수 없을 것이다. 그 무엇도 반동세력과 혁명이라는 절망에 찬 발작 사이의 최후의 내전을 지연시킬 수 없을 것이다. 그 내전 앞에서 최근 독일전쟁의 공포는 하찮은 것이 될 것이며, 그것은 — 누가 승자가 되건 — 우리 세대의 문명과 진보를 파괴할 것이다.[14]

그렇다면 올바른 길은 무엇인가? 길은 오직 하나뿐이다. 중부 유럽의 경제를 동쪽으로부터 가해져 오는 소비에트의 위협에 대항하는 방파제로, 그리고 국내의 혁명운동에 맞선 저지선으로 굳건히 세워야 한다. 즉 자본주의 방어체계의 두 전선을 재통합해야 한다.

> 들리는 바에 의하면 레닌은, 자본주의 체제를 파괴하는 최선의 길은 통화(通貨)를 타락시키는 것이라고 단언했다고 한다 … 레닌은 확실히 옳았다. 현존하는 사회의 기초를 전복하는 데에 그보다 더 날카롭고 확실한 수단은 없다 … 인플레이션의 불가피한 결과인, 부의 확립된 균형 및 계약의 폭력적이고 변덕스러운 동요가 사회적 안전에 이미 가한 타격을 기업가 계급에 대한 대중적 증오와 결합시킴으로써, 이 정부들은 19세기 사회

---

14. J. M. Keynes, *The Economic Consequences of the Peace*, in Vol. II of *The Collected Writings* published for the Royal Economic Society by Macmillan, London 1971, p. 170.

적·경제적 질서의 지속을 급속히 불가능한 것으로 만들고 있다.[15]

이것이 1919년에 케인즈가 취했던 입장이었다. 위의 논의에서 『일반이론』(The General Theory)에 이르기까지 그의 사유를 추적함으로써, 우리는 아마도 두 세계대전 사이의 위기의 시기에 이루어진 자본주의적 전략의 힘겨운 이행을 파악할 수 있을 것이다. 우리가 지금 다루고 있는 초기 단계에서 케인즈는 베르사이유 조약의 재앙적 결과들에 대해, 그리고 노동계급의 전전(戰前) 체제와의 단절에 의해서 계급관계가 변화한 것은 아니라는 암묵적인 환상에 대해 경고하고 있다. 우리는 아직도 현대국가의 새로운 정치적 순환에 대한 엄밀한 이론적 파악으로부터 멀리 떨어져 있다. 여기에 나타나 있는 것은 단지 노동계급의 체제와의 단절에 대한 자신의 인식을 다름 아닌 자본주의적

15. J. M. Keynes, 앞의 책, pp. 148~150. 이 국면에서 케인즈의 정치적 목표는 자본주의 체제 방어의 두 노선을 재통합하는 것이었다. 그리고 그러한 목표는 이러한 방어가 오직 독일이라는 버팀대를 중심으로 해서만 조직될 수 있을 것이라는 직접적 추론을 동반하였다. 이러한 관점은 케인즈의 정치적 사고에서 근본적인 요소들 중 하나로 남아 있었다. 1922년, *A Revision of the Treaty*에서 케인즈는 "독일의 미래는 지금 동(the East)을 향하고 있고, 그것의 모든 부활하는 희망과 야망들이 그 방향으로 돌아서게 될 것이다"라는 생각을 지루할 정도로 반복했다. 그러므로 케인즈의 이른바 '친독일주의'(pro-Germanism) ─이것은 케인즈에게 많은 비판을 가져다주었는데, 에띠엔느 망뚜(Étienne Mantoux)의 *The Carthaginian Peace, or the Economic Consequences of Mr. Keynes*, London 1946와 같은 최근의 글조차 그를 비판하고 있다─는 그의 비판자들이 이제껏 보아왔던 것보다 한층 더 깊은 계급적 의의를 가지고 있다. 그것은 바이마르 공화국 당시 독일의 부르주아적 정치사상이 보여준 최고 수준과 완벽하게 유사한 접근법이다. 예컨대 당시 막스 베버에게서 이와 동일한 직관을 발견하는 것은 어렵지 않다(Wolfgang J. Mommsen, *Max Weber und die Deutsche Politik, 1890~1920*, Mohr, Tübingen, p. 280 이하를 참조하라). 또 케인즈는 바이마르의 지식인들과 그들의 정치적 그룹들에 대한 자신의 깊은 공감을 결코 감추지 않았다. 그의 논문 "Dr. Melchior : A Defeated Enemy"(in J.M. Keynes, *Essays in Biography*, in Vol. X, *The Collected Writings*, 앞의 책, pp. 389~429)에서 그는 이 서클에 대한 거의 변호론에 가까운 묘사를 제시하고 있다.

경제성장의 존재근거(raison d'être)로 변형시키는 케인즈의 이후 능력에 대한 암시일 뿐이다. 그러나 새로운 계급상황에 대한 이러한 투박하면서도 근본적인 직관은 다가올 시대의 중심적인 문제—10월혁명이 자본주의 질서에 가한 충격을 어떻게 저지하고 통제할 것인가—를 이미 조명하고 있다. 케인즈 사상의 연속성과 그 이론적 일관성 문제를 논의하기 위해 우리는 그의 저작들의 문자 그대로의 의미를 넘어서 그것들 아래 깔려있는 일반적 문제틀(problematic)을 밝혀내야 한다.[16]

이 단계에서 우리는 하나의 정치적 직관을 다루고 있다. 그것은 아직도 과학적 체계와는 거리가 있는 것이다. 사실 성숙한 체계라는 관점에서 보면, 1925년에 배상금 지불이 국제적인 경제균형의 새로운 수준에 역동적인 기여를 할 수 있으리라는 점을 지적하면서 배상금의 효과에 대한 케인즈의 견해를 논박했던 버틸 올린(Bertil Ohlin)이 케인즈보다 더 케인즈적이었는지도 모른다.[17] 여하튼 1922년경에 케인즈의 입장이 변화한다. 그로 하여금 파리의 조약 협상 테이블을 떠나지 않을 수 없도록 만들었던 "견딜 수 없는 고뇌와 분노"는 이제 진정

---

16. 이 문제를 훌륭하게 다루고 있는 것으로는, Robert Lekachman이 편집한 책 *Keynes' General Thory : Reports of Three Decades*, St Martin's Press, New York and London 1964에 붙인 그의 서론(pp. 1~10)을 참조하라. 정말 논리적이게도, R. F. Harrod의 성인전(聖人傳), *Life of Jhon Maynard Keynes*, Macmillan, London 1951은 앞의 책과 일치하는 내용을 가지고 있다. Paul A. Samuelson("The General Theory" in Robert Lekachman, 앞의 책, p. 330)에게 있어서, 일반이론에 이르는 길은 곧 "다마스커스에 이르는 길"(road to Damascus)이다.

17. 특히 버틸 올린(Bertil Ohlin)의 논문, "Mr. Keynes' Views on the Transfer Problem" in *The Economic Journal*, Vol. 39, September 1925과 "The Reparation Problem", 앞의 책, June 1925를 참조하라.

되었다. 그의 시각은 이제 외관상 좀 더 낙관적으로 달라졌다.

2년 전을 되돌아보면서 그때 내가 썼던 것을 다시 읽어보면, 나는 눈앞에 닥쳐왔던 위험들이 이제 안전하게 지나갔음을 알 수 있다. 유럽 일반 대중들의 인내심과 제도들의 안정성은 아마도 다시없을 최악의 충격들을 견뎌 냈다. 정의, 자비, 지혜를 짓밟았던 2년 전의 조약은 승전국들의 당시의 의지를 표현했다. 과연 희생자들이 그것을 인내하고만 있을 것인가? 아니면 절망과 박탈감에 내몰려 사회의 기초를 뒤흔들 것인가? 우리는 이제 이 물음에 대한 대답을 갖고 있다. 그들은 가만히 인내해 왔던 것이다.[18]

그렇지만 케인즈의 기본적인 정치적 직관은 자본주의 발전의 중대한 차원들에 대한 근본적으로 새로운 평가를 함축하고 있었다. 로버트슨(Dennis Holme Robertson)은 이것을 매우 명료하게 인식하고 있었다.

지금 유럽의 경제구조에 대한 이러한 분석의 놀라운 점은 그것이 몇몇 측면들에서 전쟁 이전의 태평하고 낙관적이며 자유무역적인 철학이 행했던 분석과 매우 다르며 심지어 그것과 정면으로 대립하는 한편, 보호무역주의, 군국주의 그리고 제국주의의 구조물들을 떠받치고 있는 분석에 훨씬 더 가까운 내용을 표현하고 있다는 것이다.[19]

---

18. J. M. Keynes, *A Revision of the Treaty* in Vol. III of *The Collected Writings*, 앞의 책, pp. 115~116.
19. D. H. Robertson, review of *The Economic Consequences of the Peace* in *The Economic Journal*, March 1920.

로버트슨은 더 나아가, 케인즈의 분석이 자유방임주의 개념과 암묵적으로 대립하며, 그 분석에서 국제정치의 문제들은 세력관계를 내적으로 조직화하는 문제로 나타난다는 점을 지적한다. 케인즈의 분석에 대한 공공연한 악평은 차치하더라도, 1919년의 케인즈의 경고는 거의 아무런 영향력도 가지지 못했다. 우선 언론이 그것을 거부했다.

> 케인즈씨 책의 가장 두드러진 특징 중 하나는 그것이 드러내는 정치적 경험부족 — 순진함이라고 말할 수는 없지만 — 이다.[20]

젊었건 늙었건 정치가들은 기본적으로 동일한 관점에서 한 목소리로 비웃었다. 끌레망소(Clemenceau)는 이렇게 말했다.

> 경제적 논의에 강한 케인즈 씨가 … 어떠한 절제도 없이 동맹국들의 ['프랑스의'–네그리] 가혹한 요구들에 도전하고 있다 … 이러한 비난은 너무나 야비한 폭력성을 띠고 있어서, 만약 저자가 낯두껍게도 그 비난들에 공적인 성격을 부여함으로써 자신의 대의를 뒷받침하려고 하지 않았다면, 나는 그것들에 대해 언급조차 하지 않았을 것이다. 이것은 균형감각을 상실한 정신이 어떻게 되는지를 너무나 분명하게 보여준다.[21]

그리고 처칠(Churchill)은 다음과 같이 쓴 바 있다.

---

20. *The Times*, 1919년 12월 4일(E. A. G. Robinson, in R. Lekachman, *Keynes' General Theory*, 앞의 책, p. 35에서 재인용).

21. 케인즈는 *A Revision of the Treaty*, 앞의 책, 각주 1, pp. 69~70에서 이러한 끌레망소의 평가를 회상한다.

케인즈는 논의의 여지없는 분별력으로 금융적·경제적 조항들의 부조리함을 설명했다. 이 모든 점들에서 그의 의견은 훌륭하다. 그러나 엄숙하게 쓰여진 경제적 조항들 대한 그의 자연스러운 혐오는 평화조약의 체계 전체를 무차별적으로 비난하는 데까지 이어졌다. 그가 경제적 측면들에 대해 말할 자격이 있다는 것은 누구도 의심할 수 없다. 그러나 문제의 보다 중요한 다른 측면에 있어서 그는 다른 사람들보다 더 나은 판단을 할 수 없을 것이다.[22]

자본의 반응은 — 좀 더 철저히 실행되긴 했지만 — 1848년이나 1870년의 그것 못지않게 낡은 것이었다. 자본은 우선 계급의 정치적 운동을 패퇴시키기 위해 억압적 힘 — 계급투사(militant)들의 대량해고 — 을 휘둘렀고, 둘째로 기술적 약진을 통한 노동력의 흡수와 상대적 잉여가치 추출을 위한 메커니즘의 세련화에 있어서 새로운 진전을 이루었다. 1920년대 초의 노동자평의회와 혁명적 생디칼리즘의 강력한 흐름은 패배했다. 그것들의 조직적 기초였던, 계급전위와 프롤레타리아 대중 사이의 혁명적 변증법의 가능성 일체가 부정되었다. 그것들은 핵심부문들에서의 노동력 재구성 — 노동 합리화를 위한 새로운 기술들 그리고 탈숙련화와 대량조립라인 — 에 의해 간단히 허물어졌다. 언제나 그랬듯이 노동계급투쟁의 파도가 자본에게 강제한 첫 번째 반응은 개량주

---

22. W. Churchill, *The World Crisis*, London 1929, Vol. V, p. 155. 이 책을 서평하면서 케인즈는 평화회담에서 처칠이 취했던 정치적 노선이 옳았다는 것을 인정한다. 그러나 이와 동시에 그가 소비에트 혁명의 핵심적 중요성을 파악하지 못했다는 결코 가볍지 않은 비판도 덧붙인다. "(처칠은) 사건들의 중요성을 그것들의 필연적 상호관련 속에서 파악하려 하지 않으며, 삽화적인 사실들과 본질적인 것을 구분하지도 않는다 … 레닌의 위대성에 대한 그의 찬사에도 불구하고, 볼셰비키들은 그에게 우둔한 어리석음 이상의 것으로 남아 있지 않다"(*Essays in Biography*, pp. 72~73).

의적인 것이었다. 1920년대 초반에 들어 이것은 일반화된 기술혁신 과정이 되었다. 자본은 새로운 부문들의 확장을 통해, 그리고 생산요소들의 근본적 재조직화를 통해 노동계급의 공격을 흡수해야만 했다.

그러나 이러한 낡은 길을 따라가는 것이 어디까지 가능했을까? 상황이 완전히 달라진 것은 아닐까? 케인즈의 입장은 정치를 분리하자는 고전적 자유주의에 맞서, 정치적 요소를 경제 속으로 내면화하자는 내용을 담고 있는 평범한 주장이었다. 그러나 자본가계급은 이 평범한 진리조차도 잊어 버렸다. 그들은 소비에트 러시아가 노동계급에게 불가피한 정치적 준거점을 제공했다는 사실과 대면하는 것을 거부했다. 그리고 그것이 가져올 결과는 심각한 것이었다. 자본가계급의 봉쇄정책이 성공하려면, 자본주의 체제는 자신이 하나의 정치적 실체로서의 노동계급이라는 병으로부터 회복될 수 있음을 입증해야만 했다. 상대적 잉여가치의 메커니즘은 충분한 것이 아니었다. 실제로 그것의 유일한 효과는 계급을 한층 더 대규모화시키고 주기적 위기를 향한 경향을 부각시키면서 자본주의적 발전의 모순을 확대하는 것일 뿐이었다. 공급의 확대 — 생산력의 성장과 대량생산산업 — 는 그에 걸맞은 수요를 이끌어 내지 못했다. '수요'는 아직 유효한(effective) 주체, 즉 노동계급으로 인식되지 않았다.

아직 하나의 정치적 직관에 불과한 케인즈의 입장은 다른 측면에서도 불충분한 것이었다. 그것은 과학적으로 정교화될 필요가 있었다. 케인즈의 힘은, 그가 문제를 올바르게 파악했으며 그것의 해결을 위한 방법론적 조건들을 정립했다는 데에 있다. 1920년대 그의 과학적·정치적 활동을 추적하는 것은 무장해제된 예언자의 비통한 어조로 황야에서 울부짖는 하나의 목소리를 따라가는 것과 같다. 그러나 이와 동시에 우리는 정치적 직관에서 과학적 담론으로의 점진적 변화를 목격한다. 이러한 변화는 정치적 사건들이 가하는 지속적인 충격 하에서, 노동계급의 압력하에서, 그리고 자본에게 강제된 정치적 필연성 하에서 일어났다.[23]

우리는 로버트슨의 설명을 통해 어떻게 『평화의 경제적 결과들』(The Economic Consequences of the Peace)에서 이미 자유방임주의가 폐기되었는지를 알 수 있었다. 그러나 그러한 폐기는 세계대전과 그 뒤를 이은 혁명적 봉기의 파괴성으로 인한 국제질서의 위태로움에 대한 케인즈의 감각 속에 오직 잠재적으로만 존재했다. 이제부터 낡은 질서의 위기라는 문제는 영국의 정치상황을 중심으로 다루어지게 된다.

세이의 법칙(Say's Law)은 더 이상 유효하지 않았다. 왜냐하면 그것은 자본주의 체제의 유지 자체가 문제일 수도 있다는 사실을 인정하지 않았기 때문이다. 그것은 체제를 완전히 자기조절적이고 자연발생적인 것으로 가정했다. 다시 말해 그것은 체제에 대한 잠재적 부정으로서의 노동계급의 실존을 부정했다. 지금에 와서 보건대 케인즈의 저술 속에서 노동계급이라는 문제가 점차 과학적으로 정식화됨에 따라, 그것이 경제학의 신비화된 전문적 전통에 따라 ― 고전경제학의 조잡한 객관주의적 전통 속에서 일종의 고용문제로 ― 규정되기 시작했다

---

23. 전기 작가들은, 영국의 정치적 사건들이 1920년대 케인즈의 발전에 가한 지속적인 자극의 효과를 올바르게 강조해 왔다. R.F. Harrod, *The Life of Jhon Maynard Keynes*, 앞의 책, p. 331 이하, 그리고 E.A.G. Robinson, *John Maynard Keynes 1883~1946*, 앞의 책, p. 41 이하를 참조하라.

는 것은 사실이다.[24] 그러나 문제에 정치적으로 접근했던 이 초기 국면 동안 그가 경제학의 범주들을 역사화하기 위해 끌어들여서 다른 요소들보다 중요하게 다루었던 것이 바로 계급투쟁이라는 점 역시 엄연한 사실이다. 과학은 다시 역사적 현실에 회부되었다. 이 시기 저술들 속에서 영국의 노동계급은 그 모든 혁명적 자율성을 그대로 지닌 채로 나타난다.[25] 1926년의 총파업이 비합법적이며 헌법적 행위의 한계를 벗어난 것이라고 떠들어대는 자신의 대학 동료들과 자유주의적인 친구들에게 케인즈는 다음과 같이 간단하게 대답했다. "그럴지도 모른다. 그러나 그래서 어쨌다는 것인가?" 계급운동은 비합법적인 것으로 나타날 지도 모른다. 그러나 그것은 이전 체제를 조건짓고 이전의 합법성을 결정하는 세력균형이 사라졌기 때문일 뿐이다. 세력관계는 변화하였으며, 합법성은 새로운 상황에 맞게 조절되어야만 한다.[26] 정치적·경제적 균형의 변수들이 달라졌기 때문에 세이의 법칙은 이제 더 이상 타당하지 않았다. 상황의 새로운 요소는 노동계급의 자율성이었다.

노동조합은 공급과 수요의 힘이 자유롭게 활동하는 것을 방해할 만큼 강력하다. 그리고 여론은 노동조합들이 위험해지고 있다고 불평하고 의심하

---

24. 케인즈에게서 그러한 문제가 어떻게 나타나는지에 대해서는 E. A. G. Robinson, *John Maynard Keynes 1883~1946*, 앞의 책, p. 41 이하, 그리고 Claudio Napoleoni, *Il Pensiero Economico del Novecento*("Twentieth Century Economic Thought"), Einaudi, Torino 1963, p. 79 이하를 참조하라.
25. 앞서 언급된 Branko Pribicevic의 *The Shop Steward Movement in England* 외에, *Operai e Stato*에 실려 있는 1926년 영국 총파업에 관한 Mauro Gobbini의 글을 참조하라.
26. R. F. Harrod, *The Life of John Maynard Keynes*, 앞의 책, p. 375 이하를 참조하라.

면서도―사실 이것은 단순한 의심 이상의 것이다―석탄광부들은 결코 그들 자신이 작동시킨 것이 아닌 잔인한 경제적 힘의 희생물이 되어서는 안 된다는 노동조합들의 주장을 지지한다.[27]

그러므로 새로운 정치적 균형을 창출한다는 것은 이 새로운 상황과 세력관계를 고려한다는 것을 의미했다. 만약 세이가 말한 공급과 수요의 등식이 더 이상 성립하지 않게 되었다면, 그것은 새로운 미지수가 도입되었기 때문이었다. 그리고 이제 이 미지수들은 경제학 속으로 통합되어야만 했다.

예컨대 화폐의 가치를 변경시킬 수 있으며 그에 따른 결과적 조정이 공급과 수요의 힘에 의해 이루어지도록 내버려둘 수 있다는 구세계 일당들의 생각은, 노동조합이 무력했고 경제적 저거노트(juggernaut)[28]가 어떠한 장애물도 없이, 심지어 박수갈채까지 받으며 진보의 고속도로를 질주할 수 있었던 50년 전 혹은 100년 전에나 어울릴법한 것이다.[29]

과학적 관점에서도 우리는 1920년대에 이루어진 이러한 비판의 깊이와 중요성을 과소평가해서는 안 된다. 세이의 법칙에 대한 이러한 공격은 100년 이상 계속된 낡은 이데올로기―경직된 만큼 현실에 부합하지 않게 된 뿌리 깊은 정신적 태도―의 파괴를 의미했다. 그것은

---

27. J. M. Keynes, "Am I Liberal?"(1925) in *Essays in Persuasion*, in *The Collected Works*, 앞의 책, p. 305.
28. [옮긴이] 인도 힌두교의 신이며 거대한 수레의 형상을 한 저거노트는 앞으로 나아갈 때마다 엎드려 기도하는 예배자들을 깔아뭉갰다고 한다.
29. Loc. cit.

19세기 내내 부르주아 정치과학을 인도했던 일단의 근본적 가치들과 규범들의 탈신비화를 의미했다. 맑스는 이렇게 쓴 바 있다.

> 작업장에서의 분업, 노동자를 평생 하나의 부분작업에 묶어 두는 것, 노동자의 자본에의 완전한 종속 등을 노동생산성을 제고시키는 노동조직화라고 찬양하는 바로 그 부르주아적 의식이, 생산과정을 사회적으로 통제하고 조절하려는 일체의 의식적 시도를 개별자본가의 소유권, 자유, 자율적 '독창성' 등과 같은 신성한 것에 대한 침해라고 마찬가지로 열렬하게 비난한다. 공장체제의 열광적 변호자들이 사회적 노동의 일반적 조직화에 반대하면서, 그것은 사회 전체를 하나의 거대한 공장으로 바꾸어 놓을 것이라고 비난하는 것은 매우 독특한 일이다.[30]

그러므로 정치경제학이 구조적으로 경제적 균형이론, 즉 부의 세계에 대한 무한하고 자유로운 접근을 허용하는 요소들의 통합적이고 기능적인 공생(共生)을 전제로 하고 있는 한에서, 세이의 법칙에 대한 케인즈의 비판은 경제학의 대상의 발본적인 파괴였다. 경제학은 이러한 전제들이 어쨌든 '자연적인' 것이라는 관념 위에서 구축되었다. 그 전제들이 근본적인 비판을 받게 되자, 맑스가 언급한 '위험', 즉 사회 전체가 하나의 거대한 공장으로 변형될 지도 모른다는 위험이 암묵적으로 받아들여졌다.

그러나 케인즈의 비판은 여기에서 그쳤다. 대상은 오직 재구성되기 위해서만 파괴되었다. 나중에 그는 완전고용이 달성되면 경제적 균형

---

30. K. Marx, *Capital*, Vol. Ⅰ, Lawrence & Wishart, London Vols. Ⅰ~Ⅲ 1963~1970, p. 477 [칼 맑스, 김수행 역, 『자본론』 Ⅰ 상, 비봉출판사, 2001, 481~482쪽].

이라는 신고전주의적 법칙이 다시 그 진가를 발휘하게 될 것이라고 말하기까지 했다.[31] 부르주아의 변증법은 어떠한 지양도 알지 못하며, 자신의 대상을 뒤엎을 수 없다. 비판의 극한에 도달할 때마다 케인즈는 자신을 그 자리에 멈추어 서게 하는 어떤 철학에 의해 마비되어 버린다. 그보다 더 천한 신비화들을 거부할 때조차 그는 상품 물신주의의 불가사의한 세계에 갇힌 채로 남아 있다. 그는 형식적 도식들에 의지하여 균형잡힌 경제를 위한 조건들을 재구축하기 시작한다. 균형, 그리고 일반적 등가라는 신비화된 형태의 재긍정 이외에 그가 노리는 다른 목표는 없다. 남아 있는 것이라곤 "파국의 무리"(Party of Catastrophe)[32], 그리고 역사 — 다시 말해 균형 너머에 있는 모든 것 — 는 저능아들의 작품 이외에 아무것도 아니라는 절망에 찬 확신뿐이었다. "심오한 원인도, 불가피한 운명도, 엄청난 사악함도 존재하지 않는다."[33]

결핍과 빈곤의 문제, 그리고 계급들 및 민족들 간의 경제적 투쟁이라는 문제는 다만 불쾌한 혼란, 일시적이고 불필요한 혼란일 뿐이다.[34]

그러므로 케인즈가 목표로 하는 균형이란, 과학자가 부르주아적 지

---

31. "… 그러나 만약 우리의 핵심적인 통제들이 거의 실행가능한 정도의 완전고용에 상응하는 산출총량을 달성하는 데 성공한다면, 이 지점부터 고전 이론이 다시 그 진가를 발휘하게 된다"(Keynes, *The General Theory of Employment, Interest and Money*, Macmillan, London 1970(Pb), p. 378).

32. J. M. Keynes, *Essays in Persusasion*, in *Collected Works*, 앞의 책, p. 299 이하[노동 계급을 가리키는 말-옮긴이].

33. J. M. Keynes, *Essays in Biography*, in *Collected Works*, 앞의 책, p. 429.

34. J. M. Keynes, *Essays in Persusasion*, in *Collected Works*, 앞의 책, p. xviii.

식의 가능성의 한계점에서 회복시키려고 시도하는 형식적 균형일 뿐
이다. 거기에는 충만하고 확고한 확신조차 존재하지 않는다. 그는 근
본적으로 — 그리고 필연적으로 — 비합리적인 책무, 일체의 합리적 내
용에 대한 모호한 대체물을 의식적으로 감추고 있다.[35]

　19세기 자유방임주의 이데올로기에 대한 이 최초의 공격과 노동계
급 자율성의 돌발적 침입이 창출한 새로운 상황에 대한 본능적인 평
가 이후에 케인즈의 목적은 분명히 새로운 균형모델을 재구축하는 것
이었을 것이다. 그러나 이 목적은 1936년 『일반이론』에 와서야 뚜렷
한 형태를 얻게 된다. 1920년대에 그의 작업은 여전히 주로 비판에 집
중되어 있다. 그는 금본위제(the Gold Standard)[36]의 부활을 공격했
고, 자본주의적 생산이 진입한 사회화의 새로운 국면을 확인했다.[37]
무엇보다도 그는 계급갈등을 중재하고 경제적 균형을 보증하기 위한

---

35. 그의 에세이 "Newton the Man"(*Essays in Biography* in *The Collected Works*, 앞의
　　책, pp. 363~74)에서 케인즈는, 비밀스럽고 마술적인 계기의 확인 그리고 그러한 계기
　　와 케임브리지 물리학자/수학자[뉴튼-옮긴이]의 사유의 의기양양한 계몽적 측면들과의
　　비교를 거쳐, 두 가지 측면이 공존하면서도 전자가 더 큰 신뢰성을 갖고 있는 과학적
　　지식 모델로 나아가려 했다. 실제로 뉴튼에게 과학은, 오직 인간과 마술사가 서로를 풍
　　요롭게 하는 정도로만, 그리고 창조적 천재성이 비합리적 관심에 의해 촉발되는 정도
　　로만 존재한다. 여전히 우주를 하나의 수수께끼로 보았던 것이 뉴튼의 매력이다. 이러
　　한 뉴튼의 이미지가 자신의 과학적 발전에 대한 케인즈 스스로의 인식을 어느 정도로
　　규정하고 있는가를 질문하는 것은 흥미로운 일이다.
36. R. F. Harrod의 *The Life of John Maynard Keynes* (앞의 책, p. 338 이하)는 금본위제
　　를 둘러싼 긴 논쟁에 대한 훌륭한 설명을 제공해 준다.
37. 케인즈가 이러한 결론에 도달했을 당시의 정치적 · 문화적 분위기에 대한 훌륭한 설명
　　은 Paul Sweezy의 논문, "John Maynard Keynes"(R. Lekachman(ed), *Keynes' General
　　Thory*, 앞의 책, p. 297 이하)에서 찾아볼 수 있다. Paul Sweezy는 *The Present as
　　History*, Monthly Review Press, New York 1953, pp. 189~196에서 이 문제를 한층 더
　　광범위하게 다룬다.

국가개입의 필요성을 역설했다.[38] 이러한 작업은 본질적으로 체계적이기보다는 비판적인 성격을 띠는 것이었다. 새로운 계급관계를 나타내는 용어들은 아직 케인즈의 분석 속에 체계적인 방식으로 통합되지 않았다. 그것들은 아직 유효수요 개념이나 증대하는 위험(growing risk) 개념 혹은 이자율에 관한 새로운 이론의 구성부분이 되지 못했다. 즉 그것들은 아직 하나의 체계가 되지 못했다.

케인즈의 작업의 이러한 예비적 국면의 가장 중요한 요소, 즉 국가개입주의에 대한 그의 주장을 검토해 보면, 이것이 단지 자유방임주의에 대한 그의 비판의 필연적 귀결일 뿐이라는 것이 분명하게 드러난다. 자유방임주의에 대한 비판은 노동계급의 대규모화에 대한, 그리고 그로 인해 초래된 균형 확보의 어려움에 대한 인식을 담고 있었다. 결여되어 있는 것은 이러한 자본주의 발전 전반에 걸친 노동계급의 침입이 갖는 새로운 질적 함의에 대한 규정이다. 케인즈가 제안한 국가개입은 여전히 정치적 관점에서 이론화된 것일 뿐이다. 그것은 진보적 부르주아지와 사회주의자들 간의 동맹을 통해 더욱 폭넓은 발전의 기초를 확보할 필요성에서 도출된 것이다. 그것은 아직 계급관계의 새로운 동역학, 그리고 그 안에서 노동계급이 수행하고 있는 역할에 대한 명확한 과학적 평가의 기초 위에서 주장되고 있지 않다.[39]

이러한 구별을 함에 있어서, 한 가지 더욱 일반적인 이론적 요소가

---

38. E. A. G. Robinson, "John Maynard Keynes 1883~1946"을 참조하라.
39. 1926년에 쓰여진 논문들("Liberalism and Labour"와 "The End of Laissez-Faire" 두 논문은 *Essays in Persusasion*, in *The Collected Works*, 앞의 책, pp. 272~306과 pp. 307~11에 각각 실려 있다)에서, 특히 총파업 이후 출현한 정치적 필요성들과 관련하여 이 관점은 특별히 강조된다.

강조될 필요가 있다. 자본주의적 생산의 사회화와 대규모화라는 사실을 단순히 기록하는 것, 그리하여 국가개입의 증대를 주장하는 것은 독창적이지도, 충분치도 않은 것이었다. 첫째, 그것은 위기를 통해 출현한 새로운 국가형태의 특성을 오직 부분적으로만 파악할 수 있었다. 둘째, 그것은 새로이 출현한 노동계급에 맞서 조직된 국가에 대한 개념화의 최초의 유형에 역사적으로 조응할 뿐이었다. 보나파르트적 유형의 정권, 후진적인 이탈리아의 경우에서와 같은 파시즘적 정권 그리고 1870년에 뒤이은 투쟁 국면에서 나타난 프러시아 국가사회주의의 몇몇 변형태들 등이 그러한 유형의 예들이다. 1929년으로부터 출현한 새로운 국가형태의 고유한 특징은 오히려 국가개입주의라는 틀 내에서 작동하고 있는 계급 동역학의 유형이었고, 개입주의는 그것을 전제로 삼고 있었다. 오직 1929년 대공황의 경험만이 자본주의적 과학으로 하여금 국가에 대한 새로운 정의를 향한 발걸음을 내딛도록 만들 것이었다. 다시 말해 그러한 진보가 가능하기 위해서는, 1917년 혁명이 자신을 옥죄려는 고립을 뚫고 역사적으로 승리해야만 했던 것이다.

3. 케인즈─정치에서 과학으로의 이행 (1929년─자본 내부의 노동계급)

　1917년의 사건들이 1929년의 사건들과 아무런 관련도 없다는 것이 명백한 것처럼 보일 수도 있다. 그러나 이러한 진술의 명백함 이면에

는, 만약 우리가 그것을 확인할 수만 있다면 1929년의 위기에 더욱 커
다란 의미를 부여해 줄 — 비록 그것이 위기를 완전히 설명해내지는
못한다 할지라도 — 역사적 관계의 그물망이 놓여 있다. 왜냐하면
1929년의 위기는 한편으로는 미국 경제체제의 본성의 직접적 산물이
었지만, 다른 한편으로는 (a) 19세기 초부터 시작된 체제 내 모순의 축
적에 의해, 그리고 특히 (b) 개별 자본주의 국가들 내부의 정치적, 노
동조합적 층위에서 노동계급이 가한 충격이 1920년대 생산의 대규모
화를 필연적인 것으로 만들었다는 사실이 그러한 모순들을 부각시킴으
로써 창출된 것이었기 때문이다. 위기가 즉각적으로 국제적 차원으로
확산된 또 다른 이유는 전쟁, 평화, 혁명 그리고 (시도되었으나 실패한)
반혁명 등이 야기한 무역 관계에서의 일련의 불안정성 때문이었다.[40]
위기에 대한 자본주의적 설명조차도 — 적어도, 그것이 대표하는 어렴
풋한 잠재적 대안으로 인해 1917년이 여러 원인들 중 하나로 간주되어
지는 정치적 층위에서는 — 이러한 일련의 원인들을 받아들인다.[41]

　하나의 외적 설명으로, 그것은 그런대로 괜찮은 편이다. 이제 케인
즈의 역할은 이러한 설명을 위기에 대한 분석 내부에서 작동하도록

---

40. 이러한 측면에 있어서, 그리고 1930년대 경제분석의 여타의 많은 측면들에 있어서 나
　는 왕립국제문제연구소(the Royal Institute of International Affairs)를 위해 작성된
　Heinz Wolfgang Arndt의 보고서(*The Economic Lessons of the Nineteen-Thirties*,
　London, 1944)의 조사들을 따랐다.
41. 경제적 위기의 심장부인 미국 사회에 있어서 이 모든 것이 가지는 중요성은 Arthur M.
　Schlesinger, Jr., *The Age of Roosevelt*, Vol. I , *The Crisis of the Old Order 1919~1933*,
　New York. 그리고 Mario Einaudi, *La rivoluzione di Roosevelt*, Einaudi, Torino Second
　Edition 1959, p. 51, 90에 의해 강조되었다. 또 G. Filene, *Americans and the Soviet
　Experiment 1917~1933*, Harvard University Press, Cambridge 1967에도 중요한 자료들
　이 실려 있다.

만드는 것, 즉 그것을 과학적인 것으로 만드는 것이었다. 풀리지 않던 문제는 위기의 엄중함으로 인해 결국 가능한 해법을 찾게 된다.

케인즈가 대공황에 대해 많은 것을 한만큼 대공황도 케인즈에 대해 많은 것을 해주었다. 대공황은 그에게 도전, 극적인 상황, 실험에 의한 입증을 제공했다. 그는 ─ 만약 대공황이 그에게 설명될 수만 있다면 ─ 『일반이론』을 깨달을 것으로 기대되는 그런 종류의 인간으로서 대공황 속으로 뛰어들었다. 지금까지의 기록으로부터 이 이상을 말할 수는 없다. 대공황이 끝나기 전에 그는 상(賞), 즉 그가 바로 그것을 통해 기억되어질 사상 체계를 가지고 나타났다.[42]

위기는 케인즈의 분석이 확인했던 개별 요소들의 변증법적 기능을 드러냈다. 그는 1929년 위기의 근저에 놓여 있는 요인이 무엇이라고 생각했는가? 그것은 공급의 과도한 증대였다. 초과공급은 순(純)투자의 수준에 직접적인 영향을 미쳐 그것을 하락시켰고, 그리하여 자본의 한계효율표(capital's schedule of marginal efficiency)[43] 상의 가치하락을 초래했다. 다시 말해 우리는 (군수산업이 평화산업으로 재전환되는 과정에서 이루어진 기술혁신과 노동생산성의 비약적 증가 그리고 그에 따른 내구재 생산의 증대에 의한) 공급기반의 확대가 공급이 수요와 맺는 관계의 변화를 동반하지 않았던 1920년대의 경제발전 조건을 이

---

42. P. A. Samuelson, "The General Theory", in R. Lekachman, *Keynes' General Theory*, 앞의 책, p. 329.
43. [옮긴이] 자본의 한계효율이란 자본재 1단위를 투입하였을 경우 일정기간에 걸쳐 그 자본재가 산출하리라고 예상되는 수익률을 말한다. 케인즈는 『일반이론』에서 장기적으로 볼 때 이 효율이 하락하는 경향에 있다고 지적했다.

해할 때, 비로소 1929년 위기의 고유성을 이해할 수 있다. 당시의 정치적 지배계급은 골수 보수주의를 가리기 위한 조잡한 가면에 불과한 "금융건전성"(financial prudence)이라는 관념을 고집스레 고수했다. 그들은 공급의 대규모화가 그에 상응하는 수요의 대규모화와 조화되어야 한다는 것을 받아들이려 하지 않았다. 그들은 공급의 독립성에 대한 정치적 보증을 추구하고 또 그것을 옹호하려다 길을 잘못 들고만 것이다. 자본의 점증하는 사회화는 정치적 자율성에 대한 자본의 오도된 요구와 결합되었다. 그리고 이제 케인즈는, 우리가 무지의 대가를 치르고 있다고 결론 내린다.[44]

이것이 케인즈의 정치적 선언문인 『일반이론』의 기원이다. 그것은 보수적인 정치사상의 선언인데, 역설적이게도 그 안에서 현재의 불황에 대한 인식과 불확실한 미래에 대한 불안이 결합되어 자본주의 경제학 전체의 체계적 혁명을 강제하였다. 스위지는 이렇게 말했다.

언제나 불경기 상태로 추락할 절박한 위험에 놓여 있는 체제로서의 자본주의에 대한 전망이 『일반이론』 속에 스며 있고, 어떤 의미에서는 그것을 지배하고 있다.[45]

---

44. J. M. Keynes, *The General Theory*, 앞의 책, pp. 99~104, 218~220, 322~325 등을 보라. 우리는 1930년 5월 10일 *Nation* 지(誌)에 기고한 글에서 케인즈가 이미 상황의 심각성에 대해 경고했다는 사실을 주목해야 한다. "진실─대다수 대중들이 아직 인식하지 못한 진실─은 우리가 지금, 지금까지 경험된 가장 강렬한 불황들 중 하나로 역사 속에 자리 잡게 될 정도로 매우 심각한 국제적 불황에 빠져 있다는 것이다. 그것은, 우리를 이러한 질서의 침체로부터 건져내기 위한 공정할인율 [bank-rate: 시중은행이 할인한 어음을 중앙은행이 다시 할인할 때 적용되는 할인율로 재할인율이라고도 한다 ─옮긴이]의 수동적 운동뿐만 아니라, 매우 능동적이고 단호한 정책을 요구하게 될 것이다"(R. F. Harrod, *The Life of John Maynard Keynes*, 앞의 책, p. 398).

우리가 저 임박한 위기를, 케인즈가 있는 그대로 기록했고 또 그것을 역전시키기 위해 맞서 싸웠던 하나의 정치적 사실로 이해한다면 위의 말은 사실이다. 『일반이론』에서 나타나는 불황이론에 대한 언급들은 논쟁적이다. 이는 어제는 피할 수 없었을지도 모르는 자본주의의 운명도, 만약 체제가 스스로를 구원할 조금의 희망이라도 가질 수 있다면, 분명히 오늘날에는 받아들일 수 없는 것이라는 것을 함축한다. 왜냐하면 '수요'에 주목한다는 것은 노동계급에, 정치적 정체성을 발견한 대중운동에, 그리고 봉기와 체제전복의 가능성에 주목하는 것이기 때문이다. 케인즈는 다가올 싸움을 예측하고 준비하는 명석하고 지적인 보수주의자이다. 그리고 정치적 의지가 완결적이고 체계적인 이데올로기적 제안으로 스스로를 제시할 힘을 얻게 되는 것은 바로 절망에서 비롯된 이러한 긴장으로부터이다. 여기에 케인즈주의 이데올로기의 필연성이 존재한다.

『일반이론』의 초반부를 읽자마자 우리는 자본의 내적 작동에 대한 케인즈의 분석에 있어서 미래와의 관계가 얼마나 본질적인 부분인가를 알게 된다. 기대(expectation)라는 관념이 현재와 미래를 통합한다. 기대는 자본의 한계효율 수준을 결정하는 데에 직접적으로 영향을 미치는 한에서, 고용 수준에도 직접적인 영향을 미친다.[46]

이 지점까지 케인즈는 고전경제학자들과 갈라서지 않는다. 그러나 오늘날 상황은 달라졌다. 기업가적 확신에 기초해야만 긍정적 가치를

---

45. P. M. Sweezy, "The First Quarter Century", in R. Lekachman, *Keynes' General Theory*, 앞의 책, p. 307.
46. J. M. Keynes, *The General Theory*, 앞의 책, pp. 46~51, 135~46.

생산할 수 있는 저 기대들은 이제 온갖 통제불가능한 위험들로 인해 균형을 잃고 쓰러졌다. 그런데 자본의 고도의 유기적 구성이 광범위한 불확실성의 영역을 감당하지 못할 때에 하필이면 이러한 일이 일어났던 것이다. 위기는 미래에 대한 확신과 확실성을 파괴하였고, 결과와 성과가 기대에 부합해야 한다는 자본의 근본적인 관례(convention)를 깨뜨렸다. 그래서 케인즈의 제1의 명령은 미래에 대한 공포를 제거하라는 것이다. 미래는 현재로서 고정되어야 한다. 관례는 보증되어야 한다.[47]

여기에서 우리는 개입주의에 대한 최초의 정확한 정의를 갖게 된다. 그것은 더 이상 정치적 편의가 아닌 기술적 필연성의 문제이다. 그것은 단순히 경제적 발전의 사회화를 기록하는 문제가 아니라 발전의 형식과 리듬을 위한 실질적 준거점을 확립하는 문제이다.[48] 투자위험은 제거되거나 관례에 맞게 낮추어져야 한다. 그리고 국가는 이러한 기본적인 경제 관례를 보증하는 기능을 떠맡아야 한다. 국가는 미래로부터 현재를 방어해야 한다. 만약 이러한 일을 하기 위한 유일한 길이 현재 내부로부터 미래를 기획하고 현재의 기대에 따라 미래를 계획하는 것이라면, 국가는 개입을 확대하여 계획자의 역할까지 맡아야 하며, 그 결과 경제는 사법적인 것 속으로 병합된다.[49] 개입과정에

---

47. 같은 책, pp. 147~164.
48. 이와 관련하여 W. B. Reddaway(in R. Lekachman, *Keynes' General Theory*, 앞의 책, pp. 108~200)는 케인즈의 분석에 국가가 포함된 것에 대한 탁월한 분석을 행한다. 그 분석은 국가 행위의 내적이고 '구조적인' 성격을 강조한다는 점에서 특히 훌륭하다. 뒤에서 살펴보게 되겠지만, 바로 여기가 케인즈의 경제분석이 새로운 국가 모델을 규정함에 있어서 특별한 중요성을 갖기 시작하는 곳이다.

서 국가는 일련의 규범들에 따라 행동하고, 무엇이 있어야 하는가
(what is to be)를 지시할 것이다. 그것은 미래 사건들의 확실성을 보
장하지는 못할 것이지만, 관례의 확실성은 보장할 것이다. 그것은 미
래로 투영된 현재의 확실성을 찾으려 할 것이다. 이것이 자본의 생산
적이고 정치적인 지배계급을 규합하기 위한 첫걸음이자 최초의 형식
— 여전히 간접적이지만 반드시 필요한 형식 — 이다. 체제의 생명은
더 이상 기업가주의(entrepreneurialism) 정신에 달려 있는 것이 아니
라, 미래에 대한 공포로부터의 해방에 달려 있다. 그리고 정의(定義)상
국가의 사법적 기초는 이 위에서 지탱되거나 혹은 붕괴한다.

미래에 대한 방어 그리고 미래에 직면하여 자본의 권력을 안정화시
키려는 긴급한 욕구, 이것이 케인즈의 준거틀이다. 그리고 그것의 계
급적 성격은 자명하다. 그것은 세이의 법칙에 대한 비판이 이미 이야
기한 것을 말하는 또 다른 방식이다. 그러나 여기에서 (과학이 연구하
고 이해해야 하는, 새로운 변수들을 가진 관계라는) 상황은 위기로 인
해 새로운 드라마틱한 긴급성을 띤다. 케인즈가 그토록 설명해내려 하
는 이 '미래'란 대체 무엇인가? 다시 한번 그것은 파국, 그와 그의 동류
(同類)들을 괴롭히는 파국이며, 노동계급이라는 살아 있는 형태로 그의
앞에 나타난 저 "파국의 무리"이다. 이것은 피상적인 경구로서 너무나
자주 반복된 "장기적으로 볼 때, 우리는 모두 죽고 없다"라는 케인즈의

---

49. G. Bordeau("La Plan comme Mythe", in *La Planification comme Processe de Decision*,
    Colin, Paris 1965, p. 36 이하)는 어떻게 미래가 경제계획의 지평 속에서 내려진 판단
    속으로 흡수되는지에 대한 최고의 분석을 제공한다. 그는 또한 헌법 개념의 중요한 함
    의들을 분명히 밝혀 준다.

말을 새로운 각도에서 조명한다. 여기서 이 말은 마치 부르주아 계급의 운명에 대한 예감처럼 느껴진다. 우리는 자신의 분석 전체를 정태적 매개변수들 내부로 다시 끌고 갔던 (자주 비판받는) 케인즈의 결정을, 일정한 범위의 파국적 가능성을 제거하기 위한 그리고 현재를 연장함으로써 미래를 지우기 위한 또 다른 시도로 이해해야 한다.

따라서 여기에서도 역시 자본주의 재구축을 위한 케인즈의 기획은 노동계급의 투쟁을 고려해야만 한다. 그리고 이러한 사실에 직면하여 그의 분석은 훨씬 더 깊어진다. 개입주의의 정의에 두 번째 요소가 덧붙여진다. 즉 국가는 생산적 자본의 배타적인 집단적 대표자로 나타난다.[50] 특정한 정치적 필요들이 케인즈를 이러한 결론으로 이끌었다. 그는 이미 기대에 대한 분석에서 (투기와 같은 병리적 요소들과 더불어) 경쟁의 양상, 예측상의 오류 등과 같이 체제를 붕괴시킬 위험이 있는 몇몇 구조적 요소들을 확인했다. 병리적 요소들이 법의 지배에 의해 제거될 수 있다는 것만으로는 충분치 않다. 병리적 요소와 구조적 요소 모두가 실질적으로 제거되어야만 한다. 어떠한 경우에도 그것들이 체제의 미래의 안전을 위태롭게 하도록 내버려두어서는 안 된다.

나는 이자율에 영향을 미치기 위해 시도되는 단순한 화폐정책의 성공에 대해 지금 얼마간 회의적이다. 나는 국가가 … 투자를 직접적으로 조직하는 훨씬 더 큰 책임을 져야한다고 생각한다.[51]

---

50. W. B. Reddaway(in R. Lekachman, *Keynes' General Theory*, 앞의 책)는 본질적으로 투자와 관련하여, 경제적 삶 내부로의 국가의 내면화가 어떻게 발생하는지를 올바르게 주목한다. 궁극적 차원에서 그것의 기능은 직접적으로 생산적이다.

51. J. M. Keynes, *The General Theory*, 앞의 책, p. 164.

따라서 미래에 대한 좀 더 확고하고 전반적인 보증이 요구된다. 사법적이고 간접적인 형태의 국가개입으로는 충분치 않을 것이다. 국가가 현재와 미래를 연결하는 근본적인 경제적 관례를 보증하는 것으로는 부족하다. 무언가가 더 필요하다. 국가 그 자체가 경제적 구조가 되어야 한다. 그리고 경제적 구조가 됨으로써 생산적 주체가 되어야 한다. 국가는 모든 경제활동의 통제센터(marshalling centre)가 되어야 한다. 이것은 중대한 일보전진이다! 맑스의 말처럼,

산업자본이 사회적 생산을 지배하는 정도만큼 노동과정의 기술과 사회적 조직이 변혁되고 그와 더불어 사회의 경제적·역사적 유형도 변혁된다.[52]

국가는 말할 것도 없다! 현재를 미래에 연결시키는 관례를 보증함에 있어서 국가는 여전히 자본가들을 위해 복무하는 하나의 구조이다. 그러나 스스로를 직접적으로 생산적 자본으로 정립할 때, 국가는 또한 시장경제 그리고 그것이 개별자본가들과 맺고 있는 간접적 관계가 초래할지도 모르는 구조적 마찰을 극복하기 위해 애쓴다. 따라서 그것은 새로운 국가형태, 즉 사회적 자본의 국가가 된다.[53]

일단 지금은 개입주의의 이 새로운 정의, 아니 이 새로운 종류의 국가의 보다 분명한 사례들을 건너뛰기로 하자. 나는 후에 이것을 다시 다룰 것이다. 대신 케인즈의 사유에 있어서의 이 일보전진을 설명해줌

---

52. K. Marx, *Capital*, Vol. Ⅱ, p. 57 [칼 맑스, 김수행 역, 『자본론』Ⅱ, 비봉출판사 2004, 63쪽].
53. 이러한 상황을 분석하기 위해 케인즈와 케인즈학파가 기울인 그 모든 노력들에도 불구하고, 역시 가장 훌륭한 설명은 "사회적 자본"의 형성에 관한 맑스의 설명이다. 예컨대, *Capital*, Vol.Ⅱ, 앞의 책, p. 103 이하를 참조하라.

과 동시에 그것을 특징짓는 특유하고 근본적인 이론적 계기를 살펴보도록 하자. 그것은 바로 저축과 투자의 평형에 대한 가정이다.

우리는 『화폐론』(*A Treatise on Money*)에서는 이러한 평형이 가정되지 않았었다는 것을 알고 있다. 그 책에서 저축과 투자의 관계는 안정된 가격 수준의 유지를 목적으로 하는 경제정책의 목표로 나타났다. 케인즈는 『화폐론』(1930)과 『일반이론』(1936) 사이에 마음을 바꾸어 저축과 투자 간의 (체제 내부의) 측정가능한 평형이라는 개념을 가정하였다.[54] 이러한 심경 변화의 이유는 그러한 변화가 일어난 시기를 생각해보면 쉽게 알 수 있다. 1930년과 1936년 사이에 위기가 최고조에 달했던 것이다. 이 시기에 정치적 긴급성은 점점 더 급박해졌으며, 케인즈로 하여금 보다 급진적인 입장을 채택하지 않을 수 없도록 압박하였다.

간단히 말해 새로운 경제모델은 소비되지 않거나 투자되지 않는 소득이 발생할 모든 기미와 가능성을, 그리고 자본의 과잉생산 일체 즉 유통의 기능장애 일체를 제거해야만 했다. 우리는 이 모델이 더 이상 행위 형식들을 서술(describe)하지 않는다는 것에 주목해야 한다. 그것은 지시적(prescriptive)이며, 필수적인 전제조건들을 규정한다. 그것이 지시적인 이유는 오직 이러한 전제조건들이 국가 내부에서 그리고 국가에 의해 보증될 때만이 경제순환의 불황적 계기들과 맞설 수 있는(혹은 그것들을 예방하고 통제할 수 있는) 희망, 그리고 일반적으로 전반적인 경제질서를 정치적으로 조작할 수 있는 희망이 조금이라

---

54. J. M. Keynes, *The General Theory*, 앞의 책, pp. 52~65, 74~85.

도 존재할 것이기 때문이다. 그러한 전제조건들이 보증되지 못한다면, 이것은 불가능으로 남아 있게 될 것이다.

그리하여 예금단위(unit of account)가 예산장치(budgeting device)로 모습을 바꾸어 국가활동의 기본적 요소가 된다. 그리고 이러한 방식의 무장을 통해 국가는 사회적 생산의 중심으로 확립된다.[55]

이렇게 국가를 사회적인 생산적 자본의 중심으로 설정하는 것은 분명 그것이 해결하는 것보다 더 많은 문제를 제기한다. 첫째, 케인즈가 국가사회주의를 자신의 전제의 필연적 결과물로 생각하지 않았다고 한다면, 그는 불가피하게 자본의 경제적 지배층과 국가/정치적 지배층 사이의 관계라는 문제, 이 양자 간의 소통과 절합이라는 문제, 그리고 이 관계를 보증하고 발전시킬 수 있는 제도라는 문제에 직면해야만 한다. 여기에서 케인즈는 투기꾼과 사적 자본가들에 대한 그의 비난을 사적 자본에 대한 충성 선언으로 상쇄하지만, 문제는 여전히 해결되지 못한 채로 남게 된다. 둘째, 케인즈가 [저축과 투자 사이의] 이러한 등식을 통해 의도한 바는 은행이 투자를 지배하는 국면에서 생산적 영역 그 자체가 직접적으로 투자를 결정하는 새로운 국면으로의 이행을 표지하는 것이다. 좀 더 일반적으로 말해서 그는 화폐이론을 총산출에 관한 이론이 되게끔 밀어붙이려했다.[56] 그러나 이 모든 것은 단지 암시될 뿐이다.[57] 제기되었으나 풀리지 못한 문제들 전체를 계속 확인해 볼

---

55. '사회적 전가'(impuation)의 초점으로서의 자본에 대해서는, 다시 한번 "순환의 세 가지 형태"에 관한 맑스의 서술을 참고하라(*Capital*, 앞의 책, Vol. Ⅱ, chaps. 1~4, p. 25 이하).
56. J. M. Keynes, *The General Theory*, 앞의 책, p. 11.
57. R. Lekachman, *Keynes' General Theory*에 실린 P. M. Sweezy의 논문들은 이 지점을 올바르게 강조하고 있다.

수도 있을 것이다. 그러나 모호하고 암시적으로 표현되어 있다는 사실에도 불구하고, 케인즈가 저축과 투자 사이에 설정한 평형은 국가에 결정적으로 새로운 형상(configuration)을 부여한다. 국가는 이제 더 이상 단순히 경제적 지지나 유인 혹은 안정화나 혁신의 원천에 그치지 않는다. 그것은 경제적 활동의 원동력이 되었다. 여기서 자유방임주의에 대한 비판은 극한까지 밀어붙여진다. 사회 그 자체가 공장의 모형으로 주조(鑄造)되고, 개별적 자본주의의 마지막 흔적들마저 점차 더 큰 압력하에 놓이게 된다.

지금까지 미래와의 관계는 — 그것이 노동계급과의 투쟁이라는 관계를 의미하는 한에서 — 자본의 구조에 내재적인 술어들로 확립되고 또 엄밀하게 규정되었다. 케인즈는 미래를 짓누르는 공포들을 경감시키려는 (그리고 가능하다면 제거하려는) 목적으로, 국가의 자본주의적 개혁의 필요성을 설명하기 시작했다. 이런 방식으로 노동계급의 투쟁은 자본의 개량주의 운동을 강제했다. 그러나 그것은 어떻게 스스로를 자본 내부에 위치시키는가? 어떻게 우리는 이 발전된 재구조화 수준에서 스스로를 새롭게 표현하는 노동계급의 모순에 찬 현전(現前)을 발견하는가? 1920년대 초 이래로 자본주의 국가는 그 시기 정치운동과 노동조합 운동에 개입주의의 진화라는 방식으로 대응해야만 했다. 그리고 위기와 재구조화를 거친 지금, 그것은 결정적인 것이 되었다. 그러나 자본 '내부에' 정립된 노동계급을 품은 관계의 성격과 특질은 무엇인가?

케인즈와 더불어 자본주의적 과학은 괄목할만한 성장을 이루어 냈다. 그것은 노동계급을 자본 내부의 자율적인 계기로 인정한다. 케인

즈는 유효수요 이론을 통해, 투쟁하는 계급들 사이의 힘의 균형이라는
정치적 개념을 정치경제학 속으로 도입한다.[58] 분명히 케인즈의 주장
의 이데올로기적인 (그러나 한편으론 필수적인) 목표는 체제를 지탱
하는 것이다. 케인즈에게 있어서 문제는 어떻게 유효수요를 구성하는
다양한 힘의 평형들이 변하지 않는 것으로 간주되는 맥락 속에서 유
효수요의 균형을 확립할 것인가이다. 그러나 바로 이 정치적 목표 —
이것은 노동계급의 자율성이 기존의 권력구조 내에 영원히 갇혀 있을
것을 요구한다 — 가 케인즈주의의 역설이다. 노동계급이 발전의 추동
력이며, 따라서 정태적으로 정의된 균형에 관한 케인즈의 생각들이 사
실상 정태적 술어들로는 결코 달성될 수 없다는 것이 인정되지 않을
수 없는 것이다. 정태적 균형의 등식을 정의하려는 일체의 시도는 발
전을 포기할 수 없는 상황 속에서 균형을 찾는 수고스러운 모색이며
또 앞으로도 계속 그럴 것이다. 사실 (케인즈는 이것을 인식한 것으로
보이는데) 체제가 기능하는 것은 노동계급이 항상 자본 내부에 있기
때문이 아니라 그것이 자본 외부로 나가버릴 수도 있으며, 또 실제로
그렇게 하리라는 지속적인 위협이 있기 때문이다. 과학에 있어서의 문
제 그리고 정치학의 목표는 이러한 위협과 거부를 봉쇄하고 흡수하는
것, 그것도 항상 새로운 수준에서 흡수하는 것이어야 한다. 이것은 어
떻게 가능한가? 그리고 그 다음엔 무엇을 해야 하는가? 자본은 힘의
평형이 동일하게 유지되는 것과 같은 방식으로 성장의 역동적 요소들

---

58. 유효수요 개념은 *The General Theory*(앞의 책, pp. 23~32, 55, 89, 97~98, 245~254,
280~291)에서 정의되고 발전된다.

이 통제되는 것을 보장해야 한다. 다시 말해 문제는 결코 해결되는 것이 아니라 단지 지연될 뿐이다. 자세히 살펴보면 우리는 이 지점에서 자본의 역동성은 오직 끊임없는 투쟁, 즉 노동계급의 압력이 받아들여지는 과정으로서의 투쟁 그리고 노동계급이 자본 외부에서 행동하는 것을 막고 그것으로 하여금 지속적으로 새롭게 경계선이 그려지는 틀 내부에서 행동하도록 만들기 위해 새로운 무기들이 주조되는 과정으로서의 투쟁으로부터 비롯된다는 것을 알 수 있다.

이것은 어느 정도까지 가능한가? 유효수요 개념은 그 내부에 노동계급이 어떻게 자본에게 영향을 미치는가에 대한 수십 년에 걸친 경험을 담고 있다. 그리고 그 영향력은 전혀 감소할 기미를 보이지 않고 있다. 그렇지만 케인즈에게는 정치적 상황이 극적이라는 사실에 대한 인식이 있을 뿐이며, 이 인식이 위기와 투쟁을 발전의 추동력으로 전환시키려는 시도로 변형된다. 이러한 시도가 얼마나 멀리까지 나아갈 수 있을까? "장기적으로 볼 때, 우리는 모두 죽고 없다."

상황을 좀 더 자세히 살펴보자. 대공황의 근저에 놓여 있는 원인은, 수요 즉 소비경향이 압박을 받는 정치적 상황 속에서 공급의 과잉이 뚜렷해진 것이었다. 이것은 경제전선 전반에 중대한 불균형을 초래하였고, 그리하여 순(純)투자에 해로운 영향을 미치게 되었다. 진단은 스스로 처방—수요량을 증대시켜라, 소비경향을 증대시켜라—을 제시한다. 그러나 소비경향의 변동은 본질적으로 임금단위(wage-unit)로 측정된 소득에 있어서의 변화이기 때문에,[59] 위의 처방은, 유효하게

---

59. J. M. Keynes, *The General Theory*, pp. 91~92, p. 110.

실현된 수요의 일정한 단계에 상응하는 균형은 노동계급 고용의 수준이 총산출공급량의 가격과 기업가의 기대이득을 결정하는 대가를 치르고서야 달성될 수 있다는 것을 의미할 뿐이다.

이러한 방식으로 ─ 즉 케인즈가 고정시켜서 완결된 것으로 하고자 하는, 체제의 다양한 내적 구성요소들의 대체로 순환적인 상호의존성에 주목하면서 ─ 케인즈를 읽게 되면 그의 사고의 정치적 특질을 알아내는 것이 쉽지 않다는 것이 이야기될 필요가 있겠다.[60] 그러나 조금만 더 자세히 살펴보면, 그러한 상호관계의 체계 전체가 임금의 하방경직성(the downward rigidity of wages)이라는 단일한 가정에 의거하고 있다는 사실을 알 수 있다.[61] 그의 사고 밑바닥에 깔려있는 "궁극적인 독립변수"는 "고용주와 피고용자 간의 노동협약에 의해 결정된 것으로서의 임금단위"이다.[62] 바로 이곳, 이 주조(主調)를 중심으로 케인즈의 이론은 그 본모습을 드러낸다. 그것은 노동계급의 힘, 그 모든 자율성을 인정하고 그것을 이용한다. 노동계급은 진압될 수도, 제거될 수도 없다. 유일하게 선택할 수 있는 길은 그것이 운동하는 방식을 이해하고 그것의 혁명을 조절하는 것뿐이다.

---

60. 체제 전체의 상호의존성은 특히 케인즈 사상의 '정통적' 해석가들에 의해 증명되었다. R. Lekachman, *Keynes' General Theory*, 앞의 책, p. 135에 실려 있는 R. F. Harrod의 논문 "Mr. Keynes and Traditional Theory"을 참조하라.

61. "케인즈의 분석적 공헌은 주로, (임금의 경직성에 대한) 저 가정의 함의들을 밝혀낸 데 있다. 케인즈의 독특한 이론 체계가 … 임금의 경직성이라는 가정에 의존한다는 점은 이제 거의 일반적으로 인정되고 있다. 그 가정이 없다면, 케인즈의 체계는 쉽게 무너질 것이다. 달리 말해 그것은 막연하게 '고전적' 체계라고 불리어지는 것으로부터 스스로를 구별시켜주는 특유하고 변별적인 특질을 잃게 될 것이다"(Gottfried Haberler, "Sixteen Years Later", R. Lekachman, *Keynes' General Theory*, p. 291).

62. J. M. Keynes, *The General Theory*, pp. 375~6.

이 지점에서 (유효수요의 원리에 의해 변증법적인 것이 된) 케인즈의 개입은 그것이 노동계급의 운동, 즉 이미 주어진 것으로, 과정의 필수적이고 정당한 요소로 받아들여져야 하는 운동을 의식적으로 통제하려는 시도가 되는 한에서 완전히 정치적인 것이 된다. 케인즈의 사고의 개념적 내용 전체는 세력균형이라는 관념으로 채색되어있다.[63] 따라서 경제정책의 과제는 소득과 소비경향의 지속적인 혁명을 명령하는 것인데, 이것이 전체적인 생산과 투자를 유지시킬 것이며, 그리하여 유일하게 가능한 정치적 균형의 형태 — 이것은 오직, 여전히 비완결적인 것으로 남아 있는 힘의 균형의 모든 위험과 불안정성을 감내할 준비가 되어있을 때에만 유효할 것이다 — 를 달성해낼 것이다. 이제 우리는 유효수요 이론의 정신을 다음과 같이 요약할 수 있다. 유효수요 이론은 계급투쟁을 취해서, 자본주의 발전에 도움이 되는 방식으로 (임기응변적으로) 그것을 해소시키려 한다.

4. 자본주의적 재구축과 사회적 국가

지금 다루고 있는 문제, 즉 1929년의 경험이 어떻게 국가구조상의 변화를 초래했는지를 좀더 자세히 살펴보면, 우리는 케인즈의 기여가

---

63. 다음과 같은 정의는 하나의 사례로 충분할 것이다. "총수요함수는 다양한 가정적(hypothetical) 고용량을 그것의 산출물이 낳을 것으로 기대되는 수익과 연관시킨다. 그리고 유효수요는 총수요함수가 공급상황과 결합하여 기업가의 이윤 기대를 극대화시키는 고용 수준에 상응하게 됨으로써 유효해지는 지점이다"(J. M. Keynes, *The General Theory*, p. 55).

얼마나 발본적인 것이었는가를 알 수 있다. 자본주의 국가의 변형은
사회 전반에 걸쳐 국가의 개입능력이 확장되는 방식으로뿐만 아니라,
국가구조가 노동계급의 영향력을 반영해야만 한다는 의미에서도 이루
어졌다. 1929년 이후 국가는 하나의 일반적인 조직적 구조를 띠었는
데, 그 구조를 특징지은 것은 개입주의라기보다는 오히려 그것이 구현
하고 있는 특수한 유형의 계급 동역학이었다. 따라서 현재 국가형태의
특수성을 이해하는 유일한 길은 노동계급이 자본주의 구조에 가한 극
적인 충격을 조명하는 것이다.

　국가형태가 사회에 가해진 노동계급의 충격을 기록해야 한다면, 이제
국가가 ― 국가 그 자체의 구조 내부에서 ― 계급운동에 대한 특정한 통
제 형식을 구축하는 것은 정확히 사회적 차원에서이다. 공장에서의 전
제주의(despotism)와 사회에서의 무정부주의 사이에 존재했던 초기의
대립으로부터 (그리고 헌법에 기초한 국가, 즉 권리국가의 형태로 이
모순에 찬 관계를 조직하려는 처음의 시도로부터) 벗어나서, 자본은
이제 저 전제주의의 사회적 조직화로 나아가고, 공장의 형상을 직접적
으로 ― 사회 전반에 걸쳐 조직화와 억압을 절합하는 특수한 방식으로
― 재생산하는, 계획에 입각한 국가라는 새로운 형태로 사회 전반에
착취의 조직화를 확산시켜야만 한다.

　이처럼 케인즈는 국가의 새로운 정의에 결정적인 기여를 한다. 지
금까지 우리는 그의 사고 속에서 이 최종적이고 총괄적인 형상을 구
성하게 될 몇 개의 분리된 요소들을 살펴보았다. 그러나 이것이, 케인
즈가 분석의 개별적이고 부분적인 요소들의 단순한 합계를 넘어서는
종합적인 관점을 결여하고 있다는 것을 의미하는 것은 아니다. 이 종

합적인 관점은 그의 이자율 이론에 이미 내재해 있다.

케인즈의 이자율 이론은 신고전주의 경제사상과 관련하여 볼 때 논쟁적이다. 왜냐하면 신고전주의 경제사상은 이자율을 (자본재 공급과 수요 간의 자연적인 평형 요소나 절제에 대한 보상으로 보기보다는) 자본주의의 비사회화(non-socialised) 국면에서 생산영역 외부에서 작동하는 무정부적 요소들에 의해 결정되는 것으로 보기 때문이다. 케인즈에게 있어서 이자율은 유동성 선호(liquidity preference)와 시장의 화폐량으로부터 도출된다.

그러나 만약 신고전주의 경제사상의 이론이 옳다면, 자본주의 사회는 다시 한번 견디기 힘든 위험에 노출되게 된다. 개별 자본가와 금리생활자는 그들에게 맡겨져서는 안 되는 기능을 담당하게 된다. 그 결과는 오직 재앙일 뿐이다. 왜 우리가 그러한 재앙을 받아들여야 하는가? 정말로 우리는 생산과정의 객관적 힘들에게 저 무정부적 질서의 필연적 붕괴라는 짐을 남겨두어야만 하는가? 그러한 과정은 금리생활자를 파괴하는 데 그치지 않고 체제 전체를 무너뜨릴 만한 위험을 가져왔다. 그리고 대가를 치를 날이 가까이 와 있었다.

케인즈는, 체제를 구할 수 있는 행동을 취하고 싶다면 (그 정치적 긴급성은 차치하더라도 도덕적으로도 정당한) "금리생활자의 안락사"를 목표로 해야 한다고 결론 내렸다. 이것은 집단적 자본으로 하여금 교묘하게 "완전고용이 이루어지는, 자본의 한계효율표와 적절한 관련을 갖는 지점"[64]까지 이자율을 낮출 수 있도록 해줄 것이다.

---

64. J. M. Keynes, *The General Theory*, 앞의 책, pp. 375~376.

케인즈의 지시적 처방 전체가 이 하나의 제안 속에 요약되어 있다. 이것은 화폐의 유통이라는 결정적으로 중요한 영역에서 불균형이 통제될 수 있다는 확실한 보증을 제공하는 것을 목표로 한다.[65]

얼핏 보면 이 모든 것이 단지, 자본이 사회적 자본 즉 총체적이고 통합적이며 집합적인 자본이 된 수준에서 화폐이론과 생산이론을 통합하는 방향으로 케인즈의 주장들을 좀더 세련화시킨 것에 불과한 것으로 보일 수도 있다. 그렇지만 자세히 살펴보면 우리는 완전고용에 상응하는 자본의 한계효율표에 이자율을 종속시키는 것은 그 이상의 효과 — 특히 케인즈의 이론을 노동가치라는 고전적 교의에 연결시키는 역설적인 효과[66] — 를 갖는다는 것을 알 수 있다. 가치법칙의 재활성화가 케인즈의 전망에 지주(支柱)와 바탕을 제공하는 것으로 귀결되는 정도만큼, 가치법칙의 완전한 작동과 직접적 통제에 이질적인 모든 요소들은 제거될 것이다. 그리하여 무엇보다도 체제 — 즉 새로운 체제, 새로운 국가 — 가 (좀더 전면적으로 노동가치법칙 실현의 산물이 된다는 점에서) 강화된다. 실로 여기에서 우리는 "사회적 국가는

---

65. "왜냐하면 화폐의 중요성은 본질적으로 그것이 현재와 미래 사이의 연결고리라는 사실로부터 유래하기 때문이다"(J. M. Keynes, *The General Theory*, 앞의 책, p. 293).

66. "앞선 장들의 목적 중 하나는 가격이론 전체를 다시 가치이론과 밀접한 관련을 맺도록 … 하는 것이었다. 나는 '가치 및 분배이론'과 '화폐이론'을 나누는 '경제학'의 구분이 잘못된 것이라고 생각한다"(J. M. Keynes, *The General Theory*, 앞의 책, p. 293). "따라서 나는 모든 것이 노동에 의해 생산된다는 전(前)고전주의적 학설과 의견을 같이 한다"(J. M. Keynes, *The General Theory*, 앞의 책, p. 213). 다른 한편, 스위지는 이러한 종류의 모든 가설에 반대한다. 그는 다음과 같이 주장한다. "케인즈는 경제적 삶을 그것의 역사적 배경으로부터 추상해서 이해하며, 따라서 사회적 행위에 과학적 지침을 제공해 주지 못 하는 신고전주의적 접근법의 한계들을 결코 넘어설 수 없었다"(*Keynes' General Theory*, 앞의 책, p. 299).

노동에 기초한 국가와 같다"라는 등식이 적용되기 시작한다고 말할 수 있다. 이것이 바로 케인즈의 부르주아적 유토피아주의와 자본 변호론의 최종적이고 필연적인 결론이다![67]

이러한 이론적 경향을 비판적으로 조명해 보면, 우리는 그것이 어떻게 절합되어 있는지를 알게 될 것이다. 케인즈가 사회적 자본이라는 맥락에서 일단의 고전주의적(케인즈 본인이 말했던 대로 하면 전(前)고전주의적) 통찰들을 시험해 보려 한 것이라고 말하는 이가 있을지도 모르겠다. 사실 그는 사회적 자본의 화폐적 측면과 생산적 측면 간의 관계로 돌아가서, 두 가지 경향적 법칙, 즉 평균이윤의 법칙 그리고 화폐임금과 실질임금이 수렴하는 경향이 있음을 보여주는 법칙을 도입한다.[68]

여기에서 그는 가치법칙에 대한 고전경제학자들의 서술이 가지는 순수성에 접근한다. 사회적 자본의 수준까지 발달된 자본은 맑스주의적으로 된다고 말하는 사람이 있을 수도 있겠다. 분명 이것은 시각적 환상이지만, 동시에 역사적 유사성이 없다고 말할 수도 없다. 개별 기

---

67. 이와 관련하여 『일반이론』의 결론은 전형적인 본보기이다. 그것은 체제에 대한 무르익은 찬사를 표현한다. "나는 현존 체제가 사용 중에 있는 생산요소들을 심각하게 오용(誤用)하고 있다고 가정할 이유를 알지 못한다"(J. M. Keynes, *The General Theory*, 앞의 책, p. 379). "정화(淨化)된 자본주의와 개인주의", "금리생활자의 안락사", "통합되고 보존된 자유와 효율성", "노동과 자유의 강화" 등이 빈번히 등장하는 슬로건들이다. (자신들의 방법이 가치로부터 자유롭다고 주장하는 정통 케인즈주의 경제학자들 사이에 소화불량을 일으키기에 충분한) 엄청난 이데올로기적 내용을 가지고 있는 종합적인 이미지를 만들어내는 것은 전혀 어려운 일이 아니다.

68. *Keynes' General Theory*(앞의 책)에 실려 있는 D. G. Champernowne의 두 논문 "Unemployment, Basic and Monetary"와 "Expectations and the Links between the Economic Future and the Present"는 케인즈의 분석―특히 실질임금과 화폐임금 간의 관계라는 문제와 관련해서―을 정밀하게 해석하는 데 있어서 기본적으로 참조해야 할 글들이다.

업에 관한 이론이 가치법칙의 문제, 즉 어떻게 보편적이고 평균적인 가치가 달성되는가 라는 문제를 사실상 무시했음에 반해, 이제 자본의 집단적 정체성을 고려해야 할 필요가 그것을 복원시킨다. 그 문제는 맑스주의적이지 않은 술어, 즉 맑스주의의 개량주의적이고 사회민주주의적인 수정판의 술어로 다시 나타난다. 그것은 과정 ─ 과정이 작동하는 잠재적이고 경향적인 법칙 ─ 을 서술하는 수단으로서 뿐만 아니라, 무엇보다도 우선 정치적 규범으로, 경제전략의 중요한 목표들 중 하나로 새롭게 출현한다.

바로 이것이, 가치법칙의 케인즈적 재활용이 그의 사고 속에 사회적 이익과 공동선(common good)이라는 신비화된 관념을 도입하게 되는 이유이다. 그는 화폐이론의 생산이론으로의 환원을 통해, 그리고 이러한 환원의 정치적 필요성과 그것을 실현할 통제된 형식들에 대한 분석을 통해 "혁명 없이" 달성될 수 있는 최후상황(end-situation)을 제시하려고 했다. 여기서 최후상황이란 화폐가 단순한 계산단위, 생산된 상품들의 등가성에 대한 보편적 상징이 되고 그리하여 화폐를 선호할 만한 모든 이유가 사라지게 됨으로써 이윤과 이자가 영(零)으로 감소하고 화폐관계 ─ 이것은 자본주의적 권력 내부의 자율성의 영역이다 ─ 가 사라지게 되는 그러한 상황을 말한다.[69] 그리하여 매개적이

---

69. 예언자/스승인 Silvio Gesell에 대한 (아무리 약하게 표현하더라도) 유별난 공감과 더불어(*The General Theory*, pp. 353~358에서 그에게 헌정한 부분들을 참조하라), 케인즈는 화폐 이자율(money rate of interest)의 제거라는 Gesell의 가설을 지지할 뿐만 아니라 "날인된" 쪽지로 화폐를 대체하자는 그의 제안(이라기보다는 신앙요법/마법적 처방)을 긍정적으로 고려하는 데까지 나아간다. 그러한 환상들을 제쳐놓는다면, 우리는 *The General Theory*, pp. 200~201에서 자본의 한계효율을 영으로 낮춘다는 그의 이론에 대한 케인즈의 진술의 최고도로 과학적이고 이데올로기적인 형태를 찾아볼 수 있다.

고 보조적인 요소들이 제거된 사회적 이익과 가치법칙이 발전 전체를 다스리게 될 것이다. 자본은 코뮤니즘적인 것이 된다. 바로 이것이 맑스가 자본의 코뮤니즘이라고 명명한 바로 그것이다.[70]

이것이 케인즈가 작업을 해 나가는 기묘한 방식이다. 즉, 논의의 과정에서 자신의 분석이 기초하고 있는 전제들을 망각하는 것이다. 왜냐하면 가치법칙의 완전한 실현을 믿는다는 것이 실제로 의미하는 바는 잉여가치 추출이라는 자본주의적 법칙의 완전한 실현을 믿는 것이기 때문이다. 통합되어 영으로 축소된 이윤과 이자라는 것은 사실상 자본의 사회적 생산에 있어서의 평균 잉여가치율의 표현과 전혀 다르지 않다.[71] 착취는 사라지지 않는다. 오직 그것의 무정부적이고 경쟁적인 측면들만이 제거될 뿐이다. 이윤과 이자도 사라지지 않는다. 단지 평균을 초과하지 못하도록 제어될 뿐이다. 맑스의 반(反)명제는 손상되지 않은 채로 남아 있다. 비록 이 사실이 케인즈에게 아무런 관심의 대상이 되지 못할지라도 말이다.[72]

---

70. K. Marx, *Correspondence*, Italian translation, Vol. V, Rome 1951, p. 184.

71. *Capital*, Vol. III, p. 154 이하 그리고 p. 358 이하를 참조하라.

72. 맑스는 *The General Theory*에서 두 번 정도밖에 언급되지 않는데(p. 32 이하, p. 355 이하), 그것도 아주 포괄적인 방식으로 다루어져서 케인즈가 맑스를 충분히 이해하지 못했다는 사실을 가리켜 주고 있다. (여하튼 케인즈는 *Essays in Biography*에서 자신이 "맑스주의를 잘 알지 못함"을 인정한다). 10월혁명과 소비에트 프롤레타리아 국가에 대한 케인즈의 판단 역시 매우 피상적이고 천박하다(*Essays in Biography*, in *The Complete Works*, pp. 63~67, 그리고 *Essays in Persuasion*, in *The Complete Works*, pp. 253~271과 312~317을 참조하라). 이러한 경우에 나는, 이야기하고 있는 이가 과학자로서의 케인즈라기보다는 주식 거래 투기꾼으로서의 케인즈라고 말하고 싶다. 인간 케인즈의 가장 본질적인 측면들 중 하나(—Harrod은 자신이 쓴 케인즈의 전기에서 그의 투기꾼적인 능력을 찬양하고 있다—)를 보여주고 있는 이러한 측면에서 볼 때, 다음과 같은 진술은 충분히 이해할 만한 것이다. "내가 어떻게 부르주아지와 인텔리겐챠—무슨 잘못을 했건 간에, 이들은 고상한 삶을 살고 있으며 분명 모든 인류 진보의 씨앗을 운반하는 것

더욱 흥미로운 것은 이러한 케인즈의 결론이 그의 체계의 다른 중요한 부분들―특히 유효수요 이론―과 공공연하게 모순된다는 사실이다. 대립하고 있는 두 계급들 간의 모순, 투쟁, 권력관계에 의해 영향받지 않는 사회적 이익에 대한 그의 주장은 유효수요 이론을 부정하는 것이다. 이제 앞서 기술된 사회적 현실이 신비화될 뿐만 아니라, 그의 과학에 모순이 존재하게 되었다. 왜냐하면 그는, 지금 그가 그 존재를 부정하고 있는 바로 그 현실 위에 자신의 발전 법칙을 구축해 왔기 때문이다. 게다가 여기에서 케인즈는 유토피아주의의 지형으로 나아가는 모험을 감행한다―그로서는 드문 일인데, 이는 아마도 케임브리지 도덕철학파의 영향인 것으로 보인다.[73]

자본에 대한 이러한 관념―화폐 메커니즘을 통해 스스로를 절합하기를 거부하기[74]보다는 오히려 자신을 착취를 위한 사회적 힘으로 정립하기를, 그리하여 스스로를 자율적으로 만들기를, 즉 자기 자신을 분리된 본질이자 헤게모니적 권력으로 정립하기를 거부할 정도로 전면적으로 사회적인 자본이라는 관념―은 실로 유토피아적이다. 그것

은 이들이다―보다 촌티 나는 프롤레타리아트를 더 높게 치는, 비유하자면 물고기보다 진흙을 더 좋아하는 (코뮤니즘적·맑스주의적) 신조를 받아들일 수 있겠는가?"(*Essays in Persuasion*, in *The Complete Works*, p. 258).

73. 케인즈는 특히 자유주의적·인본주의적 급진주의―케임브리지 내에서 그 주요 대표자는 토머스 그린(Thomas Green)이다―로부터 강한 영향을 받은 것으로 보인다. 그린의 정치사상의 유토피아주의적 함의와 그의 정치이론의 일반적 논조에 관해서는, John R. Redman(편), *The Political Theory of T. H. Green*, Appleton Century Crofts, New York 1964와 Jean Pucelle, *La nature et l'esprit dans la philosophie de T. H. Green*, Vol. II : *La politique, la religion, Green et la tradition*, Nauwelaerts, Louvain 1965를 참조하라.

74. 맑스는 *Capital*, Vol. III, pp. 606~607에서 바로 이러한 자본의 사회화―이것은 화폐의 거부, 그리고 "유통하는 신용의 다양한 형태들에 의한 그것의 대체"에서 표현된다―가 가능하다는 것을 논증한다.

은 자본주의가, 투쟁과 위기가 강제한 질적 도약을 시장을 통한 이윤
실현과정에서 나타나는 가장 명백한 왜곡들을 제거하기 위해 이용하
는 지점까지만 존속하는 단기적인 유토피아이다. 일단 왜곡들이 제거
되고 나면, 사회적 차원에서 존재하는 지배 및 착취관계의 즉각적인
신비화가 뒤따라 일어난다.[75] 이러한 신비화는 1917년 이래로 노동계
급에 유리한 방향으로 변화해 온 권력균형 내부에서 자본주의를 재구
축해내기 위해 필요한 것이다.

그러나 그러한 기획은 전적으로 자본의 역사라는 틀 내에서 결정된
다. 그것은 이론적일 — 정치적으로 긴급하고 유효한 정도만큼 이론적
일 — 뿐만 아니라 직접적으로 실천적이기도 한 필요들을 반영한다.
위기에 대한 유사한 숙고들이 촉발한 동일한 필요가 뉴딜정책의 기저
에 — 성숙한 자본주의 내부에서 이루어진 모든 재구축 경험의 기저에
— 깔려 있다. 분명, 만약 뉴딜정책을 그것이 얼마나 충실하게 케인즈
주의적이었는가를 알아보기 위해 연구한다면, 우리는 즉시 선입견에
서 벗어나게 될 것이다. 사실 샤흐트(H. G. H. Schacht)[76]의 활동들이

---

75. "이미 본 바와 같이 자본축적의 증대는 집적의 증대를 포함한다. 이리하여 자본의 힘이
증대한다. 다시 말해, 현실적 생산자들에 대립하는 사회적 생산조건들 — 이는 자본가로
인격화되어 있다 — 의 자립화가 점점 더 강화된다. 자본은 점점 더 사회적 힘(social
power) — 이 힘의 행사자가 자본가이다 — 으로서 나타나는데, 이 사회적 힘은 어느 특정
개인의 노동이 창조할 수 있는 것과는 이미 어떤 관련도 없다. 그것은 사물(thing)로서,
즉 자본가의 권력의 원천인 사물로서 사회에 대립하는, 소외되고 독립적인 사회적 힘이
된다"(K, Marx, *Capital*, op. cit., Vol.Ⅲ, p. 264 [칼 맑스, 김수행 역, 『자본론』Ⅲ [상], 비봉
출판사, 2004, 317쪽]).
76. [옮긴이] 1877~1970. 바이마르 및 나치 시대의 독일 재정가. 1923년 독일의 통화위원으
로서 렌텐마르크의 발행에 의한 인플레이션의 수습에 공헌하여 라이히스방크의 총재로
임명되었다. 1930년에는 영(Young) 배상안에 반대하였기 때문에 사직하고 히틀러의
정권획득을 지원하였다. 나치 하에서 재군비계획의 추진에 중요한 역할을 수행했다.

휠씬 더 케임브리지적 사고에 가까운 것이었다. 케인즈 스스로가 이러한 취지의 말을 하기도 했다.

> 자본주의적 민주주의가 나의 주장을 입증할 만한 장대한 실험을 하는 데 필요한 규모로 지출을 조직하기란 정치적으로 불가능해 보인다. 전쟁 상황을 예외로 한다면 말이다.[77]

케인즈가 당시 미국의 정치정세와 맺고 있었던 개인적 관계 — 특히 루즈벨트와의 관계 — 에 대한 어떠한 분석도 실망스럽기는 마찬가지일 것이다.[78]

그러나 우리가 케인즈의 체계를 구성하는 것으로 확인한 모든 이론적 요소들 — 노동계급이 자본주의 구조에 가한 충격에 대한 인식에서 새로운 공공기금 투자를 통해 유효수요를 자극하는 것을 목표로 하는 정치적·경제적 수법에 이르기까지, 그리고 사회의 발본적인 자본주의적 재구축의 긴급성에 대한 강조에서 그 결과 나타나는 특수한 종

---

77. Keynes, "The United States and Keynes Plan" in *New Republic*, 29 July 1940(R. Hofstadter, *The Age of Reform*, Jonathan Cape, London 1962, p. 307에서 인용). [영역자: *The General Theory*의 전체주의적 확장 그리고 나찌의 경제장관인 샤흐트의 정책들에 대한 케인즈의 호감에 관해서는, 독일판(1936)의 서문을 보라. "이 책의 목표인 생산 전반에 관한 이론은 전체국가(total state)의 상황에 훨씬 더 쉽게 적용할 수 있다. … 내가 주로 자유방임주의가 여전히 광범위한 영역에서 영향력을 행사하고 있는 앵글로-색슨적 상황에 대한 관찰을 통해 작업해 왔음에도 불구하고, 나의 이론은 국가의 개입(지도)이 좀 더 강력한 상황에도 똑같이 적용될 수 있다"(F. Hayek, "Review of Harrod's Life of Keynes", in *Journal of Modern History*, June 1952와 D. Winch in *Economics and Policy*, Fontana, London 1973, p. 206에서 인용되었음)].

78. R. F. Harrod, *The Life of John Maynard Keynes*, pp. 445~450, 그리고 Mario Einaudi, *La rivoluzione di Roosevelt*, p. 83을 참조하라.

류의 국가에 이르기까지 — 역시 뉴딜정책의 경험 속에서 그 나름의 역할을 하며, 비록 동일하지는 않지만 유사한 방식으로 효과를 발휘한다.[79]

사실상 우리는 변화하는 국가형태와 관련하여 오직 뉴딜의 경험만이 우리가 케인즈주의의 근본적 특징으로 간주해 온 것 — 활동하는 경제적 힘들 사이의 변화된 관계에 대한 인식, 그리고 이러한 새로운 맥락에 상응하는 자본 헤게모니의 재구조화 — 을 명확하게 밝혀준다고 말할 수도 있을 것이다. 뉴딜정책은 '게임의 규칙'을 근본적으로 변화시킴으로써, 그리고 자본의 지배 엘리트들이 갖고 있는 재구축에 대한 열망과 '적법절차'라는 오래된 (그러나 이제 갱신된) 헌법적 실천 사이의 인상적인 종합에 의해 그것을 명확하게 밝혀준다. 마침내 여기에서 우리는 스스로의 보존을 위해 '영구혁명' 개념을 대담하게 채택하고 복원하는 자본주의 국가를 보게 된다. 그것은 어떠한 유보도 없이 자본주의 국가로서의 자신의 계급적 본질을 단호히 주장하면서, 포퓰리즘적 혹은 전통적 진보 이데올로기들의 해악을 피하면서 그렇게 한다. 강제되는 것은 자본주의적 개량주의인데, 그것은 체제 내 불균형들에 대한 사회민주주의적 투정과는 거리가 있으며, 자기자신의 재생산에 의해 문제들을 해결할 수 있음을 굳게 확신하는 그러한 개량주의다.[80]

---

79. Schlesinger, Hofstadter, Einaudi는 (본 논문에서 언급된 자신들의 저작 속에서) 뉴딜정책이 케인즈주의에 특별히 충실한 것은 아니었다는 점을 인식하고 있다. 그러나 그와 동시에 그들은 그 두 경험의 기저에 놓여 있는 정치적 배치가 객관적으로 수렴한다는 것도 알고 있다. 이러한 점이 강조되어야 할 것이다.

80. Hofstadter가 미국식 개량주의의 이 새로운 국면의 특성으로 간주한, 새로운 노동조합

케인즈는 어째서 이 급진적인 역사적 실험이 자신의 이론적·정치적 사고와 얼마나 가까운 것인지를 알지 못했을까? 어째서 그는 자신의 유토피아의 가능성을, 그리고 그것의 필연적인 부수물인 신비화를 알지 못했을까? 결국 그는 그 모든 것을 알지 못 했다. 이러한 신비화는 성숙한 자본주의 국가의 특징인 하나의 결정적 측면, 즉 증대된 폭력의 사용에 의해 그 본 모습을 드러낸다. 이 폭력은 직접적일 수도, 간접적일 수도 있다. 그러나 그것이 근대국가가 수행하는 전반적인 촉진·조절 활동의 발전 속에 언제나 존재한다는 사실에는 변함이 없다.

그리고 이 근본적인 진리는 케인즈에게서 다시 한번 단지 스쳐가는 것으로서만 떠오른다. 그의 과학적 활동에 수반되는 절망적인 역사철학[81]에서뿐만 아니라, 그의 체계 자체 내에서도 그렇다. 그가 유토피아를 향한 자본주의적 재구축의 윤곽을 그리고 있는 바로 그 지점에서 우리는, 다시 자기자신에게로 되돌아가서 기본적인 문제는 자본을 규정하는 계급관계 내부에서의 자본의 취약함에 있다고 생각하는 (따라서 자신의 출발점이었던 현실들을 잊지 않고, 자본주의적 재구축을

주의적 요소는 결코 뉴딜정책에서 이루어진 자본주의적 실험의 발본성을 손상시키지 않는다. 오히려 그것은 뉴딜정책의 고유한 형태를 부각시킨다(*The Age of Reform*, pp. 305~308를 참조하라). 그러므로 Hofstadter가 그러한 실험에서 인식한 "사회민주주의적 기미"는 노동계급적 관점과는 아무런 관계도 없다.

81. 앞서 인용된 중요성이 덜한 저작들의 구절은 차치하더라도, 『일반이론』 자체가 완전히 비합리적이고 비관주의적인 관점에서 유래한 것으로 보이는 역사철학에 대한 고찰들로 가득하다는 사실에 주목해야 한다(특히 결론을 보라). 특히 그러나 역설적이지는 않게도, 케인즈에게 있어서 한계주의 경제학(marginalist economics)의 특수한 "합리성"에 대한 공격은 합리성 일반에 대한 탄핵을 의미한다. 1920년대 초에 Robertson이 주목한 바 있듯이, 그것은 당대의 "주의주장들"(isms)의 비합리적 결과들을 받아들일 마음의 준비가 되어있음을 의미하는 것이다.

위해 자신이 제안했던 모델들을 배타적으로 신뢰하지도 않는) 케인즈를 발견한다. 이것의 실례(實例)는 『일반이론』의 결정적 지점 — 이자율의 경향적 저하 법칙의 재발견 — 에서 나타난다.

나는 여기서 [이자율의 경향적 저하법칙에 관한] 이러한 케인즈의 제안의 과학적 타당성 혹은 기타의 것들에 대한 판단을 지나치려 하는 것이 아니다. 그러한 판단과 관련해서는, 케인즈의 정식화가 고전적인 맑스의 정식화보다 더 그럴싸해 보인다 — 왜냐하면 그것은 자본의 과잉생산이 아닌 "추가자본에 대한 할인수익상의 하락과 새로운 자본재 공급가격의 상승"에 대한 예견에 기초하고 있기 때문이다 — 고 말하는 것으로 충분할 것이다.[82]

이러한 정식화를 사용함에 있어서 케인즈는 자신의 유토피아적 도식보다 한층 더 현실에 밀착된 결론들, 출발점이었던 기본적 상황으로부터 나오는 결론들을 도출한다. 그는 유효수요 이론이 제공한 도식을 더 이상 안정을 달성하기 위한 정책들의 지표로 사용하지 않으며, 예견과 예측의 수단으로 사용한다. 유효수요 정책들의 적용으로부터 도출된 이러한 예측의 내용은, 수요가 공급을 추월할 것이며 지속적인 인플레이션의 위험이 이전 시기의 디플레이션적 경향을 대신할 것이라는 것이다. 간단히 말해 그것은 노동계급의 거대한 압력이 (계급들 간의 이러한 변화된 관계 내부에서) 객관적으로 산출할 수밖에 없는, 자본의 새로운 조직에 대한 그 모든 영향들의 결정적이고 비가역적인

---

82. 전체 문제와 관련해서는, Arghiri Emmanuel, "Le taux de profit et les incompatibilités Marx-Keynes" in *Annales*, ESC, 21, 1966, pp. 1189~1211을 참조하라.

출현이다. 사실 이는 1929년의 사건들이 강제한 자본주의적 개혁 이후에 직접적인 생산활동 영역에서 이루어졌던 계급관계의 발전 속에서 발생했던 것이다. 우리는 심지어 뉴딜체제 하에서도 1937년의 경기후퇴라는 모습으로 그것이 나타나는 것을 볼 수 있다.[83]

그러나 공포, 즉 미래에 대한 공포를 제거하기 위한 이 모든 과학적 노력들의 끝에는 파국과 "파국의 무리"에 대한 공포가 여전히 남아 있다. 케인즈에게 있어 공포는 바로 자본 재구축의 필요성과 권력균형이 노동계급에 유리한 방향으로 공고화되는 경향에 대한 인식의 결합으로부터 발생한다. 계급들 간의 관계가 역동적으로 된 상황에서는 새로운 균형을 창출하려는 어떠한 시도도 불확실할 수밖에 없다. 그리고 어떤 고정된 점을 중심으로 운동을 안정화시키는 것이 불가능해진다. 그러한 상황에서 유일하게 남아 있는 선택지는 권력을 하나의 독립적이고 확실한 실체로서 신뢰하는 것이다.

어쩌면 이것이 일반적 이익을 절대적인 것으로 끌어올린 케인즈의 작업을 우리가 어떻게 읽어야 하는지를 보여주는 것이 아닐까? 그리고 또 이것은 유효수요라는 자신의 이론적 도식으로부터의 그의 해방을 우리가 어떻게 읽어야 하는가를 보여주는 것은 아닐까? 케인즈 사고의 이중적 운동 — 한편에서는 국가구조를 사회경제적 과정과 동일시하고, 다른 한편에서는 사회운동의 특수성들로부터 명확히 구분되

---

83. 1937년 미국의 위기에 대한 이러한 해석은 Heinz Wolfgang Arndt, *Economic Lessons of the Nineteen-Thirties*, pp. 68~70에 제시되어 있다. 일반적으로 현대 자본주의 경제 위기의 리듬과 인플레이션적 경향에 관해서는 M. Dobb in *Tendenze del Capialismo Europeo*("Trends of European Capitalism"-Symposium organised by the Gramsi Institute, Rome), Editori Riunti, *Rome* 1966, pp. 23~36을 참조하라.

는 국가의 일반적 이익을 인정하는 이중적 운동 ― 에서, 체제의 새로운 삶의 필연적인 모순을 발견하는 것이 가능하지 않을까?

분명한 것은 불안정성(precariousness)에 대한 이러한 감각이 사라지지 않을 것이라는 점이다. 그러한 감각이 제도적 술어 속에서 취할 수 있는 유일하게 적합한 번역어는 아마도 근대국가에 특유한 극단적인 폭력뿐일 것이다. 국가는 다시 한번 공포, 억압의 필요, 폭력을 의미한다. 아마도 이것이 케인즈의 유토피아주의와 신비화가 해체되는 방식일 것이다. "파국의 무리"와의 정산(精算)은 일상사가 된다. 자본의 코뮤니즘은 모든 가치들을 자신의 운동 내부에 흡수할 수 있으며 발전이라는 일반적인 사회적 목표를 최대한도로 표현할 수 있다. 그러나 그것은 착취에 대한 증오이며 어떠한 균형의 수준에서도 봉쇄불가능한 노동계급의 저 특이성을 결코 빼앗을 수 없을 것이다. 왜냐하면 노동계급은 자본주의적 생산양식의 파괴를 위한 기획이기도 하기 때문이다. [1968]

2

맑스의 순환론과 위기론

　　이 논문은 케인즈를 다룬 앞의 논문과 마찬가지로 『반(反)계획』지에 처음 게재되었다. 그리고 앞의 논문과 함께 그 직접적인 속편격으로 논문집 『노동자와 국가』에 다시 수록되었으며, 앞의 논문의 테마 중 많은 부분을 공유하고 있다. 또한 이 논문은 마리오 뜨론띠 — 네그리는 1960년대 초반 이래로 『붉은 노트』(*Quaderni Rossi*, 1961~63), 『노동자 계급』(*Classe Operaia*, 1964~67)과 같은 매우 영향력 있는 저널들에서 뜨론띠와 지속적으로 협력했었다 — 를 중심으로 하는 이탈리아 '노동자주의'(Operaismo) 집단의 지도적 인물들 중 일부와 분명한 분리의 선을 긋는 것이었다.

　　이러한 분리의 원인이 된 기본적인 쟁점들은 이 논문의 후반부(제4절)에서 언급되는데, 이 때 노동계급투쟁과 자본주의적 발전의 관계를 "영구적 이중권력 모델"의 관점에서 "끝없는 평행관계"로 규정하는 "환상들"에 대해 비판하는 것은 (비록 그를 거명하진 않았지만) 사실상 뜨론띠의 입장에 대한 직접적인 비판이다. 이 논문은 — 원본인 『반계획』 판에서 — "저널의 정치적 입장들과의 본질적인 차이"로 인한 네그리의 편집부 사임 선언으로 끝맺는다.

이탈리아의 '노동자주의'는 영어권 좌파 내부의 노동자주의와 매우 다른 함의를 갖고 있기 때문에, 이점에 대해서는 약간의 설명이 필요하다. 네그리가 이 책에 실린 글들에서 자주 언급하듯이 뜨론띠, 판찌에리 그리고 여타의 사람들의 초기 작업은 기존 좌파 조직들 외부에 이탈리아의 독립적인 노동자 자율운동을 위한 기초를 놓은 것으로서, 1960년대에 매우 큰 중요성을 갖는 것이었다. 특히 중요한 것은 다음과 같은 것들이었다. 노동계급의 투쟁이 생산과 축적 내부에서 적대의 능동적 힘으로 작용한다고 생각하며, 가치(value)를 계급관계로 사고한 이론가로서의 맑스의 재발견. 정통 맑스주의의 객관화된 경제주의적 범주들에 대한, 그것의 이른바 '축적의 법칙들'에 대한, 그리고 계획이라는 형태로 노동가치를 실현하려는 사회주의의 생산주의적 이상들에 대한 체계적인 비판. 그리고 (뜨론띠를 인용하자면) 현대 자본주의 발전의 "내부에서 그에 대항하는"(within and against) 적대의 원동력인, 노동에 반대하는 노동자들의 독립적인 자기이해(self-interest)의 중심성에 대한 그들의 일관된 주장.

이것은 매우 새롭고 강력한 계급정치학이자, 발전된 자본주의 내에서 새로이 재구성된 계급주체—대규모화된 그리고 점점 더 사회화되는 노동계급, 즉 '대중노동자'—와 사회화되고 계획화된 자본주의 사이의 계급적대의 변형에 대한 분석이었다.

다른 한편 기성좌파의 전략적 전망은 여전히 국가를 독점체들의 통제로부터 떼어내려는—'생산력'에 대한 통제를 위한—민주적 계획을 중심으로 하고 있었으며, 생산과 노동의 객관성 그 자체는 아무런 의심도 받지 않은 채로 남아 있었다. 이러한 지평에서 보면, 사회주의는 자본주의적 계획의 최고 형태가 된다. 노동계급은 '그들의' 조직 및/또는 다양한 이데올로기적 구성물 혹은 '의식성'이 함축하는 바와 동일시되어 왔다. 결과적으로 노동자들 자신은 적대의 독립적인 물리적 주체이기는커녕, 단순한 **노동력**으로 간주되었다. 자본주의적 거대 도시들에서, 그들은 하나의 **계급**으로서는 존재하지 않는 것으로 제시되곤 했다. (그리하여 당시 좌파운동 속에 널리 퍼져 있었던 '제3세계주의' 조류에 대한 강력한 비판의 어조가 『노동자와 국가』의 서문에 담기게 된 것이다).

본 논문에서 네그리는 발전과 위기의 자본주의적 순환에 대한 맑스주의적 재해석을 통해 경제적 범주들의 객관성에 대한 이러한 비판을 한층 높은 수준으로 발전시킨다. 계급관계로 이해된 가치와 잉여가치는 **정치적**으로 결정된다는 주장 그리고 국가권력과 폭력이 케인즈주의적 체제의 균형을 유지하기 위해 요구되는 핵심적 조건이라는 그의 주장은 여기에서 이 체제의 불안정성에 대한 그리고 그것이 위기로 향하는 경향에 대한 강조로 나아간다. 위기는 시장적 힘들의 무정부성이나 교환영역에서의 불균형성 혹은 체제의 '계획불가능성'에 의해 야기되는 것이 아니다. 이러한 "위기의 형식적 가능성들"(맑스)의 근저에는 필요노동과 잉여노동을 둘러싼 근본적인 투쟁이 자리잡고 있다. 따라서 위기관리는 점점 더 노동과 가치관계 자체의 위기에 대한 자본주의적 대응으로 나타날 수밖에 없다. 오늘날 노동에 대한 지배의 관리된(managed) 자본주의적 순환에 있어서, 위기와 발전은 (맑스에 의하면) 상호보완적 극들로 나타나게 된다. 1929년 대공황의 경험 이래로, 자본주의적 이론에서 위기는 발전의 필수조건(슘페터)으로 인식되었고, 동시에 "정치적 경기순환"(칼레키)

의 일부로서 관리되었다. 이 논문에서 '위기의 자본주의적 이용'에 대한 언급들이 나오는 것은 이 때문이다. 네그리에게 있어서 임금-노동 연계 (nexus)에 대한 명령을 재구축하기 위해 위기를 발전의 조건으로 관리하는 '위기국가'(crisis-state)는 '계획자국가'의 보충적 맞짝(counterpart)이다. 위기의 정치적 중층결정에 대한 이러한 강조는 이후 네그리의 저작 전반에 걸쳐 중심적인 것으로 남아 있게 된다. 그러나 위기와 발전의 이러한 정치적 변증법과 그 근저에 놓여 있는 계급투쟁이 이 단계에서는 여전히 대체로 케인즈주의적 발전전략의 맥락 속에서 제시된다는 것을 주목하는 것이 중요하다. 비록 제3절의 한 부분에서 네그리가 ─ 다소 예언적으로 ─ 순환을 통한 자본주의적 지배는 "오로지 위기뿐"인 지점에 도달할 수밖에 없다고 암시하고 있기는 하지만 말이다.

이는 우리를 다시 1968년 논쟁으로, 그리고 이탈리아 노동자주의의 주창자들 사이의 분열이라는 문제로 데려간다. 당시 쟁점은 케인즈주의적 발전에 있어서의 계급적대와 그것이 독립적인 계급정치학에 대해 가지는 함의에 관한 것이었다. 뜨론띠는 적절하게도 이 문제를 "내부에서 그에 대항하여"라는 어구로, 즉 노동자들의 독립적인 자기이해로서의 자율성이 자본주의적 개량주의와 공존할 수 있는 이중권력 모델로 표현하였다. 다른 한편 네그리에게 있어서 순환의 억압적이고 정치적인 이용과 그 내부에서 (특히 위기관리 속에서 ─ 제3절) 개량주의가 담당하는 역할이 의미하는 바는, 노동자들의 자율성이 발전과 위기 양자 모두를 통한 자본주의적이고 개량주의적인 순환 관리에 도전하기 위해서는 레닌주의적 의미에서의 완전한 정치적 단절을 필요로 한다는 것이었다. 네그리는 이미 북부, 특히 베니스 지역의 자율적인 공장위원회들에서 그와 같은 독립적인 조직들을 건설하는 일에 참여하고 있었다. 그리고 그에게 있어서 이러한 활동은 앞으로 나아갈 길을 가리켜 주는 것이었다.

이러한 이탈리아 노동자주의의 형성기에 대한 기본적인 참고문헌으로는 무엇보다도 뜨론띠의 논문모음집인 『노동자와 자본』[1]를 들 수 있다. 이 책은 기존 맑스주의와의 단절을 위한 기초를 놓았으며, 노동자들의 자율성을 위한 이론적 버팀목을 제공하였다. 노동계급을 자본주의 발전의 근저에 놓여 있는 능동적이고 결정적인 힘으로 간주하는 뜨론띠의 주장은 그 유명한 1964년의 '역전'(inversion) 공식 속에서 표현되었다. "충분히 사회화된 자본의 수준에서, 자본주의적 발전은 노동계급의 투쟁에 종속되며 그것의 뒤를 따른다"(「영국의 레닌」 "Lenin in England").[2] 네그리 자신의 회고적인 설명은 포괄적인 자전적 인터뷰인 『대중노동자에서 사회적 노동자로』[3]에서 찾아볼 수 있다. 공장에 대한 노동자주의적 분석의 더 광범위한 사회적 차원, 즉 생산관계들의 사회 전체로의 확장은 이후 1970년대 논쟁의 주요한 초점이 될 것이었다(이 책의 뒤에 실려 있는 「고고학과 기획」 "Archaeology and Project" 참조). 이것은 네그리와 뜨론띠의 공저인 『사회적 공장』[4]에서 다루어지고 있다. 마지막으로 중요한

---

1. *Operai e Capitale*, Einaudi, Torino, 1966(개정판들이 나와 있다).
2. 이 글을 비롯하여 영어로 된 뜨론띠의 다른 글들을 보려면 아래에 간추린 문헌 목록 속에 열거되어 있는, 『텔로스』(*Telos*)에 실린 논문들을 참조하라. 『노동계급 자율성과 위기』(*Working Class Autonomy and the Crisis*, Red Notes and CSE Books, London 1979), 『세미오텍스트』(*Semiotext(e)*)의 특집호인 탁월한 논문집 『이탈리아 - 아우또노미아』(Columbia University, New York, Vol. 3, No. 3, 1980)에 재수록된 글들.
3. *Dall'Operaio Massa all'Operaio Sociale*, Multhipla, Milano 1979.
4. *The Social Factory*, Foreign Agents series, Semiotexte, New York 1986.

것을 덧붙인다면, 기술과 '생산력들'의 객관성에 대한 비판을 수행함에 있어 기초가 되는 텍스트라 할 수 있는, 라니에로 판찌에리의 선구적인 논문 「기계의 자본주의적 이용」[5]을 빠뜨려선 안 된다. 이 논문은 네그리의 텍스트들 속에서 — 예컨대, 이번 논문의 제1절 마지막 부분 — 간접적으로 자주 인용된다. 이 독창적인 논문의 영어 번역은 슬레이터(P. Slater)와 라인펠더(M. Reinfelder)가 편집한 논문집 『기술비판요강』[6]에 실려 있다.

---

5. "The Capitalist Use of Machinery", *Quaderni Rossi* no. 1, 1961.

6. *Outlines of a Critique of Technology*, Inklinks, London 1980 : 재출간 Free Association Books, London 1986.

1. 발전의 문제와 정치경제학의 비판적 인식

오늘날 자본주의적 권력의 기획이자 동시에 그것의 문제인 경제발전에 대해 고찰해보기로 하자. 발전은 노동계급의 투쟁이라는 근본적인 적대와의 관계 속에서 어떻게 특징지어지는가? 이 관계 내부에서 자본이 자신의 행동을 집중시켜야 하는 전략적 지점들은 무엇인가? 그리고 역으로 노동계급투쟁은 자본주의적 발전의 억압적 메커니즘, 덫으로부터 어떻게 해방될 수 있는가?

이 글에서 나는 분명히 이러한 근본적인 문제들에 대한 완전한 해답을 준다고 주장하지 않는다. 나는 다만 (a) 정치경제학이 가지고 있는 발전에 대한 관념과 (b) 그러한 관념에 대한 비판과 명료화 ― 이것은 순환에 대한 맑스의 분석으로부터 나온다 ― 를 개괄할 것이며, (c) 끝으로 그러한 관념이 자본주의 국가의 근대적 이데올로기들에게 미친 영향들을 정의하고, 노동계급의 과학이 어떠한 가능한 대안들을 제시해야만 하는가를 살펴보기 위해 노력할 것이다.

발전이라는 문제가 오늘날 자본주의 이데올로기에 중심적인 문제가 되었다는 것은 새삼스레 지적할 필요가 없다. 발전의 역할은 너무나 가시적이어서 자명하기까지 하다. 발전, 순환에 대한 통제 그리고 경제위기에 대한 통제, 바로 이것들이 1930년대 이래로 자본주의적 관점(il punto di vista del capitale)이 스스로를 드러내는 [자본의] 유일한 관심사였다. 그리고 위의 세 가지 모두는 안정이라는 문제로 수렴한다. 역설적이게도 오늘날 노동계급투쟁의 강력한 공격은 이 문제를 다름 아닌 체제 생존의 문제로 전화시켰다.

자본주의 사회의 운동이 모순들로 가득 차 있다는 사실은 산업활동의 주기적 순환—이것의 정점은 일반적 위기이다—을 통해 실무적인 부르주아지에게 매우 분명하게 알려져 있다.[7]

맑스는 『자본론』 제2판에 붙이는 후기에서 위와 같이 썼다. 오늘날 부르주아들—적어도 정치적으로 의식적인 부르주아들—은 자본주의적 순환의 모순적 운동이 제공하는 즉각적인 가르침, 혹은 위기의 소란 속에서 그들 자신의 실천을 시험해볼 기회가 더 이상 그들에게 열려 있지 않다는 것을 알고 있다. 그들은 반드시 미리 실천을 조직해야 하고, 순환에 대한 예방적 통제를 획득해야 하며, 발전을 사전에 결정할 수 있는 위치에 서야만 한다. 그들은 그 외에 어떠한 대안도 갖고 있지 않다.

그러나 이론적 이해(understanding)는 실천적 이해의 뒤를 절뚝거리면서 뒤따르는 것처럼 보인다. 양자가 서로에게 요구하는 것은 모순적이며 충돌하는 경향이 있다. 이론은 통상적으로 실천적 정치의 긴급한 필요들을 신비화하는 경향이 있다. 노동생산물은 가치량으로 고정되며, 그것의 모든 운동은 "사물의 운동이라는 형태", "자신들에게 종속되어 있는 것들을 지배하며, 그것들을 무력하게 만드는 전능한 자연

---

7. *Capital*, Vol. I, 독일어 제2판 후기, p. 29 [칼 맑스, 김수행 옮김, 『자본론』 I 상, 비봉출판사, 2001, 19~20쪽]. *TSV*, Vol. III, p. 518도 참조하라 : "(경제적 과정의) 다양한 구성요소들의 외관상의 독립을 끝장내는 것은 다름 아닌 위기들이다." [영역자: 우리는 『자본』의 첫 세 권들은, 1983년 런던의 로렌스 앤드 위셔트 출판사에서 간행된 판을 인용한다. (이 인용문들을 검색하는 데 도움을 준 센트럴 북스의 직원에게 감사한다.) 네 번째 권은, *Theories of Surplus Value*, 3 Vols., Lawrence and Wishart, London 1972를 인용한다. 앞으로는 *TSV* Vols. I, II, III 식으로 적겠다. 로마 숫자는 해당 책의 권수를, 아라비아 숫자는 장을 가리킨다.]

법칙"[8]의 형태를 취하며 또 취해야만 한다. 이론적 이해는 오직 위기의 순간에만, 실천이 승화되어 있는 사회적 상형문자들의 의미를 해독하면서 실천과 보조를 맞춘다. 마치 오직 위기의 긴급성과 직접성만이 ─ 부르주아적 심성의 저 위대한 집중장치(concentrator)인 공포와 더불어 ─ 이론적 인식으로 하여금 실천의 노골적인 요구들이 강요하는 부정적 사유의 과정을 따르도록 강제하면서, 일반적으로 그것을 가두고 있는 신비화의 여지를 줄일 수 있다는 듯이 말이다. 이론적 측면에서는 좋은 이론이 실천 속에서는 나쁜 이론일 수도 있다. 맑스의 말을 빌면 위기가 진행될 때에,

> 그것[위기 ─ 옮긴이]은, 그 영향력의 전면성(全面性 : universality)과 그 작용의 강렬함에 의해, 새로운 신성 프러시아─게르만 제국의 졸부들의 머리 속에까지 변증법을 쑤셔 넣을 것이다."[9]

그리고 바로 이것이 오늘날 우리들 앞에 놓여져 있는 상황이다!

그렇다면 자본의 비판적 인식이 발전에 관한 자신의 논의를 전개시켜 나가는 근본적인 ─ 혹은 적어도 가장 중요하고 교훈적인 ─ 지점들은 무엇인가?

정치경제학에서 발전이라는 주제가 갖고 있는 특징을 이해하기 위해 첫 번째로 요구되는 것은 그것이 발생한 맥락을 이해하는 일인 것 같다. 다시 말해서 우리는 어떻게 발전이 경제적 논쟁에서 그토록 중

---

8. *Capital*, Vol. I, p. 75.
9. *Capital*, Vol. I, 독일어 제 2판 후기, p. 29 [『자본론』 I 상, 앞의 책, 20쪽].

요한 위치를 차지하게 되었는가를 이해할 필요가 있다. 그러한 일은 1920년대에서 1930년대 사이에 즉 부르주아의 사회적 사고에 있어서 결정적인 재정향(reorientation)이 이루어졌던 시기인 대공황기 동안에 일어났다. 그때부터 발전은 위기에 대한 대안으로 인식되게 되었다. 혹은 더 정확히 말하자면 발전은 자본주의적 순환의 새로운 형태였으며 반드시 그래야만 하는 것으로 인식되었다.

이러한 이론적·정치적 노선은 위기가 자본주의적 사고 속에 불러일으킨 뿌리 깊은 변화, 즉 경제과정의 이중적 본질과 그 내부에서 작동하고 있는 적대적인 힘들에 대한 깨달음으로부터 출현하였다. 자본은 (임금과 이윤, 공급과 수요, 소비와 생산, 저축과 투자 등과 같은) 경제과정의 모든 요소들의 환원불가능한 이중성에, 그리고 처음으로 그 내부적 신장들의 강렬함과 자신의 작동과정 외부에 놓여 있는 요소들의 모순에 찬 복합성을 드러낸 복합적이고 상호작용적인 체계에 직면해야만 했다.

그러한 긴장들은 일체의 균형을 폭발시켜버릴 지점에까지 이를 수도 있었다. 그리하여 결국 자본은 다음과 같은 맑스의 의견을 받아들이지 않을 수 없게 되었다.

과잉생산이 불가능하다는 이러한 어리석은 믿음(— 즉, 자본의 생산과정과 실현과정이 직접적으로 일치한다는 주장 —)은 위에서 언급된 바와 같이, 공급은 그 자신의 수요와 일치하며 그러므로 공급과 수요는 균형을 이룬다는 공식 속에서 궤변적이고 교묘한 방식으로 제임스 밀에 의해 표현되었다. 이는 다른 말로 표현하자면 가치는 노동시간에 의해 결정되며,

따라서 교환은 가치에 아무 것도 추가하지 않는다는 것을 의미할 뿐이다. 다만 여기서 한 가지 잊혀진 것이 있다면 교환이 정말로 발생해야만 하며, 그 것이 (최종심급에서는) 사용가치에 의해 좌우된다는 사실이다.[10]

이것은 경제적 분석의 모든 항(項)들이 균형상태에서 스스로를 해소시킨다고 하는 고전적 공리에 대한 원리적인 부정을 함축한다. 이러한 새롭게 규정된 상황은 병리적 일탈이라기보다는, 오히려 경제과정의 본성에 본래적으로 내재하는 것이었다. 따라서 이러한 상황과 그것의 결과들을 — 즉 이 역동적 요소들을 통제하고 조절하지 않는 것은 그것들을 억압하기만큼이나 불가능하다는 사실을 — 인식하는 것이 필수적인 것으로 되었다. 그리하여 발전이 위기에 대한 대안으로 여겨지게 되었는데, 여기서 발전은 경제과정을 조절하는 것을 목표로 하는 역동적인 체계로 그리고 그 과정의 이중적 성격의 운동을 해소하는 하나의 방법으로 이해되었다.

그러나 왜 경제적 과정은 이 제거불가능한 이중성 — 너무나 철저해서 주기적으로 그 항들 중 하나가 [이중성으로부터] 스스로를 분리시킬 수 있고, 그리하여 이중성을 정반대의 것으로 전환시킬 수 있는 그러한 이중성(이것은 순환을 통제하는 것을 목적으로 하는 개입활동이 상황에 따라 조절, 유인 그리고 억압 사이에서 다양하게 변화해야만 한다는 것을 의미한다) — 을 포함하고 있는 것인가? 이 이중성은

---

10. K. Marx, *Grundrisse der Kritik der Politischen Okonomie*, Dietz Verlag, Berlin 1953. 앞으로는 *Grundrisse*로 약칭함. 영역판은 Martin Nicolaus, Penguin, Harmondsworth 1981, p. 423 [칼 맑스, 김호균 옮김, 『정치경제학 비판 요강』(이하 『요강』으로 약칭함) II, 백의, 2000, 37~38쪽].

"모든 조건이 동일하다면"(everything being equal)이라는 가정에 기반한 여러 가설들을 폐기시킬 만큼 뿌리 깊은 것이다. 왜냐하면 한 회로에서 일어난 아무리 작은 변이(variation)라 할지라도 체계 전체에 영향을 미치는 충격파를 발산하기 때문이다.

위기로 인해 드러난 현실들은 이제 설명을 필요로 했다. 경제과정 내에 존재하는 이러한 이중성을 단지 기술(記述)하는 것만으로는 충분치 않았다. 자본은 왜 이 이중성이 체제 내부에서 그리고 체제에 대항하여 완고하고 확장적인 대립(opposition)이라는 형태로 스스로를 드러내는가를 설명해야만 했다. 이 동역학을 이해하지 않고는, 이 이중적 연계의 내부에서 활동하는 주체들을 세밀히 확인하지 않고는 발전을 위한 어떠한 종류의 기획도 꾀하기 어려울 것이었다.

그러나 정치경제학의 비판적 인식은 단순히 그러한 현실을 서술하는 것 이상으로 나아가지 못했다. 그것은 자신이 정확히 인식한 상황들의 근저에 놓여 있는 현실을 확인할 수가 없었다. 정치경제학은 기껏해야 표면만을 건드렸을 뿐인데 — 예컨대, 자본주의적 순환은 1917년 이후 탈이 났다는 것을 인식하거나[11] 혹은 이제 일련의 새로운 미

---

11. "두 전쟁 사이의 시기에 사태는 엉망이 되어 버린 것처럼 보인다. 제1차 세계대전 이전처럼 거의 규칙적인 경제적 순환의 시기구분을 재확립하는 것은 어렵거나 아마도 불가능할 것이다"(P. Sylos Labini, *Economie Capitalistiche ed Economie Pianificate*, Laterza, Bari, 1960, p. 116). 어쨌든 카셀(G. Cassel)은 자신의 책(*Downfall of the Gold Standard*, Oxford, 1936)에서, 제1차 세계대전과 더불어 순환의 시기구분과 그 파동들의 성격이 완전히 변해버렸다는 확신을 이미 표현한 적이 있다. 이러한 점에 있어서는 전통주의자인 슘페터 렌딩 펠스(Rending Fels)에 의한 요약판인 *Business Cycles*, McGraw-Hill, New York, 1964, p. 6)조차, "1919년 이후부터는, 1914년 이전보다 훨씬 더 자유롭게 움직이고 있는 사실과 수치들"을 하나의 독립된 연구 주제로 다루어야만 했다.

지수들이 균형이라는 문제를 해결하는 길을 가로막고 서 있다는 사실을 선언하는 식으로 — 그것은 표면적인 것임에도 불구하고 여전히 과학적 활동의 최종 목표로 남아 있었다.[12]

결국 정치경제학은 새로운 상황의 가장 근본적인 특징이 노동계급의 결정적이고 자율적인 출현이라는 것, 따라서 균형에 기초한 경제적 도식의 관념 전체가 투쟁하는 세력들 간의 관계에 기초한 관념들로 다시 번역되어야 한다는 것, 그리고 지금부터는 순환에 대한 어떠한 서술도 계급투쟁의 동역학에 기초하지 않으면 안 된다는 것을 인식할 수 없는 것으로 드러났다.

그리고 정치경제학이 은연중에 이러한 관점을 받아들이게 되고 그 관점을 공유하고 있는 듯이 행동할 때조차도, 여전히 균형에 기초한 모델 안으로 포섭하기 위해 이러한 모순을 축소하는 것 외에 다른 어떠한 계획도 세울 수 없는 그것의 무능함은 감추어지지 않았다. 다시 한번 부르주아적 사고는 부정(negative)의 발견에 대해, 그것을 제거하려는 과장된 결단으로 반응하였다.

그러므로 정치경제학적 인식이 나아갈 수 있는 최대한은 일종의 신(新)리카도주의 — 이것은 근본적인 관계를 임금과 이윤의 본질적인 상호의존성이라는 형태로 인식한다 — 인 것처럼 보인다.

---

12. 예컨대, 케인즈는 이러한 관점을 다음과 같이 명확하게 표현한다 : " … 만약 우리의 핵심적인 통제책들이 실제적으로 거의 완전고용에 근접하는 정도의 고용에 상응하는 총산출량을 확립하는데 성공한다면, 이 시점부터 고전 이론은 다시 한번 명성을 얻게 될 것이다"(*General Theory*, Macmillan, Papermac Edition, London, 1970, p. 378).

잉여가치(이윤)율은 이처럼 노동생산력의 발전에 직접적으로 비례하여 감소하거나 증가한다. 왜냐하면 노동생산력의 발전이 임금을 높이거나 낮추기 때문이다.[13]

그러나 이와 동시에 균형을 회복시킬 목적으로 이러한 요소들을 통합하기 위한 하나의 메커니즘이 발전된다. 그 결과 계급투쟁이라는 차원은 오직 부분적으로 그리고 일면적으로만 이해될 수 있을 뿐이다.[14]

그러나 문제가 실제적일 때, 그것은 은폐될 수 없다. 그리고 바로 이것이 정치경제학이 처한 상황이다. 발전이라는 문제를 다룸에 있어서, 정치경제학은 애초에 위기의 경험을 통해 인식되었던 문제를 계속해서 새롭게 진술해야만 한다. 그것은 현실에 똑바로 맞서서 문제를 실제적인 맥락에서 새롭게 진술해야 한다. 따라서 발전은 균형상태로 해소될 수 있는 경향으로서가 아니라, 완전히 열려 있는 과정으로 파악되어야만 한다. 발전은 '보이지 않는 손'이 부과하는 어떤 조화의 관념이 아니라 갈등하고 있는 주체들과 관련되어 있는 것이다. 만약 발전의 도식이 어떠한 균형의 모델을 제시할 수 있다면, 그것은 오직 근본적 관계의 갈등과 해소라는 맥락 속에서, 노동계급의 존재와 운동을

---

13. *Tsv*, Vol. II, pp. 86~87.
14. 뜨론띠는 『노동자와 자본』(*Operai e Capital*, Einaudi, Turin, 1966, p. 133 이하. *Working Class Autonomy and the Crisis*, Red Notes, London, 1979에 일부가 번역됨)에서 리카도적 사유가 정치경제학 내부에서 수행한 상징적 역할―따라서 그것은 정치경제학 비판의 대상이 된다―에 대한 매우 명확한 통찰을 보여준다. 헤겔과 리카도 간의 전체적인 관계가 자본주의적 사고의 논리적 구조의 토대로서 재조명될 필요가 있다. 리카도에 대한 맑스의 비판으로는, 당연히 『잉여가치학설사』(*Theories of Surplus Value*, 특히 제 2권)가 기본적인 참고자료이다.

주어진 것으로 받아들이는 정치적 긴장의 맥락 속에서만 그럴 수 있을 뿐이다. 그러므로 가장 좋은 방법은 '경제적 조화'에 관한 생각들을 잊어버리고, 대신에 일상의 토대 위에서 수행되고 또 해소되어지는 투쟁에 대해 이야기하는 것이다.

이 지점에서 우리는 정치경제학이 자신의 발전 이데올로기를 구축하는 토대가 되는 두 가지 주요한 경제모델을 살펴보아야 한다. 조금 거칠기는 하지만, 그 중 하나를 케인즈주의, 또 다른 하나를 슘페터주의라고 부를 수 있을 것이다. 앞으로 살펴보게 되겠지만, 이 둘은 여러 가지 점에서 근본적으로 다르다. 그러나 양자는 과정을 구성하는 요소들 간의 관계가 적대관계라고 하는 숨겨진 가정을 공유한다. 두 모델들은 마치 모순이 파열점에 다다랐다는 것 ― 그러나 모순은, 제거될 수는 없다하더라도, 봉쇄되어야만 한다 ― 을 아는 것처럼 작동한다. 좋든 싫든 그것이 체제의 전제이며, 아마도 추진력이기도 할 것이다.

먼저 소위 케인즈주의적 모델이라는 것에 대해 살펴보도록 하자. 케인즈의 『일반이론』에서 순환은 자본의 한계효율(the marginal efficiency of capital)의 진동으로 간주되며, 그 지속기간은 기존자본의 회전시간에 의해, 그 기술적 구성에 의해 그리고 재고량과의 관계에 의해 결정된다.[15] 지금까지 특별히 흥미로운 점은 없다. 서술 어휘들이 투자기

---

15. J. M. Keynes, *General Theory*, 앞의 책, p. 135 이하. 또한 G. U. Papi가 편집한 『케인즈 연구들』 *Studi Keynesiani*, Giuffrè, Milano, 1953)의 195~230쪽에 수록되어 있는 G. Demaria의 「케인즈의 경제순환이론」(La Teoria Keynesiana dei Cicli Economici)과 『정치경제학사전』(*Dizionario di Economia Politica*, Comunità, Milano, 1956) 1521~1558쪽에 실려 있는 C. Napoleoni의 「정역학과 동역학」(Statica e Dinamica)을 보라.

대 및 이자율과 관련된 심리학적인 용어들을 포함하는 데까지 확장된다 해도 많은 것이 덧붙여지지는 않는다. 그러나 사태를 설명하는 이와 같은 방식이 (예컨대) 투자와 저축은 자신들의 복합적인 상호관계 속에서 독립적인 두 극 사이의 관계를 드러내며, 일정한 발전수준 — 즉, 체제의 안정과 완전고용 — 에서는 스스로 평형을 찾아나가는 어떠한 균형 메커니즘도 존재하지 않는다는 확신 혹은 관찰을 전제로 하고 있음을 깨달을 때, 그 그림은 생명을 얻기 시작한다.[16]

그렇다면 어떻게 이 독립적인 크기(magnitude)들의 운동이 통제될 수 있는가? 어떻게 순환이 발전으로 전환될 수 있는가? 어떻게 발전의 수준 — 만약 그 수준이 자동적으로 주어지는 것이 아니며 또 그것이 (소득의 측면에서 발전을 생각할 때) 유효하게 실현된 수요에 조응하지도 않는다면 — 을 완선고용의 상태에 상응하도록 고정시킬 것인가?[17]

이러한 문제들을 다루려는 다양한 연속적인 시도들은 관련된 요소들의 복합체 전체를 포괄하는 일단의 총량(aggregate)들에 대한 탐구를 수반했다. 예컨대 투자의 증대는 소득형성의 메커니즘에 가속화를 가져올 것으로 기대된다. 또 다른 예를 들면, 경제과정 전반에 걸친 진동들은 문제가 되고 있는 모든 변수들에 대해 균질적으로 진행될 것으로 기대된다. 이외에도 다른 예들이 있다.[18] 이론적인 동시에 실

---

16. "결정적으로 중요한 것은, 새로운 체제에서 저축과 투자 결정이 서로 별개로 이루어진다는 점과, 그것들이 완전고용의 맥락에서 새로운 균형을 찾을 것이라는 사실을 보장해줄 수 있는 어떠한 자동적 메커니즘도 없다는 사실이다. 이것은 경제적 순환이라는 문제를 어떻게 다루어야 하는지를 알려주는 케인즈의 암시였다." : T. Balogh, *Dizionario di Economia Politica* (앞의 책) 666p. 이하의 '경제적 변동(economic fluctuations)'이라는 표제어가 붙은 부분.
17. C. Napoleoni, *Statica e Dinamica*, 앞의 책, p. 1540.

천적인 상당한 과학적 노력이 이러한 방향으로 지출되었다.

그러나 만약 우리가 케인즈주의 모델을 전체적으로 살펴본다면, 그러한 돌파는 오직 그 정도까지밖에 나아갈 수 없으며 모순을 포함하고 있다는 사실을 알게 될 것이다. 그것이 하나의 돌파인 이유는, 경제과정의 근본적인 이중성을 인식하고 있으며 또 그러한 인식이 원칙적으로 받아들여지고 있을 뿐만 아니라 발전모델 내부에서 반복적으로 재출현한다는 데 있다. 따라서 정치경제학의 비판적 모델이 갖추어야 할 첫 번째 조건은 충족된 것으로 보인다. 그러나 과정의 매개에 관한 한 상황은 모순적이다. 체제 분석을 위한 필수적인 출발점인 여러 가지 조건들에 대한 정확한 규정이 분명히 존재하지만, 이 조건들은 그것들 위에 부과된 하나의 형식, 정확히 말하자면 경제과정의 조건들에 대한 분석이 이미 제거한 것처럼 보였던 균형–형식(equilibrium–form)을 가진다. 그리고 이것이야 말로 결정적인 사실이다. 앞문으로 내보냈던 것이 뒷문으로 다시 들어오고 있다고 말할 수도 있을 것이다. 형이상학이 형식주의에 길을 내어준 것이다.

이러한 경우에 다음과 같은 질문들을 제기해봄직도 하다. 도출된 일단의 총량들은 다시 한번 미래를 기술(記述)하려는 시도가 아닌가? 최종결과들은 그것들이 이미 전제되어 있었다는 사실을 은폐하지 않는가? (원칙적으로 가정되었던) 과정의 모순에 찬 복합성에 대한 인식은 교활한 속임수에 의해 배제되며, 결국 과정의 균질성은 시작부터

---

18. 경제적 순환 내부로의 조작적인(operational) 개입의 문제에 관한 참고문헌목록은 앞서 언급된 Demaria, Balogh, Napoleoni의 글들에서 찾아볼 수 있다.

전제되어 있었던 것이 아닌가?

　이것이 어느 정도까지 실증적으로 입증될 수 있는지 살펴보도록 하자. 모순은, 그 형식적 모델이 — 만약 그것이 제대로 기능하려면 — 자신이 자명한 것으로 가정한 관계가 그와 관련된 특수한 요소들에 조응하며, 최종심급에 가서는 그 요소들을 결정한다는 것을 보증해야만 한다는 사실에 놓여 있다. 다른 방식으로 이야기하면, 모든 양(量)은 불확정적인 가변성을 감당할 수 있어야 하면서도 어떤 식으로든 — 발전의 형태로든 균형의 형태로든, 정적으로든 동적으로든 — 모델 내부에 포함된 채로 남아 있어야 한다. 다시 말해 관계는 모든 총량들, 그것이 적용되는 특정한 요소들을 포괄해야만 한다.

　그러나 이 모든 것은 근본적 이중성에 대한 최초의 가정에 어긋난다. 여기서 우리는 형식적 모델로서의 메커니즘 전체가 비틀거리는 것을 발견하게 된다. 과정의 단 한 요소가 단 한 순간만이라도 자신의 환원불가능성을 드러낸다면, 바로 그 지점에서 과정은 작동할 수 없게 된다. 또한 변수들의 복합체 전체가 언제나 그 환원불가능한 요소를 고려할 수 있도록 조정될 수 있다는 주장 — 이는 언제나 가설적으로만 나타날 수 있다 — 도 가능하지 않게 된다. 실제로는 — 과정의 요소들을 완결적 순환성을 갖고 있는 것으로 다루는 바로 그 방식 때문에 — 그 반대가 사실이다. 다시 말해 어떠한 환원불가능성의 출현도 그에 따른 다른 환원불가능성들의 출현을 야기할 수밖에 없다.

　만약 이 모든 것이 사실이라면, 체제의 최고의 희망은 일체의 움직임을 피하고 정적인 상태로 머무는 것일 것이다. 그렇지 않으면,

이러한 종류의 균형이 더욱 폭력적인 다른 의미에서의 불균형들과 양립할 수 있는지가 의문스럽게 된다. 그리고 그 불균형들은 총량들을 포함한 주어진 상황을 변화시킴으로써 스스로를 주장할 것이다.[19]

이중성을 인식하였고 그러한 인식이 총량화(aggregation)의 메커니즘에 대한 제안들을 낳았지만, 이와 동시에 모순적인 방식으로 고전적 선입견을 재도입하는 형식주의가 출현하게 된다. 그리고 바로 이것이 케인즈주의적 발전모델의 궁극적인 불충분성을 나타낸다.

과정의 근본적인 이중성을 고려하는 발전을 생각하지 못하는 케인즈 모델의 무능함이 바로 두 번째 모델 — 이른바 슘페터주의적 모델 — 의 배후에 존재하는 추동력이다. 이러한 진술이 뜻밖의 것으로 받아들여져는 곤란하다. 슘페터의 모델이 케인즈의 가장 초기의 정식화들보다도 먼저 제시되었다는 것은 사실이다. 그러나 슘페터의 모델이 역사적 관심의 대상으로 머물지 않고 정치적/이론적 기능을 담당하는 데로 나아가고 그리하여 현실적으로 유효해진 것은 바로 새로운 '체제' 내부에서(그리고 그 체제의 비판적 완성으로서), 즉 케인즈주의라는 새로운 현실 내부에서이다.[20] 이와 같은 새로운 입장에서, 우리는 총량

---

19. J. A. Schumpeter, *Business Cycles*, 앞의 책, p. 21.
20. 발로프(*Dizionario*, 앞의 책, p. 668)는 이 점을 분명하게 지적했던 몇 사람들 가운데 하나이다. 『경기순환』(*Business Cycles*) — 이 책의 제1판은 1939년으로 거슬러 올라간다 — 외에, 경제순환의 이론들에 대한 슘페터의 저작들과 관련해서, 우리는 또한 다음과 같은 문헌들을 염두에 두어야 한다. the *Nuova Collana degli Economisti* (UTET, Torino, 1932)의 제5권인 『경제 동학』*Dinamica Economica*의 pp. 17~182에 수록된 『경제발전의 이론』*La Teoria dello Sviluppo Economico, Handwörterbuch der Staatswissenschaft* (Vol. 8, Berlin, 1926)의 pp. 476~487에 실린 "Unternehmer", 『경제 통계평론』*Review of Economic Statistics* (1935년 5월)의 pp. 2~10에 실린 「경제 변화에

적 모델은 훨씬 더 엄격한 조건 하에서만 성공적으로 기능할 수 있다는 것, 다시 말해 과정의 통일성은 그 구성부분들의 결정성(determinacy)과 역사적 밀도를 부정하지 않고서 구축될 수 있어야 한다는 것을 알게 된다. 예컨대 케인즈적 모델에서 임금은 최종적 분석에서 독립변수인 유일한 요소로 나타난다. 게다가 임금의 경향은 비가역적이다. (그리고 실질임금과 화폐임금은 수렴하는 경향을 갖는다).[21] 이것은 관계의 환원불가능한 불안정성을 나타내며, 또한 체제를 기능하게 만드는 데에 존재하는 핵심적인 어려움을 가리킨다. 만약 이 모든 것이 사실이라면 (그리고 우리는 그렇다는 것을 안다), 이전의 것과는 다른 수단이 적용되어야만 한다. 케인즈주의적 모델의 특성과 한계는, 순환의 주요한 문제는 근본적인 이중성이라는 그것의 인식 속에 그리고 그 관계는 계급관계이기 때문에 환원불가능하다는 사실 속에 놓여 있다. 그러므로 슘페터주의적 모델의 특성은, 형식적 고려들이 그 자제만으로는 균형 잡힌 발전으로의 길을 열어젖힐 수 없다는 사실에 대한 인식에 기초하여 관계와 발전 사이의 연결고리를 검토하는 것이어야만 한다.[22]

대한 분석」 "The Analysis of Economic Change", 『경제사 저널』 *Journal of Economic History* (Suppl. Vol. VII, 1947)의 pp. 1~9에 실린 「경제성장의 이론적 문제들」 "Theoretical Problems of Economic Growth."

21. 케인스주의 모델이 갖는 모순들에 대한 좀더 광범한 고찰은 『노동자와 국가』(*Operai e Stato*, Feltrinelli, Milano, 1972)에 실린 나의 논문 "J. M Keynes e Teorie Capitalistiche dello Stato nel '29"(「케인즈 그리고 1929년 이후의 자본주의적 국가 이론」으로 번역되어 이 책에 실려 있음)를 참조하라.

22. 슘페터주의적 순환이론에 대한 광범한 참고문헌들이 있다. 특히 다음을 참조하라. R. V. Clemence · F. S. Doody의 『슘페터주의적 체제』(*The Schumpeterian System*, Cambridge, 1944). *Economie Capitalistiche* pp. 15~75에 실린 P. Sylos Labini의 『맑스와 슘페터에

하나의 근본적인 직관이 슘페터의 분석을 뒷받침하고 있다. 즉 만약 위기가 사실상 순환에 본질적으로 내재적인 요소이며 이질적인 것이 아니라면 그리고 그것이 경쟁적 경제국면에 있어서 순환 내부에서 이윤 범주를 능동적으로 결정하는 요소라면, 위기는 발전의 관점에서 정의된 순환에 대해서도 내재적이어야 한다는 것이다. 물론 이 경우 위기는 더 이상 자생적인 파괴력의 자유로운 발산으로 이해될 수 없다. 여기서 슘페터는 발전에 기초한 모델, 따라서 극히 광범위한 작용범위 안에서 움직이는 모델을 가정하고 있다. 실제로, 발전의 유기적 구조 내에서 붕괴(분리)에 의해 야기된 폭력23은 이미 — 그 작용과 관련하여 말하면 — 자본의 손 안에 있다. 그러나 발전모델이 위기 그 자체에 대한 대안이 아니라, 순환의 새로운 형태로서 위기와 전적으로 조화되며 그리하여 위기를 자신의 요소들 중 하나로 지니는 것은 다름 아닌 바로 이러한 조건 하에서이다. 위기는 총량적 모델을 특징짓는 순수 형식주의에 의한 통제 가능성 바깥에 놓여 있는, 체제의 저 자유롭고 독립적으로 작용하는 요소들을 재조정할 수 있는 가능성으로 간주되어야 한다. 위기는 체제 내부의 근본적인 자극이 되며 이윤을 만들어 낸다.

있어서 경제발전의 문제』*Il Problema dello Sviluppo Economico in Marx e Schumpeter*, 『역사로서의 오늘』(*The Present as History*, Monthly Review Press, New York, 1953)에 수록된 P. M. Sweezy의 「슘페터와 혁신의 이론」"Schumpeter and the Theory of Innovation."

23. "본질적으로 서로에게 속하면서도 강제로 분리된 요소들이 강제적인 폭발에 의해서 스스로를 본질상 공속(公屬)적인 것들의 분리로 드러내는 일은 절대적으로 필연적인 것이다. 통일성이 강제적으로 회복되는 것이다. 적대적인 분열이 폭발에 이르자마자 경제학자들은 본질적인 통일성을 지적하고 소외를 사상(捨象)한다." *Grundrisse*, 앞의 책, p. 150 [칼 맑스, 김호균 옮김, 『요강』 I, 백의, 2000, 129쪽].

　자, 이제 케인즈주의에 대한 비판으로 되돌아가 보자. 우리는 이미, 독립적으로 활동하는 요소들의 현존을 받아들였을 때, 관계가 발전으로 나아가는 형식적 열쇠를 자신의 내부에서 찾아내는 것이 어째서 불가능한지를 살펴보았다. 슘페터는, 만약 관계를 그 자체로 내버려둔다면 그리고 그 속에 포함된 크기들의 상호적이고 형식적인 균형에 내재적인 긴장들만을 존중하거나 촉진시킴으로써 그것을 추수(追隨)한다면, 필연적으로 우리는 기껏해야 과정의 일반적인 평면화 혹은 정례화로 귀착되고 말 것이라고 덧붙인다. 모든 형태의 신리카도주의는 과정을 노동력과 자본 사이의 이중성이 해결점을 발견하는 계기로 바라본다는 점에서는 옳다. 그러나 그들은―전체 문제틀 아래에 깔려 있는 권력관계들에 대한 바로 그 완결적 재구조화로 인해―자생적 역동성이 자생적 평면화에 길을 내어 줄 수도 있다는 가능성을 결코 잊을 수 없다. 왜냐하면 집합적 노동력이 스스로를 자본만큼이나 억압불가능하고 강력한 힘으로 드러내고 있는 오늘날의 상황에서는 다음과 같은 경향, 즉 자생적인 상황에서 경제과정이 정체기(plateau)에 도달하며 상호갈등하는 힘들의 활동으로부터 생성되는 모순적 효과들이 서로를 상쇄시키는 경향이 나타나기 때문이다. 이러한 경향은 경제과정의 제요소들이 양적으로 평면화되고, 과정 자체가 객관적으로 정체상태로 후퇴하는 순환 속으로 빠져드는 데까지 이어질 것이다. 그리하여 불황의 단계에 들어선 순환은 이윤을 없애고 이윤에 내재하는 질적 혁신을 제거하며 결국 자본주의적 진보 자체를 없앰으로써 경제적 과정의 자본주의적 원리 전체를 부정하게 되는 것이다.[24]

　그렇다면 이윤 그리고 경제과정의 질적으로 혁신적인 측면은 그러한 과정에 내재하는 자본주의적 지배 논리와 더불어 어떻게 회복될 수 있는가? 어떻게 번영과 파국의 양극단 사이에서 선택해야만 하는 상황을 맞지 않고, 또한 실제로는 단지 불황일 뿐인 균형에로의 몰락을 겪지 않고 순환을 가동시킬 수 있는가?

케인즈주의 내에서는 위와 같은 문제들이 제기되기는 하지만 곧 시야에서 사라진다. 발전은 위기의 대안으로, 순환의 불경기 국면에 대한 대안으로 검토된다. 경제과정 내의 적대적 힘들 간의 투쟁이 인식되기는 하지만, 그것의 해결은 균등화(equalling-out)의 방식으로 추구될 뿐이다. 과정의 이중성이 이해되기는 하지만, 균형에 관한 신고전주의적 관념들을 통해 그것에 접근함으로써 얼렁뚱땅 넘어가버린다. 어떠한 지점에서도 발전은 새로운 형태의 순환을 위한 그리고 순환의 내부에서 경제과정 전체에 대한 자본주의적 지배를 계속적으로 강화하기 위한 자본의 기획으로 연구되거나 이해되지 않는다. 만약 발전이 진전될 수 있으려면, 위기에 대한 새로운 분석이 요구된다. 때문에 우리는 다시 슘페터적 모델로 되돌아간다.

발전이 무엇보다 먼저 위기의 자본주의적 활용이어야만 한다고 말하는 것이 의미하는 바는 무엇인가? 우리는 이미 암시적인 해답을 보았다. 그것이 의미하는 바는 자본은 순수하고 논리적으로 단순한 균형 모델들보다는 좀 더 효과적인 조건들에 의존할 때에만 다양한 구성요

---

24. *Business Cycles*, 앞의 책, pp. 15~23, 42~45. 이와 관련된 논점이 불황과 불황에 대한 이론들에 관해 연구할 당시의 나폴레오니(*Dizionario*, 앞의 책, p. 1362)에 의해 제기된다 : "우리가 고찰하고 있는 테제는 자본주의 체제 내에서 기업가가 담당하는 기능의 '쇠퇴'에 대한 슘페터의 테제—비록 그가 불황이론의 반대자였기는 하지만—와 유사할지도 모른다…"

소들의 총량적 운동을 통제할 수 있을 것이라는 사실이다. 다시 말해 그러한 운동은 이윤 영역에 대한 자본의 지배를 보증하는 것을 목적으로 하는 권력관계들의 일반적 균형을 기초로 해서 이루어져야 한다. 그리고 위기는 그러한 권력관계들이 재조정되는 수단이자 맥락이다. 중립적인 발전 개념, 혹은 균형에 대한 어떤 형식주의적 전망 내에서 승화된 발전 개념이란 존재할 수 없다. 발전은 투쟁이며, 권력관계의 재구조화이다. 그리고 그것이 반대 세력에 대한 자본의 승리로 끝나기 위해서는 직접적인 갈등의 계기 — 위기 — 를 필연적으로 경유해야만 한다. 그러므로 기업가적 혁신이론, 경제적 순환의 리듬이 혁신의 리듬에 의해 규정된다는 생각, 이윤은 정례화와 과정의 평면화에 맞선 기업가적 과정의 형태라는 생각, 이 모든 것들이 발전에 대한 자본주의적으로 합당한 정치적 관념 — 즉, 계급지배를 강화하기 위한 수단 — 을 표상하는 것이다. 여기서 자본은 양적으로 새로운 발전의 요소, 즉 사회적 행동의 기본적인 추동자극으로서의 이윤이 자본과 총량적 생산요소들 간의 질적으로 새로운 관계와 다르지 않다는(않을 수 있다는) 사실을 드러낸다. 그리고 위기는 그렇게 관계에 새로운 특질을 부여하는 것을 목적으로 하는 정치적 기획이다. 그리하여 완전한 슘페터적 의미에서 혁신이란 이윤을 파괴하는 데 열심인 적대 세력들의 행위에 맞서, 위기를 야기하고 그를 통해 경제과정을 재활성화시키는 건강한 힘인 것이다.[25]

슘페터적 접근의 심각한 결점들을 확인하는 것은 쉬운 일이다. 그

---

25. J. A. Schumpeter, *Business Cycles*, pp. 62~83.

것은 정치경제학에 전형적인 전문적 신비화로부터 결코 자유롭지 못하다. 그의 분석 중 상당부분은 경제과정에 전적으로 내재적인 고찰들로부터 시작하라고 — 다시 말해, 순전한 경제적 동역학 외부에 놓여 있는 요소들은 참조하지 말라고 — 주장한다.[26] 이것이, 그가 자본의 대약진에 대한 자신의 비범한 전망 — 이것은 과학기술을 자본주의적 발전의 근본적 원리 내부에 위치시킨다 — 을 상술하는 바로 그 지점에서, 좋든 싫든, 왜 그 시대의 비합리성이 그러한 상술의 자료가 되는지를 설명해 준다. 여기서 우리는 그의 경제분석 구조를 지배하는 합리성의 계기가 (베버적인?) 비합리적 카리스마에의 호소라고 하는 역설을 보게 된다.[27]

그러나 위와 같은 사실에도 불구하고, 그 다양한 신비화들을 제쳐 둔다면, 슘페터적 접근법이 일정한 타당성을 갖는다는 것은 여전히 사실이다. 그것의 존재근거는 그것이 드러내려 하지 않는 저 애매한 전제로부터 도출된다. 슘페터가 자신의 가장 깊은 통찰들에 도달하게 되는 것은 바로, 그가 위기의 본성에 — 즉 투쟁하고 있는 계급들 간의 갈등이 가장 강렬하고 충만한 순간에, 또 그의 견해에 의하면 자본주

---

26. J. A. Schumpeter, *Business Cycles*, pp. 46~62.
27. 내가 보기에, 경제적 변화의 문제들에 대한 베버적 접근법의 영향은, 동시에 베버에 대한 정치경제학의 영향까지 고려하는 확장된 연구를 필요로 한다. 이러한 관계의 재구성은 비합리주의가 현대 부르주아 사상에 "긍정적으로" 기여한 측면을 확인하는 데 유용할 수 있다. O. Stammer가 편집한 *Max Weber und die Soxiologie Heute ; Verhandlungen des 15 Deutschen Soziologentages*(Mohr, Tübingen, 1965)에서 이 문제에 대한 다양한 단서들을 참조할 것. 경제학설사를 연구하는데 도움이 될 만한 단서들은 B. F. Hoselitz가 편집한 *Theories of Economic Growth*(New York, 1960)의 pp. 193~238에 수록되어 있는 B. F. Hoselitz의 'Theories of Stages of Economic Growth'에서 찾아볼 수 있다.

의적 과정의 그리고 순환에 대한 자본주의적 지배의 근본적 계기인 위기의 필요성이란 무엇인가라는 문제에 — 초점을 맞출 때이다. 이 지점에서 슘페터가 맑스의 저작에 대해 "발전의 문제를 해결하려는 하나의 위대한 시도"라고 언급하며 공감을 표현하는 것은 우연이 아니다.[28]

역설적이게도 그가 일련의 본질적인 맑스의 가설들, 특히 상이한 이윤율들 사이의 모순을 해결하고 평균이윤율을 구성하는 메커니즘이자 근본적 계기로서의 위기와 관련된 가설들을 검토함으로써 자신의 분석을 진전시켰다는 사실 역시 우연이 아니다. 왜냐하면 이것이 바로 맑스의 주장의 중요성이기 때문이다. 사회적 층위에서 이윤을 재구성하는 것은 단순한 경쟁이 아니라, 발전에서 그리고 노동계급에 맞선 투쟁에서 니타나는 자본가들의 연합이다. 경쟁이라는 조건 하에서, "가치이론은 현실의 운동, 생산의 실제적 현상들과 모순된다."[29] 이윤이 자본주의의 일반적 특징으로, 가치법칙의 작동방식의 진면모로서 나타나는 것은 오직 자본이 전(全)사회적 층위의 운동 내에서 연합된 착취기능으로 재구성될 때뿐이다.[30] 그러므로 "위대한 탄력성(elasticity)", 즉 대규모 산업에 기초한 체제들에 특징적인 "대약진에 의한 예기치 못한 확장력"[31]은, 순환을 더 높은 층위에서 끊임없이 개조하고 재구성하

---

28. J. A. Schumpeter, 『경제발전의 이론』*The Theory of Economic Development*, p. 68. 또한 p. 111도 보라. 거기에서 슘페터는 "자본은 본질적으로 생산에 대한 지배수단"이라는 "근본적인 통찰"과 관련하여 맑스주의 사상과 자신의 친화성을 주장한다.

29. *Capital*, Vol. III, 8, p. 153 [칼 맑스, 김수행 옮김, 『자본론』 III [상], 비봉출판사, 2004, 182쪽].

30. *Capital*, Vol. III, 9, pp. 157~9. *Grundrisse*, p. 414도 참조하라.

는 현실적인 메커니즘으로 나타난다. 발전은 새롭게 총량화할 수 있기 위해 요구되는 지속적인 탈총량화(disaggregation)를 대가로 해서만 이루어질 수 있다.

> 자본은 비례적 생산(proportionate production)의 부단한 정립이자 지양이다. 기존의 비율은 잉여가치의 창출과 생산력의 증대에 의해 언제나 지양되어야만 한다. 그러나 생산이 동시에 동일한 비율로 확장되어야 한다는 이러한 요구는 자본 자신으로부터는 결코 유래하지 않는 외적인 요구들을 자본에게 제기한다. 그와 동시에, 한 생산부문에서 주어진 비율로부터 벗어나는 것은 모든 생산부문들을 이 비율로부터 이탈시켜서 불균등한 비율로 몰아넣는다.[32]

이는 노동계급의 부단한 압력으로 인해 잉여가치가 평면화될 정도로 세력들이 균형을 이루고 있는 일반적 상황, 그리고 가변자본과 총자본 사이의 관계의 일반적 변형 — 일반적인 권력균형을 재조정할 수 있을 만큼 뿌리깊은 변형 — 에 의해서만 이윤율이 회복될 수 있는 그러한 일반적 상황에서는 더욱더 진실이다.[33]

최종적인 분석에서 이것은 단지 노동계급에 맞선 자본 — 혹은 더 정확히 말하면, 기계류(machinery) — 의 사용을 지배하는 자본주의

---

31. *Capital*, Vol. I, 15, p. 450. Vol. II, 16, pp. 319~22도 참조하라.

32. *Grundrisse*, 앞의 책, p. 414 [『요강』 II, 앞의 책, 25쪽].

33. 맑스에게 있어서 $p' = sv'v/c$라는 등식에 대한 분석은 조금도 부족함이 없다. 이 등식에서 잉여가치는 하나의 상수로 축소되는 반면, 유통(circulation)의 속도는 가변적이다. 『자본론』 제3권에서 그가 이것을 다루는 부분, 특히 그의 분석이 sv'의 불변성의 한계들을 규정하는 것으로 끝나는 장(章)을 참조하라.

일반법칙의 구체적 사례일 뿐이다.

1830년 이후 오로지 노동계급의 운동들에 맞선 자본의 무기로서 봉사하기 위해서 나타난 발명품들의 전체 역사를 쓸 수도 있을 것이다.[34]

그리고 힘의 균형이 노동계급의 현존을 등록해야만 하는 상황에서 잉여가치 추출의 동역학이 한층 더 사회화된 방식으로 작동할 때, 이 구체적 사례는 훨씬 더 심대한 중요성을 갖는다.

이제 내가 발전으로서의 순환에 대한 그리고 심화된 발전을 위한 위기의 활용에 대한 자본의 이론이 가장 잘 드러나는 지점이라고 이야기 했던 것들을 요약해 보자. 케인즈적 분석의 중심적 계기는 발전을 사회적 생산력들의 총량화 과정으로 규정하려는 시도이다. 다른 한편, 슘페터에게 있어서 중심적 계기는 이러한 종류의 총량적 균형을 달성한다는 어떠한 관념도 필연적으로 하나의 추상일 뿐이라는 점과, 그러한 총량화는 오직 계속적으로 경제과정을 탈총량화하고 개혁함으로써만 달성될 수 있다는 점을 드러내는 것이다. 케인즈는 발전을 위기에 대한 대안으로 정립하기 위해 애쓴다. 슘페터에게 있어 발전은 순환의 모든 국면을 포섭하는 것으로 새롭게 나타나며, 따라서 발전은 위기를 포함하고 순환과정을 더욱 진전시키기 위해 그것을 이용한다. 여하튼 이들 두 견해는 상호보완적이다. 이들은 노동계급의 대규모화된 압력을 이용하고, 통제하며, 그것을 발전의 역동적 과정의 구속복(straitjacket) 속에 단단히

---

34. 『자본론』 제1권. 오늘날 자본의 가장 개화되고 개혁적인 형태의 실천적 자각과 비교해 보라 : J. K. Galbraith, *The New Industrial State*, Houghton Mifflin, Boston, 1967, p. 236. 여기에서 Galbraith는 기술혁신의 비율이 "기계들은 파업하지 않는다"는 사실에 의해 결정된다는 사실을 강조한다.

가두어 두어야할 필요성을 이해함에 있어서 일체를 이루고 있다. 두 방법론 모두 최근의 자본주의적 실천을 이해하는 데에 특히 유익하다.

2. 순환과 발전에 대한 맑스의 분석

케인즈와 슘페터에게서 나타나는 순환에 대한 분석의 요소들을 기술하면서, 나는 제기된 논점들이 이론적 관점에서 특히 많은 것들을 시사해주며, 자본의 실천을 이해하는 데에 매우 유익하다는 점을 이야기했다. 그러나 그 모든 유익함에도 불구하고, 그것들은 오직 요점으로만 남아 있다. 그것들을 이용함에 있어 정치경제학의 비판적 인식은, 그 능력을 최대한도로 발휘한다 하더라도, 오직 현실의 표면만을 더듬을 수 있을 뿐이다.

이 지점에서 이러한 논점들을 맑스의 전체적인 시각 속에서 고찰해 보는 것은 유용한 일일 것이다. 설사 그것이 부르주아적 신비화가 움켜잡는 데 성공한 진리의 파편들에 입혀진 예기치 못한 새로움과 비상함이라는 이미지를 걷어 버리는 것으로 끝나게 될 뿐이라 해도 말이다.

문제는 맑스주의가 케인즈와 슘페터의 발견들을 검토할 수단으로 제공하는 순환과 경제발전에 관한 이론화들이 불필요한 성장들로 뒤덮이는 바람에 적절한 비교가 이루어지기 어려워 보인다는 점이다. 게다가 맑스의 이론구조가 현시기 자본주의의 새로운 특징들을 포착하는 데에는 전혀 쓸모가 없다고 주장하는 학파들[35]에게 큰 명성이 주어져 온 것도 문제이다. 따라서 비교를 위해서는 일련의 주요 표제들을 중심으로 자본의 발전에 대한 맑스의 분석의 이론구조를 재구성해야만 한다. 그것이 현대적 현실에 부합하는가 — 나는 그렇다고 믿고 있다 — 라는 질문에 대한 대답은 오직 주의 깊은 독해과정 속에서만 찾아질 수 있을 것이다. 우리는 내가 맑스의 추론의 가장 분명한 특징이라고 생각하는 것, 즉 자본의 관점을 재구성해서 그것을 자신의 논증의 기초로 삼고 그것이 품고 있는 함의를 최대한도로 밀고 나가며, 그리하여 자신이 그토록 세밀하게 묘사하고 있는 자본주의가 어떻게 노동계급의 혁명적 역할과 대치(對峙)하게 되는지를 보여주는 맑스의 능력을 항상 염두에 두면서, 복합적인 맑스의 논의 속으로 들어가야 한다. 우리가 혁명적 맑스주의의 정수(精髓)를 발견하게 되는 것은 바로 여기, 즉 자본주의적 관점의 결정적 추상(determinate abstraction)에서 출발하여, 발전을 경향으로 정의하는 것을 거쳐, 가장 발전된 단계에 있는 자본에 맞선 노동계급의 봉기를 구체적으로 결정하는 요소에까지 이르는 과정에서이다.

그렇다면 순환과 발전에 대한 맑스의 분석은 어떻게 표현되고 있는가? 앞에서도 말했듯이 맑스는 자본주의적 관점을 분석의 출발점으로

---

35. 스위지(Sweezy)와 바란(Baran)의 『독점자본』(*Monopoly Capital*)의 이탈리아 판에는 대체로 이와 동일한 내용을 담은 해설문이 달려 있다. 그들의 입장은 루치아노 페라리 브라보가 『반계획』제1권(*Contropiano*, Vol. I, 1, 1968)에 기고한 위 책에 대한 서평에서 철저하게 다루어지고 있다. 이러한 종류의 작업과 관점은 확실히 — M. Tronti의 *Operaie e Capitale*, 또는 *La Ribellione degli Studenti*(Feltrinelli, Milano, 1968, p. 49 이하)에 실린 R. Dutschke의 *Le Contradizioni del Tardo Capitalismo*와 같이, 오늘날에도 맑스에게서 일련의 적절한 이론적 설명과 연구를 위한 자극을 재발견해내고 있는 — 혁명적 맑스주의의 일반적인 발전 노선과 전혀 상관이 없다.

삼고, 그것을 정교한 비판 작업에 노출시킨다. 이러한 관점에서 자본은 정의상 순환의 형태로 나타난다. 전체적인 자본의 운동은 순환적이다. 그것은 순환들의 엮어짜임(interweaving)으로 구성된 순환적 총체이며, 전체 운동의 순환적 결과이다.[36] 이는 자본이 대공업의 형태로 "유년기로부터 탈출"하였음을 표지하는 것이 다름 아닌 순환의 역사적 출현일 정도로 사실이다.[37] 따라서 사회적 총자본의 운동을 지배하는 규칙은 자본이, 발전의 토대를 구성하는, "자신을 자유롭게 만드는" 시기를 경유하여 순환적으로 유통한다는 것이다.[38] 순환은 자본의 삶 그 자체이다. 형태의 끊임없는 변화와 이러한 변화를 통한 가치의 원환(圓環)적 실현 그리고 발전, 토대의 확장, 노동과정의 완성, 가치화와 착취의 심화 — 이 모든 것은 오직 순환이라는 형태로만 가능할 뿐이다.[39] 이제 우리는 매우 분명하게 — 발전으로 스스로를 정당화하는 형태로서의 — 자본과정의 실체에 대한 하나의 정의를 갖게 되었다.

이것은 또한 순환이 주기성(periodicity)으로 나타날 형식적 가능성 — 이는 역사에 의해 실제로 증명될 것이다 — 을 제공한다.[40] 우리는 자본을 구성하는 개별요소들이 유통과정에서 교대로 운동하고 있다는 사실 — 특히 고정자본은 평균 존속시간 동안 점차로 자신의 사용가치를 생산물에 이전한다는 사실 — 을 알고 있다.[41] 고정자본의 회전시간

---

36. *Capital*, Vol. II, 18, pp. 356~358.
37. *Capital*, Vol. I, 독일어 제 2판 후기, p. 24. [칼 맑스, 『자본론』 I 상, 김수행 옮김, 비봉출판사. 2001, 12쪽].
38. *Capital*, Vol. II, 15, pp. 283~289.
39. *Captial*, Vol. III, 6, pp. 105~137.
40. *Captial*, Vol. II, 7, pp. 158~159.

을 양화(量化)하는 것은 순전히 경험적 관찰의 문제이다. 맑스가 연구한 시기에, 그것은 10년에 걸쳐 운동하는 것으로 나타난다.[42]

대공업의 본질적인 부문들에서는 지금 이 생명순환(life cycle)이 평균하여 10년이라고 볼 수 있다. 그러나 여기서 정확한 연수는 문제가 되지 않는다. 여하튼 이것만은 명백하다. 즉, 상호관련되어 있는 회전(turnover)들로 이루어지는 수년 간에 걸친 순환─자본은 고정적 구성성분 때문에 이 순환에 얽매어 있다─은 주기적 위기의 물질적 기초를 제공한다. 그리고 이 순환 동안에 기업은 침체불황, 중위(中位)의 호황(moderate activity), 지나친 활황, 위기의 시기들을 순차적으로 통과한다. 물론 자본이 투하되는 시기들은 매우 상이하며 서로 일치하지 않는다. 그럼에도 불구하고 위기는 언제나 대규모의 새로운 투자를 위한 출발점을 이룬다. 따라서 사회 전체를 고찰한다면 위기는 대체로 다음에 올 회전순환(turnover cycle)을 위한 하나의 새로운 물질적 기초를 이룬다.[43]

자, 이리하여 우리는 위기의 현상학에 있어서 일보전진을 달성하게 되었다. 자본은 순환적 운동으로 나타난다. 그러나 그것이 순환적 운동인 한에서, 그것의 발전은 파멸적인 위기와 함께 가게 된다. 순환적 진보는 자본의 운동을 특징짓는 것이며, 위기는 그러한 순환에 주기성을 부여하는 특징적 형태이다. 앞서 살펴보았듯이, 각 주기의 길이는

---

41. *Captial*, Vol. II, 8, pp. 173~174 ; 12, p. 234 ; 15, p. 262.
42. *Captial*, Vol. II, 9, pp. 188~189. 또한 Vol. I, 영어판 서문, p. 17에서의 엥겔스의 언급과 Vol. III, 31, pp. 500~501을 참조할 것.
43. *Captial*, Vol. II, 9, pp. 188~189 [칼 맑스, 『자본론』 II, 김수행 옮김, 비봉출판사, 2004, 217쪽].

고정자본의 회전과 관계가 있다. 그러나 회전 그 자체로는 순환과 위기 사이의 인과적 고리가 되기에 충분치 않다. 고정자본의 발전주기의 종점(終點)이, 순환으로 하여금 경제과정을 균형잡고 매개할 수 있도록 해주는 메커니즘을 전복하면서 전체 순환의 다양한 구성요소들의 작동에 영향을 미칠 때 위기가 발생한다. 고정자본 회전주기의 종점은 순환의 다양한 구성부분들을 통제하는 조화로운 메커니즘의 붕괴를 야기하는 기폭제이다. 그리하여 위기는 회전과 순환의 결합으로서, 순환으로서의 순환(cycle qua cycle)에 내재하는 하나의 현상으로서 계속적으로 발생한다. 비록 그것이 고정자본의 회전을 표지하는 종점의 주기성에 의해 드러날 뿐이라 하더라도 말이다.[44]

그러므로 어떤 이유에서건(우리는 이미 고정자본 회전의 주기성이 한 가지 핵심적인 이유라는 것을 살펴보았다) 순환의 구성요소들이 관계를 끊고 분리될 때, 그 다양한 구성요소들 간의 평형을 유지하는 체제의 메커니즘은 붕괴된다. 하나의 장애물이 자본의 변태(變態 : metamorphosis)들 위에 얹혀진다. 순환의 요소들은 그 극단에 불균형적으로 축적된다. 이제 문제는 다음과 같은 것이다. 순환 요소들 사이의 이러한 불균형은 어떠한 형태로 위기를 결정하는가?

근본적으로 그것들은 다음과 같이 이중적이다. 생산부문들 사이 그리고 생산부문과 분배부문들 사이의 불균형과 같은 수평적 불균형. 그리고 생산 일반과 소비 일반 사이의 불균형과 같은 수직적 불균형. 따라서 불균형의 위기와 실현의 위기.

---

44. *Captial*, Vol. II, 11, pp. 471~473 ; Vol. III, 3, pp. 500~501.

먼저 불균형의 위기를 살펴보자. 그것의 형식적 가능성은 회전하는 양들이 서로 같지 않다는 사실에서 주어진다. 자본재들(capital goods)은 시장에서 자리를 놓고 서로 경쟁한다. 그것의 모든 현존형태에 있어서 제기되는 자본의 긴급한 변형에의 필요는 이질적이고 모순적으로 표현된다.[45] 따라서 자본주의적 발전을 특징지어야 하는 형태들의 동시성은 깨어지고 경제과정은 중단된다. 연속적인 형태들을 통과하는 변형은 더 이상 일어나지 않는다. 그리고 어떠한 개별적 순환 내부의 기능장애도 전체 메커니즘의 기능장애로 전화한다.[46]

그러므로 (최소한 맑스가 연구 대상으로 삼았던 시기에 있어서) 자본주의 사회의 무정부성은 회전 부분들 간의 어떠한 균형도 실제로는 우연에 불과하다는 것을 보여준다. 자본주의적 생산이 발전함에 따라 분명해지는 정상상대(normality)는 언제나 위기의 직전에 있으며, 그 기저에는 항상 발전상의 비정상들이 놓여 있다. 구성부분들을 통제하는 보정(補正) 메커니즘의 인위성(artificiality)은 종종 기구 전체가 전혀 작동할 수 없는 불가능성을 드러내는 것으로 끝나고 만다.[47]

유통 상의 위기와 불균형이 발생할 형식적 가능성은 화폐 및 신용 유통의 영역에서 발견되는 여러 병리적 현상들에 의해 한층 증폭된다.[48] 그것들은 병리적 현상임에도 불구하고 매우 현실적인 토대를 갖고 있다. 맑스는 다음과 같이 말한다.

---

45. *Capital*, Vol. II, 2, pp. 77~78.
46. *Capital*, Vol. II, 4, pp. 106~107.
47. *Capital*, Vol. 6, pp. 152~153; 7, 158~169; Vol. III, 18, pp. 304~305.
48. *Capital*, Vol. III, 22, p. 358 이하; p. 479 이하; 30, pp. 488~490; 33, pp. 526~528; 48, pp. 814~831; *Grundrisse*, p. 117 이하.

유통의 본질적인 두 계기인 구매와 판매가 서로 무관하고 시간적·공간
적으로 분리되어 있는 한, 그것들의 상호일치에는 어떠한 필연성도 없다.
그것들의 무관성은 공고해지고, 서로에 대한 외견상의 자립성으로 발전할
수 있다. 그러나 양자가 단일한 전체의 본질적인 계기들을 이루는 한, 자
립적인 형태가 강제로 파괴되고 내적 통일성이 강제적 폭발에 의해 외적
으로 확립되는 순간이 올 수밖에 없다. 따라서 이미 매개자로서의 화폐의
규정에 그리고 교환의 두 행위로의 분리에, 위기의 맹아 아니면 적어도
그 가능성이 존재한다. 그 가능성은 고전적으로 발전되고 그 개념에 부합
하는 유통의 근본적 전제조건들이 존재하는 곳에서만 실현될 수 있다.[49]

위기의 현상학에 대한 (생산과 소비 사이의 수직적 불균형에 관한)
맑스의 두 번째 고찰도 마찬가지로 중요하다. 부문들 사이에서 발생하
는 유통 상의 기능장애에서, 그는 우리가 과잉생산의 위기라고 부르는
것을 확인하였다. 두 번째 경우에 문제가 되는 것은 과소소비의 위기
이다. 맑스는 자본주의 사회의 통합이 고도로 발달되었을 때에는 과소
소비의 위기가 발생하기 쉽다고 쓰고 있다.

그러나 실제로는 생산에 투하된 자본의 보충은 비생산적 계급(non-producing
class)의 소비능력에 크게 의존하고 있다. 그리고 노동자들의 소비능력은 부
분적으로는 임금을 규제하는 법칙들에 의하여 제한되고 있으며, 부분적으
로는 그들이 자본가계급을 위하여 이윤을 낳는 한에서만 고용될 수 있다
는 사실에 의하여 제한되고 있다. 모든 현실적 위기의 궁극적 원인은 언

---

49. *Grundrisse*, 앞의 책, p.198 [칼 맑스, 『요강』 I , 김호균 옮김, 백의, 2000, 186쪽]. 그러
　　나 또한 pp. 148~149도 보라.

제나 (마치 사회의 절대적 소비능력만이 생산력 발달의 한계를 설정하고 있다는 듯이) 생산력을 발전시키려고 하는 자본주의적 생산의 충동과 대비되는 대중의 궁핍과 제한된 소비에 있다.[50]

그리고 맑스는 종종 과소소비에 대한 이러한 생각을 다시 확인한다.[51] 그러나 위기에 대한 맑스의 현상학의 어떤 단일한 요소를 고립시키거나 부당하게 부각시키는 것은 잘못일 것이다. 맑스에게서 이 모든 요소들은 하나의 전체로서 고찰되어야 한다.[52] 발전의 순환적 성격. 고정자본의 회전이, 순환에 주기를 부여하는 기폭제를 제공하는 방식. 유통의 붕괴로부터 파생된 자본의 과잉생산에서 나타나는 위기 그리고 그 실존의 자연적 한계라는 제한으로부터 파생된, 대중들에 의한 과소소비에서 나타나는 위기. 이 모두가 맑스의 분석에서 함께 작용한다.

세계시장의 위기에서, 부르주아 생산의 모든 모순들이 집단적으로 분출한다. … 과잉생산은 특히 자본의 생산 일반법칙 — 생산력에 의해 설정된 한계까지 생산하는 것, 즉 시장의 현실적 한계들이나 지불능력에 의해 뒷받침되는 욕구에 대한 일체의 고려없이, 주어진 자본량으로 최대한의 노동을 착취하는 것 — 에 의해 조건지어진다. 그리고 이것은 생산 및 축적의

---

50. *Capital*, Vol. III, 30, p. 484 [칼 맑스, 『자본론』 III 하, 김수행 역, 비봉출판사. 2004, 597쪽].

51. *Capital*, Vol. I, 15, p. 395; 20, pp. 546~547; 21, pp. 524~525; *TSV*, Vol. II, 14.

52. 스위지(*The Theory of Capitalist Development*, New York, 1942)와 실로스 라비니(*Il Problema dello Sviluppo Economico in Marx e Schumpeter*, 앞의 책)는 모두 '과소소비'를 강조하는 경향이 있다. 맑스적 순환이론에 대한 보다 나은 해석은 모리스 H. 돕(*Political Economy and Capitalism*, Routledge, London, 1940)이 제시하고 있다.

끊임없는 확장, 즉 수익(revenue)을 계속해서 자본으로 재변환하는 것을 통해 수행된다. 반면 다른 한편에서 생산자대중은 평균적인 욕구수준에 묶여 있으며, 자본주의적 생산의 본성에 따라 그것에 묶인 채로 있어야만 한다.[53]

그러나 우리가 지금까지 살펴본 것은 순환, 위기, 발전에 대한 맑스의 분석의 대략일 뿐이다. 우리는 그것들을 객관적 술어로, 자본주의적 외관으로 서술해 왔다. 그러나 현상학은 인과관계를 추적하는 것이 아니며, 자본의 관점은 노동계급의 관점이 될 수 없다. 이제 우리는 자본주의적 위기의 가능성이라는 추상성으로부터 그러한 위기가 위력을 발휘하는 현실적 방식으로 — 객관적 가능성에 대한 서술로부터 그것이 발생하는 방식인 변증법으로 — 이동해야 한다. 지금까지 주목했던 서술적 요소들은 단지 다음과 같은 점을 가리킬 뿐이다.

위기의 일반적인 추상적 가능성은 단지 내용 없는, 강제하는 추동요인이 없는 위기의 가장 추상적인 형태만을 가리킨다. … 이러한 위기의 가능성을 실제적 위기로 전화시키는 요인들은 이 형태 자체에는 포함되어 있지 않다. 그것은 단지 위기가 발생할 수 있는 틀(framework)이 존재한다는 것을 의미할 뿐이다.

이러한 경우에 그리고 이러한 관점에서, "이 형태들은 위기의 가능성을 포함하고 있다. … 따라서 위기의 발생 여부는 우연적이며, 결과

---

53. *Theories of Surplus Value*, Vol. II, 14, pp. 534~535.

적으로 위기의 발생은 그 자체로 우연의 문제일 뿐이다." 그리고 이것은
재생산과정과 그 안에서 한층 더 발전된 위기 가능성에 대한 분석이
없는, '자본과 이윤'을 다루는 것으로 기획되었던 장(章)[54]에서도 마찬
가지이다.

그러므로 노동계급의 과학적 관점은 현상학적 서술의 보잘것없는
객관성 너머에서 추구되고 발견되어야 한다. 이처럼 '근거가 튼튼한
내용'이 없다면, 맑스의 담론은 더 이상 역사적 필연성의 담론일 수
없을 것이다. 베른슈타인을 필두로 한 개량주의의 맑스 독해가 이 지
점보다 더 나아가지 못한 것은 결코 우연이 아니다.[55] 나는 이 지점을
넘어서 나아가지 않는 일체의 맑스적 분석이 순수한 서술의 층위에
머물 수밖에 없다는 것이 당연하게 느껴진다. 맑스 자신은 이 문제에
대해 두말할 나위 없이 솔직했다. 과소소비에 대한 설명과 부문들 간
의 불균형에 대한 설명 모두는 — 지금의 연구 단계에서는 — 동어빈
복적이며, 따라서 좀 더 발본적인 근거를 필요로 한다.

한편으로 맑스는 다음과 같이 말한다.

위기가 유효소비 혹은 유효소비자의 부족으로 인하여 발생한다고 말하는
것은 순전히 동어반복에 지나지 않는다. 자본주의 체제는 구제를 받는 빈

---

54. *Theories of Surplus Value*, Vol. II, 14, p. 509, 512. 또한 *Capital*, Vol. I, 3, p. 114도
　　참조하라.
55. E. Bernstein, I Presupposti del Socialismo ed i Compiti della Socialdemocrazia(「사
　　회주의의 전제와 사회민주주의의 임무」), Italian translation, Laterz, Bari, pp. 112~131. 분
　　명, 이러한 것들이 위기의 유일한 원인이라면 그것들을 극복하는 것은 불가능하지 않을
　　것이다.

민의 소비나 사기꾼의 소비를 제외하면, 유효소비 외에 다른 종류의 소비 양식을 일체 알지 못한다. … 그러나 누군가가 노동계급은 자기들 자신의 생산물 중 너무나 작은 부분을 받고 있으므로, 만약 그들이 그 생산물 중 더 큰 몫을 받고 이에 따라 그들의 임금이 올라간다면 이 해악은 제거될 것이라고 말함으로써 이 동어반복에 보다 깊은 근거가 있는 듯한 외관을 주려 한다면, 그러한 사람에게는 다만 다음과 같은 사실을 지적하기만 하면 된다. 즉, 위기는 언제나 임금이 전반적으로 오르고 노동계급이 연간 생산물 중 소비로 향하게 되어 있는 부분의 더 큰 몫을 실제로 받는 바로 그러한 시기에 준비되고 있는 것이라고.[56]

다른 한편 그는 부문들 사이의 불균형에 대한 설명 역시 동어반복 이라며, 그 이유를 다음과 같이 지적한다.

일반적 과잉생산이 존재하는 것이 아니라 단지 각종 생산분야들 내부의 불균형이 존재할 뿐이라고 말하는 것은, 자본주의적 생산 하에서 개별 생산분야의 균형은 불균형으로부터의 끊임없는 과정으로 나타난다고 말하는 것에 지나지 않는다. … [57]

그러므로 순환, 위기, 발전 이론의 근거는 맑스의 전체 논의를 넘어서 그리고 그 내부에서 훨씬 더 깊게 탐구되어져야 한다. 우리는 순환의 형식적 가능성에 대한 분석에서 자본주의적 축적의 일반법칙으로

---

56. *Capital*, Vol. II, 20, pp. 414~415 [『자본론』 II, 앞의 책, 496쪽]. *TSV*, Vol. II, p. 390과 *Grundrisse*, pp. 346~347도 참조하라.
57. *Capital*, Vol. III, 15, p. 257 [『자본론』 III 상, 앞의 책, 308쪽] 그러나 또한 *TSV*, Vol. II, pp. 519~521도 참조하라.

이동해야 한다. 순환은 착취의 필요성에 의해 지배되는, 착취의 순환
으로 이해되어야 한다.

앞서 살펴보았듯이, 지금까지 진행된 순환과 위기에 대한 자신의
분석의 순전히 형식적인 성격을 지적하고 있는 구절의 끝에서 맑스는
이러한 '필수적 근거'에 대한 논의를 미래의 언젠가 완성할 '자본과 이
윤'에 관한 장으로 미룬다. 그러나 『잉여가치 학설사』의 그 기획된 장
에서 이러한 '근거지움'(grounding)이 발견되지 않는다할지라도, 맑스
를 전체적으로 보았을 때 그러한 근거가 존재한다는 것은 명백하다. 순
환이 작동하는 방식에 있어서의 어떠한 형식적 임의성(任意性)도 확고
하게 배제된다. 이것은 발전을 지배하는 법칙이 자본주의적 생산 일반
을 지배하는 법칙과 동일한 것일 수밖에 없다는 것을 의미한다. 이는
또한 발전이 생산에 대한 전반적인 자극인 자본주의적 이윤에 의해
추동되며, 이윤율과 그것의 진동에 의해 ─ 아니 오히려, 이윤율의 본
성과 그 운동에 본질적인 모순들에 의해 ─ 지배되는 것으로 나타날
수밖에 없다는 것을 의미한다. 발전 속에서 이윤의 본성은 자신의 고
유한 한계와 억압적이고 파괴적인 기능을 보여줄 뿐만 아니라 성장을
유지하면서 스스로를 완전히 드러내야만 한다. 또한 발전은 자본주의
적 생산에 고유한 바로 그 적대로 가득 찬 것으로 나타나야만 한다.
그리하여 계급관계 전체가 발전 내부에서 읽혀질 수 있어야 한다.

맑스가 자신의 순환이론을 이윤율 저하경향에 관한 법칙과 연결시
키고 있기 때문에, 결국 위와 같은 독해는 맑스 자신에 의해 도입되고
있는 셈이다.[58] 그러한 연결은 과정에 대한 완결적 서술에 쉽게 이용
되기에는 너무 많은 중간단계들을 미리 가정하고 있다는 이의가 즉각

제기될 수도 있겠다. 그리고 이윤율 저하경향의 법칙이 (책상물림들이 기대기 좋아하는) 무언(無言)의 객관적 술어로 이해될 때, 그러한 이의제기는 썩 타당한 것처럼 보일 수도 있을 것이다. 그러나 그 법칙을 노동계급의 관점에서 바라보고, 그리하여 그것을 ― 그것이 결정하는 관련된 가설들은 별개로 하더라도 ― 사회적 착취관계의 전반적 진행상태의 지표로 이해한다면, 사태는 달라진다. 그렇다면 그 법칙이 실제로 말하는 바는 무엇인가?

이윤율 저하경향의 법칙은 사회적 평균이윤율이 자본의 필연적이고 점진적인 집중에 비례하여 ― 전체로서의 자본이 발전과정에서 (적대적 계급관계 내부에서 그리고 그것 때문에) 비율상에서 가변자본이 증가하는 것 이상으로 증가하도록 강제되는 정도만큼 ―하락하는 상대적 경향을 갖는다는 것을 의미한다. 이제 이 모순으로 가득 찬 발전의 실상은 착취의 직접적 작용, 착취과정의 급박한 요구의 직접적 작용으로 이해되어야 한다. 그리고 이것이 바로 맑스가 그것을 이해하는 방식이다. 이윤이 평면화되는 경향에 대한 분석에서 맑스가 자본주의적 생산의 진정한 한계는 자본 자신이라고 말할 때, 그가 의미하는 바는 발전에 있어서 위기라는 계기는 병리적이거나 우연적인 것이 아니라 발전의 내적 본질과 경향의 핵심이라는 것이다. 이 모든 것은 그가 자본 개념을 관계로, 계급착취 그리고 절박한 착취의 요구라는 현실로 정의하는 것을 기초로 한다. 더욱이 이러한 법칙을 규정함에 있어서 맑스는 그것에 파국론적 함의를 덧붙이지 않는다. 결코 아니다. 그의

58. *Capital*, Vol. III, 15, pp. 241~242; *TSV*, Vol. II, Chapter 14.

서술 속에서, 이윤율 저하경향의 법칙은 무엇보다도 거대한 자본주의
적 조직화 과정을 묘사한다.

이윤율 저하 법칙이 경제학자들에게 불러일으키는 공포를 차치한다면, 그
것의 가장 중요한 귀결은 자본 집중의 지속적인 증가, 즉 소자본가들의
지속적인 탈자본화(decapitalisation)이다. 이것은 대체로 말해서 모든 자본
주의적 생산법칙들로부터 비롯되는 것이다. 만약 우리가 이 사실로부터
자본주의적 생산을 기초로 하며 또 그것에 특유한 모순적 본성을 제거한
다면 이 사실, 즉 집중화로의 이러한 경향이 의미하는 바는 무엇인가? 그것
은, 생산이 그 사적 성격을 잃고 형식적으로가 아니라―모든 생산이 교환
에 종속되는 것은 생산자들 상호간의 의존성 때문에, 그리고 그들의 노동
을 추상적인 사회적 노동으로 제시해야할 필요성 때문에 사회적이라는
의미에서―현실적 사실로서 사회적 과정이 된다는 것을 의미할 뿐이다.
왜냐하면 생산수단이 공동적인(communal) 사회적 생산수단으로 사용되고 따
라서 그것이 개인의 소유물이라는 사실이 아닌 생산에 대한 그것의 관계에
의해 결정되며, 노동 역시 사회적 규모로 수행되기 때문이다.[59]

게다가 그 법칙의 순전히 경향적인 특성은, 그와 똑같이 근본적이
고 결정적인 일련의 대항경향들(counter-tendencies)을 수반한다.

그렇다면 우리의 관점에서, 맑스가 발전 법칙과 이윤율 저하경향의
법칙을 결합시킨 것이 갖는 중요성은 무엇인가? 그것의 중요성은, 이
런 방식으로 발전 내부에서 근본적 관계의 작용을 확인할 수 있다는
데에 있다. 그리하여 발전은 본질적으로, 노동계급이 자본 내부에 실

---

59. *Theories of Surplus Value*, Vol. III, p. 447.

존한다는 사실과 이러한 노동계급의 현존을 수용하면서도 그것을 억압해야 하는 자본주의의 모순적 필연성 간의 충돌이라는 형태를 띠게 된다. 이러한 대립의 본질적 양태는 기술의 발전, 전체로서의 자본의 집중과 확장 그리고 (무엇보다도) 위기가 될 것이다.

상황을 좀 더 세밀하게 고찰해보자. 자본주의적 발전은 진보적인 동시에 억압적이다. 다시 말해 발전 법칙은 이윤율의 경향과 관련되어 있다. 노동과정에서의 진보와 가치화과정에서의 진보, 노동조직화에서의 진보와 잉여가치 추출에서의 진보는 나란히 ─ 그러나 적대적으로 ─ 나아간다. 맑스가 발전 법칙과 이윤율의 경향을 결합시킨 것은 이 적대를 중요하게 다룬다는 것을 의미한다. 자본의 집중화 과정은 이러한 적대가 얼마나 근본적으로 중요한 것인지를 드러낸다. 왜냐하면 그 적대는 상대적 잉여가치 추출을 둘러싸고 발생하는 자본주의적 재조직화가 ─ 한편으로는 노동계급이 존재한다는 사실을, 다른 한편으로는 그 존재를 자신의 성장 내부로 수용하고 제한해야하는 자본의 필요를 적대적 극(極)으로 하는 ─ 변증법적 상황이라는 것을 보여주기 때문이다. 이 객관적 적대로부터 스스로를 계급투쟁 속에서 표현하는 적대에로 이르는 길은 멀고 길 것이다. 그러나 그것은 질적으로 동일하다.[60]

그러므로 자본의 구조를 다룸에 있어서, 이윤율 저하경향의 법칙에서 나타나는 모순에 대한 맑스의 견해는 객관적 계기뿐만 아니라 발

---

60. 다시 한 번, M. Tronti의 *Operai e Capitale*을 참조하라. 이 점에 있어서 이것은 유일하게 명쾌한 포스트맑스주의적 분석이다.

전의 변증법적 구조 전체에 영향을 미치는 모순을 규정하려는 최초의 접근으로 볼 수 있다. 그리고 그 근본적 관계가 발전의 순환적 진보 내에 하나의 활동적 요소로서 매우 중요하게 내재해 있음에 대한 이러한 이해에서, 맑스의 이론화는 자신의 완전한 표현을 얻게 된다. 일반적으로 이야기되듯이, 발전이 어떻게 이윤율의 경향과 연결되어 있는지를 보여주기 위해 맑스가 택한 직접적 사례들은 불가피하게 그가 살았던 시대의 경험들 — 다시 말해, 여전히 자신의 실존을 가변자본으로 제한당했던 노동계급의 경험, 정치적 권력이 되기 위해 투쟁하는 자생적으로 존재하는 실체 — 에 묶여 있다. 이것의 결과는 — 당대의 조건들을 고려해 볼 때, 매우 정당하게도 — 산업예비군의 증가와 대중의 상대적 빈곤의 심화를 예견한 그의 인구 법칙에서 찾아볼 수 있다.[61] 그러나 이러한 예견 역시 결정론적이거나 파국론적이지는 않다.

추상적인 인구법칙은 식물과 동물에게만 존재한다. 그것도 인간이 개입하지 않는 한에서만 말이다.[62]

다시 한번, 여기서 중요한 것은 맑스가 말한 (어쨌든 부분적으로 옹호될 수 있는) 내용이라기보다는 그가 그것을 제시하는 형식이다. 앞서 말했듯이, 맑스는 순환을 다시 그것의 진정한 토대, 즉 계급관계와 연결시킨다. 계급관계는 이윤율의 가장 근본적인 결정요소이고, 이윤

---

61. *Capital*, Vol. I, 15, pp. 451~459; Vol. I, 25, p. 612 이하; Vol. II, 16, pp. 314~322; Vol. III, 22, p. 364; *TSV*, Vol. III, Chapter 21.
62. *Capital*, Vol. I, 25, p. 592.

율이야말로 발전의 추동력이기 때문이다.

잉여가치와 임금 사이의 분할―이윤율의 결정은 본질적으로 이것에 달려있다―의 경우에는 노동력과 자본이라는 두 개의 전혀 다른 요소가 개입되어 있다. 이 두 개의 독립변수들의 함수가 잉여가치와 임금 상호간에 한계를 설정한다. 따라서 여기에서는 노동력과 자본이라는 질적인 구별로부터 생산된 가치의 양적 분할이 발생한다.[63]

계급관계는 또한 이윤율 운동의 결정요소이기도 하다. 왜냐하면 여기서도 마찬가지로, 순환은 오직 자본과 전체 노동력 사이의 변증법적 갈등에 의해서만 정의될 수 있기 때문이다.[64] 후에 좀 더 발전된 맑스에 가면, 계급관계의 차원과 질이 혁명적 투쟁 경험을 통해 실질적으로 변화되었을 때, 이러한 접근법이 갖는 모든 힘이 완전한 정치적 구체성을 띠고 나타나게 된다. 리카도에 대해 논평하면서, 맑스는 다음과 같이 결론짓는다.

이윤율은 자본과 노동 사이의 경쟁과 상관없이 하락할 수도 있을 것이다. 그러나 그것을 하락하게 만들 수 있는 유일한 경쟁은 바로 이 경쟁이다.[65]

왜냐하면 노동계급의 투쟁에 대응하여 자본이 매우 높은 수준의 집중으로, 그리고 그러한 수준에서 가장 심화된 유기적 구성의 일반적

---

63. *Capital*, Vol. III, 22, p. 364 [『자본론』 III 상, 앞의 책, 444~5쪽].
64. *Capital*, Vol. I, 25, pp. 632~633.
65. *Theories of Surplus Value*, Vol. III.

균등화(equalisation) 지점으로 이동하도록 강제당할 때,

> 이윤율의 대비(對比)는 각각의 잉여가치량의 대비와 같기 때문이다.[66]

다시 말해, 과정은 다른 모든 항들을 제거하는 경향을 갖는다. 노동 계급은, 자본에 맞서 총체적인 반대를 제기할 수 있기 위하여, 자본으로 하여금 온전히 그 자신이 되도록 강제한다.

그러므로 이러한 순환형태를 투쟁하고 있는 계급들 간의 권력관계 ― 애초에는 자본이 극히 강력했던 현실적 맥락에서 맑스에 의해 서술되었으나, 노동계급투쟁의 과정에 의해 변화되거나 전복될 수 있고 또 그래왔던 권력관계 ― 의 형태로 생각한다면, 현상학적 분석 국면에서 이미 서술되었던 요소들은 이제 새로운 의미를 띠게 된다. 그리고 이 새로운 기초 위에서, 이제 맑스는 순환이론에 대한 일반적인 새징식회로 나아간다. 더 이상 그는 잘 알려져 있는 근거와 무관한 형식적 요소들이나 부분적인 효과들을 관찰하는 데에 자신을 제한하지 않는다. 이제 노동계급적 관점은 완전히 작동하게 된다.

문제는 이제 완전히 활동하고 있는 계급들 간의 권력관계 내에서 변수들의 운동을 규정하는 것이다. 이는 분명 불균형 현상에 대한 재정식화에 적용된다. 그러나 좀 더 특별하게는 자본의 회전을 설명하는 데에 적용된다.[67] 이러한 현상들은 단순히 객관적 메커니즘 속의 톱니처럼 공존하는 것으로 생각될 수 없다. 그것들은 오히려 권력관계라는

---

66. *Capital*, Vol. III, 3, p. 65 [『자본론』 III 상, 앞의 책, 74쪽].
67. *Capital*, Vol. III, 15, p. 241, pp. 252~259.

그물망, 동시에 활동하는 경향과 대항경향이라는 그물망 속의 계기들로 이해되어야만 한다.

이러한 사실은 그것의 순환이 두 전략 — 노동계급의 전략은 보잘것없는 생존의 층위로부터 필요임금의 상승을 통해 이윤을 압박하는 지점까지 나아가는 것이고, 이러한 노동계급의 공격에 전략적으로 대응해야만 하는 집합적 자본가의 전략은 이 대결을 위해 자본의 정치적·경제적 잠재력을 총동원하는 것이다 — 사이의 충돌을 통해 기능하고 또 절합되는 발전에 대한 일반적 개념으로 우리를 다시 데려간다.

> 위기의 다른 측면은 — 궁극적으로 모든 것의 기초가 되는 필요노동과 잉여노동 사이의 올바른 관계를 회복하기 위해서 — 생산과 산노동의 실제적인 감소로 귀착된다.[68]

이러한 관점에서 우리는 이 논문의 제1절에서 제기된 순환의 탄력성, 대약진에 의한 운동 그리고 순환 내에서 총량화와 탈총량화의 요소들을 재구성할 필요에 관한 고찰들로 다시 돌아갈 수 있다. 이 논점은 이제 보다 명확하게 이해될 수 있으며, 전반적 운동의 진정한 기반 내에 위치지어질 수 있다.[69] 이제 우리는 위기가 자본의 생산과정의 양식(mode)이자 고유한 기능이라는 점을, 그리고 그것이 완전히 필연적이라는 점을 알게 되었다.

---

68. *Grundrisse*, 앞의 책, p. 446 [칼 맑스, 『요강』 II, 김호균 역, 백의, 2000. 67쪽].
69. 각주 29~34을 참조하라.

이러한 각종의 영향들은 때로는 공간적으로 나란히 작용하며, 때로는 시간적으로 서로 뒤를 이어 작용한다. 그런데 어떤 특정한 지점에서는 적대적 요인들의 충돌은 위기에서 출구를 발견한다. 위기는 언제나 현존하는 모순들의 일시적이고 폭력적인 해결에 지나지 않으며, 교란된 균형을 일시적으로 회복시키는 강력한 폭발에 지나지 않는다.[70]

지금까지 우리는 맑스가 자신의 순환이론을 종합한 바대로 그의 사유를 재구성하였다. 맑스가 가리키고 있는 길을 따라, 우리는 단순한 현상학에서 계급투쟁 이론으로 이동해 왔다. 정치경제학이 비판적 인식 속에서 성취해낸 통찰들─이 논문의 출발점─이 갖는 위상을 체계적으로 파악하는 것은, 오직 이러한 틀을 이해함으로써만 가능해진다.

나는 언젠가 이러한 통찰들이 맑스의 이론과 맺고 있는 관계로 되돌아갈 것이다. 당분간은, 발진의 형태가 계급관계라고 하는 케인즈의 '발견'과 위기가 발전에 이용된다고 하는 슘페터의 '발견'이 갖는 의미를 이해할 수 있는 것은 오직 이러한 지평 내에서일 뿐이라고 말해두는 것으로 충분하다. 맑스에게는 이 체계적 틀 이외에 더 찾아낼 것이 많지 않다. (그러나 그 많지 않은 바로 그 부분이 매우 근본적이다). 우리는 노동계급적 관점의 완전한 전개를 발견한다. 그리고 [정치경제학의] 비판적 인식은 극복되어 노동계급의 혁명을 위한 전망이 된다. 왜냐하면 만약 이것이 자본이 존재하는 방식이라면, 노동계급의 존재와 그로부터 발산되는 계급투쟁 그리고 그것을 통제해야할 필요가 자본주의적 생산의 절대적 한계를 나타낸다고 말하는 것은 참일 것이기 때문이다.

---

70. *Capital*, Vol. III, 15, p. 244 [『자본론』 III 상, 앞의 책, 299쪽].

3. 발전과 자본주의적 국가 이데올로기들

이제 한 걸음 옮겨보자. 우리는 이미 맑스가 발전과 계급투쟁 사이의 관계를 어떻게 파악하는지 살펴보았다. 주지하다시피 맑스는 후에 (적어도 부분적으로는) 역사적 운동에 의해 그리고 자본주의 구조에 노동계급이 가한 충격에 의해 경향적으로 부정되어 갔던 일단의 특수한 내용들과 그것을 연관시켰다. 그러나 발전에 대한 그의 생각은 여전히 유효한 것으로 남아 있다.

정치경제학은 자신의 비판적 인식 속에서 — 발전형태가 [그 위에서] 작동할 수 있는 일단의 새로운 내용들을 확인하려함으로써 — 발전에 대한 맑스의 견해를 (이데올로기적으로 왜곡된 방식으로) 부각시키는 작업에 착수하였다.

그렇다면 이 새로운 내용들은 무엇이며, 발전은 이 새로운 요소들에 직면하여 어떻게 작동하는가? 우리는 이미 답을 가지고 있다. 새로운 내용들이란 자본주의적 관계의 물질적 토대 내의 권력균형이 결정적으로 변화하였다는 저 근본적 깨달음에 의해 드러난 것이다. 결과적으로 순환의 작동은 적대를 발전구조 내부에 봉하고 기본적인 권력관계를 유지하기 위해 조절되어야 한다. 이제 순환의 작동은 위기를 권력관계를 시험하기 위한 일반적 계기로, 근본적인 계급관계를 다시 한 번 폭력적·결정적으로 주장하기 위한 수단으로 활용하는 것을 포함한다.

이러한 상황은 몇 가지 주요한 결과들, 무엇보다도 자본주의적 발전 메커니즘의 지독한 불안정성을 드러낸다. 자본이 자신의 생산역량을 증가시키는 통상적 과정은 노동계급의 압력이라는 위협에 지속적으로 노출된다. 이는 노동계급이 자본으로 하여금 그것의 유기적 구성을 향상시키지 않은 채로 투자 기반을 확대하도록 강제하면서 자신의 존재를 사회적 층위에서 하나의 대규모화된 통일체로 느껴지도록 하기 때문이거나, 아니면 유기적 구성이 향상되는 경우 ― 보편적으로건 개별적으로건 ― 에, 노동계급이 노동생산성의 향상에 상응하는 일련의 요구들을 내놓기 때문이다. 게다가 자본 자체는 그 집단적 형태에 있어서, 노동계급이 발전을 결정한다는 사실을 받아들이지 않을 수 없을 뿐만 아니라, 일정한 한계들 내에서 자신의 발전 통제에 대한 이러한 종류의 노동계급의 대응에게 순환이 조절될 수 있는 조건들을 보증해 달라고 간청해야 할지도 모른다.[71]

따라서 자본의 생산역량의 증가와 노동력 가치의 증가는 함께 이루어진다. 그리고 이윤율이 상대적으로 안정화되거나 심지어 하락하게 되는 ― 상대적 완전고용이라는 순전한 무력함(inertia)에 의해 (안정성이라는 조건 속에서) 야기된 ― 상황이 전개된다.

---

71. 다시 한번 나는 맑스가 '과소소비주의적' 경향으로부터 얼마나 자유로웠는지를 강조하고자 한다. 맑스의 정식들은 실제로 자본이 고도 소비에 기초한 정책들을 채택할 가능성을 인정한다. 그러나 다음과 같은 구절은 주목할만한 가치가 있다 : "어떤 자본가든 그의 노동자들이 저축할 것을 요구하지만, 단지 그의 노동자만 저축할 것을 요구한다. 왜냐하면 이들은 그에게 노동자로 마주 서 있기 때문이다. 나머지 노동자들의 세계는 결코 저축해서는 안 되는데, 왜냐하면 그들은 자본가에게 소비자로 마주 서 있기 때문이다. 따라서 모든 '경건한' 상투어들에도 불구하고, 자본가는 노동자들의 소비를 자극하고, 자신의 상품에 새로운 매력을 부여하며, 노동자들에게 새로운 욕구를 발생시키기 위해서 모든 수단을 강구한다. 자본과 노동의 관계에서 나타나는 바로 이러한 측면이야말로 본질적인 문명화의 계기이자, 자본의 역사적 정당성과 현재적 권력이 기초하는 곳이다" *Grundrissse*, 앞의 책, p. 287 [『요강』 I , 앞의 책, 292~3쪽].

부득이 자본은 이러한 불안정한 상황이 자신에게 부담스럽고 해로우며, 특히 계급관계를 새로이 주장하기 위한 수단으로 위기를 주기적으로 활용하는 것이 언제나 원하는 결과를 가져다주는 것이 아닐 때에는 더욱 그러하다는 것을 깨달을 수밖에 없다. 사실 기술(技術)적 경로를 통한 억압, 유기적 구성의 혁명적 변화는—바로 그 본성에 의해—이윤율을 한층 더 하락시키게 된다. 잉여가치율이 그러한 하락을 상쇄하고도 남을 만큼 상승한다면 사태가 달라지겠지만, 그러한 일은 일어나지 않거나, 앞서 우리가 살펴본 이유들로 인해 너무 짧아서 불충분한 회전시간 동안만 발생한다.

더 나아간 효과도 염두에 두어야 한다. 위기 메커니즘, 특히 과학기술의 혁명적 발전으로 나타나는 위기 메커니즘은 이윤—발전의 추동력—을 즉각적으로(혹은 중기(中期)적으로라도) 구조하는 데 실패할 수도 있을 뿐만 아니라, 해로운 일단의 직접적인 결과들을 산출할 수도 있다. 왜냐하면 위기는 한편에서는 계급관계를 안정화시키는 회전속도조절바퀴(flywheel)로 작동하는 반면, 그와 동시에 다른 한편에서는 계급관계의 적대를 심화시키고 점점 더 광범한 사회층(strata of society)을 그 관계 속으로 끌어들이기 때문이다.

생산력의 혁명은 이러한 관계들을 더욱 변화시킨다. 즉 (자본의 관점, 따라서 교환을 통한 실현의 관점에서도) 잉여노동에 대한 필요노동의 관계, 또는 말하자면 산노동에 대한 대상화된 노동의 다양한 계기들의 관계를 기반으로 하는 이 관계들 자체를 변화시킨다.[72]

다시 말해서, 위기의 자본주의적 활용은 사회적 계층화 — 더 정확히 말하면 정치적 계급구성 — 를 혁명적으로 진전시키고, 계급적대의 심화·확대·발본화의 기초를 놓는 것으로 귀결된다.[73] 그러나 대안은 없다. 자본은, 결코 관계의 근본적 불안정성을 제거할 수 있을 정도로 충분히 넓어질 수는 없는 한계들 내부에서 발전과 위기의 이 변증법 — 종종 그러한 관계가 더욱 더 경직되고 압축되는 것으로 귀결되고 마는 변증법 — 에 어쩔 도리 없이 묶여 있다.

이러한 상황에서 자본은 자신의 새롭고 불안정한 실존 조건의 지속을 보장하기 위해 스스로를 위한 새로운 구조를 규정하려고 시도한다. 재구조화된 자본주의 국가의 특성은 이러한 목적을 위해, 즉 발전 내부에서 적대적이고 모순적인 힘으로 활동하는 노동계급의 힘의 현존 안에서 (사회 안에서) 경제발전을 보장하기 위해 계획된 것이다.

맑스주의는 뛰어난 지성과 통찰력으로, 이와 유사하며 동등하게 상렬한 자본주의적 재구조화의 계기 — 19세기 산업혁명 후반기에 자본이 독점체들을 탄생시키는 방식 — 를 연구했다. 맑스주의는 이러한 시기를 이윤율 하락의 고전적 메커니즘에 대한 대항경향(counter-tendency)의 작동으로 이해했다.[74] 그러나 올바르게도 그것은 그 과정

---

72. *Grundrisse*, 앞의 책, p. 444 [『요강』 II, 앞의 책, 64쪽].

73. 이 논점은 순환과 위기에 대한 맑스의 분석에서 극히 중요한 부분이지만, 지면의 제약상 여기서 자세히 논할 수는 없다. 앞으로 언젠가 이 논점을 다시 다룰 수 있기를 바란다. 적어도 한 가지는 분명하다. 오늘날 많은 동지들이 발전/계급계층화/노동계급의 정치적 구성 사이의 관계에 대해 연구하고 있다는 점 말이다. 이러한 집단적 작업이 이 논점에 한층 더 진전을 가져다주기를 기대한다.

74. *Capital*, Vol. III, 14, p. 241.

에 내재하며 그 과정에 의해 야기된 모순들을 정확히 확인하고, 올바른 노동계급 전략을 정의하는 데로 나아갔다.[75] 이러한 과정 내의 노동계급의 새로운 조건과 노동과정 조직화의 새로운 형태들을 받아들임에 있어서, 맑스주의는 볼셰비키적인 혁명적 조직화 모델을 확립하였으며 그리하여 위기와 발전의 객관성을 즉각적인 권력쟁취의 가능성으로 전환시켰다.[76]

그러나 자본의 조직화에 있어서 새로운 도약의 시기인 전간기(戰間期)의 대공황에 뒤이은 새로운 발전 국면 — 이 시기에는 사회의 자본주의적 절합이 노동계급의 대규모적이고 결정적으로 정치화된 현존과 충돌했다 — 에서는 위와 같은 일이 일어나지 않았다. 1917년 이후, 그리고 1929년 이후에 가까스로 살아남은 얼마 안 되는 맑스의 이론은 기껏해야 발전의 부차적인 메커니즘들에 대한 분석에 한정되어졌던 반면, 다른 곳에서는 보잘것없는 정통 스콜라주의가 성숙한 자본의 메커니즘을 분석하기 위해 '독점의 시대'(the Age of Monopoly)로부터 모델과 논쟁들을 발굴해내고 있었다. 이러한 이론적 쓰레기들의 축적 앞에서, 부르주아 과학들 중에서도 가장 속물적인 경제학은 자신의 헤게모니를 공고하게 유지할 수 있었고, 결국에 가서는 불행히도 맑스주의의 정통성보다 훨씬 더 지각력 있는 것으로 판명되게 되었다!

이것이 우리가 대면해야만 하는 현실이기 때문에, 우리는 10월혁명

---

75. 내가 보기에『금융자본』에서 나타난 힐퍼딩의 분석과『제국주의론』에서 전개된 레닌의 분석은 제1차 세계대전 이후의 시기에 혁명적 고조의 성숙을 표지하는 주요 논점의 핵심적 요점들과 주요한 재배치를 보여준다.
76. 이것은 의심의 여지없이 레닌의『무엇을 할 것인가?』에 나타난 태도이다.

의 충격 즉 계급적 권력균형의 변화와 — 무엇보다 특히 — 초기의 '케인즈적' 이해와 분석 이후에 전반적으로 재구조화된 자본주의 구조에 대해 자본주의적 인식이 어떠한 종류의 관념 — 물론 신비화된 것이긴 하지만 — 을 제시하는지를 알아보아야만 한다.

발전이라는 문제와 관련하여 자본주의적 인식이 — 자기 이미지이자 발전의 이미지로서 — 표상하는 첫 번째 이미지가 불황의 이미지라고 하는 것은 결코 우연이 아니다. 자본주의적 인식이 사적 자본주의의 초기 국면에 특징적이었던 투자기회 및 자본형성에 있어서의 하락을 다시 참조하는 한, 그것이 자기 이미지라는 것은 너무나 명백하다.[77] 우리는 이미 고전 자본주의에 대한 케인즈의 비판에서 이러한 불황의 기저에 존재하는 원인들을 살펴보았다.[78] 불황 이론은 이러한 원인들을 매우 불충분하게 이해했는데, 이 이론은 (케인즈로부터 후퇴하여) 현상을 설명하기 위해 순전히 기술적인 근거들만을 제시하고는, 자신이 비판하고 있는 바로 그 사적 자본주의에 대한 모순적인 향수에 빠져든다. 대개 그렇듯이, 부르주아 이론은 원인이 아닌 결과만을 본다.

---

77. 케인즈의 일부 언급들을 제외하면, '스태그네이셔니즘'(stagnationism) 학파의 핵심적인 입장은 A. H. Hansen의 *Full Recovery or Stagnation?*(New York · London, 1938)과 *Fiscal Policy and Business Cycles*(New York · London, 1941)에 잘 나타나 있다. 이 이론들은 G. Terbogh(*The Bogey of Economic Maturity*, Chicago, 1945)로부터 맹렬한 비판을 받았다. 대체로 문제 전반에 관해서는, J. Steinol의 *Maturity and Stagnation in American Capitalism*(Oxford, 1952)과 *Studi Keynesiani*(앞의 책, pp. 231~265)에 실린 F. Caffe의 *La Teroria della "Matrurità Economica" e la Funzione degli Investimenti Pubblici*를 참조하라.
78. 다시 한번 나는 독자들에게 케인즈를 다룬 나의 논문을 언급해야만 할 것 같다. '스태그네이셔니즘'에 대한 가장 명백한 암시들은 *Eugenetics Review*(1937년 4월)에 실린 케인즈의 논문 "Some Economic Consequences of a Declining Population"에서 찾아볼 수 있다.

불황이론의 분석은 스태그네이셔니즘적 접근의 적극적 측면으로부터 아무것도 얻지 못한다. 불황이론의 접근은 국가가 체제의 자동적인 메커니즘들을 대체하고 이윤율 — 이것은 (적어도 경향적으로는) 하락하고 있는 것으로 추정된다 — 에 자극을 제공하기 위해 투자의 부양에 체계적으로 개입해야 한다고 주장한다.[79]

정확히 이 지점에서 결과에 대한 서술을 넘어서 그 과정의 본질적 작동원리를 파악하는 것이 가능했어야 했다. 경제학자들로 하여금 투자와 경제과정 일반을 보장하기 위한 국가개입의 필요성을 제기하게 만든 사고(thinking)는 무엇이었을까? 그것은 이윤 전반의 한계를 더욱 넓히고, 매우 유리한 발전 전망을 회복하고자 하는 희망이었을까? 분명 그렇지 않다. 두 체제[자유방임적인 체제와 개입주의적인 체제-옮긴이] 모두에 있어서, 심지어 주요한 변화의 요소들을 고려에 넣는다하더라도 발전의 '자본주의적 본질'은 '단일한 과정'으로 남아 있다.[80] 노동계급의 공격 메커니즘은 이윤의 사회적 관리와 이윤을 위한 사회의 조직화에 대해 똑같이 강력하게 작용한다. 사실, 노동계급이

---

79. A. H. Hansen, *Full Recovery or Stagnation?*, 앞의 책, 318쪽. "전세계의 정부들은 최종적 저축자와 투자 가능성 사이에서 중재자 역할을 하기 시작했다. … 정부가 투자은행의 기능을 인계받고 있는 것이다."

80. S. Kuznets, *Economic Growth and Structure*, New York, 1965, 67p. 상당한 진폭의 순환적 진동들이, 고도로 사회화되고 중앙집중적으로 통제되는 경제에서도 계속해서 존재한다는 사실은 슘페터(*Capitalism, Socialism and Democracy*, New York, 1950, 174, 188p. 이하, 이탈리아판)에 의해서도 받아들여지고 있는 것처럼 보인다. 다음의 문헌들도 참조하라 : *Conference on Business Cycles*(1949)(New York, 1951)에 실린 G. Habeler와 A. Bergson의 논문들. D. M. Wright, *A Key to Modern Economics*, New York, 1954. *Science and Society*(1967, 31, 4, pp. 486~504)에 수록된 H. J. Schermann의 "Marx and the Business Cycle."

자신의 정치적 특질을 최대한도로 실현하고, 행동과 정치적 구성이라는 형태로 실질적인 동질성을 결정하는 것이 가능한 것은 정확히 이러한 층위에서이다. 얼마나 일반화되던 간에 국가개입 역시 사회 속의 노동계급권력의 존재가 (경제적 층위에서) 발전에 부과하는 저 근본적인 불안정성을 제거할 수 없다. 그럼에도 국가를 해결책으로 여기게끔 만드는 전환점은 무엇인가? 그것은 바로 권력 가능성과 정치적 보장을 통해, 그러한 불안정성을 넘어 무언가 다른 것으로 나아갈 수 있으리라는 희망 — 그리고 여기에 새로운 요소가 있다 — 이다. 변증법은 정말로 부르주아들의 머리 속에 쑤셔 넣어졌다!

여기에서 우리는 새로운 요소를 갖게 된다. 사회적 자본의 조직화를 통한, 계획된 사회적 국가로의 자본주의적 '도약'은 순전히 경제적인 실천의 층위에서는 해결불가능했던 문제에 대한 하나의 가능한 해결책을 나타낸다. 지금부터 문제는 어떻게 이윤율 저하경향을 거스를 것인가가 아니다. 문제는 유기적 구성의 혁명적 변화 내부로부터, 잉여가치에 있어서의 비례적 증가 이상의 것에 의해, 따라서 이윤 통제의 새로운 가능성에 의해 보장되는 경제발전의 순환성을 어떻게 유지할 것인가가 아니다. 문제는 이윤이라는 문제 자체를 어떻게 넘어설 것인가, 아니 오히려 어떻게 이윤의 형태를 순전한 지배와 폭력의 정치적 작용으로 재규정할 것인가이다.[81] 자본의 사회화에 조응하는 새

---

81. 힐퍼딩의 『금융자본』 이탈리아어판(Feltrinelli, Milano, 1961, p. liv) 서문에서 Pietranara가 개진한 가설을 참조하라 : " … 일정한 순간에 자본의 유기적 구성에 있어서의 지속적인 증가가 일반적 이윤율의 극심한 (경향적) 하락에 이르게 되면, 자본주의 구조는 '도약'으로 반응하게 된다. 다시 말해서 유기적 구성의 커다란 증대는 경쟁을 '독점'으로 이동시킨다. 그리고 그러한 지점부터, 더 이상 보편적 이윤율이란 존재하지 않는다." 만약 이 가설

로운 국가형태는 계급투쟁이 끝내버렸던 메커니즘들을 재활성화시키는 데 성공하지 못한다. 오히려 그것은 이윤율의 평면화라는 새로운 상황에 알맞은 방식으로 정치적 억압의 (필수적이고 배타적인) 역할을 담당한다. 노동계급이 생산적인 사회적 힘으로 나타날 때면 언제나 자본이 취하는 적대적 태도는 여기에서 최고도에 달한다. "정치적 폭력"은 언제나 "자본의 경제과정의 매개체"[82]였으나, 여기에서 매개하는 사회적 힘으로서의 자본이라는 이상적 관념은 순수한 추상이 되어버린다. 이제 자본은 순전히 억압적 힘으로 나타나게 되는 것이다.[83]

그리하여 여기서 우리는 발전과 위기에 대한 자본주의적 개념을 갖게 된다. 발전과 위기의 관계는 객관주의의 환상이 전혀 남아 있지 않은 완전히 정치적인 관계로, 노동계급의 공격을 봉쇄해야할 필요에 의해 강제되는 대안없는 관계로 재정식화된다. 낭만주의를 벗겨내고 나면, 슘페터의 가설들은 이러한 의미에서 가장 잘 표현될 수 있으며, 그것들의 힘은 이제 사회적으로 통합되어 있는 자본의 정치적 행위들

이 일정한 타당성을 지닌다면, 그리고 Pietranara가 그의 책 *Capitalismo e Economia* (Einaudi, Torino, 1961, p. 162)에서 그 가설을 확신하는 모습이 거북스럽게 느껴지지 않는다면, 그것은 경향에 관한 가설로서만 그럴 수 있을 뿐이다. 좀 더 나아간다면, Pietranara는 그러한 가설 성립의 기반이 되었던 관점의 역전을 받아들여야만 한다. 다시 말해, 일반적 이윤율을 넘어서는 자본의 '도약'은 자본의 유기적 구성의 강화의 결과로 이해되어서는 안 되고, 오히려 노동계급의 이윤 압박의 효과로 이해되어야 한다. 그것은 노동계급이 자본 내부에 속박된 결과가 아닌, 자본 외부에서 그것이 가하는 압력의 결과로서만 이해될 수 있을 뿐이다. 앞의 가설에 대한 이러한 재진술이 받아들여지기 위해서는, 맑스나 힐퍼딩의 분석 어디에서도 나타나지 않는 일정한 조건들이 요구된다는 점은 분명하다.

82. R. Luxemburg, *The Accumulation of Capital*, Routledge·Kegan Paul, London, 1951, Chapter 32.

83. *Capital*, Vol. I, 3, pp.137~138; Vol. III, 27, p. 441; 32, pp. 507~514; 35, p. 578 이하.

로부터 파생된다. 발전과 위기는 변증법적 합창의 형태로 활동하면서, 힘의 균형을 지속적으로 재발명하고 재구축하지 않으면 안 되는 자본주의, 그리고 경제순환을 재활성화시킬 수단으로 갈등과 대립을 끊임없이 추구하지 않으면 안 되는 자본주의의 상(像)을 제시한다. 순환을 조절하기 위한 메커니즘들은 전적으로 정치적 층위에 있다. 그리고 여기에서는 대립에 대한 승리의 계기인 위기가 결정적 요소이다. 이것이 이윤이 회복되는 방식이다. 이제부터 이윤은 오직 자본의 정치적 기능에만 의존하게 된다. 자본은 노골화되어 자신의 근본으로 돌아가고, 자기 자신의 정치적 본성을 고양시킴으로써 스스로를 재구축하려고 한다. 이러한 정치화는 관계의 불안정성을 제거할 수 없을 것이다. 그럼에도 불구하고 그것은 관계에 대한 배타적 통제와 지배를 요구한다.

지금까지 우리는 발전에 대한 자본주의적 이론화 — 이것은 사회에 대한 지배의 중심적 경험을 발전에 기초해서 해석한다 — 의 주요한 노선들을 따라왔다. 그러나 이러한 접근법은 모순과 신비화 — 이것의 필연성 역시 설명을 필요로 한다 — 의 바다에서 움직이며 또 거기에서 절합된다. 이는 특히, 매우 자주 이데올로기의 경로가 정치적 실천의 급박한 필요성과 다시 연결될 수 있으며 그로부터 지식으로서의 자신의 유효성을 끌어내기 때문에 그러하다.

여기서 강조될 필요가 있는 한 가지 사실은 사회적 자본이라는 새로운 현실로, 사회적 국가라는 상부구조로 '도약'하는 것은 근본적 관계의 불안정성을 조금도 제거해주지 못한다는 점이다. 사실, 관계의 단순화가 그 관계가 이제껏 얼마나 많이 순전한 폭력의 상황으로 환원되어 왔는지를 드러내는 한에서, 그러한 도약은 불안정성을 심화시킬 뿐이다. 자본주의 경제학의 이데올로기적 성향은 이러한 극적인 (drama-laden) 상황을 쫓아 달려가고, 다양한 가능한 결과들을 제공하는 다수의 입장들로 분열한다. 예컨대 불안정성이 제거될 수 없고, 위기의 활용—발전을 진전시키는 수단으로 계급갈등을 활용하는 것—이 경제과정의 초점이 되었다 해도, 이러한 사실은 은폐되어야만 한다. 이것이 이데올로기적 접근의 하나의 가능한 결과이다. 이렇게 다소 거친 사례에 있어서, 경제학자의 대담한 진리 추구—사실, 진리를 향한 이들의 열망은 이론에 있어서는 그렇게 명백하지 않지만—는 자본가가 가져야 하는 실천적 주도권들을 제안하는 것 이상으로 나아가지 못 한다. 이것이, 정치경제학의 비판적 인식이 자본에게 제공한 그 수많은 교훈적 통찰들이 왜 맹목적이고 무력하게 되어 버렸는지를 설명해 준다. 예를 들어 케인즈적 도식의 총량적 역동성은 정적인 신고전주의 균형모델로 환원되어 버리고 만다. 그리하여 케인즈의 이론은 총량화의 좌표에 관한 그의 현실주의적 직관의 일부였던 혁신적 잠재력을 제거당한다. 우리가 슘페터의 모델에서 발견한 갈등에 대한 감각과 자본주의적 위기 활용의 창조적 힘은 그러한 예기치 못한 충격들로부터 보호받는 좀 더 평온한 모델이 되어 버린다.[84]

---

84. 보다 중요한 제도주의적(institutionalist) 텍스트들 중 일부, 특히 슘페터로부터 파생된 견해들은 *Il Nuovo Imprenditore*(Angelo Pagani 편, Franco Angeli Editore, Milano, 1967)에서 찾아볼 수 있다. 이 텍스트들에 대한 광범한 논평으로는 A. Pagani의 *La Formazione dell'Impreditorialità : Studi Ricerche di Scienze Sociali*(Comunità, Milano, 1964)가 있다. 또한 특히 *Studi Storici*(Vol. I, 4, 1959~60, pp. 755~792)에 실린 G. Mori 의 *Premesse ed Implicazioni di una Recente Psecializzazione Storiografica Americana : la Entrepreneurial History*를 참조하라. 제도주의가 자본의 발전 이데올로기에 미친 영향들은 다음의 서지학적 논문을 일별해 보면 파악할 수 있다 : *L'Idea dello*

그러나 정치경제학의 비판적 내용으로부터 유래하는 이 최초의, 다소간 단순한 신비화 너머에는 (심지어 그것들의 이데올로기적 허위성를 결정하는) 실천의 필요에 보다 실질적으로 연결된 다른 종류의 신비화들이 있다. 예컨대, 제도주의가 기업가적인 혁신과 위기에 대한 슘페터의 생각을 왜곡하는 방식을 다시 살펴보자. 이것이 순전히 신비화라는 점에는 의심의 여지가 없다. 제도주의는 슘페터의 강력한 직관을 표현하기는 하지만, 결국 그것을 단조롭게 만들어서 차이의 의미가 축소되는 역사적·사회학적 연속체 속으로 집어넣어 버린다. 마치 발전이 준거하게 되는 양적 맥락이, 슘페터의 분석 이면에 존재하는 질적 도약을 은폐하기 위해 설정되었다는 듯이 말이다. 슘페터에게 있어 변화란 마치 발사된 총알과 같이 급작스럽고 예견치 못한 것임에 반해, 제도주의적 관점은 그것을 뚜렷하지 않은 연속성의 과정으로, 물리적 갱신 과정으로 바꾸어 버린다. 확실히 두 관점 모두 극히 부분[편파]적이다. 그러나 슘페터의 장점은 최소한 그가 자본주의 과정의 혁신적 본성을 규정하기 위해 자신의 부분성[편파성]을 표현했다는 데 있었다. 반면 제도주의적 관점에는 일반적인 것, 형식주의, 뻔한 것이 반복되는 기미가 있다.[85]

Sviluppo nella Letteratura degli Ulimi Vent'Anni (Censis, Roma, 1966). 제도주의의 영향은 자본주의 이데올로기에만 머물지 않는다. 그것은, 영향력 있는 노동계급 관점이 부재할 때는, 코뮤니즘 운동의 몇몇 사상 조류들에도 영향을 미친다. 예를 들어, *Pour Marx* (Paris, 1966, p. 87 이하)에 실린 알뛰세의 *Contradiction et Surdétermination*과 같은 논문을 제도주의적 형식주의의 관점에서 읽는 것은 흥미로울 것이다.

85. 일부 제도주의 필자들은 자신의 이론에 내재해 있는 이러한 결점에 대해 알고 있다. 가장 각성한 태도를 취하는 사람은 B. F. Hoselitz이다(*Il Nuovo Impreditore*, 앞의 책, pp. 445~471에 이탈리아어로 번역 출간된, 그의 *Main Concepts in the Analysis of the*

그러나 우리는 제도주의적 환원론의 다른 측면, 즉 그것의 인지적 유효성을 잊어서는 안 된다. 만약 그 모든 이데올로기들에도 불구하고, 노동계급의 반대가 발전을 값비싼 대가를 치르고서만 교정될 수 있을 뿐인 급작스럽고 예견치 못한 단절들에 의해 표지되는 것으로서 드러낸다면, 발전의 불안정성에 맞선 국가의 보장들은 과정의 중심으로 더욱 깊이 들어가야만 한다. 그것들은 과정에 완전히 내면화되어야 한다. 이것이 바로 제도주의의 통찰이었던 것이다.

제도주의는 발전/위기 관계를 조직화/폭력의 관계로 바꾸려 한다. 그것은 시간적 외연(extension)을 갖고 있는 문제를 제도적 조직화라는 내포적인(intensive) 문제로 압축하려 한다. 이렇게 그것은 성숙한 자본주의 국가의 또 다른 기본적 특성 — 사회의 전(全)층위에 걸친 폭력의 결정적 사용을 통한 위기의 절합과 억압적 통합 — 을 명백히 나타낸다. 자본이, 노동계급이 발전을 결정한다는 사실을 자신의 동력으로 이용하면서 (조직화된 관계들의 내포를 통해) 위기의 부정성을 적극적으로 치유하는 수단이 바로 이것이다. 지금까지 국가는 발전 내부의 근본적인 관계의 보증인으로, 그 억압적 메커니즘의 역동적 재조

Social Implications of Technological Change를 참조하라). 그는 비록 변화의 제도적 맥락의 중단된 지속성이라는 틀에서이기는 하지만, 외부적인 (그러나 순전히 부정적인) 인과성을 이른바 '일탈'(deviation)이라는 형태로 받아들이고 있는 듯하다. 변화에 대한 제도주의적 설명에 대한 의심들이 표현되고 해결책이 추구된다는 것은 그 자체로 이미 상당한 의미가 있는 일이다. 사회학에서의 구조주의는 정치경제학에서의 제도주의와 동일하게 문제적 위치에 놓여 있다. 그러나 적어도 지금까지는 비판의 목소리가 거의 들리지 않았다. 변화의 문제들과 관련하여 구조주의의 결점을 훌륭하게 요약한 것으로는 British Journal of Sociology(1965, 16, pp. 283~294)에 수록된 G. Poggi의 논문 A Main Theme of Contemporary Sociological Analysis, its Achievements and Limitations를 살펴볼 만하다.

정을 촉진하는 힘으로 이해되어 왔다. 그러나 이제 절대적이고 결정적인 국가권력이 스스로를 과정에 내재하는 힘으로 정립하고, 과정을 직접적으로 조직하려 한다.[86] 제도주의는 노동계급권력/경제발전의 이중성과 나란히, 보다 직접적이고 즉각적인 노동계급의 또 다른 압력이 작동하며, 그것이 자본의 조직적·생산적 구조를 절합한다는 점을 깨달았다. 따라서 근본적 관계의 불안정성은 시간적으로 외연적일 뿐만 아니라 내포적이기도 하다. 그러므로 발전에 대한 보장은 또한 발전 내부에서의 보장이어야 하며, 발전의 조직화는 조직화의 발전이 되어야 한다.

그 중요성에도 불구하고, 나에게는 여기서 제도주의적 접근법의 이러한 측면을 자세히 살펴볼 여유가 없다. 나는 제도주의자들이 발전에 대한 성치성제학의 비판을 신비화시키는 것은 필연적이며 그들의 취지에 매우 잘 부합하는 것이라는 점을 밝히기 위해서만 그것을 언급한다. 나는 자본주의적 권력의 초월성 그리고 그것의 순전히 (사법적 관점에서) 규범적인 측면을 강조하면서 또한 다른 측면 즉 조직적 측면의 보완적 성격을 강조하고 싶었는데, 그것은 노동과정의 통제라는 급박한 필요에 내재하는 것이며, (이데올로기적인 관점에서 표현하자면) 현실주의적이고 사회학적인 것으로 서술될 수 있는 것이다. 부르주아 전통은 이들 두 계기를 과학적 연구에서 있어서 환원불가능한 긴장의 두 극으로 표현하기를 좋아하고, 지루한 학술적 말다툼들에 참

---

86. 맑스는 국가의 행위와 조직화가 외재적인 것에서 내재적인 것으로, 보장에서 구성으로 이동해가는 이 과정을 매우 명확하게 인식하고 있었던 것 같다.

여하는 이들은 그 두 깃발 사이에서 자신의 입장을 찾는다. 나는 그것들이 역설적이게도 실제로는 노동계급을 억압하는 데 있어서 상호보완적이라고 말하고 싶다. 그들 모두는 안전에 대한 부르주아의 숭배에 그리고 발전을 촉진하고 조직하려는 자본의 욕구에 공통적으로 기능적이다.

나는 발전이 그리고 발전에 대한 지배/통제가 오늘날 자본에게 여전히 매우 중요한 문제로 남아 있다는 점을 반복해서 강조하고 싶다. 노동계급의 자본경영을 위한 공간이 ─ 노동조직화의 제도들이 억압적 통합의 매개로 행동하기 보다는 구성적 참여를 위한 길을 제시하는 것처럼 보일 수도 있는 그러한 방식으로 ─ 정말로 나타날 수도 있을 것이다. 이것이 바로 오늘날 부르주아적 급진주의가 재발견하여 실현가능한 사회주의라는 표어로 제시하고 있는 유토피아이다! 그러나 이것은 다시 한번, 그것이 실제로는 자기-착취라는 점을 알지 못하는 자기-경영이라는 환상이 될 것이다! 심지어 자본의 운동의 노동계급적 절합이 노동과정과 잉여가치 생산과정을 결합하고 긴밀히 연결하는 외부막(external membrane)을 쇄신하기에 충분한 공간을 획득하는 데 성공할 수 있다는 생각을 할 수도 있을 것이다. 그러나 이는 여전히 노동의 조직화라는 층위에서 작동하는 것을 의미할 것이다. 즉 그것은 여전히 가치법칙과 임금법칙 ─ 이것들은 오늘날 발전 법칙을 의미한다 ─ 을 적용하는 것을 의미할 것이다. 자본이 승리를 거두고 이윤의 최종적이고 필연적이며 포괄적인 긍정으로서 스스로를 부활시키는 것은 바로 여기에서이다. 자본의 궁극적인 실존조건은 노동계급의 힘이 노동을, 그리고 그와 더불어 임금체계, 이윤, 폭력에 의해 조직된 기능들의 생산적 계열로서의 사회를 파괴하도록 두어선 안 된다는 것이다. 그러나 당분간, 발전과 관련해서 본다면, 노동계급의 힘을 제거한다는 것은 용인될 수 없는 일이다.

이제 발전의 기본적인 테마들로 돌아가보자. 우리는 위기의 자본주의적 활용이 자본의 정치적 우위의 상징이자 사회를 지배하는 자본주의적 권력의 (최후의 수단으로서의, 그러나 결코 덜 강력하지는 않은) 확인임을 살펴보았다. 그것은 자본이 계획되고 사회적으로 조직된 발전을, 그리고 심지어 노동계급이 발전을 관리하는 것을 받아들인다 ─ 받아들여야만 한다 ─ 는 것을 의미할 것이다. 심지어 자본은 자신의 경제적 권력이 약해지는 것도 받아들일 것이다. 그러나 그것은 결코 지배와 착취라는 자신의 고유한 본질을 망각할 수 없으며 망각하지도 않을 것이다. 이러한 전선(戰線) 위에서 그것은 저항할 것이며, 최후까지 싸울 것이며, 결국 파괴될 것이다. 최후의 수단으로, 그것은 스스로를 발전으로부터 분리하여 오직 위기로서만 드러낼 준비까지 되어 있을 것이다. 그리고 이 모든 것이 의미하는 바는 자본이 스스로를 발전으로서 진전시키는 순간에 너무나 극적으로 느꼈던 발전의 불안정성은, 그것이 순전한 파괴적 의지의 지점에 이르기까지 스스로를 폭력으로, 정치적 권력의 결정적 계기로 드러내는 방식과 관련되어 있다는 사실이다.

이러한 층위에서 자본주의적 국가는 집합적 자본의 조직화 그리고 집합적 자본을 위한 보장으로서 나타난다. 그러나 이와 동시에 그것은 단순한 발전의 상부구조를 넘어서, 노동계급과 자신이 맺고 있는 관계의 내포적 구조 내에서 [그것을 통해] 발전이 이루어지는 외연적인 구조의 리듬을 ― 시간을 통해 ― 조율하는 것으로 이해되어야 한다. 한편으론 발전과 위기, 다른 한편으론 사회화와 폭력. 이것들은 동일한 현실의 두 측면들이며, 이것들 사이의 어떠한 구별도 오직 지시적 가치만을 가질 뿐이다. 현실에서 국가는 자신이 시간적 과정의 외연적 차원에서 존재하는 것과 같은 방식으로 제도적 관계의 내포 내부에 존재한다. 그것은 노동계급의 힘을 봉쇄하고 지배하려는 자본의 발전 기획과 동일한 것으로 존재한다. 이렇게 우리는 상부구조로서의 국가를 갖게 되었다. 그러나 이 때의 상부구조는 레닌이 말했듯이 자본주의적 발전의 고도의 요구들을 표현하는 데 너무나 완벽히 들어맞아서 자신의 본질적 정점, 발전에 필수적인 형태, 내용과 물질적으로 접합된 외피(外皮)가 되어 버린 상부구조이다.

역설적이게도, 케인즈와 슘페터의 교훈은 오직 맑스와 레닌 안에서만 정확히 살아날 수 있다. 그 비판적 통찰들의 극적인 의미를 파악하게 해주는 것은 성숙한 자본주의에 관한 신비화와 이데올로기들이 아니라 자본과 자본주의 국가에 대한 노동계급적 과학이다. 왜곡된 형태로 제시된 그 통찰들은 결국 이렇게 말하고 있는 것이다. 자본이 발전이라는 모험을 개시하고 또 그에 따라 움직이기 시작하는 바로 그 순간에, 자신의 기획의 소름끼치는 불안정성 또한 드러내게 된다고 말이다.

자본이 그러한 모든 한계를 제약으로 정립하고, 따라서 관념적으로 그것을 넘어선다고 해서 그것이 이 한계를 실제로 극복했다고는 결코 말할 수 없다. 그러한 모든 제약은 자본의 규정과 모순되므로, 자본의 생산은 끊임없이 극복되면서 마찬가지로 끊임없이 정립되는 모순들 속에서 운동한다.

더욱이 자본이 추구할 수밖에 없는 보편성은 자본 자신의 본성에서 제약
들을 발견하는데, 그것은 자본의 일정한 발전단계에서는 자본 자신을 이
경향의 가장 큰 제약으로 인식하도록 할 것이며, 따라서 자본 자신에 의
해 자본의 지양을 추구하도록 할 것이다.[87]

그러므로 우리는 맑스와 더불어, 오직 완전히 발전된 자본만이 노
동계급의 혁명을 보게 될 것이라는 점을 반복해서 말한다. 그리고 레
닌과 더불어 우리는 자본주의 국가의 전체주의적 구조가 필연적으로
그것의 정치적 성숙의 본질적인 계기 — 그리고 노동계급이 전복시켜
야 할 근본적인 목표 — 라는 것을 이해한다.

4. 발전의 문제와 노동계급의 과학이 내놓은 대안들

지금까지의 논의들 — 특히 발전 내부의 자본의 지배의 불안정성에
대한 강조 — 을 염두에 둔다면, 아마도 우리는 노동계급의 과학에게
제기된 과제들에 관한 적극적인 지침 몇 가지를 끌어내기 시작할 수
있을 것이다.

우리는 관계를 불안정적인 것으로 기술했다. 그러나 불안정한 관계
는 그 불안정성에도 불구하고 하나의 관계로 남아 있으며, 관계가 불
안정하다는 사실이 그것이 무한히 반복될 수 없다는 것을 의미하지도
않는다. 우리는 또한 이 불안정성이 상당한 정도의 이율배반과 적대를

---

87. *Grundrisse*, 앞의 책, p. 410 [『요강』 II, 앞의 책, 21쪽].

드러낸다는 점도 살펴보았다. 그러나 그것이 운동 중에 있을 때, 적극적인 변증법적 과정은 항상 스스로를 개조하여 살아남는다. 특히 자기보존의 필요성을 느끼는 경우에 절대적이며 절대적으로 파괴적인 권력이 그것을 보증해줄 때 그러하다. 과연 그 자신의 무한정한 연장을 조직하는 경향은 성숙한 자본주의 국가형태에 고유한 것이다.

노동계급의 과학은 이것을 인식하고 있다. 그것은 계획된 사회적 국가를 노동계급을 억압하기 위해 조직된 구조로, 억압의 메커니즘들에 기초한 비완결적(open-ended) 관계를 위한 기획으로 이해한다. 발전과 노동계급권력 간의 대립적 관계는 위기 — 이것은 점점 더 자본주의 권력의 정치적 기능이 되어 간다 — 가 지배적인 역할을 담당하는 부단한 과정에 의해 매개된다. 자본이 계획되고 사회적으로 조직되면 될수록 실제로 위기를, 그리고 전(全)체제의 철저하게 의도된 재구조화를 필요로 한다는 사실은 결코 우연이 아니다.[88] 계획된 자본주의는 경제과정의 연속성에 의해서보다는, 계급투쟁의 발전에 의해 결정된 다양한 층위에서 그 과정에 대한 통제가 이루어지는 방식의 철저함, 포괄성 그리고 예리함에 의해 특징지어진다. 이러한 이유에서, 경제위기의 존재를 자본주의 체제의 일반적 위기를 가리키는 것으로 간주하는 것은 매우 잘못된 것이다.

---

88. "따라서 과잉생산, 즉 자본에 기초한 생산의 이 모든 필수적 계기들에 대한 갑작스러운 상기(recall). 따라서 이 계기들의 망각에 따른 일반적인 가치하락. 그리하여 그와 동시에 자본은 고도의 생산력 발전수준에서 새로이 시도를 시작해야 하는 과제에 직면하고, 매번 자본으로서의 더 큰 붕괴에 직면한다. 그러므로 명확한 것은, 자본이 고도로 발전할수록 그것은 생산의 제약으로 현상한다는 사실이다" *Grundrisse*, 앞의 책, p. 416 [『요강』 II, 앞의 책, 27~8쪽].

자본주의와 그것의 문명이 쇠미(衰微)하게 되고 여기저기 배회하거나 갑작스럽게 폭력적인 죽음을 맞게 될지도 모른다. 개인적으로 필자는 이것을 확신하고 있다. 그러나 세계적 위기는 그것을 입증하지 않으며, 사실 그것과 아무런 관계도 없다. 그것은 체제의 약함이나 쇠미함(decacence)의 징후가 아니다. 오히려 그것은 자본주의적 진화의 활력을 입증한다. ⋯ [89]

그것은 자신의 물질적 토대를 구성하는 권력관계들의 네트워크를 전체적이고 집합적인 관점에서 재조직해낼 수 있는 자본의 능력을 입증한다.

그렇다면 우리는 어떻게 노동계급의 투쟁과 그것이 표현하는 힘을 자본주의적 발전의 억압적 메커니즘으로부터 구해낼 수 있는가? 이러한 물음은 지금까지 진행된 논의로부터 불가피하게 제기된다. 이 비완결적 관계 — 발전과 위기 사이의 (그 시간적 외연에 있어서의) 변증법적 관계, 사회화와 폭력 사이의 (제도적 측면의 그 내포에 있어서의) 변증법적 관계 — 의 궁극적인 파열점은 무엇인가? 우리는 어떻게 혁명적인 전망 속에서 자본주의적 발전과 노동계급권력 간의 관계를 규정할 수 있는가?

이러한 질문들에 답하기 위해서는, 심지어 상황의 실제적 차원들에 대한 최초의 정확한 평가조차도 그 위험으로부터 자유롭지 못한 환상들을 경계해야 한다. 이러한 진술로 내가 의미하는 바는 다음과 같다. 즉 일부 입장들은 자본주의적 발전과 노동계급권력의 최초의 상호관계를 정확히 분석해 내는데, 그러한 분석에서 자본주의적 발전은 능동

---

89. J. A. Schumpeter, *Businiess Cycles*, 앞의 책, p. 332.

적으로건 수동적으로건 노동계급권력을 결정하는 요소로 나타나는 한편, 노동계급권력의 압력, 침식적 활동 그리고 그것의 실존이 가하는 전체적인 충격에 영원히 종속된다. 그러나 그러한 분석 뒤에 이어지는 것은 이 두 기능들 간의 평행 관계, 일종의 장기적인 이중권력 상태 — 여기서 강조되는 것은 자본주의적 생산양식의 한계이자 장기적으로는 혁명적 전복에의 경향을 구체화하게 될 노동계급 실존의 물질성이다 — 에 대한 제안이다. 이러한 시각에서 노동계급의 혁명은 노동계급의 대량화된 물질적 실존을 통해 발생하는 과정의 최종적이고도 필연적인 결과물로 나타난다. 권력의 장악은 이미 노동계급운동의 손아귀에 있는 과정으로 현상한다. 그러한 과정에서 자본주의적 발전은 새로이 나타나고 있는 노동계급의 권력과 그것의 필연적인 혁명적 헤게모니를 공고화하는 데 점차로 알맞은 것이 되어 간다.

자본/계급관계에 대한 이러한 관점은 자본주의적 발전에 대한 파국론적 관점과 자본주의 순환에 대한 맬서스주의적·과소소비주의적 시각을 엄격하게 배제함으로써, 그리고 맑스와 레닌이 발전시킨 입장 — 자본주의 발전이 노동계급적대의 사례들을 불러일으키는 데 탁월한 능력을 갖고 있다는 입장 — 을 재발견함으로써 그 힘과 호소력을 얻는다. 오늘날 코뮤니즘적 논쟁의 모든 구석을 차지하고 있는 것은 바로 저 나로드니크들에 대한 통렬한 반대이다.[90]

---

90. 노동계급 출현의 특유한 성격과 중심성을 망각하는 오늘날의 나로드니크들에 대항하기 위해, 그리고 소비, 낭비 등등에 대한 분석이라는 측면에서 작업함으로써 즉 생산구조에 대한 일체의 참조를 배제하는 용어들로 자본에 대한 분석 전체를 절합함으로써 계급통합을 부정하거나 혹은 주장하는 그들의 테제들에 대항하기 위해, 경제적 낭만주의에 대한 레닌의 언급들은 다시 읽을만한 가치가 있다.

　그러나 이러한 관점은 또한 훨씬 더 깊이 있는 요소들, 즉 노동계급의 투쟁이 자본주의 발전의 현재 국면에 있어서 결정적이며 포괄적인 요소라는 사실에 대한 이해, 그리고 제도적·경제적 측면에 있어서 노동계급 행동의 대규모화된 형태들과 자본주의 발전의 총체 사이의 관계에 대한 상세하고 매우 유익한 분석을 포함하고 있기도 하다. 요컨대 그것의 힘과 호소력은 혁명의 의미와 객관적이고 대규모화되고 경제적인 노동계급운동의 주체적인 결정 행위를 회복시키는 그 능력에 있다. 혁명은 노동계급권력에 대한 요구 속에 살아 있다. 그리고 노동계급에 행사되던 모든 관료주의적 신비화와 개량주의적 이데올로기는 이 강력한 현실 앞에서 간단히 허물어져 버린다. 하나의 접근법으로서 그것은 로자 룩셈부르크가 가졌던 사고의 가장 훌륭한 측면들 중 일부―노동계급의 투쟁이 그 내부에 독립적인 권력의 연속성과 결코 억압될 수 없는 행동의 생명력을 갖고 있다는 관점―를 부활시킨다. 그리고 투쟁을 강조함에 있어서 그것은 혁명적 행위의 새로운 내용들을 확인해 낸다. 그것은 미래를 예견하는 일을 피하면서도, 끊임없이 자기―갱신하는(self-renewing) 노동계급의 정치적 구성 속에서 미래를 인식한다.

　그러나 앞서 말했듯이, 우리는 노동계급의 현실에 대한 이 최초의, 강력한 접근법으로부터 연역될 수도 있는 몇 가지 극단적인 입장들을 경계해야 한다. 우리는 자본주의적 발전이 어떻게 위기 속에서 그리고 국가폭력의 사용에 있어서 자신의 진정한 본성을 드러내는지를 살펴보았다. 또한 우리는 노동계급권력의 대규모화된 행위가 이윤율을 평면화하고 자본으로 하여금 '정치적'으로 되도록 강제하면서 이윤 메커니

즘들에 대한 압박을 증대시킬 때, 어떻게 저 두 계기들[위기와 국가폭력
―옮긴이]이 상호제휴 속에서 스스로를 드러내는가를 살펴보았다.

그러나 앞서 우리가 살펴본 관점으로부터는, 자본주의적 발전과 노
동계급권력이 자본의 순환전략 ― 그리고 발전의 실질적인 형태로서,
국가가 순환 내부에서 수행하는 역할 ― 이 분쇄되는 지점까지 이러한
평행적 관계를 무한히 지속할 수도 있다는 결론이 가능할 것이다. 따
라서 자본주의적 발전이라는 현실을 전복하기 위한 전제조건은 체제
를 외연적으로 침식할 수 있을 뿐만 아니라 그것에 내포적인 타격을
가할 수도 있는 노동계급권력의 봉기이다. 만약 발전이 위기를 견뎌낼
수 있다면, 만약 그것이 국가와 폭력이 될 수 있다면, 그리고 자본주
의적 발전이 되기 위해서는 그것이 스스로를 계속해서 이런 식으로
표현해야 한다면, 그렇다면 노동계급의 혁명적 적대는 (레닌이 강조한
바와 같이) 분쇄할 수 있는 능력을 재발견해야 할 것이다. 그렇지 않으
면, 노동계급의 영원한 적대는 자신의 계급적 적(敵)의 영원한 적대와
똑같이 불모(不毛)의 것으로 남게 될 것이다. 그리고 그것은 훨씬 더
극적이고 고통스러운 것이다.

이러한 이유로, 발전에 대한 노동계급의 경험은 억압적인 자본주의
적 발전 체제의 폭력적인 분쇄 ― 이것은 점점 더 긴급한 일이 되어
가고 있다 ― 를 강조하는 형태들로 노동계급을 이끌어야 한다. 이것
이 영원하고 불모적인 적대의 악순환에서 벗어날 수 있는 유일한 길
이다. 그리고 이론의 이러한 요구는 자본주의적 발전이 신속히 진행됨
에 따라 그만큼 더 긴급한 것이 된다. 왜냐하면 만약 사회 속에서 발
전이 지속적이고 일반화된 노동계급의 압력에 직면하는 것이 사실이

라면, 틀림없이 이러한 발전 이면의 위기의 실재가 점점 더 명확해질 것이고 자본주의적 권력 전체는 곧 폭력이라는 결정적인 계기로 축소될 것이기 때문이다. 10월혁명은 볼세비키들의 천재성이 낳은 작품이었다. 그러나 오늘날의 혁명은 전위들의 빛나는 통찰력에 의존할 수 없다. 오늘날의 혁명은 대중들의 일상의 경험으로부터 직접 발생한다. 자본주의적 과정 — 발전의 연속성을 유지하게 위해 국가폭력이라는 계획된, 실질적인 형식을 사용하여 발전을 위기라는 균형회복 전략과 결합시키는 과정 — 의 복합적인 현실을 전복하려는 일체의 시도들은 이러한 단절을 강제하고 '체제를 분쇄하는 것'(smashing the machine)을 목적으로 하는 노동계급 조직화의 형태들을 재발견해야 할 것이다.

대약진에 의한 자본의 확장은 오직 그에 걸맞는 (역시 대약진에 의한) 노동계급의 봉기에 의해서만 전복될 수 있다. 그리고 나시 한번 우리는 자본의 전체적인 (경제적·정치적) 변증법에 대한 레닌의 경이적인 통찰들을 갱신하기 위해, 그의 경험과 그가 개진한 주장의 노선으로 돌아가야 할 것이다. 이것은 부단한 재발견의 기획이다.

레닌은 연쇄의 가장 약한 고리를 분쇄해야 한다고 가르친다. 그러나 오늘날 발전과 관련하여, 성숙한 자본과 관련하여 우리는 이 전략적 제안을 어떻게 받아들여야 하는가? 위 진술의 의미와 일반적 골자를 회복시키고, 그것을 신비화된 형태로 사용했던 레닌의 계승자들로부터 그것을 구해내는 데는 레닌의 주장들에 대한 짧은 주석이면 족할 것이다. 만약 레닌이 수정을 필요로 한다면, 그것은 분명히 이 지점에 관한 것이 아닐 것이다. 사실 레닌이 만든 사례는 발전에 보편적으로 적용될 수 있는 사례이다.[91] 레닌은 자본주의의 일반적 순환(그

의 경우에는 독점적이고 대규모로 집중된 자본의 순환) 내부에서 발
전의 특정한 단계(그의 경우에는 러시아의 성숙한 자본주의로의 도
약)가 부수기 시작하고 있는 그러한 고리를 연쇄의 가장 약한 고리로
확인한다. 전지구적 차원의 자본주의 전략의 관점에서 보았을 때, 이것
이 변화가 일어나야 하고 자본이 일반적 재구조화를 시도해야 하는 임
계점(the critical point)이다. 이 지점에서 발전은 위기를 필요로 한다.
이 지점에서 발전은 국가에 의해 조직된, 자본과 노동계급 간의 직접
적인 세력 대결을 필요로 한다. 그리고 이 지점이 아마도 — 러시아의
경험에서는 의심의 여지없이 — 자본주의적 연쇄의 약한 고리일 것이
다.

이러한 상황이 노동계급에게 요구하는 것은 무엇인가? 그것은 노동
계급이 자본의 조직화에 대한 일반적인 정치적 압박을 발전시켜서, 그
것이 활동할 수 있는 영역을 축소시키고 변화의 필요성을 강제할 수
있기를 요구한다. 레닌은 자본이 근본적 관계의 불안정성을 인식하고
스스로를 한 단계 높은 발전수준으로 조직하면서도, 그와 동시에 국가
구조를 포함한 자신의 제도적 — 정치적·경제적 — 구조를 문제화시
킴으로써 그러한 불안정성을 극복하도록 강제되는 순간을 자본주의적
연쇄의 약한 고리로 간주한다. 그것은 그러한 순간으로부터 한층 더
강력한 자본주의 구조가 나타나지 않을 것이기 때문이 아니며, 자본이

---

91. 각주 75와 76을 참조하라. 레닌주의적 방법의 가치와 효용성은 아무리 강조해도 지나
치지 않다. 그것의 특징은 근본적으로 맑스가 제공한 분석적 지시들을 올바르게 활용
한 데에, 그리고 이와 같이 확인된 분석적 맥락을—조직화의 한 기능으로서—직접적으
로 정치화시킨 데에 있다. 오늘날 이러한 방법의 부활은 하나의 조직적 사실 그 자체일
것이다.

필연적으로 파국에 이르도록 운명지어져 있기 때문도 아니다. 그것은 그 순간이, 노동계급이 근본적 관계의 저 참을 수 없는 불안정성을 야기하고 자본에게 발전을 강제하며 자본으로 하여금 스스로가 위기의 추동력임을, 오로지 자신만의 보존을 위한 그 모든 가난과 파괴들의 근본적 원인임을 드러내지 않으면 안 되도록 할 정도로 가장 강력한 상태에 있는 순간이기 때문이다. 여기서 '분쇄'는 필수적인 동시에 가능한 것이 된다. 따라서 우리는 '연쇄의 가장 약한 고리'에 대한 레닌의 입장을 단순히 맑스의 일반적인 발전/위기 관계 도식이 러시아 혁명이라는 특수한 조건에 적용된 특정한 사례로 이해할 수 있다. 그것은 충분히 발전된 노동계급적 관점의 그 모든 힘과 더불어 주어진 상황으로 번역된다. 발전은 단순히 한 단계에서 다음 단계로 넘어가는 전반적인 과정일 뿐이며, 위기는 노동계급의 충격에 맞서 체제를 다시 균형상태로 되돌리기 위해 계획된 이행의 계기이다.

바로 이 레닌주의적 '분쇄'의 경험이 충분히 회복되어서 노동계급적 이론의 일부가 되어야 한다. 노동계급의 투쟁이 완전히 정치적으로 되는 것은 바로 그러한 경험 속에서이다. 분명 레닌의 시대 이래로 많은 세월이 흘렀고 많은 것들이 달라졌다. 그러나 맑스주의적 분석 및 그에 대한 레닌의 입증과 관련한 이 특수한 문제에 있어서, 문제가 제기되는 계급관계의 맥락은 오직 다음과 같은 의미에서만 달라졌다. 즉 자본주의적 관점에서는 근본적 관계의 불안정성이 엄청나게 증가했다. 반면 노동계급의 관점에서는 노동계급이 가하는 충격이 더욱 현저해졌고, 자본주의적 지배에 대한 증오가 더욱 격렬해졌다. 레닌의 시대와 마찬가지로 — 아니, 오늘날에는 더욱 더 — 자본은 위기라는 형태를 경유하여, 즉 국가의 형태를 통해 발전의 메커니즘을 발전시킬 수밖에 없다. 이제 국가의 실체는 위기라는 주기적 결절점을 통과하고 있는 발전에 내재적인 동시에 필연적인 결정적 폭력의 제도로서 드러난다. 그러므로 노동계급적 행동의 노력 전체가 경주되고, 혁명의 의지가 시험되어야 하는 곳이 바로 여기이다. 기획은 자본주의적 발전의 가장 약한 지점을 분쇄하는 것이어야 한다. 다시 말해 그것은 전반적인 발전을 조직하고 자본주의적 순환 조절이 필연적으로 불러일으킬 수밖에 없는 위기의 순간에 체제의 최후방어요새로서 서 있는 국가형태를 분쇄하는 것이어야 한다.

다시 한번 노동계급적 관점의 이론적 전망은 정반대의 관점, 자본주의 경제학의 숨겨진 의제(agenda)와 만나는 것처럼 보인다. 이는 놀라운 일이 아닌데, 왜냐하면 격렬한 투쟁국면에서 자본의 즉각적인 실천상의 요구가 그것으로 하여금 사물을 있는 그대로 보고, 혁명적 대중행동의 자발적인 이론적 형태들을 파악하며, 자신의 체제를 조절하고 혁명적 대중들을 봉쇄하기 위한 수단을 준비하도록 하는 것은 종종 있는 일이기 때문이다.

자본의 정치적 억압 이론은 발전이 위기의 계속적인 출현으로 구성되어 있다는 것을 이해했으며, 자신의 주도권을 위기로 가득 찬 발전의 본성에 대한 이러한 이해 위에 기초해야만 했다. 이는 자본주의적 인식이 저발전(underdevelopment)이라는 문제와 맞닥뜨린 곳에서는 더욱 진실이다. 여기서 자본주의적 인식은 과정을 역동적이고 위기로 가득 찬 것으로 이해하면서, 다른 모든 측면들에 앞서 '도약과 경제적 변형'의 연속적인 국면들의 필요성을 우선시한다. 저발전을 사고함에 있어서 자본주의적 과학은 무엇보다도 발전과 관련하여 그리고 발전에 기능적인 것으로 권력관계와 정치적 차원을 확립하는 이론적·실천적 문제들에 관심을 가져왔다. 그것은 발전에 있어서의 위기와 붕괴를 해결할 목적으로 국가 (및/또는 제국주의적) 폭력이라는 수단에 의존하는 것의 중요성을 가장 극단적인 형태로 강조해 왔다. 확실히, 저발전을 언급함에 있어서 이 이론들은 나름의 고유한 특징을 갖고 있다. 저발전이 노동계급투쟁의 압력으로부터 자유로운 광범한 영역들에 의해 특징지어지는 한에서, 자본주의적 위기-개입은 단순히 억압적인 관점에서 이해되지 않을 수도 있다. 자본은 여전히 진보적인 발전모델을 선택 — 여타의 곳에서는 노동계급의 투쟁에 의해 끝장나며 그로 인해 자본주의적 개입이 단순한 억압으로 축소되고 마는 그러한 선택 — 할 수 있다.

그러나 이 이론이 저발전 문제를 다루는 데 주로 사용되어 왔다는 사실이 그것이 이 문제에만 한정된다는 것을 의미하지는 않는다. 전혀 그렇지 않다. 그것이 스스로를 자본주의적 발전에 대한 정치적 개입의 일반이론으로 확립시키려는 야망을 키우는 것은 놀랄 만한 일이 아니다. 레닌주의적 접근법이 상기시켜 주었듯이, 경제적 발전단계들의 변증법은 단지 자본주의적 발전 전반의 변증법의 한 사례일 뿐이다. 그 형식적 표현에 있어서 이 변증법은 두 가지 상황 모두에서, 즉 저발전과 경제적 성숙 모두에서 동일하다. 맑스의 모델이 보여주는 바와 같이, 내용과 힘의 균형은 달라질 수 있으며, 그에 따라 과정의 결과도 달라질 수 있다. 그러나 과정의 일반적 형태는 동일한 것으로 남을 것이며, 여전히 이윤법칙과 계급투쟁법칙을 그 특징으로 할 것이다. 이

것이 진실이라는 것은 다음과 같은 사실, 즉 발전과정의 임계점에 대
한 개입이 갖는 엄청난 중요성에 대한 자본주의적 인식은 정확히 성
숙한 자본주의의 위기에 대응하여, 다시 말해 1929년 이후 이루어진
자본의 사회과학들에 대한 전반적인 재검토라는 맥락 속에서 탄생하
였다 ― 그리고 상황의 일반성에 맞게 재정식화되었다 ― 는 사실을
보면 알 수 있다.[92] 1929년 이후는 자본이 발전이라는 자신의 집합적
본질을 노동계급의 거대한 충격을 재흡수하는 수단으로서 계획의 형
태로 실현하도록 강제당했던 때이며, 자본 스스로의 억압적 역량에 대
한 인식이 엄청나게 고양되었던 바로 그 때이다.

위기와 발전 사이의 연결고리가 갖는 핵심적 중요성에 대한 인식,
그리고 과정에 개입하여 그 내부의 자본주의적 권력을 탁월한 정치적
권력으로 강화시켜야할 필요성에 대한 (순전히 실천적이고 왜곡된 그
러나 그럼에도 불구하고 효과적인) 이러한 부르주아적 인식 ― 이 모
든 인식은 다시 한번 조직화, 즉 위기의 바로 그 동일한 지점을 자신
의 과녁으로 삼아 그것을 겨냥해서 자신의 정치적 유효성을 날카롭게
하여 그것을 파열시킬 수 있는 조직화가 필요하다는 노동계급의 테제
를 뒷받침해 준다.

이것은 이제 우리를 최초의 질문으로 돌아가게 한다. 어떻게 노동
계급의 새롭고 자유로운 힘을 자본주의적 발전의 억압적 틀로부터 구
해 낼 것인가? 내가 지금까지 전개한 논의들이 광범하고 일반적인 개

---

92. 예컨대 Walt W. Rostow의 활동은 이러한 문화적 회로 내에 위치지어질 수 있다. 일반
    적으로 발전과 위기 사이의 연결관계에 대한 자본의 인식의 성장에 관해서는 그의
    Stages of Economic Growth (London, 1958)을 참조하라.

론이라는 사실을 인정한다. 언제나 그렇듯이, 노동계급적 관점이 구체화되기 위해서는 조직화라는 문제를 둘러싼 실천적 활동들과 관련되어야만 한다. 저 조직화라는 틀 내에서, 노동계급적 관점은 어떻게 (발전을 위협하고 위기의 조건들을 형성할 정도로 커져 버린) 이 노동계급권력을 취해서 자본주의적 정치체제에 대한, 즉 자본이 행사하는 결정적 폭력이라는 특권의 후견인으로서의 국가에 대한 (마찬가지로 거대하며, 또한 정확히 조준되고, 결정적이며 최대의 유효성을 지닌) 공격의 조직자로서 기능하도록 할 것인가라는 문제를 제기해야 한다.

최초의 질문에 대한 이러한 대답들은 오직 투쟁을 통해서만, 봉기라고 하는 노동계급적 진리의 그 순간에 승리 혹은 패배로부터 올 것이다. 그럼에도 불구하고 우리는 여전히 한 가지는 확실하다고 말할 수 있으며, 그것을 문제들을 규정하고 논쟁을 개시하기 위한 기초로 활용할 수 있다. 그것은 발전과 계획된 국가의 존재를 특징으로 하는 사회에서 — 위기로 표현되는 발전이라는 특수하지만 필연적인 순간에, 노동계급의 행동이 정확히 '분쇄'의 경험에 맞춰지는 한에서만 의미를 갖는 억압적 상호관계들의 복합체에 대한 전복적 이해 속에서, 국가의 폭력 사용에 상응하는 특유한 형태로 — 자본주의적 순환을 파괴하는 문제를 자신의 출발점으로 삼지 않는 노동계급권력 이론은 아무런 쓸모가 없다는 사실이다.

이러한 의미에서, 자본이 조직되고 그것의 순환이 계획되면 될수록, 새로이 대규모화된 인상적인 노동계급의 존재에 의해 뒷받침되는 레닌주의적 경험은 더욱 현실적이고 적절한 것이 된다.

'정치권력은 총구에서 나온다'라는 말이 여지없이 확실하다면, 우리는 다음과 같은 최종적이고 결정적인 문제를 제기할 수 있을 것이다. 어떻게 발전을 침식하고 전복할 경제적/정치적 노선을 따라 대중행동을 절합시킬 것인가? 그리고 어떻게 위기에 개입할 수 있는 정치적/혁명적 노선을 따라 대중전위행동을 전개시킬 것인가? 오늘날 우리의 과제는 이러한 기능상의 적극적 이중성[대중행동과 대중전위행동 간의 이중성—옮긴이]이 노동계급의 정치적 구성 내부에 이미 어떤 형태로 존재하고 있는가를 이해하고, 나아가 그것을 조직하는 것이다. [1968]

3

계획자국가의 위기:
코뮤니즘과 혁명적 조직화

이 논문은 1970년대 전체를 맑스주의 투사로 살았던 네그리가 자신의 글들에서 핵심적인 것으로 남아 있게 될 전망들을 처음으로 한데 모은 것이다. 이 책에 실린 다른 논문들과 달리 이 글은 조직적 문제에 대한 개입으로 〈노동자의 힘〉(Potere Operaio)의 1971년 회의를 위한 토론용 논문으로 씌어졌다. 〈노동자의 힘〉은 1969년 이탈리아를 휩쓴 공장 및 사회 투쟁의 물결로부터 나타난 주요한 새로운 혁명적 의회 외부 조직들 중 하나였다. 네그리는 이 조직의 지도적 일원이었다.

이 논문은 〈노동자의 힘〉의 기관지인 『노동자의 힘』 제45호(1971년 9월)에 처음으로 실렸고, 그 후 서문과 후기를 추가하여 펠트리넬리 출판사에 의해 재출간되었다(Milano, 1974). 그리고 이탈리아 밖―프랑스, 독일 등등―에서도 여러 번 출간되었다.

운동에 있어서 이 논문이 가지는 가치는 어떤 특정한 조직적 해법에 있다기보다는, 그것이 제기하는 전반적인 문제들과 '선구적인' 전망에 있다. 또한 이 논문은, 다루고 있는 주제의 범위―위기의 고유성(originality), 새로운 수준의 적대 그리고 새로운 계급주체를 분석하기 위한 맑스주의적 어휘의 '갱신'—로 인해 〈노동자의 힘〉 자체를 넘어서는 논쟁의 초점이 된다.

네그리와 〈노동자의 힘〉에게 있어서, 대중투쟁은 '계획자국가'의 케인즈주의적 조절과 ('노동가치'의 실현이라는) 사회주의의 고전적인 '생산주의적' 전망을 넘어서는 것이었다. 투쟁들의 평등주의—"생산성과 무관한 동등한 임금인상"—는 임금-노동관계와 공장 내 노동분할의 위계를 침식해 버렸다. 소득을 위한 그리고 노동강제에 대항한 투쟁은 이제 '사회적 공장' 전체로 확대되었다. 투쟁의 새로운 코뮤니즘적 내용 즉 조직화를 위한 새로운 목표—코뮤니즘으로의 이행—를 가리키는 '노동거부', '정치적 임금' 그리고 '전유'와 같은 (이 텍스트에서 분명히 나타나는) 슬로건들이 운동의 공통적인 정치적 어휘였다. 네그리에게 이 모든 것은 계급적대가 질적으로 새로운 단계에 도달했고, 이 단계에서 가치법칙 자체가 위기에 처하게 되었다는 것을 의미했다. 때문에 그는 이 논문의 준거틀일 뿐만 아니라 그의 이후 모든 저작들의 기본이 되는 텍스트인『요강』의 '다른' 맑스로 돌아간다.[1] 맑스는『요강』에서 적대적 경향이라는 개념을 통해 자본주의의 성숙한 위기—가치형태의 위기, 욕구·임금노동의 폐지·코뮤니즘을 위한 투쟁—를 분석한다.

이러한 전망은 확실히 이탈리아의 정통맑스주의, 특히 공산당에 의해 표현된 정통맑스주의와는 모순되는 것이었다. 그때나 지금이나 그들의 응답은 욕구의 자율성에 기초한, 코뮤니즘을 위한 계급정치는 위임되어야 하고, 기약없는 미래로 유예되어야만 하는 기획이라고 주장하는 것이

---

1. 1978년 파리에서 열린 그의 세미나『맑스를 넘어선 맑스』(*Marx beyond Marx*, 영문판, Bergin and Garvey, Massachussetts, 1984)를 보라. 이 책에는 그 일부가 재번역되어 실려있다.

었다. 새로운 운동들은 (당시 PCI의 공식회의기록을 인용하자면) "생산력에 대한 민주적 통제의 질서정연한 진보과정에서 나타나는 주체적 차원에서의 부수적 현상"이었다.

이 논문의 주요한 주제는 새로운 국가형태이다. 이것은 더 이상 케인즈주의적 발전을 전제로 하지 않으며, '위기국가'(crisis−state)(5절과 7절)라는 용어에 의해 규정된다. 이것은 이제 시장과 교환을 통한 '정상적인' 통제가 무너진 곳−당시 닉슨 행정부의 말을 인용하자면 "경제법칙들이 정지"한 곳−에서, 사회적 노동에 대한 명령과 가치의 **정치적** 결정을 강화하고 재부과하기 위한 자본의 장기적인 응답으로 나타난다. (이 개념은 뒤에 실려 있는 「위기국가의 위기」(1980)에서 더욱 발전된다). 이것은 재구조화 과정에서 수요보다 공급에 우선순위를 두며, 대규모 다국적 기업의 논리에 종속되어 있는 '기업국가'라는 용어와 짝을 이룬다. 발전과 위기의 낡은 순환(앞의 논문을 참조하라)은 생산순환의 보편적인 재구조화에 길을 내어준다.[2]

마지막으로 새로운 형태의 조직화에 대한 탐구가 있다. 위기국가 단계에 적용된 '갱신된' 레닌주의는 급속히 쓸모없는 것으로 판명되었으며, 1973년 〈노동자의 힘〉은 자율적 조직들의 다원주의적 네트워크로 해소되었다. 이후에 네그리와 〈노동자의 힘〉에 속해 있었던 다른 투사들에 대해 제기된 소급적인 테러리즘 혐의 때문에라도, 그가 이 논문에서 '주관주의적' 경향들(제3절)−특히 대중투쟁들로부터 유리된 엘리트주의

---

2. 이 주제에 관한 당시 네그리의 텍스트들은 『노동계급 자율성과 위기』(*Working Class Autonomy and the Crisis*, Red Notes/CSE Books, 1979, pp. 23~54)에서 더 찾아볼 수 있다.

적인 군사적 전위주의를 주창한 사람들－에 대해 이의를 제기한다는 사실은 매우 중요하다. 봉기와 마찬가지로 조직화는 대중적 투쟁운동으로부터 발생하며 그것에 내재적인 과정으로 정의된다. 다른 한편 그는 1968년 이후의 '운동주의적'(movementist) 이데올로기에 공통적으로 들어 있는 유토피아적인 '코뮤니즘의 선형상화'(prefiguration)라는 개인주의적인 형태들(제8절)과, 근본적으로 아무것도 달라지지 않았으며 현존하는 정치적 매개형식이 노동자주의적 계급관점에서도 여전히 적절한 것일 수 있다고 믿는 '구제불능의 낙관주의자들'(제9절) 또한 비판한다. 이것은 다시 한번, 당시 이미 공산당에 들어가 있었던 뜨론띠와 여타의 지도적인 초기 노동자주의자들에 대한 언급이기도 하다.

　이 논문은 1971년 9월 25일에 월간 『노동자의 힘』 제 45호의 부록으로 처음 출간되었다. 이것은 〈노동자의 힘〉의 '제3차 조직회의'를 위한 준비논문들 중 하나였다.

　이 논문의 형식은 그것이 쓰여지던 상황 — 닉슨이 달러의 금태환 정지결정 조치를 취한 직후인 1971년 가을 — 의 긴박성을 반영하고 있다. 때문에 완전하고 명확한 입장을 제시하기보다는 정치적 토론을 고무하는 데에 더욱 초점이 맞추어져서, 때때로 결론들이 부정확하게 보일 수도 있을 것이다. 이러한 이유 때문에, 나는 이번 재출간을 기회 삼아 후기를 덧붙이기로 했다. 이 후기는 독자들에게 (필자의 정치적 활동 경험들과 밀접하게 연관되어 있는) 논문의 근거들을 밝히기보다는, 논문에서 다뤄진 영역에 대한 심화된 독서에 도움이 될 수 있는 문헌목록을 제시하기 위한 것이다. 그것은 또한 논문에서 제기되고 있는 일단의 맹아적인 규정들로부터 더 나아가 심화된 논의와 분석들이 이루어질 수 있는 몇 가지 주제들을 제안한다.

　그 주제들은 고도의 노동계급투쟁이 일어나고 있는 모든 나라의 혁명적 운동 내부에서 벌어지고 있는 논의들에 있어서 쟁론의 측면과 정치적 분석의 측면 모두에서 점점 더 핵심적인 것이 되어 가고 있다. 정치경제학에 대한 전투적 비판을 통한 대(對)이데올로기 투쟁은 정통 맑스주의 학파에서 여전히 재탕되고 있는 반(反)한계주의적(anti-marginalist) 논쟁의 기본적인 테마들을 반복하는 데에 — 그것이 아주 가치가 없는 것은 아니지만 — 안주해서는 안 된다. 한층 날카로운 사유들이 — 투쟁의 압력하에서 — 부르주아 측에서, 전복적인 노동계급의 과학을 혼란시키고 신비화하여 정치경제학의 새로운 물신주의로 빠뜨리려는 시도 속에서 나타났다. 그리고 노동계급의 관점에서도, 당을 위한 투쟁은 전통적 사고의 한계 내에 갇혀 있을 수 없다. 그것은 계속해서 사고를 일신하고, 노동계급의 그리고 노동계급투쟁의 일정한 정치적 구성을 받아들여야만 한다. 따라서 우리의 과제는 정치경제학 비판으로서 그리고 당에 대한 이론으로서 맑스의 이론을 되찾아, 노동계급의 주어진 — 그리고 다양한 — 욕구와 조화를 이루는 방식으로 그것을 실천하는 것이다.

이것은 우리가 분석의 두 가지 층위 모두에서 계급관계와 생산관계의 저 깊은 심장부에서 일어나고 있는 근본적인 변화들을 관찰할 수 있을 때 득히 옳다. 맑스는 선진 자본주의의 발전을 분명하게 예상했다. 그는 가치법칙이 소멸되고 노동이 자본주의적 명령에 더 이상 포섭되지 않고 형식적으로만 억압되게 되는 순간을 명쾌하게 서술했다. 그리고 이 모든 것은 이제 현실로 나타났다. 노동계급은 이러한 현실을 자본에게 강제하는 동시에 우리의 분석적 노력을 완전히 새로운 지형으로 몰아넣는, 조직화에 대한 요구를 제기한다. 우리가 집단적인 행동을 취하는 것은 바로 이러한 이행 — 자본 내부에의 노동의 형식적 억압으로부터 자본 명령의 실질적 폐지로의 이행 — 하에서이다.

이 논문에 포함된 암시들은 오직 혁명적 실천의 전체적인 활동 내에서만 검증될 것이라는 점을 강조하고 싶다. 이 논문의 약점 — 그것이 너무 직접적으로 조직화의 문제들과 관련되어 있다는 사실, 그리고 정치적 논의의 우연성과 가까운 거리를 유지하려 함에 있어서 너무 논쟁적이고 요약적이라는 사실 — 은 미덕이 될 수도 있을 것이다. 만약 조직된 혁명적 실천이 현실을 과학적으로 이해하는 유일한 길일뿐만 아니라 혁명을 앞당기는 유일한 길이기도 하다는 것이 사실이라면 말이다.

1972년 가을

안또니오 네그리

1. 맑스가 말하는 경향의 적대 : 맑스의 분석의 현재적 타당성

『요강』의 첫 번째 부분인 「화폐에 관한 장」의 끝부분3에 이르러, 맑스는 논의에 필요한 단계들을 언급하면서 자신의 전체 기획의 대략적인 계획을 제시한다. 맑스에 따르면, 자신의 연구는 등가물로서 기능하는 화폐에 대한 분석으로부터 생산관계들의 규정 즉 "생산의 내부 구조"로, 그리고 나서 이러한 관계들의 국가에로의 집중으로, 마지막으로 부분들의 변증법과 전체의 변증법이 모든 모순들을 작동시키며 그리하여 위기라는 파괴적 폭력이 — "전제 너머를 가리키는 일반적 징후, 그리고 새로운 역사적 형태의 채택을 향해 돌진하는 충동"으로서 — 나타나는 단계인 세계시장으로 나아가야 한다.

맑스의 연구 순서에 대한 이러한 언급은 맑스주의적 방법론을 이해하기 위한 기초로 간주되어야 한다. 그것은 우리로 하여금 정확히 역사유물론의 관점에서 분석을 발전시킬 수 있도록 해주고 정치경제학 비판의 관점에서 위기, 국가 그리고 혁명적 조직화의 문제들과 대면할 수 있도록 해준다. 더욱이 그것은 맑스가 모순들의 전개에 있어서 기본적인 경향으로 규정한 것의 근본적인 중요성이 우리에게 일반적인 이론적 지침을 제공해 주도록 할뿐만 아니라, 오늘날의 자본주의적 발전이 갖고 있는 특유한 모순들을 노동계급의 관점에서 규정하도록 도와주는 그러한 방식으로 그렇게 할 수 있도록 해준다.

게다가 맑스가 『요강』의 첫 번째 장에서 화폐 문제를 다루었다는

---

3. Karl Marx, *Grundrisse : Foundations of the Political Economy*, Martin Nicolaus(역), Penguin, Harmondsworth, 1973, pp. 227~228 [『요강』 I , 앞의 책, 219쪽].

사실은 이미 '화폐'라는 경제적 범주에 대한 비판과 혁명적 정치학이 불가분하게 연결되어 있다는 것을 보여주고 있다. 화폐형태의 분석은 일반적 경향의 억제할 수 없는 모순을 그것의 기원(genesis)으로부터 발전시킨다. 우선 상품의 이중적 본성에 내재하는 하나의 모순이 있다. 즉 상품은

이중적으로 존재하는데, 한편으로는 자신의 자연적인 현존형태에 교환가치를 관념적으로 (보이지 않게) 내포하고 있는 일정한 생산물로서 존재하며,

다른 한편으로는

생산물의 자연적 현존형태와의 모든 연관을 벗어버린 명백한 교환가치 (화폐)로서 존재한다.[4]

이러한 논리적 모순은 일반적인 역사적 경향이 된다.

교환의 욕구 그리고 생산물을 순수한 교환가치로 전환하고자 하는 욕구는 분업, 즉 생산의 점증하는 사회적 성격과 발맞추어 진보한다. 그러나 생산의 사회적 성격이 성장함에 따라 화폐의 권력도 성장한다. 즉 교환관계가 생산자들에 대하여 외적인, 이들로부터 독립적인 권력으로 정립된다. 원래 생산을 촉진하기 위한 수단으로 나타났던 것이 생산자들에게 낯선 관계가 되는 것이다. 생산자들이 교환에 의존하는 데 비례하여 교환은 그들로부터 독립적으로 되고, 생산물로서의 생산물과 교환가치로서의 생

---

4. *Grundrisse*, 앞의 책, p. 147 [『요강』Ⅰ, 앞의 책, 126쪽].

산물 사이의 간극이 커지는 것처럼 보인다.[5]

그러나 "화폐가 이러한 대립과 모순을 초래하는 것이 아니라, 오히려 이러한 모순과 대립의 발전이 외관상으로 초월적인 화폐의 권력을 초래하는 것이다."[6] 화폐가 나타내는 모순은 교환에 있어서 일반적인 등가물인 노동가치와 자본주의적 지배 하의 사회적 생산조건들 간의 모순이다. 한편으로는 자유로운 시장에서 팔린 노동력의 가치의 일정한 척도로서의 화폐가 있고, 다른 한편으로는 자본이 전유하여 사회적 노동 전반에 대한 자신의 권력으로, 사회와 개별적 생산자들 위에 있는 독립적 힘으로 전환시켜버린 생산의 점증하는 사회적 성격이 있다. 이 지점에서 우리는 이미 위기의 형식적 조건과 가능성을 보고 있다.

상품 외부에 화폐로 존재함으로써, 상품의 교환가능성은 상품과 상이한 것, 그것에게 낯선 것이 되었다. 그리하여 상품은 우선 상품과 등치되어야만 하며, 따라서 애초에는 일단 그것과 부등한 것이다. 반면 등치 그 자체는 외적인 조건들에 좌우되는, 즉 우연적인 문제가 된다.[7]

이 지점에서 우리는 또한 이러한 "외적인 조건들"의 조절자/관리자로서의 — 모순을 넘어서 그리고 모순에 맞서 자본주의적 발전의 통일성과 안정성을 확립하거나 회복하는 데 필수적인 폭력을 휘두르는 —

---

5. *Grundrisse*, 앞의 책, p. 146 [『요강』 I , 앞의 책, 125쪽].
6. *Grundrisse*, 앞의 책, p. 146 [『요강』 I , 앞의 책, 125쪽]. 같은 장에 있는 다른 다양한 언급들도 참조할 것.
7. *Grundrisse*, 앞의 책, p. 148 [『요강』 I , 앞의 책, 126~7쪽].

국가가 출현할 가능성을 목격한다.

지금까지의 논의가 너무 형식적인 것처럼 보일지도 모르겠다. 맑스가 다음과 같이 말하고 있듯이 말이다 : "이 문제에 관한 논의를 중단하기 전에, 이것이 단지 개념 규정과 이 개념들의 변증법에만 관련된 문제인 것처럼 보이도록 만드는 관념론적인 서술 방식을 나중에 교정할 필요가 있을 것이다."[8] 사실, 맑스의 화폐분석의 이 첫 번째 국면은 형식적이라기보다는 그것이 다루는 범위에 있어서 제한적이라고 말할 수 있다. 지금까지는 자본주의 사회에서 이루어지는 화폐의 작용에 있어서 한 가지 특정화된 계기만이 건드려졌을 뿐이다. 맑스의 설명의 "관념론적인 방식" 이면에서, 화폐가 생산과 관련하여 작동하는 다양한 방식들이 전적으로 일정한 발전단계 — 생산의 개별적 비용들과 사회적 노동의 가치 사이의 사화(私化 : privatised)된 변증법이 아직 해소되지 않은 단계 — 내에서 제시된다. 여기에서 화폐는 여전히 노동력의 비용과 사회적 노동의 가치 사이의 매개자로서의 역할을 수행한다. 그것은 이 관계를 지배하는 자본주의적 권력의 균형에 있어서의 변화들을 측정하고, 또 표시한다. 그것은 노동이 아직 물질적으로 동질적이지는 않은 세계에서 가치법칙 작동의 유효성을 형식적으로 담보한다. 이러한 이유에서 화폐는 어떤 지점에서는 전적으로 그것 자체가 결정한 모순들 내부에서 기능하는 것처럼 보인다. 그리하여 『요강』에서 위기에 대한 분석이 전개되는 어떤 부분들에서는 유통이 생산관계보다 우선적인 것처럼 보이기도 한다. 심지어 맑스가 계속해서 "앞

---

8. *Grundrisse*, 앞의 책, p. 151 [『요강』 I , 앞의 책, 131쪽].

의 두 가지 특질 모두가 포함된 세 번째 특질, 즉 교환의 일반적 매개물 곧 상품가격의 실현체로서 뿐만 아니라 척도로서 기능하는 특질에 있어서의 화폐"9를 고찰하고 나아가 "화폐를 부의 물질적 대표로서"10 정의할 때조차도, 여전히 그의 분석은 정확히 이러한 틀 내부에 고정되어 있다. 우리가 지금 다루고 있는 부분들의 서술내용으로 미루어 보건대, 여기서 맑스가 사회된 개별적 부의 세계, 순수한 자본주의적 경쟁의 세계와 대면하고 있다는 것은 분명해 보인다. 이러한 세계에서 화폐는 재산소유권이라는 부르주아적 민주주의의 에덴동산에서 "계약의 일반적 재료"로서의 자신의 역할을 수행한다.

> 요컨대 평등과 자유가 교환가치에 기초하는 교환에서 존중될 뿐만 아니라, 모든 평등과 자유의 생산적·현실적 토대가 교환가치의 교환이다.11

그러나 적대의 발전이라는 경향은 특정한 자본주의 시대에 기초한 이러한 준거틀의 특수성 너머로 우리를 데려간다. 이 단계에서 비판의 풍부하고 근본적인 함의들이 드러난다. 요점은 처음부터 강조되고 자주 반복된다. 우리는 교환에서 화폐가 담당하는 등가물로서의 역할에 대한 분석으로부터 생산관계에 대한 규정으로 나아가야 한다. 맑스가 준거하고 있는 자본주의 시대의 성격과 마주하고 있는 경향에 의해 야기된 이러한 단절에 대한 첫 번째 암시는 부의 일반적, 물질적 대표

---

9. *Grundrisse*, 앞의 책, p. 203.
10. *Grundrisse*, 앞의 책, pp. 203~218.
11. *Grundrisse*, 앞의 책, p. 245 [『요강』 I, 앞의 책, 240쪽].

로서의 화폐에 대한 그의 논의 속에서 이미 감지된다. 이것은 어떻게 표현되고 있는가?

생산이 그 총체성 속에서 고찰된다면, 화폐관계 자체가 생산관계이다.[12]

화폐는 생산관계이다. 왜냐하면 자본 순환의 모든 국면에 걸쳐 있는 화폐관계가 생산의 기본적이고 본질적인 요소인 임금노동에 근거하고 또 그것을 표현하기 때문이다. 화폐는 화폐와 임금노동 사이의 교환이 일반적으로 되는 정도만큼 생산관계가 된다.[13] "임금노동이 기초일 때, 화폐는 해체적으로 작용하는 것이 아니라 생산적으로 작용한다."[14] 그러나 만약 화폐 자체가 그러한 조건 하에서 생산적 역할을 담당하는 것으로 제시된다면, 화폐라는 추상적 현존은 자본주의적 생산의 발전 내부에서 새로운 방식으로 절합되어야만 한다. 화폐는 시장교환의 척도와 매개자로서의 자신의 기능으로부터 자유로워져야 한다. 그리고 그것의 생산적 역할은 이제 한층 더 동질적인 (밀집되어 있고 현재 속에 존재하는) 사회적 노동의 총체성에 기반하여 현재 속에 굳건히 실존해야만 한다. 그러한 조건 하에서 화폐형태는 더 이상 단순히 생산비용과 사회적 노동의 일반적 가치 사이의 매개자로서 기능할 수 없다. 그것은 사회적 생산의 일반적 기능이 되어야 하며 확장된 보편적 차원에서 임금관계 재생산의 수단이 되어야 한다. 화폐의 생산적

---

12. *Grundrisse*, 앞의 책, p. 214 [『요강』I, 앞의 책, 206쪽].
13. *Grundrisse*, 앞의 책, pp. 224~225.
14. *Grundrisse*, 앞의 책, p. 224 [『요강』I, 앞의 책, 215쪽].

역할은 교환에 있어서의 매개기능으로부터 스스로를 해방시키기 위한 부단한 투쟁의 형태로 자본주의 발전 위에 각인되며, 시장에서 이루어지는 시시한 거래들 외부에서 그리고 그것을 넘어서 임금노동에 대한 자신의 진정한 지배역량을 나타낸다. 이러한 역사적 사명은 자본주의의 기원에서부터 항상 화폐와 상호적 관계를 맺어왔던 노동의 일반적 사회화의 차원들 내부에서 발전한다.

그리고 이것이 "일반적 경향"이다. 그러나 오늘날 이 경향은 현실이 되었다. 그것은 완전히 현재적이다. 금융자본은 노동으로 하여금 사회적 노동의 일반적 가치와의 간극을 메우도록 강제하는 것을 도와 왔다. 자본주의적 계획행위는 오직 이러한 물질적 토대 위에서만 자본주의적 발전이 이루어질 수 있다는 것을 보여주었다. 자본주의적 생산양식 내부에서 생산의 사회직 성격이 강제되었다. 그럼에도 불구하고 "교환가치의 토대 위에서 노동은 오직 교환을 통해서만" 그리고 오직 임금노동으로서만 "일반적인 것으로 정립된다."15 양적·질적으로 특정하며 시간-척도의 관점과 일정한 노동분업의 관점 모두에서 변화하는 요소인 노동시간은 생산적 기계의 전면적 사회화라는 맥락에서 점점 더 부적절한(irrelevant) 것이 되어 간다.16 직접적 노동 그 자체는 점차 생산의 토대가 되기를 그친다.17 그러나 생산이 이 정도로 사회화되었음에도 불구하고, 화폐는 여전히 상품의 자본주의적 전유를 강제하는 것으로 남아 있다. 그러므로 화폐 문제는 생산양식에 대한 자본주의적 지배의 새

---

15. *Grundrisse*, 앞의 책, p. 171 [『요강』 I, 앞의 책, 154쪽].
16. *Grundrisse*, 앞의 책, p. 171과 pp. 704~712.
17. *Grundrisse*, 앞의 책, p. 705.

롭고 극히 발본적인 위기라는 문제와 결합되었다. 화폐는 생산양식에 대한 이러한 형태의 지배를 대표한다. 생산이 사회화되는 정도만큼 그리고 "요컨대 생산과 부의 거대한 초석으로 나타나는 것이 다름 아닌 사회적 개인의 발전"[18]인 정도만큼, 화폐의 기능적 원리는 발가벗겨져서 계급적 폭력의 원리로 축소된다. 노동의 사회적 재구성을 관리하는 법칙인 가치법칙은 이제 이러한 전형과 강제의 수준에서 자신의 지배력을 마음껏 행사한다. 이러한 전형은 더 이상 화폐유통에 있어서의 기능장애로 간주될 수 없으며, 그 이중적이고 모순적인 본성에 의해서 설명될 수도 없다. 가치법칙은 오직 더 이상 어떠한 매개도 가능하지 않은 발본적인 적대로, 순수한 지배의 기능으로, 강력한 적군(敵軍)으로 이해될 수 있을 뿐이다. 그것은 이제 더 이상 발전 기획에 맞춰 재조정될 수 없으며, 사회적 발전의 대리자(surrogate)로 기능할 수도 없다. 완전히 사회화된 생산조건들을 창출해 낸 자본은, 화폐형태 속에서 생산력들의 심화된 발전의 근본적인 장애물로 나타난다.

그러므로 정치경제학 비판의 관점에서 국가의 문제는 새로운 방식으로 제기되어야 한다. 화폐와 발전 사이의 기능적 고리의 파괴는 정치적 층위에서 '평등'과 '자유'의 체제인 부르주아 민주주의의 쇠퇴에 의해 표현된다. 이 체제는 언제나 교환의 세계와 함수관계에 있었고 그것과 밀접하게 절합되었기 때문에 자유, 평등 그리고 민주주의는 한층 더 외관, 허울, 두 번 되풀이된 신비화 — 단지 시장교환에 내재하는 신비화일 뿐만 아니라 실제 교환관계들의 해체라는 신비화 — 가

18. *Grundrisse*, 앞의 책, p. 705 [『요강』 II, 앞의 책, 380~381쪽].

된다! 생산의 무정부적 틀 내에서 경쟁을 매개하는 화폐의 역할이 끝남과 함께, 자본의 전제(專制)는 한층 더 노골적으로 강조된다. 그리고 국가는 발전의 후원자라는 자신의 존재근거의 몰락을 자기 눈으로 지켜보면서, 더욱 공공연하게 지배의 기술적 기관으로서의 자신의 괴물 같은 역할을 주장한다. 심지어 국가는 더 이상 부르주아적 자유의 보증인조차 아니다. 그것의 권력이 더욱 전횡적이고 임의적으로 된다는 의미에서 국가는 '스스로를 자유롭게 한다.' 국가권력의 물신주의는, 그것이 더 이상 존재하지 않는 기능들에 대한 믿음을 기초로 하는 정도만큼 더욱 명백한 것이 된다. 남아 있는 것이라곤 계급적 증오, 계급권력의 생존에 대한 필사적인 의지뿐이다. "기계류에 적용되는 것은 인간활동의 결합과 인간 교류의 발전에도 마찬가지로 적용된다."[19]

그리하여 「화폐에 관한 장」에서 우리는 화폐가 일반적 생산과정 내의 사적인 영역을 매개하는 역할로부터 교환관계 그 자체와 자신의 일반적 매개기능으로부터 발생하는 적대의 지표가 되는 지점에 이르기까지의 경향의 발전을 따라갈 수 있게 된다. 생산의 사회화와 화폐의 대표적 기능들 ― 척도, 등가, 부의 표현 ― 의 점점 더 자의적인 잣대 사이의 적대는 해결불가능한 것으로 나타나며 점점 더 결정적이고 폭력적인 것이 된다. 이러한 과정에서 자본주의적 관계의 변증법 그 자체가 붕괴한다. 화폐는 더 이상 노동과 자본 사이의 교환을 매개하는, 계급관계의 한 계기를 표현하지 않는다. 그것은 이제 관계의 일방성, 즉 지배를 향한 일방적이고 해소불가능하며 적대적인 자본주의적

---

19. *Grundrisse*, 앞의 책, p. 705 [『요강』 II, 앞의 책, 380쪽].

의지를 구현하게 된다. 다시 말해 그것은 역사적 진화를 통해 불가피하게 이러한 일방성에 이를 수밖에 없는 관계의 최종적 결과를 나타내게 된다. 화폐가 사회적 노동의 정확한 척도와 표현이 될 수 있다고 믿는 사회주의적 개혁자들의 유토피아에 대해서는 이렇게만 말해 두자.

> 교환가치가 자본으로 발전하지 않거나, 교환가치를 생산하는 노동이 임금노동으로 발전하지 않으리라는 것은 헛될 뿐만 아니라 어리석은 소망이다.[20]

2. 맑스가 말한 경향에 대한 신비화된 견해 : 경제학자들 그리고 자본 개념의 파괴

오늘날 이데올로기적 층위에서, 맑스가 「화폐에 관한 장」에서 묘사하는 경향의 몇몇 신비화된 유사물들이 발견된다. 부르주아 경제학자들은 그 경향의 성숙한 발전을 포착하여, 그것을 자신들의 이론 속에서 그들 고유의 왜곡된 방식으로 기술해왔다. 그리고 혁명적 운동 속에서 발생했지만 자본주의적 발전에 대한 혼란스러운 이해로부터 그릇되고 위험한 결론을 이끌어 내는 일련의 입장들 또한 존재한다. 두 가지 경우 모두에 있어서 경향은 변증법적 과정으로 이해되기보다는 그 결과의 측면에서, 이미 실현되고 달성된 상황으로 이해된다. 이러한 방법론은 오늘날 너무나 흔하다. 극단적으로 관념적인 모델의 넓은

---

20. *Grundrisse*, 앞의 책, p. 249 [『요강』 I, 앞의 책, 245쪽]. 노트 I과 II의 다른 많은 언급들도 참조할 것.

화폭에 따라 발전을 기술하는 것, 이것이 지금 대유행이다. 우선 경제학자들의 입장을 살펴보는 것부터 시작해 보자.

오늘날 경제학자들은 자본주의적 발전에 있어서 화폐가 담당하는 역할과 관련하여 맑스가 서술한 경향의 현실화를 기록했거나, 아니면 적어도 부정적인 의미에서 입증하였다. 그들의 깨달음은 계획적 발전이라는 케인즈주의적 기획의 실패에 대한 날카로운 경험에 의해 재촉되었다. 케인즈주의적 기획은 경쟁하는 요소들을 통제하고 매개하기 위해 개입함으로써 — 심지어 지속적인 계획이라는 형태로 결과를 역동적으로 선형상화하는 지점까지 — 자본의 유통, 순환, 전반적인 과정을 조절하려는 시도였다. 이 체제는 "매개하는 과정 없이 최종결과에만, 구별 없이 통일에만, 부정 없이 긍정에만 초점을 맞추는"21 고전경제학의 낡은 가정을 쓸어버렸다. "단순히 무한한 과정", "의사무한"(擬似無限 : spurious infinite)이라는 유통의 허위적 외관은 산산이 깨어졌으며, 그것을 구성하는 다양한 요소들에 대한 통제를 통해 케인즈적 체제 내에서 재구성되었다. 이것은 수많은 위기의 가능성들을 효과적으로 제거했으며, 요소들을 재구성하고 순환의 통일성을 회복하기 위해 외부적 폭력에 의존해야할 필요를 없앴다.

케인즈주의적 체제에서 화폐는 정확히 맑스가 말한 매개적 역할 — 일반적 등가물로 작용함과 동시에 생산의 사회화를 추동하는 역동적 요소로서의 역할(생산적 역할), 즉 노동을 측정하는 수단이자 발전을 통제하는 수단으로 작용하는 역할 — 을 맡도록 요청받는다.

---

21. *Grundrisse*, 앞의 책, p. 197 [『요강』 I , 앞의 책, 185쪽].

다시 한번 화폐의 모순적 본성은 자본을 위한 긍정적인 힘으로 동력화되었다. 그러나 화폐의 모순에 대한 이러한 '사회주의적' 해결은 이제 산산이 깨어져 버렸다! 이 역사적 파열은 노동계급이 이러한 계획적 발전의 주체가 되기를 거부함으로써 — "스스로를 독립적인 것으로 정립하고자 하는" 그리고 그렇게 행동하는 "임금노동"의 영구적 출현으로 인해 — 발생하였다. 파열은 자본주의적 발전 그 자체를 통해 총노동력으로 하여금 탄탄하고 통일된 "사회적 개인"으로 재구성되도록 영향을 준 발전에 내재한 경향의 실현에 의해 야기되었다.

이 지점에서 경제학자들의 케인즈주의적 기획은 붕괴한다. 그것은 일정한 고정비율 내에서 발전을 통제하고 계획하는 것을 전제로 한다. 다시 말해, 통제는 화폐가 사회적 노동의 척도로 작동하기 위한 조건이었다. 언제나 그렇듯이 그것들은 동전의 양면인 채로 남아 있다! 여기에는 『요강』에서 맑스가 사회주의적 화폐에 대해 행한 비판과 유사한 것이 있다. 노동가치의 완벽한 척도를 찾으려하는 사회주의자들은 가치의 생산이 사회의 운동 전반에 부과하는 균형의 법칙을 결코 어기지 않는다. 그들은 서로 불일치하는 요소들을 기초로 해서 의사(擬似) 통일성과 평등을 확립할 수 있었을 뿐이다. 따라서 사회주의는 자기자신의 존재조건만을 재생산할 수 있을 뿐인 한에서 반동적인 것이 된다. 이에 반하여, 점차 사회화되는 프롤레타리아 주체의 현실적 운동은 이러한 통일성을 거부하고 자본의 명령에 생산의 조건들을 대립시킨다. 이와 유사한 방식으로, 유통 위기들의 '불합리성'을 제거함에 있어서 부르주아 경제학자들이 거둔 외견상의 성공은 피로스의 승리(Pyrrhic victory)[22]에 불과한 것으로 드러난다. 이제 문제는 더 이상 순환의 다양한 요소들 사이에 존재하는 불균형의 위기가 아니라, 노동계급과 자본 간의 불균형 그 자체이다. 우리는 더 이상 이러한 상이하고 불일치적인 요소들로부터 순환의 통일성을 재구성해내는 변증법과 대면하고 있지 않다. 이제 우리는 직접적인 적대, 즉 서로 적대하고 있는 두 개의 통일성을 갖게 되었다.

이데올로기의 빈곤은 이러한 위기로부터 생겨난다. 케인즈주의적 기획의 실패라는 경험으로부터 경제학자들은 부정적인 그리고 정말로 과장된 결론을 도출해냈다. 대규모화되고 사회화된 노동계급의 출현은 그들로 하여금 자본 개념 자체를 포기하고 거부하도록 만들었다. 자본 개념은 그들의 수중에서 불확정적인 실체가 되었다. 그것은 더 이상 동질적인 구조로 나타나지 않으며, 오히려 하나의 '우화'(寓話) — 사뮤엘슨(Samuelson)을 인용하자면, "구조의 세목들(details)을 재생산하지 않는 현실의 간접적인 표현" — 로 나타난다. (그것이 여전히 경제학의 고전적 전통에 있어서 자본의 한 가지 기본적인 속성, 즉 노동력에 대한 특유한 관계를 반영할지라도 말이다.) 그리고 심지어 더 이상 '우화'가 아닐 수도 있다. 왜냐하면 그것을 구성하는 요소들이 완전히 이질적이고, 노동과의 어떠한 고정적 관계와도 무관할 뿐만 아니라, 자본의 유기적 구성이라는 측면에서도 상호 불일치하기 때문이다. 이윤율은 이제 유기적 구성과 무관하다. 죽은 노동과 산 노동 간의 관계는 더 이상 과학기술적 구성에 의해 결정되지 않으며, 이윤은 자신의 조건 일체로부터 해방되었다.

---

22. [옮긴이] 상처뿐인 승리, 혹은 허울뿐인 승리를 의미한다.

그러나 그렇다고 해서 여기서 맑스가 말한 경향의 실현에 대한 암묵적인 승인을 감지할 수 없는가? 우리 경제학자들은 회계사(會計司)적인 의미에서 자본 개념의 현실적 승인불가능성을 주장하기보다는 생산조건들을 혁명하는 현실의 사회적 과정, 즉 자본과 노동계급 간의 관계로부터 발생하는 과정을 고찰하는 편이 더 좋을 것이다. 그렇게 하면 이 경제학자들이 주장하는 총체적인, 모든 제약으로부터의 '자본의 자유'는 단지 계급투쟁에서 자본이 겪어왔던 역사적 패배에 대한 신비화된 인식으로서만 나타나게 될 것이다. 경제학자들의 눈에 비친 자본의 '자유'는 노동력 변수(labor-power variable)의 자유와 독립성 또한 상황의 결정적이고 억압불가능한 요인이라는 사실에 대한 인식을 함축한다.

자본의 구성에 있어서의 이질성(異質性 : heterogeneity), 노동가치의 추출과 이윤 간의 기술적 관계에 있어서 일체의 결정성(determinacy)의 결핍, 유기적 구성 개념의 위기. 이 모든 것이 그렇게 새로운가? 맑스로 돌아가 보면, 우리는 백년도 더 전에 그가 다음과 같이 썼다는 것을 알게 된다.

노동시간 ― 단순한 노동량 ― 이 자본에 의해 유일한 가치규정적 요소로 정립되는 데 비례해서, (사용가치를 창출하는) 생산의 규정적 원리로서의 직접적 노동과 그것의 양은 사라지고, 양적으로 보다 작은 비율로 낮아질 뿐만 아니라 질적으로도 (물론 필수적인 것이긴 하지만) 한편으로는 일반적인 과학적 노동, 과학의 기술적 응용에 비해 그리고 다른 한편으로는 총생산에 있어서의 사회적 연합 ― 사회적 노동의 자연적 과실로 나타나

는 연합 — 으로부터 발생하는 일반적 생산력에 비해 부차적인 계기로 나타난다.[23]

따라서 자본이 통일된 노동력, 사회적 생산력에 직면하여 — 말하자면 완전한 고독 속에서 — 가치화에 대한 자신의 명령을 해방시키고, 자신의 자유를 가장하도록 강제 당하는 것은 노동이 물질적으로 균등화되고 사회화되는 바로 그 단계에서이다. 그러나 맑스는 다음과 같이 덧붙인다.

그리하여 자본은 생산을 지배하는 힘으로서의 자기 자신의 해체에 종사한다.[24]

그런데 이와는 반대로 경제학자들은 이로부터 자본의 자유를 위한 변명을 이끌어 낸다. 그들은 계급투쟁으로부터 완전히 자유로운 새로운 종류의 발전에 대한 환상 — 이 환상은 억압의 욕구를 충족시키는 데 너무나 효과적이어서, 신(新)파시즘적 관념들의 불합리함을 부각시킬 정도이다 — 을 갈고 닦는다. 그들의 유토피아는 집합적 노동력의 행동과는 아무런 관련이 없다. 그들은 체제에 일방적으로 부과되는 자본의 중층결정이 발전의 물질적 토대라고 주장한다. 그들은 케인즈주의의 붕괴를 겪었지만, 그 원인은 이해하지 못했다. 그리고 '자본의 자유'에 관해서 말하자면, 그들은 어떻게 해서든 살아남으려하는 그것의

---

23. *Grundrisse*, 앞의 책, p. 700 [『요강』 II, 앞의 책, 374쪽].
24. *Grundrisse*, 앞의 책, p. 700 [『요강』 II, 앞의 책, 374쪽].

의지를 파악할 수 있을 뿐이다. 자본관계는 순전히 외적인 관계로, 순수한 권력관계로, 화폐 공급의 중앙집중적 기관들에 기초한 전반적인 훈육을 위한 기획으로, 완전히 주관적인 지배의 조직화 기획으로 이해된다. 그리고 다른 사회과학들의 겸손하지만 유용한 기여가 경제학자들의 이 새로운 주관주의를 뒷받침한다.

위기에 대한 해석으로 돌아가보자. 여기서는 『요강』 전체가 인용될 수 있을 것이며, 그 각각의 구절들은 지금 과학과 경제학자들이 직면해 있는 문제들과 전적으로 연관되어 있다. 맑스에게서 위기는 자본을 위한 하나의 필요로, 발전에 제동을 거는 수단으로, 생산력이 기본적인 계급권력관계에 있어서의 일정한 수준과 균형을 전복시키기 시작할 때 그 확장을 외부에서 제한하는 한계로 나타난다.[25] 일종의 역설을 통해, 경제학자들은 "자본에게 외적인 관계들에 의해서가 아니라 자본의 자기보존을 위한 조건으로서의 자본의 강제적인 파괴"[26]를 변증법적 발전의 결과—물질적 힘들 간의 관계가 변증법적 발전 내에서 이러한 결과를 생산해 낸다—로 보지 않는다. 오히려 그들은 위기를 주관적이고 물질적인 의지의 표현으로 볼 것을 주장한다. 새로운 경제학자들의 이데올로기 속에서, 자본의 이 주관적인 '자유'—이것은 케인즈주의 체제에서 나타났던 '사회주의적' 기획이라는 관점에서 이해될 수도 있다—는 그 유일한 자연발생적 결과가 코뮤니즘의 집단적 실천의 승리, 사회적 개인의 자기-실현이 될 발전을 저지하기

---

25. 예를 들어, *Grundrisse*, 앞의 책, pp. 422~423, 442~446, 747~750을 참조하라.
26. *Grundrisse*, 앞의 책, pp. 749~750 [『요강』III, 앞의 책, 16쪽].

위한 항구적 계획으로 변형된다. 그리하여 이 지점부터 위기는 자본주의 체제 자체의 존속을 위한 조건이 되는 통제된 스태그네이션 정책을 통해 영원히 지속된다.

그러나 새로운 경제학자들은 이것을 충분히 잘 깨닫는다. 이데올로기의 급진성에도 불구하고 실천 속에서 그들은 사회적 생산력들과 체제 사이의 갈등을 완화시키려고 한다. 그들은 위기를 — 그들의 이데올로기의 주관주의적 술어와는 정반대로 — 자본 자신에 의한 자기파괴로 규정하여 이용한다. 「화폐에 관한 장」에서 볼 수 있듯이 맑스의 관점에서 이러한 위기 개념은 경향의 발전에 있어서의 낮은 층위에 상응하는 중간적 개념일 뿐이다. 경향은 노동의 최대한의 사회화와 자본의 최대한의 외재성(externality) 간의 구조적 모순에 깊이 뿌리박고 있는 것으로 위기를 정의하는 데까지 더욱더 진전된다. 이 지점에서 경제학자들의 이데올로기는 그 지독한 맹목성으로 인해, 위기가 불가피하게 다음과 같은 지점에 다다르게 될 것이라는 점을 인정하지 않으려 한다.

자본에게 사회적 생산의 보다 높은 단계에 자리를 내주고 퇴장하라는 충고가 주어지는 가장 명확한 형태.[27]

한편으로 "자본은 이 대립적 관계에서 비노동(non-labour)으로서만 자본이므로, 노동과 대면하지 않는다면 스스로와도 대면할 수 없

---

27. *Grundrisse*, 앞의 책, p. 750 [『요강』III, 앞의 책, 16~17쪽].

다"[28]는 것은 사실이다. 그러나 만약 사실이 그러하다면, 이러한 발전 단계에서 자본이 자신의 독립을 통해 — 계급투쟁에서 도달된 현실적 지형을 역전시키고, 이것을 닫히고 종결된 것으로 설정하며, 발전에 대한 책임 전체를 자신이 떠맡으면서 — 그 과정에 내재한 모순들을 해결하려고 시도할 때마다, 모든 지점에서 모순은 재구성되고 더욱 뿌리 깊어진다. 그리고 이는 그러한 사실을 숨기려고 하는 경제학자들의 이데올로기적 노력들에도 불구하고 그러하다! 모순은 계속해서 자신의 적대적이고 해결불가능한 본성을 드러낸다. 그것은 소위 자본의 '자유'라는 한계 내에서도, 또 발전의 순환성(circularity)과 순환의 새로운 역동적인 재구성을 회복하기 위해 자본의 중층결정을 이용하려는 시도 속에서도 해결되지 않는다. 한편에 자본권력의 총체성이 있을지도 모른다. 그러나 다른 한편에 우리는 재구성된 프롤레타리아트의 총체성 또한 가지고 있다.

자본 개념, 유기적 구성 개념, 계급투쟁과 발전 간의 관계 개념에 대한 경제학자들의 이데올로기적 해체로부터 이제 우리는 국가에 대한 그들의 정의에 이르게 되었다. 그들이 자본에게 부여한 총체적 권력은 여기서 자신의 가장 기능적인 형상화를 발견한다. 여기서 기능적이라 함은, 자본의 권력이 일체의 예측가능한 요소들의 부재 속에서 개입의 자유를 위한 개방적 장(場)이 존재하는 상황을 통제하기 위해서는 강력한 대리행위자(agency)를 필요로 하기 때문이다. 이 권력을 국가에 위임하지 않는다면, 이 개방적 장은 변덕스럽고 실패의 위험이

---

28. *Grundrisse*, 앞의 책, p. 288 [『요강』 I, 앞의 책, 294쪽].

뒤따르는 곳이 된다. 오직 국가의 주체[주관]적인 힘만이, 경제학자들이 자본관계에 대해 외적인 술어들로 확립하고자 하는 발전에 대한 통제를 보증할 수 있다. 이러한 권력을 국가에 부여하는 것은 아마도 기능적일 것이다. 그러나 그것은 효과적인가? 언제나 반대자의 필요성을 제거하여 계급투쟁으로부터 스스로를 해방시키려 하는 자본주의적 과학의 모순들은 행위를 위한 준거점이 추상적일수록 증폭된다.

경제학자들이 무한한 권력으로, 자본주의적 발전과 관련하여 하나의 비변증법적 실체로 그리는 국가는 (그들의 묘사와는 반대로) 엄밀한 개입을 할 수 있음과 동시에, 전반적인 의미에서 계급대결의 모든 우연성들에 종속되어 있다. 그것의 자율성과 자유는 실제로는 오직 수단일 뿐이지, 안전한 기초는 아니다. 그러나 이러한 사실이 국가가 담당하는 역할의 특유성이나 그 행위의 영향력이 미치는 범위를 감소시키지는 않는다. 그것이 억압적 기능을 담당한다는 분명한 사실과 발전에 있어서 그러한 기능이 갖는 유효성은 말할 것도 없고 말이다. 무엇보다 우리는 국가가 자본을 위해 수행할 수 있는 그리고 효과적으로 수행하고 있는 사상적 기능 및 집합적 인도(guidance)의 기능들을 간과해서는 안 된다. 이 지점에서 경제학자들의 이데올로기는 설득력을 잃는다. 스스로를 자신의 유기적 구성으로부터 자유롭게 함에 있어서 자본은 무엇보다 자신의 불안정성을 드러낸다. 경제학자들의 주관주의적 전망은 오직 그들의 한계를 보여줄 뿐이다. 그것은 맑스가 말한 경향의 발전을 신비화된 방식으로 기록하고, 그것에 갇혀 있다.

3. 혼란스러운 결과 : '주관주의자들' 그리고 결과, 파국으로 이해된 모순

이제 우리는 노동계급의 혁명적 조직화라는 문제의 핵심에 이르렀다. 맑스가 말한 경향의 귀결을 파악하는 즉각적이고 혼란스러운 방식이 좌파운동 내부에서의 조직화에 대한 현재의 논쟁들에서 명백히 나타나고 있다. 그 주장은 다음과 같이 진행된다. 자본 스스로가 자신을 계급투쟁의 발전에 연결시켰던 유기적 고리들을 파괴했기 때문에, 계급투쟁의 갈등에 국가가 부과할 수 있었던 (자본의 관점에서 볼 때) 적극적인 변증법은 더 이상 작동할 수 없다. 국가는 이제 발전을 촉진하기 위해 갈등에 마구를 씌워 이용하기보다는 위기를 생산한다. 그리고 이제 노동계급투쟁은 정확히 국가 자체가 되어 버린 사회적 변증법의 중층결정된 층위와 직접적으로 맞서고 있기 때문에, 조직화 문제를 사고함에 있어서 조직화를 단순히 자본의 유기적 구성비율을 옮겨오는 것으로 이해하는 저 진부하고 낡은 전통과의 발본적인 단절은 필수적이다.

다시 말해 주관주의적 관점에 따르면 이제 조직화는 계급의 출현을 노동과정의 형태와 연결짓는 관계들을 넘어서 그리고 그 외부에서 생각되어져야 한다. 조직화의 과제는 주어진 노동계급구성에 고유한 관계 외부에 그리고 그것을 넘어서 존재하는 정치적 전위 — 완전히 정치적이고, 국가에 대한 직접적 공격을 목표로 하며, 그러한 공격의 군사적 준비를 위해 조직되는 전위 — 를 건설하는 데에 적극적으로 몰두하는 것이 되어 버린다.

　이른바 일보전진 이보후퇴! 이러한 입장들이 제2인터내셔널에서 제3인터내셔널에 이르는 기간 동안 실제적 연속성을 갖고 정교화되고 실천되었던 조직화 이론에 대한 역사적 비판을 전제로 한다는 점에서 긍정적인 일보전진을 함축하고 있다는 사실을 부정할 수는 없다. 그 낡은 이론은 조직화의 문제를 일정한 역사적 시기에 고유한 자본과 노동계급의 구성이라는 토대 위에서 사유하였다. 예컨대 '전문노동자'는 자본주의적 생산의 근본적인 중심이며 가치화양식과 착취양식의 본질적 구성요소이므로, 그것의 조직화가 혁명과정의 핵심적인 요소라는 식이었다. 『요강』의 「화폐에 관한 장」에서 발전된 용어들을 사용해서 말하자면, 이러한 계급구성은 그 필연적 귀결로서 화폐로 하여금 교환가치의 생산에 개별적으로 고용된 노동의 가치와 일반적 등가 메커니즘 사이에서 매개적 역할을 담당하게 할 가능성을 여전히 내포하고 표현한다. 그런 한에서 화폐는 여전히 체제 내부에서 전반적인 매개와 통제로서 기능한다. 또한 가치법칙은 여전히 체제를 조절하는 역동적 요소로 기능한다. 그리하여 전문노동자를 자신의 본질적 준거점으로 삼고, 계급의 정치적 재구성 과정을 본질적으로 노동과정의 조직화 내부에서 틀지어진 과정으로 규정하는 조직화 이론이 나오게 된 것이다. 그것은 이 노동계급의 생산적 역할을 가장 중요한 것으로 간주했다. 생산적 노동이라는 이데올로기는 이 시기 전체에 걸쳐서 그들을 정확히 '사회주의자'로 규정짓게 만든 강령, 슬로건, 조직적 기획의 가장 주요한 특징이었던 것이다.

　당시 제출되었던 여러 입장들 예컨대 카우츠키, 룩셈부르크, 루카치 혹은 그람시 사이의 전술적 상이성의 정도가 어느 정도였든지 간에, 그들 모두가 공유했던 기본적인 사회주의적 강령이라는 측면에서는 이러한 차이들을 중요한 것으로 보기 어렵다. 정말로 분석은 언제나 '생산자'로서의 전문노동자에 객관적으로 귀착되며, 계급의 조직적 재구성은 사회주의를 미리 형상화했다. 이러한 측면들은, 노동 이데올로기와 더불어, 주어진 계급구성의 특유성을 반영(맑스적 의미에서는 반영함과 동시에 변형)하였을 뿐만 아니라, 당시의 상황에서 자본주의적 지배의 일반적 조건들과 관련하여 사회주의가 한발 앞서 있었던 방식을 지시하기도 했다. 이러한 관점에서 본다면 사회주의적 조직화 모델은, 그것이 여전히 비계획적이었던 자본주의에 대항하는 무기로서 민주주의와 사회주의를 결합하는 기획에 착수하고, '프롤레타리아 독재'를 민주주의의 최고 형태로 — 가치법칙의 완벽한 작동을 실현할 정치적 형태로 — 규정했을 때조차도 혁명적인 것이었다.

그러므로 오늘날 '주관주의적' 조직화 이론들이 이러한 정치적 조직화 모델에 대하여 행한 비판은 너무나도 정당하다. 그들은 프롤레타리아의 그 정치적 구성의 객관적 기초가 1930년대 대공황에 뒤이어 출현한 자본주의적 국가의 새로운 구조에 의해 일소되어버렸음 — 흡수되고 파괴되었음 — 을 정확히 파악하고 있다.

1917년 10월혁명과 노동자평의회 운동에 대한 자본의 대응이 생산과정에서 '전문노동자'가 담당하고 있었던 핵심적 역할을 파괴함으로써 이 조직 모델의 역사적 가능성을 제거하였을 뿐만 아니라 새로운 대중적 노동계급 — 전면으로 부상하고 있었던 '대중노동자' — 의 투쟁들을 역동적으로 봉쇄하기 시작했다는 주장은 타당하다. 이러한 지점에서부터, 노동계급과 자본 간의 유기적 관계를 조직적 계급 재구성의 기초로 삼을 수 있는 가능성은 객관적으로 침식되었다.

그러나 이 지점에서 일보전진 — 즉, 낡은 사회주의적 조직화 모델에 대한 그들의 비판 — 은 이보후퇴를 하고 곁길로 새기 시작하는 것처럼 보인다. 일정한 조직화 모델이 시대에 뒤떨어졌으며, 전문노동자를 그 핵심적 요소로 하는 계급구성의 특정한 물질적 균형이 극복되었다는 점을 정확히 인식한 것은 일보전진이다. 그러나 이로부터 유기적 구성 개념 자체가 더 이상 유효하지 않다고 결론짓고, 오늘날의 구체적 계급분석이 제공할 수 있는 개념 '갱신'의 다양한 가능성들로부터 등을 돌려 버리는 것은 명백한 이보후퇴이다. 유기적 구성 개념이 — 그것의 내용이 달라졌기 때문에 — 재검토되어야 한다는 것이 사실이라 해도, 이것이 (마치 목욕물과 함께 아기를 던져버리듯이) 방법 전체를 던져버려야 한다는 것을 의미하지는 않는다.

바로 이렇게 함으로써 '주관주의자' 동지들은 부르주아 경제학자들을 닮게 된다. 그들은 맑스적 경향의 실현으로부터 잘못된 파국론적이고 과장된 결론을 이끌어 낸다.

그들은 낡은 사회주의적 조직화 모델에 대한 올바른 비판으로부터 잘못된 결론을 이끌어 냈다. 조직화 문제에 관한 또 다른 일련의 문제들을 보면 이러한 인상은 더욱 강해진다. 제 2 · 제 3인터내셔널의 조직관에서, 지도(leadership)와 운동 간의 관계는 계급의 정치적 구성에 대한 분석을 통해 절합되고 정당화된다. 어떠한 조직화도 계급구성의 물질적 기초 위에서 이루어져야 한다는 요구는 이러한 측면에서 다시 충족된다. 계급의 정치적 지도부는 대중운동과의 관계에 있어서,

운동 그 자체에 내재하는 이중성 — 생산적 노동이라는 이데올로기로 물든 대중 전위인 전문노동자들(생산을 통제하는 행위자)과 프롤레타리아 대중들 사이의 이중성 — 을 복제한다. 지도가 운동에 대해 어느 정도로 외부적이어야 하는가라는 문제 — 예컨대 룩셈부르크와 레닌 사이에서 벌어졌던 논쟁의 쟁점 — 는 이 일반적 모델의 대안으로 이해되어서는 안 된다. 사실 이러한 논쟁은 (이데올로기적으로 해석되지 않는다면) 오직 그 모델을 뒷받침할 뿐이었다. 정치적 지도의 '외부성'의 정도는 본질적으로 상이한 민족들(nations)의 프롤레타리아트가 도달한 동질성의 정도에 달려있었다 — 예컨대 로자와 레닌 간의 논쟁의 경우, 독일의 동질성은 러시아의 그것보다 분명히 강했다. 따라서 사회주의적 지도 모델은 당시 프롤레타리아트의 사회적 구성 내에 분명한 기초를 가지고 있었다. 우리의 '주관주의자' 동지들은 이 모델의 일반적 조건의 소멸에, 이러한 조직적 절합을 위한 일체의 물질적 준거점의 최후에 어떻게 대응하는가? 그들은 프롤레타리아의 자발적 대중투쟁과 혁명적 주체성 사이의 가장 절대적인 이분법을 이론화하는 것으로, 자율적 계급투쟁을 조직화의 목표들과 완전히 분리시키는 것으로 대응한다. 역설적이게도, 혁명적 조직화의 외부적 주체성이라는 관념은 다시 한번 낡은 사회주의적 모델의 강경하고 정통적인 이론들로부터 차용되어진다. 이것은 이제 자본과 계급의 정치적 구성 간의 일체의 관련성, 일체의 유기적 관계를 받아들이는 것을 거부함으로써 정당화된다. 우리가 여기에서 확인하게 되는 것은 추상적인 레닌주의, 즉 레닌이 『러시아에서의 자본주의 발전』(Development of Capitalism in Russia)에서 상술한 조건들 — 이것은 그의 실천 전체의 출발점이었다─과 분리된 레닌주의이다.

　정확히 이것이 주관주의의 문제이며, 이제 우리는 예전에 '제3세계주의' 혹은 '학생주의'(studentism)라고 불리었던 그것을 '프롤레타리아적'이다라고 말할 수 있다. 그것은 전례가 없는 규모로 생산이 사회화되고 있는 현실 그리고 급격하게 대중투쟁들이 확장하고 있는 최근의 현실에 대한 하나의 대응이다. 그러나 그것은 이러한 역사적 발전의 물질적 특유성과 정면으로 맞닥뜨리는 것을 피하며, 따라서 조직하고자 하는 의지를 어떠한 현실적이고 효과적인 강령의 내용과도 연결시키지 못한다.

　이 지점에서 우리는 되돌아가서 문제 전체를 이론적 층위로 이동시켜야 한다. 『요강』으로, 맑스가 말한 경향의 발전으로 돌아가보자. 맑스는 임금노동으로서의 프롤레타리아트의 최대한의 사회화와 소외된 노동명령으로서의 자본의 완전한 외재성 사이의 변증법에 있어서 단절점을 어떻게 규정하는가? 이러한 '경향의 실현'은 맑스에게 무엇을 의미하는가? 그것은 단순히 불가피한 역사적 필연성의 출현을 의미하는가? 아니면 어떠한 구체적 내용도 담고 있지 않은 역사적인 어림짐작(a historical rule of thumb)을 의미하는가? 둘 다 아니다. 오히려 정반대이다. 맑스에게 있어서 경향의 실현이란 필연성이 대중들을 위해 그리고 대중들 내부에서 출현하는 것을 의미한다. 대중들의 주체적 작용─이것은 자본주의적 발전 자체가 창출한 것이며, 자본주의적 발전은 이것들과 대면하도록 강제된다─과의 관련 속에서 구성된다는 점에서, 그것은 객관적이다. 그것은 변증법적 운동의 승리를 의미하며, 자신 안에서 발생한 역사적 주체에 의해 파괴되는 관계 내부의 특유하고 역사적인 상황의 성숙을 의미한다. 맑스의 담론에 있어서의 요소들의 통일성은 여기에서 맑스 자신의 방법론적 전제들을 뒷받침한다.『요강』의 서문(Einleitung) 전체가 그것을 자세히 설명하고 있다. 경향은 그 자체로 하나의 운동, 특유한 관계의 운동이다. 그것이 발생하고 또 파괴되는 것은 오직 이 관계의 특유성을 통해서이다.

위기를 향한 경향은 오직 자본의 관계, 노동조건과 관련된 생산양식의 관계 그리고 노동계급의 예속과 관련된 명령 전반의 관계 — 규정적이고 특유하며, 직접적인 전사(前史)를 갖고 있는 관계 — 를 통해서만 그리고 그것 내부에서만 야기된다. 단절과 파괴를 위한 주요한 전제조건 — '사회적 개인'으로서의 프롤레타리아의 출현 — 을 창조하는 운동의 외부에서, 그것을 자신의 준거점으로 삼지 않은 채로 이러한 변증법을 뚫고 나가려 하거나 현존 체제의 파괴라는 문제를 제기하는 것은 주체와 객체 사이의 자멸적 이중성에 사로잡힌 채로 있는 것이다. 이론이 공허하게 끝나는 곳에서 실천은 맹목적일 수밖에 없다.

우리가 여기에서 주관주의를 비판하고 있는 것이, 그것이 맑스주의적 경향 이론에 속하지 않기 때문은 아니라는 점을 분명히 해두자. 반대로 우리는 그것을, 맑스가 말한 경향에 육체와 생명을 부여하는 저 계급주체성 — 자본주의적 발전에 있어서 최근의 역사적 국면을 통해 그리고 그것 내부에서 특유하게 구성된 계급주체성 — 과 스스로를 분리시킨다는 점에서 비판해야 한다. 지면이 허락한다면 우리는 이 지점에서 서구 맑스주의의 최근의 역사를 추적함으로써 이것을 좀더 면밀히 검토할 수 있을 것이다. 서구 맑스주의는 소비에트식의 조야한 유물론을 비판했지만, 자신 역시 이분법적인 대안으로 회귀하고, 활동하고 있는 계급투쟁 내부의 경향을 읽어내지 못하는 이론적 곤경에 처하고 말았다. 이러한 곤경은 정치적 무능력으로 귀결되며, 결과적으로는 유일하게 가능한 유효한 정치적 투쟁형태이며 이론을 예속상태에서 '해방'시키기 위한 시도로서의 테러리즘이라는 응답으로 귀결된다. 무엇으로부터의 해방인가? 이론상에서건 실천상에서건 자유와 예속은 오직 경향의 운동 내부로부터만, 체제의 파괴를 위한 지형을 준비하는 계급투쟁의 구체적 형태 내부로부터만 결정될 수 있을 뿐이다. 그러므로 조직화의 문제에 관해 말하자면 중요한 것은 경향을 완결되고 주어진 결과로서, 막다른 궁지로서 실현하는 것이 아니다. 중요한 것은 활동으로 나타나는 그것의 실현과정이다. 그러므로 모든 형태의 주관주의는 환상에 갇혀 있나. 그깃은 경향을 겷과로 간주하며, 닫지 국가권력에 대한 공격을 조직하는 것만을 과제로 삼는다. 결국 레닌의 「4월 테제」는 오직 1917년 4월에만 쓰여질 수 있었을 뿐이다!

그리하여 다시 한번 조직화 문제에 대한 논의와 실천을 오늘날 계급운동의 실제적인 물질성과 관련시킬 필요가 제기된다. 분명히 이러한 탐구의 와중에 다수의 전통적 해법들이 폐기되어야 할 것이다. 그 내부에서 조직화의 문제가 제기되었던 낡은 경제적 범주들은 확실히 그 생명이 다하고 있다. 다른 한편으로, 계급내용과 준거점의 총체적인 변화는 조직화 이론의 변화와 범주들이 발전되는 방식에 있어서의 변화를 수반해야만 한다. 다른 길은 없다. 그리고 무엇보다도 지름길이란 없다.

4. 혁명적 주체로서의 추상적 노동 : 코뮤니즘적 강령의 토대와 프롤레타리아적 전유

이 절에서 우리의 목표는 코뮤니즘은 오늘날의 경향이며 지금 여기에서 움직이고 있는 능동적 힘이라는 것을, 혁명과정에 있어서 중간단계에 대한 어떠한 관념도 이제 부적절한 것이 되었다는 것을, 계급투쟁은 이제 즉각적이고 직접적으로 국가를 겨냥한다는 것을 보여주는 것이다. 그러나 앞서 살펴보았듯이 우리는 이것을 경향의 운동 내부로부터 밝혀내야 한다. 왜냐하면 이러한 접근법은 우리의 조직화 모델을 규정하는 데 있어서, 그리고 조직형태와 강령 사이의 연결고리에 있어서 중요한 함의들을 갖고 있기 때문이다. 결국 이것이 변증법적 유물론의 본질적 의미이며, 일반성들에 대한 참조가 아닌 구체적인 분석을 통해 혁명적인 역사적 주체의 성장을 이해하고 촉진시킬 수 있는 능력이다.

따라서 우리는 「화폐에 관한 장」에서 맑스가 기술한 바의 그 경향으로 다시 돌아가야 한다. 기본적인 모순은 무엇이며, 그것의 운동은 어떻게 전개되는가? 맑스는 이 과정에서 두 가지 경우, 두 가지 국면을 구별한다. 첫 번째는 개인의 노동이 처음부터 특수한 노동으로 정립되는 국면이다. 이러한 노동이 보편적 교환가능성의 수준에 도달하기 위해서는 매개되고, 일반적으로 되어야 한다. 그리고 이러한 작용을 실행하는 것이 바로 화폐이다. 그리하여 이제 특수한 노동과 화폐에 의해 매개된 보편적인 사회적 노동 사이의 모순이 존재한다. 그러나 이 모순은 화폐 그 자체에 의해 극복된다. 그러므로 여기에서 화폐는 생산적이고 역동적인 역할을 수행한다. 맑스가 첫 번째 국면과 구별하는 두 번째 국면에는, "생산의 사회적 성격이 전제되어 있다 … 개별자의 노동은 처음부터 직접적으로 사회적 노동으로 정립되어 있다." 그러므로 "그의 생산물은 교환가치가 아니다." 그리고 "생산물 세계, 소비에의 참여는 서로 독립적인 노동들이나 노동생산물들의 교환에 의해 매개되는 것이 아니라 개인이 그 속에서 활동하는 사회적 생산조건들에 의해 매개된다."[29]

여기가 바로 기본적인 모순이 분명하게 나타나는 지점이다. 화폐의 기능은 적대적으로 된다. 실제적인 생산적 의미에서 그것이 담당했던 매개적 역할은 사회적 생산력의 발전을 통해 중층결정된다. 따라서,

개별자의 노동(혹은 그의 생산물)을 직접 화폐로, 실현된 교환가치로 변형시키고자 하는 것은 그 노동을 직접적으로 일반적인 노동으로 규정하고자 하는 것이다. 즉 그것은 개별자의 노동이 화폐와 교환가치가 되어야 하고 사적 교환에 의존하는 바로 그 조건들을 부정하고자 하는 것이다. 이 요구는 그것이 더 이상 제기될 수 없는 조건하에서만 충족될 수 있다. 교환가치에 입각한 노동은 개별자의 노동이나 그의 생산물이 **직접적으로** 일반적이지는 않으며 오직 객관적 매개를 통해서, 자신과 구별되는 화폐라는 형태를 통해서 비로소 이러한 일반적 형태를 획득한다는 것을 전제로 한다.[30]

---

29. *Grundrisse*, 앞의 책, p. 172 [『요강』 I, 앞의 책, 154~155쪽].
30. *Grundrisse*, 앞의 책, p. 172 [『요강』 I, 앞의 책, 155쪽].

우리는 어떻게 자본이 — 매뉴팩처와 대공업 시대를 포함하는 장기간에 걸친 발전을 통해서 — 맑스가 기술한 "첫 번째 경우", 첫 번째 국면을 거쳐갔는가를 살펴본 바 있다. 1929년의 위기 이후에 두 번째 국면이 열린다. 이 지점에서부터 우리는 화폐로 하여금 모순적 관계 — 이것은 이제 공공연하게 인식되었고, 행위의 대상이 되었다 — 내부에서 일반적 교환가치에 대한 자본주의적 통제로서 기능하도록 하려는 자본 측의 모호하고 수상쩍은 시도를 보게 된다.

마침내 오늘날 우리는 이 두 번째 국면의 완전한 성숙을 목격하고 있다. 화폐의 모순적 역할을 은폐하고, 그것에 과거와 관련된 연속성의 외양을 부여했던 신비화들이 벗겨지고 있다.

> 이러한 경제적 관계 — 자본가와 노동자가 단일한 생산관계의 극단들로 담지하는 특성 — 는 노동이 그 모든 기예적(技藝的) 성격을 상실할수록 순수하고 적합하게 발전된다.[31]

그리고 오늘날 노동은 사회적 생산의 일반적 토대로서 물질적으로 구성될 뿐만 아니라, 명백히 다음과 같은 것으로 드러난다.

> 자본으로 정립된 화폐에 마주 서는 유일한 사용가치로서, 노동은 이러저러한 노동이 아니라, 그 특수한 규정성에 대하여 절대적으로 무차별적이되 어떤 규정성도 감당할 수 있는 노동 그 자체, 추상적 노동이다.[32]

---

31. *Grundrisse*, 앞의 책, p. 297 [『요강』 I , 앞의 책, 300~301쪽].
32. *Grundrisse*, 앞의 책, p. 296 [『요강』 I , 앞의 책, 299~300쪽].

물론 노동의 특수성은 일정한 자본을 구성하는 특수한 질료에 조응해야
한다. 그러나 자본 자체는 자신의 질료의 어떠한 특수성에 대해서도 무차
별적이고 특수성의 총체로서 뿐만 아니라 모든 특수성의 추상으로서 존
재하므로, 그것에 마주 서는 노동 역시 마찬가지로 주관적으로 동일한 즉
자적 총체이자 추상이다.[33]

맑스가 기술한 바의 이 두 번째 국면 내에서 오늘날 우리가 도달한
결정적 지점을 강조하는 것이 중요하다. 그것은 경향의 운동과 관련하
여 결정적인 결론들을 내포하고 있다. 특히 1929년부터 시작된 위기
는 이러한 국면의 출발점 — 더 정확히 말하자면 혁명적 사회주의의
도전과 10월혁명에 대응하여, 노동계급 조직화의 토대를 침식하는 수
단으로서 대량생산으로의 변화가 일반적인 규모로 이루어졌던 지점
— 으로 이해되어야 한다. 그 위기는 국가로 하여금 이러한 상황의 실
제성을 인식하고 그것에 대한 책임을 떠맡도록 했다. 이 지점에서부터
생산은 일반적이고 대규모화된 노동에 기초하게 된다. 맑스의 말을 빌
면, 생산의 사회적 성격은 생산물을 처음부터 일반적이고 사회적인 생
산물로 만든다. 그러나 오늘날 우리가 도달한 단계에서, 1929년 이후
이러한 자본 및 국가 재구성의 신비화들은 찢겨져서 더 이상 작동할
수 없게 되었다. 계획에 의해 역동적으로 확립된 통제의 틀로서의 화
폐, 즉 교환가치의 일반적 등가물로서의 화폐의 역할과 노동계급 간의
관계는 이제 노동계급의 관점으로부터 있는 모습 그대로 — 순전한 환
영(幻影)이자 속임수로 — 인식되고 있다. 맑스는 다음과 같은 구절에

---

33. *Grundrisse*, 앞의 책, p. 296 [『요강』 I , 앞의 책, 300쪽].

서 이러한 최근의 결정적 단계를 예견했다.

> 노동자는 경쟁이 그로 하여금 자본가와 흥정하고 다투도록 허락한다면, 자신의 요구를 자본가의 이윤에 맞추어 측정하고, 자신에 의해 창출된 잉여가치에서 일정한 몫을 요구하게 된다. 그리하여 비율 그 자체가 경제생활의 현실적인 계기가 된다. 나아가 두 계급간의 투쟁 ─ 이것은 노동계급의 발전에 따라 필연적으로 발생한다 ─ 에서는 비율로서의 임금에 의해 그 둘 간의 거리를 측정하는 것이 결정적으로 중요해진다. 교환이라는 환영은 이러한 자본에 기초한 생산양식의 과정에서 사라진다.[34]

이것은 경향의 운동은 혁명적인 역사적 주체의 운동이기도 하다는 것을 의미한다. 교환가치라는 환영이 사라짐과 함께, 경향의 적대는 임금투쟁에서 전유를 위한 투쟁으로의 운동을 가리키게 된다(우리는 이에 대해 나중에 다시 살펴볼 것이다). 게다가 만약 이러한 인식이 생겨나고 교환가치의 신비화가 더 이상 작동하지 않는다면, 사회주의의 신비화 역시 마찬가지로 쓸데없는 것이 될 것이다! 교환을 통한 노동가치의 실현일 뿐인 사회주의는 오직 점점 협소해지는 현실적 가능성들의 장(場) 내에서만 작동할 수 있을 뿐이다. 이것은 노동과 교환가치 사이의 근본적이고 성장하는 적대 외부에 존재하는 어떠한 관계에 대해서도 참이다. 좀 더 정확히 말하자면, 사회주의자들의 유토피아는 (1929년 위기 이후의 기간 동안에 그랬듯이) 출현한 적대에 대한 자본주의적 통제를 가리는 이데올로기적 연막으로서만 기능할 수 있을 뿐이다.

---

34. *Grundrisse*, 앞의 책, p. 597 [『요강』 II, 앞의 책, 248쪽].

이렇게 새로운 맥락에서, 임금노동의 한층 더 탄탄하고 통일된 토대와 더불어, 그리고 교환이라는 환영이 정체를 드러내었기 때문에, 코뮤니즘은 이제—현재의 물적 상태의 산물임과 동시에 그것의 전복으로서—역사적 필연이 되었다. 경향은 이러한 대립의 술어들을 창출한다. "재능·역량·능력·활동이 가진 사회적 성격의 발전에 있어서 하나의 필연적 국면으로 나타나는 보편적인 매춘"[35]에 맞서, 우리는 "개인들이 보편적으로 발전하는 것과, 개인들의 공동체적·사회적 생산성이 이들의 사회적 능력으로 복속하는 것에 기초를 둔 자유로운 개별성"[36]을 갖고 있다.

그러나 이러한 기본적 모순에 대한 분석이 단지 노동의 질적 측면들—즉, 전체 사회적 노동 내에서의 일체의 질적 분화의 종결—에만 관계되는 것은 아니다. 임금노동의 사회화와 통일성은 노동시간이라는 양적 문제에도—그것을 소멸시키는 요소로서—영향을 미친다. 그리고 이것은 일련의 적대를 추가로 도입한다. 노동시간에 대한 맑스의 분석은 이러한 점에서 매우 근본적이다. 그러나 그의 언급들은 (맑스가 암묵적이면서도 명시적으로 언급하고 있는) 노동분업의 해소를 향한 운동과의 관련 속에서 읽혀져야 한다.

대공업이 발전함에 따라 실제적 부의 창조는 노동시간 및 이용된 노동량보다는, 노동시간 동안에 운동되고 그 '강력한 효율성'이 자신의 생산에 소요되는 직접적인 노동시간과 비례 관계에 있지 않은 작동인자들의 힘

---

35. *Grundrisse*, 앞의 책, p. 163 [『요강』 I , 앞의 책, 144쪽].
36. *Grundrisse*, 앞의 책, p. 158 [『요강』 I , 앞의 책, 138~139쪽].

에 의존하고, 오히려 과학의 일반적 상태와 기술진보 또는 과학의 생산에
의 응용에 좌우된다.[37]

사회적 필요노동시간이 줄어드는 것과 같은 정도로, 과학은 직접적
으로 생산에 통합된다.

그러면 발명은 사업이 되고, 과학을 직접적 생산에 응용하는 것이 과학을
규정하는 관점이 된다.[38]

바로 이러한 조건들을 기초로 해서,

현실적 부는 순수한 추상으로 환원된 노동과 그것이 지휘관리하는 생산
과정의 힘 사이의 질적 불균형에서 뿐만 아니라, 이용된 노동시간과 그
생산물 사이의 엄청난 불비례에서도 분명히 나타난다 — 그리고 대공업이
이를 드러낸다.[39]

이러한 조건들하에서 정점에 다다르게 된 모순은 일반적인 동시에
특유한 것이다. 첫째, 그것은 이러한 과정에 직면한 자본이 "노동시간
을 최소한으로 단축하기 위해 노력하는 반면, 다른 한편으로는 노동을
부의 유일한 척도이자 원천으로 정립한다"는 점에서 일반적이다. 둘째
로 좀 더 특유하게는, 노동생산성을 조절하는 법칙이 있다.

---

37. *Grundrisse*, 앞의 책, pp. 704~5 [『요강』 II, 앞의 책, 380쪽].
38. *Grundrisse*, 앞의 책, p. 704 [『요강』 II, 앞의 책, 379쪽].
39. *Grundrisse*, 앞의 책, p. 705 [『요강』 II, 앞의 책, 380쪽].

자본은 노동시간을 잉여노동의 형태로 증대시키기 위해서 필요적 형태의
노동시간을 감소시킨다. 따라서 자본은 갈수록 잉여노동시간을 필요노동
시간을 위한 조건 — 사활이 걸린 문제 — 으로 정립한다.[40]

이러한 양적 모순은 앞서 말한 노동의 추상화 과정에 의해 야기된
질적 모순보다 그 결과에 있어서 훨씬 더 의미심장하다. 여기에서 다
시 모순은 경향의 운동 이면에 있는 역사적 주체인 노동계급을 드러
낸다. 노동계급은 자신의 모든 적대적 활동에 있어서 체제 전복의 능
동적 가능성으로 나타날 뿐만 아니라 하나의 새로운 원리, 새로운 주
체성 — 이것은 사회적 층위에서 구축되고 있으며 그 내용에 있어서
코뮤니즘적이다 — 을 표현하는 것으로 나타나기도 한다.
첫째, 이러한 모순의 운동은 적대적인 활동이다.

한 측면에서 자본은 부의 창출을 그것에 이용된 노동시간으로부터 (상대
적으로) 독립시키기 위하여 사회적 결합 및 사회적 교류뿐만 아니라 과학
과 자연의 모든 힘을 소생시킨다. 다른 측면에서 자본은 이렇게 창출된
거대한 사회적 힘들을 노동시간으로 측정하고자하며, 이미 창출된 가치를
가치로 유지하기 위해 요구되는 한계 안에 이 사회적 힘들을 가둬두고자
한다. 생산력들과 사회적 관계들 — 사회적 개인의 발전의 두 가지 상이한
측면들 — 은 자본에게는 수단으로만 여겨진다. 그리고 그것들은 자본이
자신의 협소한 토대 위에서 생산하기 위한 수단에 불과하다. 그러나 사실
그것들은 이 토대를 하늘로 날려버릴 물질적 조건들이다.[41]

---

40. *Grundrisse*, 앞의 책, pp. 705~706 [『요강』 II, 앞의 책, 381쪽].
41. *Grundrisse*, 앞의 책, p. 706 [『요강』 II, 앞의 책, 381~382쪽].

둘째, 이 운동은 재구축(reconstruction)의 활동으로, 현재 속에 있는 코뮤니즘의 현실적 가능성으로 나타난다.

노동자는 더 이상 변형된 자연적 사물(Naturgegenstand)을 대상(Objekt)과 자신 사이에 매개 고리로 삽입하지 않는다. 오히려 노동자는 산업적 과정으로 변환된 자연과정을 지배하면서, 그것을 비유기적 자연과 자신 사이에 수단으로 삽입한다. 그는 생산과정의 주요 행위자가 되는 대신 그 가장자리로 발걸음을 옮긴다. 이러한 변환에서 생산과 부의 거대한 주춧돌로 나타나는 것은 인간 스스로 수행하는 직접적 노동이나 그 노동시간이 아니라, 인간 자신의 일반적 생산력의 전유, 그의 자연 이해, 사회적 몸(body)로서의 그의 현존에 의한 자연 지배, 즉 한 마디로 말해 사회적 개인의 발전이다. 현재의 부가 기초하고 있는 타인 노동시간의 절도는 대공업 자체가 창출한 이 새로운 토대에 비하면 보잘 것 없는 것으로 나타난다. 직접적 형태의 노동이 부의 위대한 원천이기를 그치자마자, 노동시간은 부의 척도이기를 중지하고 또 중지해야 하며, 따라서 교환가치도 사용가치의 척도이기를 중지해야만 한다. 소수의 비노동이 인간 두뇌의 일반적 힘의 발전을 위한 조건이기를 중지했듯이, 대중의 잉여노동도 일반적 부의 발전을 위한 조건이기를 멈춘다. 이에 따라 교환가치에 기초한 생산은 붕괴하고 직접적인 물질적 생산과정은 곤궁과 대립의 형태를 벗는다. 개성이 자유롭게 발전하고 그리하여 잉여노동을 정립하기 위한 노동시간의 단축이 아니라 사회의 필요노동의 최소한도로의 축소가 일반적으로 일어난다. 그리고 여기에 모든 개인들을 위해 자유롭게 된 시간과 창출된 수단에 의한 개인들의 예술적, 과학적 등등의 발전이 조응한다.[42]

---

42. *Grundrisse*, 앞의 책, pp. 705~706 [『요강』II, 앞의 책, 380~381쪽].

이것이 경향이 성숙되고 확장된 단계이며, 우리는 지금 우리가 그 것에 도달해 있다는 사실을 인식해야만 한다. 그리고 이를 통해 우리 는—맑스주의적이고 레닌주의적인 이론적 의미에서의 계급구성의 결정성과 관련하여 보았을 때—혁명적 조직화 문제에 관한 첫 번째 결론에 이르게 된다. 노동력의 교환은 이제 더 이상 일정한 양과 특정 한 질로 자본과정 내부에서 발생하는 무언가가 아니다. 오히려 이제 사회적 필요와 목표에 의해 결정된 활동들의 상호교환이 사회적 생산 그 자체의 필수조건이자 전제이다. 그리고 사회성(sociality)은 생산의 기초이다. 개별 생산자의 노동은 처음부터 직접적으로 사회적인 노동 으로 정립된다. 따라서 이러한 사회적 총노동의 산물은 교환가치의 형 태로 표현될 수 없다. 심지어 일반적 노동 및 명령의 비례[균형]들이 자본주의적 계획의 형태로 국가에 의해 매개되고 통제될 때조차도 말 이다. 노동은 이제 사회적 부의 세계에의 직접적인 참여이다. 이러한 사실에 대한 인식은 조직화 문제에 필수적인 강령적(programmatic) 내용을 제공해 준다. 그것은 우리가 사회적 부의 직접적 전유라는 일반적 노선을 따라 발전시켜야 하는 이론적·실천적 과제들을 이러한 사회 적 생산조건의 실천 내에서의 인식으로 규정한다. 이러한 조건들하에 서 오늘날 노동계급의 혁명적 조직화 기획의 대중적 내용은—그것이 추상적 노동 전체에 걸쳐 있는 만큼—오직 사회적으로 생산된 부의 직접적인 사회적 전유라는 강령에 기초할 수 있을 뿐이다.

노동계급 전유라는 슬로건은 이것에 대한 실천적 인식을 표현한다. 그 것은 사회적 생산력의 발전이 부의 자본주의적 전유에서 장애물을 발견 하며, 새로운 역사적인 혁명적 사회적 주체가 이제—그 자신이 사회적 존재라는 바로 그 특성을 통해 — 자신의 투쟁들의 형식과 내용 속에서 코뮤니즘을 실현하는 과제를 떠맡을 수 있다는 실천적 인식이다.

5. 계획자국가의 위기 : 자본의 관점에서 본 경향의 절합과 적대의 주체로서의 거대기업

우리는 맑스에게서 경향이 어떻게 처음에는 모순적이고 후에 적대적인 것으로 되는 발전을 촉진시키는지를 살펴보았다. 모순과 적대는 상호적인 내적 관계 안에 있는 주체들을 함축한다. 그리고 우리는 어떻게 역사적인 프롤레타리아 주체가 점점 더 명확하게 출현하는지를 살펴보았다. 이제 우리는 또 다른 주체, 즉 자본에게 관심을 돌려야 한다. 그것이 경향 내부에서 어떻게 운동하며, 또 그것의 활동이 어떻게 적대를 여는 것과 반대로 적대를 봉쇄하는 것을 목적으로 발전하는지를 살펴보기 위해서 말이다. 일반적으로 말해서 경향의 발전에 있어서 노동계급의 활동은 진보적인데, 자본의 계급활동은 퇴행적이다. 양자 모두 현재 도달한 계급투쟁국면의 새로움과 고유성 — 투쟁의 전략적 목표들을 검토하는 기준이 되는 하나의 사실 — 에 의해 영향을 받는다. 그러나 조직화에 관한 모든 담론에 포함되어야만 하는 전술적 목표들과 투쟁의 특정한 운동들을 포착할 수 있는 것은 오직 현실적 대결의 결정성 내에서일 뿐이다.

그렇다면 오늘날과 같은 경향의 발전단계에서 나타나는 자본의 대응은 무엇인가?

우리는 이미 제2절에서 '경제학자들'의 입장에 대해 언급했었다. 그들이 보기에 1929년 이후에 구축된 케인즈주의적 국가형태의 위기, 즉 새롭게 출현한 강력한 계급주체를 봉쇄하기 위해 설정된 사회적 부의 분할을 지배하는 비례[균형]의 붕괴가 의미하는 바는 이제 더 이상 노동계급과 자본의 집합적 대표로서의 국가 사이에 어떠한 유기적 관계도 불가능하다는 사실이다. 이러한 '계획자국가'의 위기는 일반적 등가물에 의한 일체의 가치적 결정으로부터 완전히 자유로우며 자본의 유기적 구성과 어떠한 관련도 갖지 않는, 그리하여 사회적 생산과정에의 비개입(non-intervention)을 전제로 하는 권력관계로 귀결될 수밖에 없다. 따라서 노동과 노동에 대한 명령 사이의 분리와 일방성이 극한까지 밀어붙여진다. 국가는 오직 '위기국가'의 형태를 취할 수 있을 뿐이며, 그 형태 속에서 국가는 체제 전체의 생존을 위해 자기자신만의 명령의 자유를 강요하고 관리한다. "자본의 일반적인 가치하락 또는 파괴 … 일반화된 공황에서는 일반적인 가치하락이 산 노동 자체에까지 미치게 된다."[43] 경제학자들에 따르면, 자본주의가 발전하고 국가가 정상적으로 기능하기 위한 조건인 위기의 영속성을 주어진 것으로 받아들인다면 위와 같은 전망은 불가피한 것이다. 앞에서 살펴본 대로, 혁명적 좌파 내의 주관주의적 경향들 또한 이러한 이론적 입장을 공유하고 있는데, 그 결과 그들은 계급의 정치적 구성에 대한 일체의 준거로부터 조직적 기획을 분리시키자는 주장을 하게 되었다. 이

---

43. *Grundrisse*, 앞의 책, p. 446 [『요강』 II, 앞의 책, 67쪽].

두 가지 입장 모두 기껏해야 부분적이고 일방적인 견해일 뿐이다.

노동력 자체의 가치에까지 영향을 미치는 가치하락의 형태로 위기를 활용하는 것이 자본이 따를 수밖에 없는 주요한 즉각적 경로라는 사실은 명백하며 부인할 수 없다. 보다 덜 즉각적인 의미에서 다음과 같은 경향이 존재한다는 사실 또한 마찬가지로 명백하다.

> 노동 그 자체가 노동에 대하여 낯선 권력으로서의 부의 객관적 세계를 점진적으로 확대시키고 그것에 훨씬 더 넓고 충만한 실존을 부여하며, 그리하여 창출된 가치 또는 가치창출의 현실적 조건들에 비하여 살아 있는 노동능력의 곤궁한 주체성이 갈수록 뚜렷한 대조를 이룬다.[44]

그러므로 일방적으로 국가와 자본의 관점에서만 위기를 관찰하는 것은 훨씬 더 강력한 경향, 즉 적대의 현실적 운동 속에서 움직이고 있는 힘인 코뮤니즘의 경향을 간과하는 것이다. 또한 다른 한편으로 위기의 메커니즘이 자본과 노동력 가치의 절하라는 관점에서 일방적으로 이해되어서도 안 된다. 반대로,

> 위기[공황] 시에 발생하는 가치와 자본의 파괴는 생산력의 일반적인 성장과 일치한다 — 또는 같은 것을 의미한다.[45]

그러므로 위기와 재구조화(restructuration)는 동시적인 것으로 이

---

44. *Grundrisse*, 앞의 책, p. 455 [『요강』 II, 앞의 책, 77쪽].
45. *Grundrisse*, 앞의 책, p. 446 [『요강』 II, 앞의 책, 67쪽].

해되어야 한다. 그것은 상이한 관계를 재안정화하고 자본에게 유리한 유기적 구성의 층위들을 재확립하기 위해 잉여노동에 대한 필요노동의 비율—"혹은 산 노동에 대한 대상화된 노동의 다양한 계기들의 비율"[46]—을 변화시키려는 자본의 시도로 이해되어야 한다. 경향과 권력관계들이 위기를 결정하는 현 단계에서 그러한 위기와 재구조화의 동시성을 주장하는 것은 하나의 신비화가 될 뿐이라는 비판이 제기될지도 모르겠다. 그러나 어떤 것이 신비화라는 사실이 그것이 전혀 효과가 없다는 것을 의미하지는 않는다! 이러한 노선들을 따라 주장을 전개하는 주관주의자 동지들에 대한 대답은 다음과 같은 레닌의 아포리즘 속에서 찾아질 수 있을 것이다. "당신은 세상의 모든 부를 '환영'(幻影, Schein) 속에 포함시키면서도, 그 '환영'의 객관성은 부인한다."[47] 현실에서 경향적 적대가 다소간 폭발석으로 될 수 있는 것은 바로 자본주의적 대응의 효용성 혹은 (만약 당신이 그렇게 부르고 싶다면)자본주의적 신비화의 효용성 내부에서이다. 대중적 층위에서 작동하는 코뮤니즘적 경향은, 오직 이러한 자본의 활동—그것이 얼마나 신비화된 것이건 간에—을 대면함으로써만, 실제적인 전복적 힘을 가질 수 있다. 지배자들이 자신의 자본 개념을 새롭게 하고, 프롤레타리아가 자신의 새로운 조직적 실천을 발견하는 것은 오직 이러한 관계의 특유하고 우발적인 본성 내부에서이다.

그리고 사실 자본가계급은 여느 때처럼 노동자투쟁의 교훈과 경험

---

46. *Grundrisse*, 앞의 책, p. 444 [『요강』 II, 앞의 책, 64쪽].
47. *Philosophical Notebooks*.

에 기초한 새로운 자본 개념을 스스로 구축하고 있다. 오직 (과학적으로가 아니라 하더라도 최소한 자본주의적 인식의 수준에서는 적절하게 인식된) 이 기초 위에서만 정치적 권력의 층위에서의 이론적 혁신과 갱신 — 즉 노동자들의 투쟁을 자본화하는 것, 혹은 최근 『타임』(*Times*)지의 한 사설이 말한 바와 같이 "혁명을 자본화하는 것" — 이 가능해진다. 자본주의적 사유와 그것에 조응하는 실천은 현재 위기의 원인들을 극복하고 봉쇄하기 위해 그것들에 초점을 맞춘다. 언제나 그랬듯이 자본관계의 지배는 계급투쟁의 활용과 억압 모두를 필요로 한다.

그렇다면 대체로 말해서 1929년 이래 케인즈주의적 국가의 위기는 어떻게 전개되어 왔는가? 역동적으로 조절되는 균형[비례]에 기초하는 계획자로서의 국가는 투쟁들의 전례 없는 대중화와 임금요구의 엄청난 확장 — 이것은 필요노동의 가치를 상승시키는 집합적 운동에서 드러나는 추상적 노동의 통일(unification)을 국가의 눈앞에 들이댔다 — 에 직면하여 붕괴되었다. 이는 필요노동과 잉여노동 사이에 확대된 불균형[불비례]를 산출하였는데, 이 불균형[불비례]는 교환가치적 술어로 번역되어 인플레이션이라고 불린다. 인플레이션과 더불어, 축적의 위기는 무엇보다도 국가의 위기가 된다. 케인즈주의 국가형태가 발전을 균형잡고 촉진하는 (기업에서 계획, 국가에 이르는) 사슬 혹은 연쇄 내에서 핵심적인 헤게모니적 역할을 담당하고 있기 때문에, 사태는 그렇게 될 수밖에 없다. 국가가 체계 — 우선적으로는 공장체계 그 자체 — 가 기능할 수 있는 기본적 조건들을 보증했기 때문에, 공장은 국가에 종속적이었다. 국가의 행위를 통해, 교환가치는 생산적 체계의 재생산을 지배하는 일반법칙으로서의 작동을 보장받았다. 그러나 이 메커니즘은 제대로 기능하지 못했다. 그것은 산산이 부수어졌다. 공장 자체로부터 시작해서 사회 일반에서의 재생산조건들에 이르기까지, 보증자로서의 국가에 의해 지지되었던 교환가치는 작동하지 않게 되었다. '대중노동자'의 대중화된 투쟁들 속에서, 노동과 노동가치 사이의 연계는 끊어졌다. 이러한 상황에서 국가는 역동적인 개량주의적 조정과정을 촉진시킴으로써 (자신이 그것의 보증자 역할을 했던 필수적 비율들에 따라 측정된) 노동가치에 기초한 비례[균형]관계를 보증하는 것을 계속할 수 있었을 뿐이다. 그러나 이러한 조건, 즉 노동계급 압력의 이러한 수준에서, 개량주의적 해법은 그것이 그 내부에서 확실히 효과적일 수 있었던 고정적 한계들의 붕괴와 더불어 ― 훨씬 더 파멸적으로 교환가치 원리의 정확한 기능을 전복시키면서 ― 메커니즘의 해체를 심화시키는 요소가 될 뿐이다.

이 지점에서 자본은 노동과 일반적 가치법칙의 분리에 의해 야기된 상황을 받아들일 수밖에 없도록 강제 당한다. 계급관계에 대한 헤게모니를 재확립하려는 자본주의적 시도가 이러한 인식을 뒤따른다. 교환가치의 기능을 회복시키려는 이러한 시도 속에서, 경향의 기본적 결정, 즉 교환가치에 내재해 있는 분리는 자본에 의해 포섭되고 명시적으로 드러나게 된다. 자본은 공공연하고 배타적으로 "타인 노동에 대한 명령"이 된다. 일단 자본이 교환에 있어서의 노동과 노동가치의 분리를 받아들이게 되면, 그것은 다음과 같은 불가피한 결론에 이르게 된다. 즉 명령 그 자체, 노동에 대한 일반화된 명령은 단지 이제껏 항상 그래왔던 것과 같이 자본 그 자체에 특질을 부여해주는 변별적 동기가 아니라, 그것의 실존을 위해, 하나의 체계로서의 생존을 위해 요구되는 기본적 요소가 된다. 그것은 지금 문제가 되고 있는 역사적 시기에 대한 자본의 특정한 결정이 된다. 이러한 전제에 뒤따르는 두 번째 결론은 ─ 이것 역시 명백해지고 있는데 ─ 국가-계획-기업의 연속성이 전복되고, 역전된다는 것이다. 이전에는 국가가 생산-재생산 운동에 있어서 모든 요소들의 등가성(equivalence)을 표현하고 보증하는 헤게모니적 역할을 수행했던 반면, 등가성의 붕괴는 이제 국가의 기능을 거대기업 ─ 오늘날 지배적인 형태인 다국적 기업을 의미한다 ─ 의 기능에 종속적인 것으로 만들고 있다. 따라서 세계시장의 수준에서 '위기국가'는 자본주의적 명령의 지배적 형태인 다국적 기업과 관련한 '민족국가'의 위기 또한 표현한다. 지금까지는 국가가 사회적 생산의 모든 조건들의 조직자였다면, 이제는 노동계급의 공세가 이러한 조건들을 붕괴시키고 자본으로 하여금 여전히 최고의 것으로 남아 있는 하나의 조건에 의존하도록 강제하는데, 그것은 바로 잉여노동 추출에 대한 기업의 명령이다. 경제이론의 층위에서 이러한 이행은 신중상주의와 케인즈주의의 몰락 이후에 나타난 미국의 새로운 경제학자들에 의해 이미 표현되었는데, 이들은 지금 개량주의적 합의의 전통을 공개적으로 공격하고 선택적 동기유발 정책들을 요구하고 있다. 민족국가적 층위에서 우리는 ─ 맑스가 좋아했을 문구를 인용하자면 ─ "기업은 국가의 기초이다"(Glisenti)라는 사실이 인식되어지고 있다는 점에서, 개량주의적 정치의 위기를 경험한다. 국제적 층위에서는 케인즈주의적 국내정책들의 종말과 나란히, 브레튼우즈 체제의 붕괴와 국가 간의 일반적 등가물 교환에 관한 합의의 붕괴가 일어난다. 이러한 사실들은 다국적 기업이 발전의 조건에 대한 명령을 조직화하는 기능들을 접수하는 방식을 분명하게 보여준다.

　역설적이게도 이 심원한 위기 국면에서 자본은 자신의 기원의 영웅주의를 부활시키지 않으면 안 되도록 강제된다.

> 자본의 최고의 발전은 사회적 생산과정의 일반적 조건들의 비용이 사회적 수입으로부터의 공제액, 즉 국가의 조세 — 여기서는 자본이 아닌 세입이 노동기금으로 나타나며, 노동자는 (여느 사람들과 마찬가지로 자유로운 임금노동자임에도 불구하고) 경제적으로 상이한 관계에 서게 된다 — 로부터 지불되지 않고, 자본으로서의 자본으로부터 지불될 때 존재한다.[48]

　그러나 오늘날 자본의 기획은 단지 노동계급이 케인즈주의적 계획자국가의 구조에 가한 충격에 대한 대응만은 아니다. 그것은 또한 이 계급적 공세의 형식(form)과 실질(substance), 그리고 그 계급적 주체 — '대중노동자' — 를 해석하려 한다. 자본이 대중노동자 현상을 해석하려 애쓰는 것은 그것을 생산적 체계 내에 복귀시키고 개조하기 위해서이다. 이렇게 해서 생산순환의 모든 계기들의 유동화(fluidification)를 향한 현재의 경향이 존재하게 되는데, 이러한 경향은 개별적이면서도 집합적인 사회적 노동의 생산성을 향상시킨다 — 그리고 이것이 단어의 진정한 의미에서의 재구조화의 '긍정적인' 측면이다. 다른 한편으로 부정적이고 반동적인 측면 역시 존재하는데, 그것은 바로 기업명령에의 참여와 전적으로 연결된 새로운 노동분업 메커니즘들을 삽입함으로써 '대중노동자'를 탈구성[해체]하려는 시도이다. 이러한 방식으로 자본주의

---

48. *Grundrisse*, 앞의 책, p. 532 [『요강』 II, 앞의 책, 167쪽].

적 기획의 전반적인 정치적 시야는 노동과정에 초점을 맞추게 되고, 발전에 대한 통제를 재확립해야 하는 긴급성은 자본의 유기적 구성을 재구조화하려는 시도로 나타나게 된다. 이것은 이제 순수하게 정치적인 형태를 띠며, 무엇보다도 생산의 대규모화와 그 내부에서 작동하는 명령의 기능 간의 관계를 재정의하고 재주장하는 데 있어서의 정치적 명령에 종속된다. 대중노동자 출현의 결과로서 나타난 자본의 과잉은 유기적 구성이 노동시간에 의해 그리고 노동분업의 다양한 부문들 내에서 발생하는 생산성의 변화에 의해 결정될 수 있는 가능성을 제거해 버렸다. 노동(work)을 일반적, 추상적 노동(labor)으로 평면화시키는 것은 그것의 필연적 귀결로서 가치형태, 자본주의적 명령, 전(全)사회로 확장된 공장의 지속적인 실존을 필요로 한다. 이러한 관점에서 오늘날 (전지구적 공장으로서의) 기업은 자본을 위한 핵심적 개념이며, 우리가 현재 목격하고 있는 특정한 계급관계 국면에 있어서의 지배자들의 욕구에 가장 부합하는 개념으로 그들 자신에 의해 생산된 것이다. 생산순환 전반에 걸친 노동의 유동화와 순환 내부의 통제 및 지배기능들에 있어서의 선택성(selectivity)의 조합 — 따라서 자동화의 중요성 — 은 이제 세기 초 테일러주의와 포드주의의 조합에 견줄만한, 자본주의 발전에 있어서의 역사적 전환점의 수준에 도달했다. 노동계급적 조직[화의 전문적이고 숙련화된 기초를 침식하기 위해 도입된 것은 대량생산이었다. 오늘날 대규모화된 노동계급의 조직적 기반에 맞서 채택된 무기는 바로 명령에의 선택적 참여이다.

우리는 이제 재구조화에 관한 위의 논의로부터 몇 가지 일반적인 결론들을 도출할 수 있게 되었다. 우리는 (위기의 대안, 더 정확히는 위기의 일부 또는 그것의 전반적 활용인) 자본이 경향 발전의 일정한 단계에서, 생산적 노동의 유동적이고 평면화된 구성을 발전시킴으로써 계급주체, 즉 추상적 노동의 대규모적이고 치밀한 통일성을 신비화하고 숨기면서 "혁명을 자본화하려고" 시도한다는 점을 살펴보았다. 노동에 대한 공장-명령의 규범들을 사회적 노동시간 전체로 확장한다는 의미에서, 기업은 이러한 변형의 핵심적인 통제 메커니즘이다. 이것이 자본이 계획자국가의 위기의 원인들에 대한 인식을 통해 그리고 케인즈주의적 국가의 기초를 파괴한 계급운동을 통제하려는 시도를 통해서 현재 적용하고 있는 해결책이다. 만약 이것이 넓은 의미에서 자본이 계급투쟁의 변증법을 통해 취할 수밖에 없도록 강제당한 노선을 정의하는 것이라면, 현재의 모든 주관주의적 혁명적 조직화 이론들에 대한 우리의 비판은 더욱 정당성을 얻을 것이다. 봉기를 겨냥한 노동자와 프롤레타리아의 코뮤니즘적인 정치적 조직화의 필요성은 너무나 급박하고 또 우리가 살펴본 바와 같이 맑스의 경향 분석에 의해 너무나 분명하게 정당화된 것이기에, 주의주의적이고 엘리트주의적인 전술적 해법에 맡겨질 수 없다. 기업에 의해 행사되고 기업으로부터 뻗어 나오는, 사회적 노동에 대한 명령의 자본주의적 조직화를 전복하는 것이 오늘날 혁명적 조직화의 가장 중요한 전술적 과제이다. 이 분명한 전복적 강령을 채택하지 않는 것은 대중들의 코뮤니즘적 운동이 억압에 의해 — 법에 의해서가 아니라, 체제의 손에 있는 물질적 수단에 의해서 — 무력화될 위험을 감수한다는 것을 의미할 것이며, 결국 그것은 운동 전반을 위한 어떠한 직접적인 조직적 결과도 있을 수 없다는 것을 뜻할 것이다.

나는 맑스적 경향에 대한 분석의 폭발적인 함의들을 고려하는 것만
으로는 충분치 않으며, 적대 내부에 존재하는 계급적 적들의 구체적
행동과 전술을 파악하는 것이 필요하다는 말로 이 절을 시작했다. 자
본가계급의 활동을 검토한 지금, 우리는 혁명적 노동자조직이 대면해
야 할 문제와 과제들을 규정하기 시작할 수 있게 되었다. 그 과제들이
란 대중적 층위에서 사회적 전유를 조직할 뿐만 아니라, 오늘날 자본
주의적 재구조화의 주요한 수단인 기업의 정치적 지배력을 파괴하는
것이다. 문제는 이것들이 둘이 아닌 하나의 과제라는 사실에 놓여 있
다. 대중노동자를 공장체계에 맞서 움직이게 하는 것, 그리고 추상적
노동 전체를 교환가치형태의 부과에 대항하여 조직하는 것 ─ 이 투쟁
들은 모두 공장에 대항하는 것이다. 여기에 오늘날 노동계급 조직화의
핵심적 문제가 놓여 있다. 그리고 그것은 자본의 유기적 구성이라는
문제와 관련되어 있다.

6. 방법에 관한 일부 반론들에 대한 예비적 고찰 : 경향, 과학
그리고 실천

이 지점에서 방법의 문제들에 대한 간단한 여담이 필요하다. 과거
에, 내가 지금까지 개진해 온 것과 같은 종류의 논의에 대해 두 가지
주요한 반론이 제기되었다. 첫 번째는 경제주의라는 비난이었다. 즉 맑
스가 말한 경향을 즉각적으로 현실로 번역하며 ─ 다시 말해 주어진

현실의 일체의 구체적 특수성, 그리고 실천 속에서 현실이 파악되고 터득되는 특수한 방식들을 간과하며 — 결정론적 관점에 의존한다는 것이다. (첫 번째를 보완하는) 두 번째는 관념론이라는 비난이다. 즉 적대의 주체적인 극들을 고정적인 실체로 설정하며, 모순과 적대를 적대의 확인으로부터 발생하는 일련의 실천적 작용들로부터 고립시킨다는 것이다. 이 경우 분명히 관념론은 자생주의(spontaneism)에 이르게 된다.

실천의 층위에서 이러한 반론들은 이미 매우 시시한 것으로 밝혀졌다. 그것들에 답하는 것이 우리 자신의 관점을 한층 더 깊게 검토해 볼 기회를 제공해 주지 않는다면, 그것들에 대해 숙고해 볼 필요는 전혀 없을 것이다. 첫 번째 반론을 살펴보자. 그것에 답하기 위해서는 우리가 경향이라는 말로 의미하는 바를 명확히 해야 한다. 경향은 어 띤 의미에서도 현실을 지배하는 필연적이고 불가피한 법칙이 아니다. 경향은 대략적인 윤곽이다. 그것은 일정한 역사적 상황을 구성하게 되는 요소들에 대한 분석을 자신의 출발점으로 삼는다. 그러한 분석을 기초로 해서 그것은 대중적 정치행동을 위한 방법과 지향(志向, orientation) 그리고 방향을 규정한다.

경향은 우리에게 그것을 구성하는 요소들이 전개하는 유물론적 변증법에 의해 구체화된, 결정적인 예측을 제공해 준다. 경향은 실천적이고 이론적인 과정인데, 그것을 통해 노동계급의 관점은 특정한 역사적 시기에 적용됨에 있어서 명쾌함을 얻는다. 이는 경향을 설정하고, 그것을 기술하며 또 그것의 모순들을 정의하는 것이 경제결정론과는 거리가 있는 것임을 의미한다. 오히려 정반대이다. 경향을 설정한다는 것은, 최초의 출발점이었던 요소들의 특정성과 구체성이 의미를 가질 수 있는 적합한 이론적 지평을 성취하기 위해 단순한 것에서 복잡한 것으로, 구체적인 것에서 추상적인 것으로 작업해 나아가는 것을 의미한다.

구체적인 것은 그것이 수많은 규정들의 총괄, 다양한 것들의 통일이기 때문에 구체적이다. 따라서 구체적인 것은 비록 그것이 현실에 있어서의 출발점이고 따라서 관찰(Anschauung)과 표상을 위한 출발점이라 할지라도, 사유의 과정에서 총괄과정, 결과로 나타나지 출발점으로 나타나지는 않는다. 첫 번째 경로에서는 충만한 표상이 증발하여 추상적 규정을 낳았다. 두 번째 경로에서는 추상적 규정들이 사유의 경로를 통해 구체적인 것의 재생산에 이른다.[49]

그러므로 경향의 방법은 결코 경직되거나 결정론적인 것이 아니다. 우리는 그것을 전진하는 방법으로, 현실의 복잡성과 마주하게 된 이성이 벌이는 모험으로 이해할 수 있다. 이성은 이 모험의 위험들을 받아들일 준비가 되어 있다. 사실 경향의 진실은 그것의 실천적 검증에 있다. 이것을 경제주의라 부르기는 어려울 것이다! 모택동은 이러한 방법을 기술하면서 다음과 같이 쓰고 있다.

이 방법 속에서 우리는 유물론과 거리를 두지 않는다. 오히려 기계적 유물론을 거부하면서 변증법적 유물론을 방어한다.[50]

사실 맑스, 레닌, 모택동과 같은 고전적 필자들이 헤겔주의적 변증

---

49. *Grundrisse*, 앞의 책, p. 101 [요강 I , 앞의 책, 71쪽].
50. Mao Tse Tung, *Collected Works*.

법을 전복시키는 방식을 살펴본다면, 우리는 그들이 정치경제학 비판 속으로 구체적 현실의 복잡성에 대한 분석을 재도입하려고 시도함에 있어서 결정론적 전망들을 제거하는 과정에 기초하고 있었다는 사실을 알게 될 것이다. 그들의 목적은 언제나 이론적 통찰을 정치와 실천으로 번역하고, 궁극적으로는 (이러한 수준에서) 조직[화]의 문제를 제기하는 것이었다. 그러므로 만약 우리가 비난받아야 한다면, 경제주의로 비난받는 것이 아니라 조직화 문제에 대한 새로운 해법을 찾는 데 있어서의 후진성이라는 진정한 문제로 비난받아야 할 것이다. 우리는 그러한 비난을 비판적으로 받아들일 것이며, 운동 속에서 그리고 운동을 통하여 그것을 해결하기 위해 연구하기 시작할 것이다.

경향이라는 방법의 타당성에 대한 증거가 조직적 실천 속에서 발견될 수 있다면, 우리에게 종종 제기되는 두 번째 비난 — 관념론이자 자생주의라는 비난 — 역시 당치 않는 것이다.

우리의 가정은 경향이 극성(polarity)으로 존재하고 모순에 의해 특징지어지며 그것을 적대로, 혁명적 과정과 봉기적 주도권으로 변형시키는 것이 가능하다는 것이다. 이것은 결코 문제시되고 있는 현실의 관념론적인 실체(hypostasis)가 아니다. 오히려 그것은 일체의 분석이 의미를 갖기 위한 전제조건이다. 처음부터 주어지는 객관적 진리 같은 것은 존재하지 않는다. 진리는 투쟁 속에서, 투쟁을 통하여, 실천의 변형을 통하여 구축되어야 한다. 맑스주의적 분석은 처음부터 계급적 관점을 부과함으로써 자신이 관여하는 현실을 규정한다. 이것이 맑스주의적 분석의 작업이 이루어지는 테두리이다. 그것은 노동계급 편에 서며, 그것의 목표는 혁명적이다. 그것은 무엇보다도 현실과 관련하여 실천적 도전 — 힘의 행사 — 을 전제한다. 그것의 진리는 결과 속에 존재한다. 분석은 욕구하는 정치적 결과를 자신의 출발점으로 삼는다. 따라서 "인간의 신체구조는 원숭이의 신체구조에 대한 열쇠를 쥐고 있다."[51] 오직 단호한 실천만이 우리에게 의미 있는 객관성을 구성할 수 있다.

> 진리는 하나의 과정이다. 인간은 주관적인 관념에서 출발하여 실천을 거쳐 객관적 진리에 도달한다.[52]

이것은 비결정적인(indeterminate) 과정이 아니다. 그것은 결정적인 실천이다. 레닌은 다음과 같이 쓴다(그리고 같은 내용을 모택동이 반복하여 말한다).

> 실천은 (이론적) 이해보다 우월하다. 그것이 자신 내부에 보편적인 것의 존엄뿐만 아니라, 직접적 현실의 존엄도 갖고 있는 한에서 말이다.[53]

그러므로 설사 우리의 이론이 비난받아야 한다 할지라도, 종파주의적 주관주의로 비난받아서는 안 될 것이다. 결국 위와 같은 것이 변증법적 유물론의 특징이며, "그것이 민중에게 제공하는 개방적 인식"[54]이다. 제기되어야 하는 진정한 비난이 있다면, 그것은 아직까지 우리

---

51. *Grundrisse*, 앞의 책, p. 105 [『요강』 I , 앞의 책, 76쪽].
52. V. I. Lenin, *Philosophical Notebooks*.
53. V. I. Lenin, *Philosophical Notebooks*; Mao Tse Tung, *Selected Writings*.
54. Mao Tse Tung, *Selected Wrintings*.

의 실천에, 적절한 조직[화] 형태를 수립하기 위해 필요한 직접적인 구체적 현실의 무게를 집중시키지 않은 것에 대한 비난일 것이다. 그리고 정확히 이것이 현재 우리의 작업이 목표로 하고 있는 것이다.

경향에 대한 분석이 오늘날 우리가 노동계급의 견지에서 극대화하려고 노력하고 있는 저 객관적 적대들을 과거 속에서 드러낼 수 있는 것은 다름 아닌 이러한 전제들의 기초 위에서이다. 그리하여 우리는 오늘날 계급적 관점이 파괴하려 하는 변화하는 통제 메커니즘과 자본변증법의 재구성들을 과거 속에서 확인할 수 있다. 노동계급의 실존은 언제나 적대의 특정한 역사적 형태들을 생산해 왔으며, 또 그것들을 자신의 전제로 삼았다.

노동계급의 역사의 다양한 시기들이 투쟁과 조직화 문제의 중심에 있는 특정한 적대들의 출현에 의해 특징지어진다. 바로 이러한 적대들을 둘러싸고 (그리고 혁명적 의미에서 그것들을 폭발시키기 위해) 조직이 세워졌다. 제2인터내셔널 시기의 특정한 적대는 노동과정에 대한 노동계급의 통제와 생산수단에 대한 자본주의적 소유 사이의 그것이었다. 두 차례 세계대전 사이의 시기에서 1960년대까지의 기간 동안에는 노동력의 대규모화와 자본의 계획 내부에서 이루어지는 그것의 역동적 통제의 특정한 비율 사이의 적대, 즉 임금모순이 존재했다. 오늘날의 특정한 적대는 새로운 정치적 정체성을 향한 노동계급의 전반적인 구성과 자본주의적 지배의 공장-형태 사이의 적대, 즉 기업의 명령(comando d'impresa)과 대중들의 코뮤니즘에 대한 욕구 사이의 적대이다.

투쟁과 조직[화]의 변화하는 지형에 대한 이 역사적인 조망은 우리

방법론의 풍성한 성과를 잘 보여준다. 왜냐하면 여기에는, 경향 내에 현존하는 적대의 모순들과 특정성을 따라감에도 불구하고 그 결과가 결코 결정론적이지도 경제주의적이지도 않다는 역설이 존재하기 때문이다. 반대로 기업명령과 대중들의 코뮤니즘적 의지 사이의 변증법적 적대가 문제시되고 있는 요소들에 대한 단순히 사회학적인 일체의 정의와 가치의 관점에서 내려진 단순히 경제학적인 정의를 폐기시킨다. 여기에서는 정치적인 관계가 가장 중요하다. 그리고 이러한 정치적인 것의 우세는 바로 계급투쟁의 변증법이 생산해낸 경향의 발전이 초래한 것이다. 이 정치적인 것의 우세는 (우리가 앞서 넌지시 언급한) 맑스주의적 분석의 몇 가지 핵심 범주들을 재정의하기 위한 기초에 의해 입증될 수 있을 뿐만 아니라 그러한 재정의를 위한 기초를 제공해줄 수도 있다. 첫째로 자본의 재정의인데, 자본은 명령의 기업-형태의 발전을 거치면서 갈수록 순전한 가치 정의로부터 분리되어, 점점 더 권력관계의 맥락에서 작용하게 된다. 둘째, 유기적 구성의 재정의인데, 이것은 자본의 변화에 대응하여 더 이상 내재적 요소들의 관계로 구성되는 것이 아니라 정치적으로 중층결정된다.

다시 말해 여기서 우리는 어떻게 새로운 내용이 맑스주의적 분석의 과학적 범주들에 새로운 형식을 부여하는가라는 문제에 관한 훌륭한 사례를 목격하게 된다. 그리고 이러한 방식은 고전적 맑스주의자들이 제시한 방법상의 암시들과도 일치한다.

세계의 객관적 틀을 창조하는 인간의 활동은 그 외적 현실을 변형시키고, 그것의 결정성(determinacy)을 전복시키며(즉 그것의 여러 측면들과 그 측면들의 질을 변형시키며), 그리하여 그것으로부터 그것의 외관, 외재성(exteriority), 무가치함이라는 특질들을 제거하고, 그것으로 하여금 그 자체로 그리고 스스로 존재하게 해준다. (즉, 그것을 객관적으로 참인 것으로 만든다.)[55]

그리하여 경향은 그 내부에서 주체가 스스로를 생산하는 결정적인 준거틀을 제공한다. 주체는 이 결정적인 준거틀과의 관계 속에 스스로를 위치시킨다. 그리고 이 과정 속에서 스스로를 변형시키고 그에 의해 준거틀 자체도 변형시킨다. 노동계급의 투쟁은 이러한 변형의 수단이자 추동력이며, 투쟁이 맞서 싸우는 객관성과 계급의 주체성 모두를 구성하는 하나의 과정이다.

세계를 변화시키기 위한 프롤레타리아와 혁명적 대중의 투쟁은 다음과 같은 과제들의 실현을 수반한다. 객관적 세계의 변형 그리고 그와 동시에 자기 자신의 주관적 세계의 변형. 스스로의 이해능력들의 변형. 주관적 세계와 객관적 세계 사이의 관계의 변형.[56]

(a) 조직[화] 문제를 제기하고 (b) 경향을, 그것을 1인칭으로 선언할 수 있는 지점까지 발전시키며 (c) 경향 속에 포함된 기획의 승리를 보증할 수 있기 위해서는 반드시 이 과정 내부에 있어야만 한다. 다시 말해, 이 방법은 우리에게 조직[화] 문제를 해결할 수 있는 열쇠를 제공한다. 그것은 조직[화]를 함축한다.

---

55. V. I. Lenin, *Philosophical Notebooks*.
56. Mao Tse Tung, *Selected Writings*.

마지막으로 주의할 것 하나. 내가 지금까지 말한 것은 최초의 출발점을 명확히 한다는 의미에서 유용한 것이지, 제기된 문제를 해결하는 데 유용한 것은 아니다. 다른 식으로 생각하는 것은 순전한 관념론이 될 것이다! 그러나 실제로 문제를 해결하지는 못한다 할지라도, 그것은 문제 해결의 올바른 조건을 제공하고, 또 곧바로 근본적인 요구 — 즉 해야 할 것은 조직을 (우리의 주도권과 강령 그 자체의 관점에서) 대중 운동과의 접촉 속에서 그리고 그것과의 공생 속에서 발전시키는 일이라는 것 — 를 충족시킬 수 있는 작업 양식을 제시한다. 올바른 연구방법은 혁명적 연구에 있어서의 시기(timing) 문제와 관련하여 특히 중요하다. 지금까지 말한 것들을 전제로 한다면 시기의 문제가 미리 결정된 결말을 이론적으로 예측하고 예측된 결과를 기다리는 행위나, 혹은 계급관계에 외재적인 힘들에 의해 결정되는 상태에 맡겨질 수 없다는 것은 분명하다. 혁명적 과정과 조직[화] 과정의 시기들은, 발생시키는 데 성공할 수도 있고 그렇지 않을 수도 있는 대중 운동과의 관계에 의해 그리고 그것의 내부에서 결정된다. 다른 것을 기대하거나 믿는 것은 단지 기회주의일 뿐이다. 그리고 혁명적 과정이 빠르거나 늦는 것에 대한 책임은 우리, 혁명가들에게 있다.

7. 기업명령에 대항하여 : 새로운 노동계급구성 내부에서의 봉기의 조직화

이제 자본의 새로운 구성에 관한 앞서의 논의들에 비추어 조직[화] 문제를 재검토해보도록 하자. 나는 여러 차례에 걸쳐 내게 있어 근본적인 것 ― 우리 논의의 '객관성'을 시험하기 위해 근본적인 것 ― 은 조직[화]에 관해 토론함에 있어서 강령적 가능성들을 열어젖힐 수 있는, 다시 말해 전복적 의도와 전복되어야 하는 현실 사이의 관계를 결정할 수 있는 방식들을 발견하는 것이라고 말한 바 있다. 이것을 위해 우리는 일반적으로 맑스주의자들 사이에서 조직 문제들이 제기되는 데 사용되는 전통적 술어들보다 한층 더 나아가야 한다. 그러나 우리는 조직[화]와 자본구성 간의 핵심적인 관계를 포기하지는 않을 것이다. 그 이유는 첫째, 그것이 전복되어야 하는 현실적 토대라는 의미에서 (자본을 직접적인 적으로, 적대의 주체로 규정함으로써) 이론에게 하나의 소극적 뒷받침을 제공해 주기 때문이다. 그리고 둘째, 그것이 적극적 뒷받침으로서, 자본주의적 발전 그 자체에 의해 창출된 그리고 자본구성 내에 위치한 준거점을 우리에게 제공해 주기 때문이다. 그것은 혁명적 주체로서의 프롤레타리아트가 자본관계의 결정성과의 관계 속에서 고려되는 것을 보증한다.

강령과 관련하여 나는 이미 전유를 대중적으로 조직하는 것의 중요성을 강조했다. 자율이 계획자국가, 즉 필요노동과 잉여노동 사이의 확립된 일반적 비율에 기초한 국가에 맞선 계급 행동을 규정하는 특성인 것과 마찬가지로, 전유는 탈가치(dis-value)의 국가, 기업명령의 국가에 맞선 계급행동을 규정하는 특성이다. 전유는 새로운 유형의 역사적인 혁명적 주체가 스스로를 드러내는 과정이다. 그것은 보편성이자 개별성인 상태로 변형된 추상적 노동이다. 그것은 생산형태들이 점차 사회적 생산력들과의 모순의 상태에서 적대의 상태로 이동해 가고 있다는 것에 대한 인식이다. 따라서 (자본의, 그러므로 계급의 이러한 구성 내에서) 강령은 반드시 일반화된 전유의 관점에서, 즉 마땅히 우리의 것이어야 할 사회적 부에 대한 공격의 대중적 조직화의 관점에서 발전되어야 한다. 이러한 강령을 통해서 사회적 개인은 현재 주어진 생산조건 하에서, 현재의 생산양식을 자신의 가능성을 억압하는 구속복(straitjacket)으로, 또 코뮤니즘을 생산의 새로운 사회적 주체로서의 자신의 출현에 적합한 유일한 현실로 인식할 수 있다. 이러한 관점에서 우리는 이 정도 수준의 인식에 도달한 모든 이들, 대중적 전유 행동들을 촉진시키고, 북돋우고, 이끌어 내는 모든 이들을 혁명조직의 간부로 간주할 수 있다. 전유를 겨냥한 행동들은 이제 강령이 기초하는 정상적이고, 지속적이며, 직접적인 지형으로 이해되어야 한다. 이것이 일반적이고 대규모화된 봉기의 재구성을 진전시키는 전술적 행위들의 성좌(constellation)에 의해 만들어진 전략적 전망이다.

그러나 위에서 말한 것만으로는 논점의 한 측면만을 건드린 것에 불과하다. 이미 살펴보았듯이, 상황의 특수성은 새로운 주체, 즉 대중화된 프롤레타리아트의 출현뿐만 아니라 이 새로이 출현하고 있는 주체와 기업적 명령형태 사이에 성립된 관계 속에도 존재한다. 만약 조직이 스스로를 단지 전자의 수준에 한정시킨다면, 그것은 전략적으로 맹목적이 되어 실패하고 말 것이다. 보다 중요하게는 (변증법이 교수형에 처해질 때면 언제나 그렇듯이) 조직이 개량주의의, 그리하여 결과적으로 기회주의의 마수(魔手)에 걸려들게 될 것이다. 확실히 전유는 그 자체로 생산양식에 대한 자본의 지배형태와 모순적이다. 그러나 다른 한편에서 우리는 또한 자본주의적 명령의 이 '기업형태'가 어떻게 프롤레타리아적인 사회적 개인을 대수롭지 않은 것으로 만들고, 시간이 지나감에 따라 희석시킨 후, 자신의 순환적이고 매개적인 변증법 내부에서 — 그리고 파괴해야 한다면 위기 내부에서 — 그것을 회복시키는 능력으로 발전하는지를 살펴보았다. 오늘날 일부의 경우에 전통적인 노동운동의 개량주의는 이러한 종류의 '선의'(good faith) — 맑스주의적 용어로 말하자면, 허위의식— 로 인한 비난에 노출되어 있다.

따라서 혁명적 상령의 두 번째 근본적인 문제는 프롤레타리아화(proletarianisation)와 생산양식에 대한 자본 지배의 기업적 형태 사이의 관계에 대한 올바른 평가라는 문제이다. 자본이 자신의 생존을 계획하고, 힘으로 그것을 유지하는 것은 바로 이 관계 내부, 이 상호작용 내부에서이다. 오직 이러한 자본의 정치적 구성에 의거하여 행동하는 한에서만, 혁명적 의도들은 자신에게 적합한 표현을 발견할 수 있다. 만약 이러한 정치적 중층결정, 프롤레타리아의 단합된 운동들에 대한 그것의 통제 능력, 그리고 그 중층결정의 특수성과 대결하지 않는다면, 그러한 조직을 혁명적 조직이라고 말할 수는 없을 것이다. 이렇게 이야기하는 것은 더 이상 노동력과 강탈된 잉여가치 사이에 일반적인 등가관계가 성립하지 않는 상황에서 다시 한번 기업을 자본주의적 생산양식 배후의 추동력으로 인식하는 것과 같다. 이 관계 — 그럼에도 불구하고 유효한 것으로 남아 있는—는 더 이상 고정된 비율들에 기초할 수 없다. 그것은 기업명령의 폭력, 위기의 활용 그리고 지속적이고 균형잡힌 재구조화 과정을 기초로 하는 관계이다.

명확히 하자. 폭력은 인간관계의 정상적 상태이다. 그것은 또한 생산력 진보의 열쇠이다. 그러므로 나의 고발은 폭력의 정상상태(normality)를 향해 있는 것이 아니라, 자본주의적 지배의 기업적 형태 속에서 폭력이 모든 본질적이고 '자연적인' 합리적 근거—'자연스러움'이란 언제나 역사적 힘들의 산물이기는 하지만—를 상실했을 뿐만 아니라, 진보적이라고 여겨질 수 있는 일체의 기획과의 모든 관계 또한 상실했다는 사실을 향해 있는 것이다. 오히려 폭력의 기업적 형태는 정확히 그 반대이다. 그것은 교환관계의 조건들이 더 이상 존재하지 않는 사회적 관계에 교환가치를 부과하는 비합리적 형태이다. 그것은 그 내용에 있어서는 절망적이면서도 그 효과의 면에서는 합리적인 이러한 비합리성의 지성적 형태이다.

오늘날 명령의 가장 합리적이고 지성적인 형태로서의 기업, 이것이 바로 맞서 싸워야할 적이며, (각각의 모든 경우에 있어서) 프롤레타리아의 모든 계급적 분노와 코뮤니즘을 향한 우리의 모든 희망이 집중되어져야 할 적이다. 기업-국가에 대한 공격은 기업이 계급에 대한 통제를 발전시키는 것과 동일한 형태로—즉 지성적이고 정확하며, 자본주의적 주도권의 기업적 형태에 특유한 유효성을 혁명적 조직화 내부에서 반복하는 형태로—추진되어야 한다. 따라서 모든 전유 행위는 (그것이 자생적이건, 반(半)자생적이건, 조직적이건 간에) 자본이 정확하고 명확한 대응을 통해 재생산해내는 지배에 맞선 전투적 공격

행동으로 변형되어야 한다. 조직화는 이러한 방향으로 발전되는 부단한 과정이어야 한다. 오늘날 모든 조직의 강령은 이러한 방향을 따라야만 한다. 만약 현재 프롤레타리아의 정치적 구성과 관련을 맺고자 한다면 말이다.

순환 내부에서 노동계급 행위를 대의하고 구성하는 것에 기초한 (계획자국가형태와의 관련 속에서 발전한 이론적 입장들이 시도했던 것과 같은) 낡은 전망들은 이제 기업의 형태를 취하고 있는 자본주의적 억압의 핵심적 계기들에 맞서 출현하고 있는 프롤레타리아의 모든 사례들을 끌어내는 것을 목표로 하는 행위로 대체되어야 한다. 순환은 더 이상 존재하지 않는다. 왜냐하면 그것은 기업 형태의 발전과 양립할 수 없기 때문이다. 말하자면 통제는, 그 모든 지속성과 복잡성 속에서 역동적 매개의 시점에까지 이르게 된 계급운동이 총체성의 차원에서 행사되지 않는다. 오히려 통제는 모든 운동의 [구체적인] 출현에 맞서 수직적으로 그리고 정확한 지점에서 행사된다.

따라서 노동계급의 관점에서 볼 때, 강령은 지향해야 할 장기적 목적을 가질 수 없다. 그것은 더 이상 유기적 성장에 의존할 수 없다. 오히려 강령은 장기적 목표들에 있어서 그것이 결여하고 있는 것을 강렬함(intensity) 속에서, 그리고 전반적인 절합에 있어서 그것이 결여하고 있는 것을 농밀함(density) 속에서 구성해내야 한다. 그러므로 봉기를 혁명적 과정의 종착점이 아닌 출발점으로 보는 것은 제3인터내셔널의 극단주의적 이론들에 대한 주의주의적이거나 주지주의적인 참조가 아니다. 오히려 그것은 자본의 새로운 구성에 대한 정확하고 명쾌한 이론적 파악을 나타낸다. 그것은 생산양식에 대한 기업적 명령 형태에 조응하는 전복적 실천이다. 봉기는 재구성된 프롤레타리아적 개인에 게 억압적으로 부과되는 교환가치의 절망적 비합리성에 맞서 유물론 적이고 변증법적인 관점이 제기하는 합리성이다.

이 지점에서 우리는 새로운 문제와 대면해야 한다. 강령의 내용들 을 검토해본 지금, 우리는 그에 상응하는 조직형태라는 문제를 다루어 야만 한다. 이미 살펴보았듯이 강령은 그것이 계급의 정치적 구성에 기초하고 있을 때, 대중적 측면과 전위적 측면 모두를 갖는다. 우리가 통과하고 있는 혁명적 시기를 위한 강령의 특수성은 이러한 두 측면 의 매개 속에, 봉기의 계기들을 향해 적극적으로 돌려질 수 있는 대중 적 전유의 장려 속에 존재한다. 조직형태는 이러한 두 측면, 즉 강령 을 구성하는 요소들의 이 이중성을 껴안을 수 있는 것으로 입증되어 야 한다. 전위는 전유를 향한 대중적 경향을 해석하고 그것을 기업에 대항하여, 계급에 부과되는 공장-명령에 대항하여 흐르게 할 수 있어 야 한다. 이 두 계기들은 분리될 수도, 병합될 수도 없다. 그 두 가지 는 전위들이 이끄는 봉기적 행위를 통해 특정한 역할을 수행하고 스 스로를 재구성하면서 운동 전반에 존재해야만 한다. 이 두 계기를 분 리시키려는 일체의 시도는 재앙으로 귀결되고 말 것이다. 전위들만의 행위는 공허하다. 대중의 유기적 조직체들만의 행위는 맹목적이다. 그 러나 두 계기들을 통합된 대중적 전위로 병합하려는 시도도 위험하기 는 마찬가지이다. 현재 국면에 바로 앞선 시기, 다시 말해 노동계급투 쟁이 임금 층위를 겨냥했던 (그리고 거기서 승리했던) 시기에, 전위는 당시 자본주의적 통제의 차원들에 조응하는 방식으로 대중 운동과 혼 동되는 일을 피하기 어려웠다. 그러나 오늘날 전위와 대중 사이의 이러한 기능의 이중성은 확실히 필수적인 것이 되었다. 동시에 이 두 기능들의 분할이 — 연대기상의 '이전'과 '이후'라는 시간상의 분리라는 의미에서, 혹은 심지어 논리적 분리라는 의미에서 — 양자가 상호 무관해질 수 있다는 것을 의미하지는 않는다. 이러한 혁명적 기능들의 동시성은 자본 내부의 억압기능과 생산기능의 동시성과 맞짝을 이룬다. 그러므로 우리의 조직화는 새로운 대중조직들과 효과적인 관계를 확립하고 운동 전반을 봉기의 가능성들을 향해 집중시키고 그것을 향해 나아가도록 할 수 있는 전투적 전위를 필요로 한다.

주지하다시피 조직화의 실제 과정에서 — 특히 현재 우리가 통과하고 있는 이행 국면에서 — 모델을 경직되게 활용하는 것은 언제나처럼 기회주의적으로 되는 위험을 무릅쓰는 것이다. 내가 '언제나처럼'이라고 말한 것은, 어떠한 모델도 그 내용에 있어서 계급투쟁보다 풍부할 수는 없기 때문이다. 투쟁은 우리가 배움을 얻을 수 있을 유일한 학교이다. 특히 오늘날 주체적 주도권의 가속기(accelerator)는 전위의 중앙집중화 및 조직적 정식화로, 심지어 어떤 경우들에 있어서는 임금투쟁에 있어서는 근본적이었으나 이제 숨막히도록 답답한 것이 될 위험에 처해있는 자율성과 계급자생성이라는 미리 구성된 층위로부터 전위들을 해방시키는 것으로 밀어붙여질 필요가 있다.

이제 힘들고 긴급한 전투가 이러한 문제들에 대해, 그리고 그것들이 발생시킬지도 모르는 가능한 형태의 기회주의들에 대항하여 개시되어야 한다. 그러나 그와 동시에 나는 조직화 과정에서 우리가 조심해야 할 또 다른 위험은 주관주의, 그리고 프롤레타리아 정치적 구성의 내적 동역학과 통하는 모든 다리들을 불태워버리는 행위 형태들의 재출현이라는 점을 덧붙이고 싶다. 오히려 전위들이, 착취받는 대중들이 결집할 수 있는 봉기적 투쟁의 거점을 구축할 수 있는 것은 바로 이러한 사회적 공장의 정글 내에서이다. 이 가능성은 조직되어야 한다. 자본의 사회적 기업에 맞서 정확한 지점들에서 지성적 방식으로 투쟁을 조직하는 전위는 자신의 준거점과 지지를 대중 조직 내부에서 찾을 수 있어야 한다.

이러한 의미에서 오늘날 우리는 레닌주의적 혁명정당의 구조를 규정하는 다수의 요소들을 다시 획득하고 있다. 특히 우리는 다시 당과 대중 조직들, 전위와 대중 간의 절합 — 이것은 조직형태와 강령의 근본적 요소이다 — 을 향해 나아가고 있다. 우리는 또한 봉기적 주도권이라는 개념에 있어서 이러한 두 가지 요소의 동시성을 재발견하고 있다. 새로운 세대의 혁명적 간부들에게 1917년은 당시 역사적 국면 속에서 맑스주의적 방법이 갖고 있었던 진리[성]에 대한 강력한 증거를 제공해 준다. 그러나 오늘날 우리의 레닌주의는 매우 근본적인 의미에서 새로운 것이다. 그것이 오늘날의 계급구성에 기초하여 새로운 기획과 새로운 분석을 입증하려고 하는 한에서 말이다.

오늘날 우리에게 조직[화]의 절합은 발전의 모순들 내에서 제기되는 것이 아니라, 하나의 통합적 계급으로 구성된 프롤레타리아와 그것에 대한 가치법칙의 절망적 부과 사이의 적대 내부에서 제기된다. 조직[화]의 절합은 전유를 향한 대중적 압력과 기업 수준에서의 자본주의적 주도권의 지성에 맞선 전위행동이 번갈아가며 나타나는 가운데 일어난다. 노동을 위해서, 임금에 대해서가 아니라, 노동에 대항하여. 이것이 우리 시대의 혁명적 조직[화]를 위한 적극적 기초이다.

8. 혁명의 변증법 내부의 프롤레타리아트의 "부"와 "가난"

자본의 위대한 역사적 특질은 이 잉여노동, 즉 단순한 사용가치, 단순한 생존의 관점에서 보면 불필요한 노동을 창출한 것이다. 그리고 한편으로는 필요한 것을 초과하는 저 잉여노동 자체가 개인적 욕구들 자체로부터 생겨나는 일반적 욕구가 될 정도로 욕구들이 발전하자마자, 다른 한편으로는 여러 세대(Geschlechter)에 걸쳐 작용하는 자본의 엄격한 규율이 일반적 근면성을 새로운 유(類, Geschlecht)의 일반적 속성으로 발전시키자마자, 그리고 마지막으로 자본이 부에 대한 자신의 무제한적인 열광으로 끊임없이 채찍질을 가하는 노동생산력의 발전 및 이 열광이 실현될 수 있는 유일한 조건들의 발전이 일반적 부의 소유와 보존에 더 적은 사회적 노동시간이 소요되는, 그리고 노동하는 사회가 자신의 점진적인 재생산과정, 갈수록 풍부한 재생산과정에 대하여 과학적으로 관계하는, 그리하여 인류가 사물들이 할 수 있는 것을 직접 노동하지 않게 되는 단계에 다다르게 되자마자 자본은 그 역사적 운명(Bestimmung)을 다하게 된다. 그에 따라서 여기에서 자본과 노동은 화폐와 상품처럼 관계한다. 전자는 부의 일반적 형태이고, 후자는 직접적으로 소비될 운명에 있는 질료일 뿐이다. 부의 일반적 형태에 대한 자본의 부단한 추구는 노동을 자연적 필요의 경계 너머로까지 내몰고, 그리하여 소비에서와 마찬가지로 생산에 있어서도 전면적이며(all-sided) 따라서 — 역사적으로 창출된 필요가 자연적 필요를 대신했기 때문에 — 그의 노동이 더 이상 노동으로 나타나지 않고 직접적 형태의 자연적 필요성이 사라진 활동 그 자체의 충만한 발전으로 나타나는 풍부한 개별성[개인성]의 발전을 위한 물질적 요소들을 창출한다. 이것이 바로 **자본이 생산적인 이유**이다. 즉 **자본**은 사회적 생산력의 발전을 위한 필수불가결한 관계이다. 이러한 생산력의 발전이 자본 자체에서 제약을 발견할 때에만 자본은 그러한 것이기를 중지한다.[57]

『요강』의 이 부분은 경향에 관한 맑스의 논의의 매우 포괄적인 요약이다. 여기에서 우리는 지금까지 고찰해 온 모든 요소들 — 생산적 역할을 향한 화폐의 운동에서부터 자본주의적 발전에 의해 생산되는 적대에 대한 정의에 이르기까지, 새로운 역사적 프롤레타리아 주체의 출현에 대한 기술(記述)에서부터 혁명과 코뮤니즘의 필연성에 관한 결론에 이르기까지 — 을 발견할 수 있다. 그러나 좀 더 면밀한 검토를 필요로 하는 무언가가 아직 남아 있다. 그것은 질적 측면에서 이루어지는, 새로운 사회적 주체에 대한 맑스의 정의이다. '조직[화]' 논쟁에 있어서의 많은 중요한 개념들이 바로 프롤레타리아적 주체의 질(quality)에 기초하고 있기 때문에 이것은 중요하다.

새로운 프롤레타리아 주체의 질을 규정함에 있어서, 맑스는 두 가지 분석 경로를 따라간다. a) 욕구의 확장, 이것은 소비의 측면에서 주체를 재정의하고 그것에 새로운 특질을 부여한다. b) 노동생산성의 증가, 이것은 생산적 노동에 대한 새로운 개념규정을 낳는다.

a) 분석의 첫 번째 경로(욕구)와 관련하여 맑스는 역사적 욕구의 확장과, 소비의 자연적 한계들이 실질적인 사회적 부의 발전에 의해 극복되어지는 방식에 관한 매우 포괄적인 그림을 그린다.[58] 물질적 관점에서 보면, 자본의 부 생산은 "지배적인 전제조건들의 부단한 전복"에 의하여 "생산력의 보편적 발전"을 야기한다.[59] "자본은 역사적 진보를 부에 복무시켰다."[60] "그 결과는 다음과 같다. 생산력 — 부 그 자체 —

---

57. *Grundrisse*, 앞의 책, p. 325 [『요강』 I, 앞의 책, 333~4쪽].
58. *Grundrisse*, 앞의 책, pp. 526~528.
59. *Grundrisse*, 앞의 책, p. 541 [『요강』 II, 앞의 책, 177쪽].

이 하나의 토대로서 경향적이고 잠재적으로, 일반적으로 발전하고 (…) 개인의 보편적 발전 가능성인 이 토대로부터 개인들이 실질적으로 발전한다 … "61

따라서 부의 새로운 정의는 단순히 결과가 아니라 새로운 결과들의 발전을 위한 기초가 된다. 그 과정의 모순적 본성은 자신이 극복되어질 가능성을 필연적으로 수반하는 새로운 단계에 도달한다. 그러나 그렇게 되기 위해서는, "생산력의 충만한 발전이 생산조건으로 되어야 하며, 특정한 생산조건들이 생산력 발전의 한계로 정립되어 있어서는 안된다."62

b) 인간 노동생산성의 증대에 관한 논의들은 새로운 역사적 주체와 그것의 근본적인 중요성 그리고 그것이 (생산의 능동적 힘으로서) 생산된 부의 총체성과 관련하여 전유에로의 경향을 구체화하는 방식을 한층 더 선명하게 보여준다. "생각되거나 상상된 개인의 보편성이 아니라, 그의 현실적이고 관념적인 관계들의 보편성. 그에 따라 자신의 역사를 하나의 과정으로 파악하고, (자연에 대한 실천적 힘으로 현존하는) 자연을 자신의 현실적 육체로 인식하기. 발전과정 자체가 그 과정의 전제로 정립되고 인식되기."63 부, 즉 생산력의 발전이 발전의 가장 거대한 잠재력 — 이것은 현재로서는 혁명적 역전(inversion)으로 나타난다 — 이 되는 것은 바로 이 새로운 토대 위에서이다. 그리고 이

---

60. *Grundrisse*, 앞의 책, p. 590 [『요강』 II, 앞의 책, 238~9쪽].
61. *Grundrisse*, 앞의 책, p. 542 [『요강』 II, 앞의 책, 178쪽].
62. *Grundrisse*, 앞의 책, p. 542 [『요강』 II, 앞의 책, 178쪽].
63. *Grundrisse*, 앞의 책, p. 542 [『요강』 II, 앞의 책, 178쪽].

토대는 "부의 살아 있는 원천인"[64] 자유로운 활동으로서의 노동으로부터 자본주의적 노동강제를 분리할 것을 요구하며 자본주의적 노동조직화, 그리고 그것에 완전히 묶여 있는 한에서는 노동 그 자체의 폐지마저 요구할 정도로 강력하게 출현한다. 다음은 이 모든 것을 설명하고 있는 최종적이고 놀라운 부분이다.

실제적인 경제, 즉 절약은 노동시간의 절약 ─ 생산비용의 최저한도 (그리고 최소화) ─ 으로 이루어진다. 그러나 이 절약은 생산력의 발전과 동일하다. 요컨대 그것은 결코 소비의 절제가 아니라 오히려 생산적 힘과 역량들의 발전이며, 따라서 소비수단 뿐만 아니라 소비능력의 발전이기도 하다. 소비능력은 소비의 조건이며 따라서 그 주요한 수단이다. 그리고 이 능력은 개인의 잠재력, 생산력의 발전이다. 노동시간의 절약은 자유시간의 증대, 즉 개인의 완전한 발전을 위한 시간의 증대와 같은데, 이 발전은 그 자체가 다시 가장 큰 생산력으로서 노동의 생산력에 반작용한다. 직접적인 생산과정의 견지에서 볼 때, 그것은 고정자본의 생산으로 간주될 수 있는데, 이 고정자본은 인간 자신이다. 덧붙여 말하자면 직접적인 노동시간 자체가 ─ 부르주아 경제학의 관점에서 나타나는 바와 같이 ─ 자유시간과의 추상적인 대립 속에 남아 있을 수 없다는 것은 자명하다. 노동은 푸리에가 원하는 것처럼 유희가 될 수는 없다. 분배의 지양이 아니라 생산양식 자체를 고도의 형태로 지양하는 것을 궁극적인 목표로 천명한 것은 그의 위대한 공헌이긴 하지만 말이다. 여가시간이자 보다 고차원적인 활동을 위한 시간인 자유시간은 자연스럽게 그것의 소유자를 [그전과는] 다른 주체로 변화시키고, 그리하여 그는 이러한 다른 주체로서 직접적 생

---

64. *Grundrisse*, 앞의 책, p. 296, 613도 참조하라.

산과정에 들어간다. 그래서 이 과정은 생성과정에 있는 인간과 관련해서는 훈련(discipline)인 동시에, 두뇌 속에 사회의 축적된 지식을 담고 있는 완성된 인간과 관련해서는 실천, 실험과학, 물질적으로 창조적이고 대상화하는 과학이다.

우리에게 부르주아 경제체제가 서서히 발전한 것이듯이, 그 궁극적 결과인 그것의 부정도 마찬가지이다. 우리는 지금 여전히 직접적인 생산과정을 논하고 있다. 부르주아 사회를 장기적 관점에서 그리고 전체로서 고찰하면, 사회적 생산과정의 최종결과는 언제나 사회 그 자체, 즉 사회적 관계들 속에 있는 인간 자신으로 나타난다. 생산물 등과 같이 고정된 형태를 갖는 모든 것은 이 운동에서 단지 하나의 계기로, 소멸하는 계기로만 나타난다.

여기에서 직접적 생산과정 자체는 계기로서만 나타난다. 과정의 조건들과 대상화들도 마찬가지로 계기이며, 유일한 주체는 개인들, 그러나 자신들이 새로이 재생산하고 생산하는 상호 관계 속에 있는 개인들이다. 그들 자신의 지속적인 운동 과정 속에서 개인들은 그들이 창조하는 부의 세계를 새롭게 하는 것과 마찬가지로 스스로를 새롭게 한다.[65]

여기에서 우리는 새로운 사회적 주체의 특징들에 대한 정의를 갖게된다. 이제 우리는 이 정의가 혁명적 조직화에 대한 우리의 전망 속에서 어떤 형태로 그리고 어느 정도로 역할을 수행하는지 — 수행해야만 하는지 — 를 자문해 보아야 한다. 우리는 이 질문에 대답할 수 있어야

---

65. *Grundrisse*, 앞의 책, pp. 711~712 [『요강』 II, 앞의 책, 388~389쪽].

만 하는데, 특히 새로운 역사적 주체가 하나의 사회적 힘으로서 출현하는 것이 대중적으로 경험됨으로써 이미 몇몇 대안적인 조직적 해석들이 출현했기 때문에 더욱 그러하다. 요컨대 일부 입장들에서 이 역사적 주체의 새로운 특질에 대한 확인은 '예시적(豫示的, prefigurative) 생활양식'과 개별적 해방의 경험들이라는 형태를 발생시켰다. 그럴듯한 포퓰리즘과 하위문화주의(subculturalism)의 언설을 동반한, '코뮤니즘을 살아내기(living out communism)' 노선을 따르는 대중선전이 일어난 것이다. 그러한 태도들은 경향에 관한 맑스의 가설들에서 너무나 멀리 벗어나 있다. 그러한 입장들 속에서, 출현하고 있는 프롤레타리아적 주체의 적대적 특수성은 사라진다. 그들은 이 생산적 힘이라는 부의 출현을 (맑스주의적 용어법을 빌면) 프롤레타리아트의 끔찍하고 현재적인 '가난'에서 발생하는 강력하고 적대적인 잠재력이 아닌, 이미 존재하며 유기적으로 실현된 것으로 보는 관념적인 관점을 취한다.

사실상 그러한 입장들은 개별적인 해방투쟁 — 쉽고 기쁘며, 선택의 문제일 뿐인 혁명적 투쟁 — 의 가능성을 함축하기 마련인데, 이것은 기획의 현실적인 변증법적 차원들에 대한 그들의 무지를 보여줄 뿐이다. 이것이 내가 앞서 주장했던 요점이다. 만약 이 새로운 혁명적 주체의 성장에 대한 인식이 현실적 운동에 지속적으로 작용하는 가치법칙 — 추상적이며, 동기부여(motivation)가 결여된 법칙 — 의 끔찍함에 대한 인식을 동반하지 않는다면, 혁명적 조직화에 대한 어떠한 개념도 존재할 수 없다. 이것이 바로 위와 같은 '즐거운 예시들'이 필연적으로 기회주의를 동반할 수밖에 없는 까닭이다. 새로운 역사적 주체의 자기-발전에 충분할 정도로 대중 운동의 유기적 성장이 지속될 것이라는 오만한 확신은 필연적으로 개량주의로 귀결된다. 맑스주의 사상의 역사에서 너무도 자주 그랬던 것처럼, 다시 한번 우리는 국가에 대한 사회의, 정치학적인 것에 대한 사회학적인 것의, 현실적인 것에 대한 관념적인 것의 우위가 주어지고 있음을 본다. 일반적인 측면에서 그러한 태도들은 옳지 못한 것이다. 그리고 만약 포퓰리즘이 보통 (항상 그래왔던 것처럼) 개량주의의 전조(前兆)라면, 오늘날과 같은 자본의 정치적 지배의 특수성 속에서 그것들은 갑절로 위험해진다. 그것들의 행동은 새로운 조직의 강령과 형태 모두를 신비화시킨다.

　이것의 정반대가 옳은 것이다. 이 새로운 역사적 주체의 출현과 그것의 대중적 층위에서의 경험의 그 모든 풍부함을 이해하는 유일한 길은 일체의 예시적 시도들과 현실도피라는 의미에서의 개별적 '해방'을 넘어 그것을 조직화의 현실적 변증법 내부에 위치시키는 것이다. 분명 이 대중적 경험은 조직적 실천과 논쟁에 막대한 기여를 해왔다. 노동계급구성에 있어서의 이 새로운 요소가 혁명적 관점에서 볼 때 생산적이라는 의미에서 말이다 — 그것은 끊임없이 억제당하면서도 반복적으로 새로이 폭발할 수 있는 잠재력을 가지고 있다. 이 새로운 계급주체의 특성을 정의함에 있어서, 맑스는 계속해서 그것의 **잠재성**(potentiality)을 강조한다. 노동계급은 하나의 잠재력으로, 봉기의 끊임없는 가능성으로, 권력에 대한 멈추지 않는 반복적 공격의 능력으로 이해된다. 노동계급은 이러한 '혁명적 생산성'을 갖고 있지만, 아직까지는 현실적 권력에 대한 전망을 갖고 있지 못하기 때문에 그 혁명적 잠재력을 유보하는 것이다. 수세기에 걸친 자본주의적 착취 후에야, 노동계급은 렌즈콩(lentil) 한 사발에 혹은 자본의 지배 하에서 자유롭

다고 느껴야만 한다는 경망스러운 생각에 스스로를 팔지 않을 준비를
갖추게 된다. 계급이 추구하는 기쁨은 권력의 실제적 향유이지 환각적
희열이 아니다. 따라서 계급은 스스로가, 노동(work)이 자본에 복무
하지 않고도 — 자본의 권력이 아닌 계급권력, 비자본으로서(혁명적
노동으로서) 저 현실적 권력을 자신의 출발점으로 삼으면서 — 생산적
일 수 있는 유일한 의미에서 무한히 생산적이라는 것, 자본에 대한 공
격의 힘이라는 것 그리고 조직과 투쟁형태들의 영원히 계속되는 발명
이라는 것을 알고 있다. 바로 이러한 의미에서, 오직 이러한 의미에서
만 프롤레타리아적인 역사적 주체의 새로운 특질들의 출현이 조직화
의 관점에서 풍요로운 것이 될 수 있다. '예시되는' 것은 조직과 대중
들 사이의 활력적인 관계이다. 그것은 봉기의 관점에서 갈등을 진전시
킬 수 있는 항상 열려있는 가능성 — 조직[화에 의해 끊임없이 촉진되
는 가능성 — 이다. 조직은 바로 이러한 전망 속에서 대중운동들과의
관계에서 발생하는 정보, 압력 그리고 선택의 흐름을 정의해야 한다.
오늘날 계급의 유일한 현실적 '기쁨'은 계급조직과의 관계 속에 그리
고 자본주의적 권력의 증오스러운 기구와의 대결 속에만 존재한다. 따
라서 지금부터 조직[화는 주어진, 발전된 계급상황에 기초하여 자본
파괴와 노동파괴의 역사적 시기, 즉 코뮤니즘 창조의 시기를 살아나가
는 것으로 정의되어야 한다.

마지막으로 메모 하나. 이 지점에서 맑스의 생산적 노동 개념으로
되돌아가는 것이 적절할 것이다. 자본주의적 발전과정과 경향의 성숙
속에서 그것이 여타의 많은 개념들과 같은 변형을 어떻게 겪어나가야
하는지를 알아보기 위해서, 또 이 개념 역시 이제 완전히 정치적으로

정의되어야 하는 것인지 — 아마도 그럴 것 같은데 — 를 알아보기 위해서 말이다. 다시 말해 생산적 노동은 더 이상 노동과정에서의 그 즉각적이고 직접적인 규정에 의해 정의될 수 없으며, 오히려 순환 전체에 대한 자본주의적 중층결정과 그러한 층위에서 이루어지는 적대의 발전 내부에서만 정의될 수 있다.

9. 우리의 즉각적인 과제

이 단계에서 노동자들과 자본 간의 관계에서 제도적 층위들 — 노동조합, 민족국가 등 — 이 어떻게 기능하는지를 검토하는 것은 극도로 광범위한 문제들을 열어젖히는 것을 의미할 것이다. 나는 이러한 제도적 층위들이 맡게 된 새로운 역할과 그것들 내부에서 발생하는 구조적 변화들을 잠깐 살펴보는 것 — 그러나 이러한 작업은 필수적인 것이다 — 으로 논의를 제한하고자 한다.

한 가지 명백하고 근본적인 변화가 강조되어야 한다. 그것은 바로 기업 및 그것의 명령 형태와의 관계에 있어서 제도들의 모든 자율성이 결정적으로 붕괴되었다는 것이다. 우리는 가장 쉽게 머리 속에 떠오르는 두 사례들 — 노동조합과 민족국가 — 에 집중하면서, 어떻게 그리고 왜 이러한 사태가 발생하게 되었는지를 고찰해야 한다. 이 두 제도들은 모두 계획자국가형태의 위기로부터 상당한 영향을 받았다. 두 경우 모두에 있어서, 투쟁과 발전 간의 (질서 있고 균형잡힌) 관계를 유지할 수 있는 가능성의 붕괴는 그것들이 이전에 개별 기업들과

의 관계에서 가지고 있었던 일체의 상대적 자율성의 외관조차도 끝장
내버렸다. 변화 이전에 이러한 제도들은 신비화된 그러나 그럼에도 불
구하고 효과적인 방식으로, 요소들 간의 매개수단으로 기능했었다. 이
제 이것은 무너졌다. 노동조합의 경우에, 우선 노동력 판매에 있어서
그것이 담당했던 매개기능이 사라지고, 뒤따라 부의 전반적 분배를 관
리함에 있어서 계획의 제도적 중개자로서의 기능도 사라졌다. 민족국
가의 경우, 민족적 경계 내부에서 요소들의 안정성에 기초하여 발전을
보증할 수 있는 부분적이거나 상대적인 가능성마저도 붕괴되었다.

　기업적 명령형태의 중층결정은 국가와 노동조합에 의한 매개에 있
어서의 안정성, 지속성 혹은 일관성의 기초 일체를 파괴한다. 기업적
명령형태는 기업에 의한 중층결정을 제외한, 요소들의 측정을 위한 일
체의 유효한 기초를 제거함으로써 그것을 파괴한다. 이러한 제도들의
실존 자체가 정치적 위기에 의해 위협받게 된다. 그것들의 역할은 너
무나 다양하고 모순적인 결과들을 낳을 수 있는 불안정성에 의해 상처
받는다. 이것이 자본이 운동 전체에 대한 행동의 자유 — 이러한 지평에
서 자본주의적 실존요소들의 안전성과 관련하여 불확실성(uncertainty)
의 원리가 되는 — 를 획득하기 위해 치러야 하는 대가이다.

　우리는 이러한 방향으로 논의를 한층 더 밀고 나갈 수 있다. 국가제
도들의 기능을 위협하는 이 불안정성은 노동계급의 투쟁이 자본에 강
제한 관계의 극단을 부각시킨다. 처음에 노동계급은 전적으로 자본 내
부에 있었지만, 오늘날 자본은 전적으로 노동계급 내부에 존재한다.
그리고 바로 이러한 사실로부터 자본의 제도들의 불안정한 실존과 그
것들의 매개기능의 붕괴가 유래한다. 지금까지는 심각한 위기상황에

서만 분명한 것이었던 자본의 전술과 전략 간의 분리는 점차 자본 실존의 정상적인 조건이 되어 간다. 자본의 실존은 전술들, 즉 기업 지배의 논리에 의존하게 된다. 그리고 이러한 변화와 더불어 '사회주의'와 그것의 전략적 기획이 위기를 맞게 된다. 계획자국가로부터 (위기와 재구조화의 동시성이 주어진다면 기업국가의 형태를 취하기도 하는) 위기국가로의 이러한 이행은 이제 현실이다. 이제 계급적 조직화는 이러한 상황 내에서 운동해야만 한다.

이 지점에서 우리가 일부 구제불능의 낙관주의적 계급관점에 의해 제출된 테제들로부터 멀찍이 떨어져있어야 한다는 점은 분명하다. 그들은, 만약 자본과 노동계급 간의 관계가 역전된 것이 사실이라면 장기적 관점에서 노동계급이 자본을 활용하는 새로운 형식들을 발명해낼 것을 기대할 수 있다고 주장한다. 이것은 자본의 노동계급투쟁에의 예속이 그러한 현실을 중층결정하려는 한층 더 강력한 의지라는 형태를 취하지 않는다는 듯이, 또한 계급의 독립성이 점점 분명해짐에 따라 자본의 폭력이 한층 더 자유롭고 잔혹하게 표현되지 않는다는 듯이 주장하는 것이나 마찬가지이다. 우리가 국가-위기와 자본-위기를 언급할 때, 강조점은 정확히 위기에, 지배자들의 약함에, 전략과 전술 사이의 결정적 균열에 놓여져 있다. 그러나 우리는 자본과 국가가 여전히 자신들의 본성을 그대로 유지하고 있으며, 그것들의 기능이 억압과 파괴를 통해 명백히 돌이킬 수 없는 세력균형을 역전시키는 것이라는 점 역시 기억해야 한다. 코르닐로프[66]는 언제나 혁명의 반대편에

---

66. [옮긴이] Lavr Georgievich Kornilov(1870~1918년) : 1917년 8월의 "코르닐로프 반란"

서 나타날 수 있다. 그리고 그의 패배는 필연적인 것이 아니다.

이러한 상황에서 우리의 조직적 과제의 긴급성에 대한 강조가 조바심이나 주관적 주의주의로 나타나서는 안 된다. 그것은 다음의 세 가지 이유에서 그렇다. 즉 한편으로는 균형을 회복해야 하는 자본주의의 필요가 보다 긴급해지고 있기 때문이고, 다른 한편으로는 경향 그 자체가, (봉쇄가능한 것임에도 불구하고) 의도적으로 폭력적일 그리고 해결불가능한 대립의 출현을 자신의 구조 내부에서 드러내기 때문이며, 그리고 마지막으로 특히 현재 계급투쟁의 활동들이, 살아남기 위한 자본의 필사적인 결정에 맞설 수 있는 전복의 도구를 갖고자 하는 열망을 노동계급 안에서 드러내고 있기 때문이다.

이제 자율성이 성장했던 나날들 동안 자라난 새로운 노동계급과 프롤레타리아의 투쟁들을 살펴보도록 하자. 우리는 패배로부터 자라나는 것은 단념이 아니라 지배자들과 그들을 대변하는 기구 전체에 대한 증대하는, 영속적인 증오임을 보게 될 것이다. 그러나 이 증오, 전유에로의 이 적극적 경향, 점점 더 '불합리한 공장' — 즉 사회의 자본주의적 조직화 — 에 집중되고 그것에 대항하는 행동들의 이 상보적이고 끊임없는 재주장 — 이 모든 것들은 권력의 자본주의적 조직화에 전복의 노동계급적 절합으로 맞서기 위해 조직[화를 필요로 한다(사실 계급구성 그 자체 내에서 조직[화를 하나의 필연성으로 정립한다).

<hr>

사건의 지도자. 제정 정부의 장군으로 제1차 대전 때 사단 사령관과 1917년 3~4월 페트로그라드 군 관구 사령관을 지냈으며 그 뒤 총사령관에 취임했다, 임시정부가 볼셰비키의 쿠데타 위험에 충분히 대항할 수 없다고 판단하고 반혁명 군사독재를 수립하려고 전선에서 페트로그라드로 왔지만 병사들에 의해 저지되었다. 일단 체포되었다가 도망했으며 내전 중에 백위군을 지휘하다가 전사했다.

전위와 대중 사이의 관계는 다양하고 폭력적인 형태들로 반복되는 대중들 자신의 행위를 통해 이미 우리에게 표현되었다. 대중적 계급투쟁 운동은 우리에게 조직[화의 긴급성뿐만 아니라 모델, 즉 권력에 대한 도전의 효과적인 지점들로 운동을 흐르게 하는 전위의 가능성 역시 보여준다.

이러한 과정의 내부에서, 봉기는 우리 시대의 과제이다. 나는 '혁명'이 아니라 '봉기'라고 말한다. 오늘날 중요한 것은 통합된 프롤레타리아 전선을 깨뜨리기 위해 자본이 작동시킨 주도권과 싸우기 위해 우리가 끊임없이 작업한다는 사실이다. 이 봉기의 지평에 패배의 이데올로기 혹은 전위들의 해방자적 희생을 위한 자리는 없다. 대신, 자본의 실제 구조에 대한 이해 그리고 노동계급의 실제 욕구에 대한 이해가 존재할 뿐이다. 혁명이란 지배자들의 국가에 대해 폭력적이며, 그것에 맞서 폭력적으로 조직된 일련의 영속적인 대응들이 발전하는 하나의 과정이다. 조직[화는 기업명령과 자본주의적 지배 간의 관계가 유지될 수 없도록 만들기 위해, 정치적 주도권을 행사할 수 있는 자본의 능력을 해체시키기 위해, 그리고 이제 비합리적일 뿐만 아니라 빠른 속도로 우스꽝스러워지고 있는 자본주의적 권력을 완전히 포위하기 위해 기업명령에 기초한 자본주의적 지배의 불안정성에 작용할 수 있어야 한다. 이것이 내가 '혁명' 대신 '봉기'를 이야기하는 이유이다. 혁명이란 권력기구 전체를 파괴할 수 있을 만한 힘을 이미 발전시켜 온 과정을 재구성하는 것이기 때문이다. 나는 또한 후진적이고 대중적인 운동 국면에서 발전한 그 모든 이데올로기들, 특히 '공장 게릴라전' 이론가들―그들은 매뉴팩처가 대규모 산업과 관계 맺는 방식으로 현재의 과제들에 관계한다 — 에 반대하기 위해 봉기라는 말을 쓴다.

그렇다면 우리의 즉각적인 과제는 무엇인가? 그것은 조직으로 하여금 이러한 목적들을 달성할 수 있도록 할 모든 메커니즘을 작동시키는 것이다. 우리가 기초하고 있는 분석은 그 방법에 있어서 고전적인 것이다 — 맑스, 레닌, 모택동의 작업들. 우리의 조직에는 시대에 뒤떨어진 주의주의의 형태들을 위한 자리가 존재하지 않는다. 우리는 대중운동 내부에서 그것의 구성과 그것이 원하는 것에 대한 과학적인 (따라서 실천적인) 이해를 발전시키고 있다. 우리는 국가와 그것의 폭력 그리고 교환가치, 착취, 위기로서의 자신의 본질을 그 한계까지 추구하는 권력의 비합리성과 맞서고 있다. 우리의 주도권은 혁명적 과정이 운동하는 복합적인 방식에 대한 그리고 혁명의 내용과 성격을 떠받치고 규정하는, 계급 내부에서 일어나는 변화에 대한 확고한 이해에 기초하고 있다. 다시 한번, '영국의 레닌'[67]은 우리에게 실제적인 동시에 현재적이다. [1971]

---

67. [영역자] *Classe Operaia* (1964)에 실린 마리오 뜨론띠(Mario Tronti)의 논문 참조.

　서문에서 말했듯이, 유용한 자료들에 관한 몇 가지 사항을 이 책의 신판(新版)에 덧붙이고, 이미 상당한 고찰이 진행된 몇몇 주제들을 제출하는 것은 적절한 일일 것이다. 여기에 적는 사항들은 서지적 자료로서 뿐만 아니라 진행된 주제들의 정교화와 관련해서도 기초적이고 소소한 것들이다. 그것들은 본질적으로는 이러한 주제들에 관한 개인적인 독서의 결과이지만, 이 책에서 제기된 테제들에 관한 논의를 시작하는 데에도 유용하게 쓰일 수 있을 것이라 생각한다. 이러한 내용들은 두 개의 주요 표제 아래 서술되어 있다.

　a) 네오맑스주의 비판
　b) 조직[화에 관한 우리 논의의 이론적 발전

A) 네오맑스주의 비판

　부분적으로, 계획자국가의 위기에 관한 우리의 논의는 이 위기와 관련된 역사적이고 정치적 현상에 대한 관찰들로부터 시작한다.[68] 우리의 논의는 또한 자본주의적 발전의 역사적 위기를 자본의 부르주아적 과학의 이론적 위기와 연결시키는 관계에 대한 이해로부터 나온다.

---

68. *Operai e Stato*, Sergio Bologna, Luciano Ferrari Bravo, Mauro Gobbini, Antonio Negri, George Rawick(편), Feltrinelli, Milano, 1972 [영역자: 이 책에 실려 있는 네그리의 논문 두 편이 본서에 포함되어 있다]; 또한 Luciano Ferrari Bravo · Sandro Serafini, *Stato e Sottosviluppo*, Feltrinelli, Milano, 1972; "Stato e Politica", *Enciclopedia Feltrinelli-Fischer*, A. Negri(편), Milano, 1972를 참조하라.)

이러한 연관관계를 규정하기 위해서는 근대적인 수정주의적 사고의 저 역동적 발전소 — 케임브리지 학파 — 에서 지금 벌어지고 있는 과학적 논의에 대한 예비적 검토가 이루어져야 한다.

케임브리지 학파의 연구는 케인즈주의적 전제들에 대한 내재적 비판과 경제발전을 자신의 출발점으로 삼는다. 그것은 고전경제학적 사유의 부흥과 맑스 저작에 대한 리카도적 재독해를 기초로 삼는다. 그것의 본질적인 목적은 맑스 이론의 두 가지 근본적인 초석 — 자본 개념과 임금 개념 — 을 파괴하는 것이었다. 그 과정에서 그들은 또한 자본의 유기적 구성 개념을 공격하고 가치의 가격으로의 전형 문제를 폐기시킨다.[69]

이 모든 경우에 있어서 접근 방법은 동일한 것이었다. 그것은 일체의 가치관계가 결여된 방식으로 계급관계를 이해하며, 착취와 자본의 생산을 연결하는 내적 연계를 이론적 술어로 해체시켜버린다.[70] 자본 개념에 고유한 (기술적인 동시에 정치적인) 권력관계에 대한 물질적 정의와 관련하여, 이러한 관점에서 파생되는 비결정성은 '착취' 관계를 분배의 영역에서 발생하는 것으로 규정하는 데에서 자신의 대체적 해

69. Pietro Sraffa, *Production of Commodities by Means of Commodities*, CUP, Cambridge, 1960; G. C. Harcourt, *Some Cambridge Controversies in the Theory of Capital*, 1969(이탈리아어 번역본, *Teoria dello Sviluppo Economico*, Etas Kompass, Milano, 1971, pp. 329~370(훌륭한 서지)); M. Arcelli, "La Controversia sul Capitale e la Teoria Neo-classica", *L'Industria*, 3, 1970, pp. 299~314를 참조하라.

70. 이것에 대한 '단순화된 취급'에 대해서는, C. Napoleoni, *Smith, Ricardo, Marx*, Blackwell, Oxford, 1975; C. Napoleoni, *Lezioni sul Capitolo VI Inedito di Marx*, Boringhieri, Torino, 1972; 그리고 A. Ginzburg, "Dal Capitalismo Borghese al Capitalismo Proletario", *Quaderni Piacentini*, Year X, No. 44~45, 1971년 10월, pp. 2~46에 포함되어 있는 설득력 있는 비평을 참조하라.

법을 발견한다. 노동계급의 공격적 힘에 의해 가치라는 역사적 장벽이 무너지는 경향을 옳게 관찰했음에도 불구하고, 그들은 그것을 신비화시킨다. 이러한 상황으로부터 유래하는 이론적·전략적 문제들, 그 정도에 대한 일체의 '합리적' 척도의 부재 속에 존재하는 착취라는 드라마틱한 역설 그리고 비합리적 권력 그 자체인 자본주의적 물신주의의 폭발은 간단히 부정된다. 그러한 것들 대신에, 우리는 자본의 생산관계를 파괴해야 하는 프롤레타리아적 긴급성 외부에서 그리고 그 너머에서 순전히 분배의 관점에서 '사회주의적' 균형을 회복하고자 하는 정치적 대안을 만난다. 노동계급투쟁의 발전을 통해 야기된 종국적 조건, 즉 노동의 자본에의 실질적 포섭의 극단적인 지점에서 '자본 내부에서의 노동의 형식적 억압'이라고 부를 법한 것이 실질적 억압으로 통하게 된다. 오히려 진실은 가치법칙의 소멸로 인해 생산의 세계에서 자본주의적 착취가 더욱 강화되었다는 점이다. 그것은 한층 더 비합리적이고 무자비해졌다. 그러나 이것은 평온한 '로리아니즘'(Lorianism)[71]에 갇힌 우리의 명석한 케임브리지 이론가들이 볼 수 없고 또 보려고 하지도 않는 사실이다. 그들에게 자본주의적 착취의 폐지는 무의미한 문제이다. 착취법칙으로서의 가치법칙은, 그들 생각에는, 그 지배를 계속하지 못하고 사라지고 있기 때문이다. 가치법칙은 존재하지 않는다. 그 결과, 자본주의적 착취는 기껏해야 사회의 여러 부분들 간의 소득 불균형으로 이해된다. 따라서 사회주의는 단순히 소득의 재분배,

---

71. [옮긴이] 그람시가 이탈리아의 경제학자이자 사회학자인 아낄레 로리아(achille loria)의 이름을 본따 만든 용어로, '지적 진지함과 지적 생산의 사회적 의미에 대한 책임감의 결여'를 가리키는 말이다.

발전에 있어서의 공정한 몫이라는 문제가 되어버린다. 이러한 관점에서 이루어지는 맑스주의의 수정은 — 정치경제학의 아카데믹한 종합자들(synthesisers)이 강조해온 대로 — 실제로는 단지 마샬이 주창한 낡은 균형주의(equilibrism)를 단지 연장시키는 것일 뿐이다(중요한 방법론적·사회학적 변형들에도 불구하고 말이다). 마샬은 그 메커니즘을 단순히 자동적인 것으로 이해했던 데 반해, 오늘날 그 개념은 균형이 민주적 질서를 통해 의지(意志)되고 야기될 수 있다는 생각을 가리킨다. 모든 프루동주의자들이 갖고 있는 관례적인 선의지와 양식(良識)! 그것의 이면에서 우리는 자본의 정치적 '의지'가 실제로 기초하고 있는 동기들에 대한 신비화, 그리고 경제발전에 아직 잔존하는 진보적인 가장자리로부터 스스로를 점차 해방시키는 명령형태를 향한 연합을 발견할 수 있다. 경제발전의 위기, 그리고 노동계급투쟁으로 인한 가치장벽의 붕괴는 점점 더 경제이론을 공허한 변호론 속에서 부유(浮游)하도록 만든다.

분명, 이러한 영역에서 이루어진 연구를 좀 더 살펴보는 것은 매우 유익할 것이다. 한편으로, 우리는 한계주의(marginalism)에서 케임브리지 네오맑스주의에 이르는 경제학적 사유의 궤적을 전체적으로 재구축해야 한다. 다른 한편으로, 우리는 대부분의 '사회주의' 이론 — 19세기 후반 독일의 강단 수정주의자들에서 랑게(Lange)와 돕(Dobb) 같은 사람에 이르기까지 — 이 어떻게 이 전통 내부로 재흡수될 수 있는지를 밝혀야 한다. 다시 말해 우리는 정치경제학 비판 내에서 철저한 '사회주의 비판'을 수행해야 한다. 마지막으로 우리는 경제학 이론에 있어서의 다양한 발전들을 노동계급에 맞선 부르주아적 투쟁기능들로, 그리고 혁명적 계급의 파괴에 기초한 안정성을 위한 기획들로 이해해야 한다.

B) 조직[화] 논의의 심화된 발전

좀 더 흥미롭고 유익한 과제는 조직[화] 이론에 관한 우리 논의를 한층 더 밀고 나가는 것일 것이다. 내 생각에, 본 논문에서 제기된 일부 논점들은 계속해서 한층 더 발전되어야 한다.

1) 나는 조직[화] 이론이 노동계급의 정치적 구성에 대한 분석을 통해서 (가장 정확하고 직접적인 술어로) 정치경제학 비판에 다시 회부되어야 한다고 생각한다. 다시 한번 우리는 노동계급 내부에서 어떤 변화들이 일어났는지를 자문해 보아야 한다. 우리는 가치라는 역사적 장벽의 경향적 붕괴가 노동계급의 정치적 구성 내부에 야기한 효과들을 이해해야 한다. 1960년대의 투쟁을 통해서 발전한 계급들 — 특히 노동계급 — 에 대한 분석은 혁명적 맑스주의자들로부터 새롭게 정밀조사를 받아야 한다. 노동계급의 새로운 본질 그리고 자본의 문명화 내부에서 프롤레타리아가 되었다는 사실에 의해 야기되어진 욕구들의 새로운 구조를 파악하기 위해 이 노동계급을 연구하고 분석할 필요가 있다. 새로운 욕구 구조는 임금의 변증법 내에서 결정된 존재론적 층위이다. 오늘날 — 그것의 형식적 · 실질적 차원들에서, 시간적 · 공간적 차원들에서, 그리고 계급의식과 소비의 차원들에서 — 이 결정적 층위를 파악하는 일은 근본적으로 중요하다. 임금의 결정적 양들의 고정화는 프롤레타리아트 삶의 질을 변화시켰으며 그리하여 대중적 욕구와 행위형식 또한 변화시켰다. 투쟁경험의 축적은 전복에 대한 노동

계급의 관심을 재규정하였다.

일단 우리가 이 연구를 수행하기 시작하면, 1960년대 투쟁들의 와중에 계급구성이 얼마나 많이 달라졌으며, 노동계급의 자생성과 자본주의적 명령의 도발 사이의 긴장이 어떻게 완전히 새로운 방식으로 전개되고 있는지가 명확해질 것이다. 노동계급의 구조에 대한 이러한 존재론적이고 변증법적인 분석 없이는, 현재 필요한 조직[화의 수준을 생산해 낼 수 없을 것이다. 프롤레타리아적 조직[화 이론은 언제나 노동계급적 욕구의 현상학적 구조에 대한 지속적인 재분석 내부로부터 출발해야 한다. 당이 승리했을 때, 거기에는 당대의 프롤레타리아적 이해(interest)의 실질적인 내적 구조화를 포착해내는 전위들의 굉장한 능력이 있었다. 다른 한편 1920년대처럼 당이 노동계급의 의식을 정태적이고 이데올로기적으로 — 그것이 얼마나 성공적이고, 얼마나 혁명적이었건 간에 — 이해한 반면, 비슷한 이해 수준에서 출발한 자본이 자신의 명령을 부과하기 위해 새롭고 좀 더 효과적인 과학기술적·소비주의적·정치적 수단을 창안해 내었을 때, 전체 운동은 극도로 쓰라린 패배를 경험했다.

이러한 영역을 다루고 있는 문헌은 정말 매우 드물다. 다소 이상한 이유로, 노동계급구성에 있어서의 변화에 대한 관심은 전적으로 개량주의의 영역이 된 것처럼 보인다. 1890년대 레닌의 논쟁적·과학적 활동의 교훈들은 대부분 잊혀진 것 같다. 혁명적 맑스주의의 과제 중 하나는 레닌의 가르침으로 되돌아가서 계급적 현상학을 재전유하는 것이어야 한다. 오늘날의 현실들 역시 혁명적이다.

방법론에 관해서는, 『노동자와 국가』에 포함되어 있는 논문들 외에,

다음의 글들이 유용하다 : 마리오 뜨론띠(Mario Tronti), 『노동자와 자
본』[72] ; 마씨모 까찌아리(Massimo Cacciari), 「계급의 특질과 구성」[73] ;
마씨모 까찌아리, 「루카치 입문」[74]. 계급구성과 욕구의 구조에 대한
현상학적 분석 또한 독일 맑스주의의 일부 새로운 조류들에서 중요해
지고 있다. 우리의 논의와 다른 ― 그러나 유용한 ― 출발점들로는 다
음과 같은 것들이 있다 : 브뤼크너(P. Brückner), 『자본주의의 사회심
리학을 위하여』[75] ; 넥트 · 클루게(O. Negt · A. Kluge), 『부르주아 및
프롤레타리아 공공성의 조직분석을 위한 경험』[76] 마지막으로, 특히 중
요한 분석 영역은 여성의 프롤레타리아화의 새로운 형식들과 관련된
것이다.[77] 선진 자본주의 국가들의 새로운 노동계급의 다국적 차원들
에 대해서는, 적절한 혁명적 접근법을 담고 있는 일반적인 텍스트를
알고 있지 못하다.

  2) 가치 장벽의 붕괴로 표지(標識)되는 계급투쟁의 시기에, 일정한

---

72. *Operai e Capitale*, 1 ed., Einaudi, Torino, 1966.

73. "Qualificazione e Composizione di Classe", *Contropiano 2*, 1970, La Nuova Italia,
  Firenze.

74. *Introduzione a G. Lucacs : Kommunismus 1920~21*, Marsilio Editore, Padova, 1972,
  pp. 7~66.

75. *Zur Sozialpsychologie des Kapitalismus*, Europäische Verlagsanstalt, Frankfurt. a. M.,
  1971.

76. *Öffentlichkeit und Erfahrung zur Organisationsanalyse von Bürglicher und Proletarischer
  Öffentlichkeit*, Suhrkamp Verlag, Frankfurt a. M., 1972. 이 저자들의 관점은 노동계급
  적 · 코뮤니즘적 전망이 완전히 역전된 것이다. 그러나 이들의 분석이 제기하는 암시적인
  접근법의 풍부함은 흥미롭다.

77. Maria Rosa Dalla Costa, *Potere Femminile e Sovversione Sociale*, Marsilio Editore,
  Padova, 1972를 참조하라. 영역판: *The Power of Women and Subversion of the
  Community*, Falling Wall Press, 1975.

노동계급의 구성에 기초하며 자신의 조직적 기획을 그 구성 내부로부터 수립하는 분석은 재정의를 위한 다른 기준들을 즉각 발견할 수 있다. 우리가 특히 중요하게 생각하는 두 가지 주제가 있다. '전유'라는 주제와 '창조력'(invention-power)이라는 주제가 그것이다. 전자는 노동계급의 행위를, 가치법칙의 작용에 맞서 생산된 사회적 부와의 직접적 관계를 창출하려는 것으로 이해하는 능력을 포함한다. 이러한 수준의 계급투쟁에 도달한 자본주의적 발전은 사회적 교환의 '객관적' 매개변수(parameter)를 스스로 파괴한다. 따라서 프롤레타리아트는 이러한 수준 내부에서 자본이 형식적으로 재배열한 사회적 부와의 관계를 실질적 관점에서 재전유하려는 물질적 의지를 통해만 스스로를 재구성할 수 있다. 그러나 그와 동시에 이 상황은 또한 주로 다음과 같은 사실, 즉 노동의 자본에의 실질적 포섭이 더 이상 과학적 과정에 있어서의 사회적 생산력들을 수반하지 않고, [오히려] 가장 극단적인 관점에서 자신으로부터 그것들을 분리시킨다는 사실에 의해 특징지어진다. 그 결과 노동의 창조적 잠재력 전체가 노동계급의 자유롭고 사회적인 활동으로 실현될 가능성이 재생산되고, 그 가능성은 자본이 사회에 부과하는 과학적 조직[화]에 맞서 정립된다. 노동력의 완성으로서의 창조력은 내가 노동의 형식적이고 자본주의적인 제거 내부에 존재하는 노동계급의 불복종적 현존에 부여한 술어이다. 이 창조력을 자유롭게 하는 것은 전유를 위한 투쟁의 한 계기이자 측면이다.

더 많은 것이 이야기될 필요가 있다. 지금까지 논의된 관점에서 보면, 코뮤니즘의 현재성은 (아마도 처음으로) 예시(prefiguration)의 문제나 미래에 대한 전망이 아닌 오늘날 투쟁들의 발전 내에서 볼 수 있는 물질적 실천으로 나타나게 된다. 규율과 조직화의 쓰라린 필요성을 부정하고, 대신 유토피아의 달콤함과 수포로 돌아가게 될 실험들을 생활 속에서 추구하면서, 공동체(Gemeinschaft)로서의 당 개념에 이르게 되는 방식으로 이 새로운 발전들을 해석하는 위험스럽고 신비화된 입장들이 분명히 존재한다. 그럼에도 불구하고 프롤레타리아 대중의 코뮤니즘적 경험은 현실을 풍부하게 하고, 투쟁을 통해 조직[화]와 전복의 신선한 가능성들을 영원히 구성하고 있다. 우리는 이 모든 것을 좀 더 깊이 고찰해야 한다. 이와 관련해서 일부 기본적인 맑스 텍스트들에 대한 재독해는 근본적이다.[78] 『요강』에 대한 논평들도 살펴볼 만한 가치가 있다.[79] 그 외에 이러한 문제들, 특히 생산적 지성 그리고 그것이 창조력과 맺는 관계의 문제를 다루는 방식과 관련하여 읽을만한 것들이 있다.[80]

3) 심화된 분석을 필요로 하는 세 번째 영역은 직접적으로 조직[화]의 영역이다. 자본에 의한 노동의 형식적 억압의 시기에 계급과 자본의 관계에서, 가치의 소멸과정에 대한 자본주의적 명령에 명확하게 맞서지 않는 투쟁이 성공할 가능성은 점점 낮아지고 있다. 만약 가치법칙이 오직 명

---

78. 특히, K. Marx, *Grundrisse : Foundations of a Critique of Political Economy*, Martin Nicolaus, Harmondsworth, Penguin, 1973; K. Marx, "Results of the Immediate Process of Prouction" [B. Fowkes가 번역한 펭귄판 부록에 포함된 『자본론』 제1권의 미간행된 제6장을 보라.

79. R. Rosdolsky, *The Making of Marx's "Capital"*, Pluto, London, 1977을 참조하라.

80. H. J. Krahl, *Konstitution und Klassenkampf*, Neue Kritik, Frankfurt a. M., 1971(Jaca Books, Milano에 의해 이탈리아어로 번역됨); K. H. Roth · E. Kanzow, *Unwissen als Ohnmach. Zum Wechselverhältinis von Kapital und Wissenschaft*, 2. ed., Editions voltaire, Berlin, 1971; A. Sohn-Rethel, *Intellectual and Manual Labour*, CSE Books, London, 1978.

령으로, 집합적 자본과 그것의 국가가 잉여가치를 처분함에 있어서의 자의성으로만 기능한다면, 폭력은 이러한 관리(management)의 근본적인 특성으로 나타나게 된다. 국가는 스스로를 단지 폭력으로 그리고 자의성으로 드러낸다. 노동의 자본에의 실질적 포섭의 시기에, 대중노동자 조직은 체계 내부에서 소득(임금) 균형에 부단히 격변을 창출함으로써 위기를 결정하는 힘으로 행동해 왔다. 오늘날 확장하고 있는 새로운 경향 ―지금 프롤레타리아트가 살아내고 있는 혁명적 욕구로서의 전유 압력과 대안(the alternative)의 힘― 은 재균형화(re-equilibration)의 메커니즘이 이제 지배 관계에 맡겨질 수밖에 없다는 것을 의미한다. 따라서 오늘날 혁명적 계급조직[화]를 구별하는 표지는, 그것이 지배 관계 전체에 대항하여 투쟁한다는 점이다. 조직[화] 문제는 두 개의 전선 위에서 똑같이 근본적인 두 가지의 과제를 우리에게 드러내준다. 그것은 바로 대중들에 의한 사회적 부의 재전유 운동의 유효성을 보증하고, (그와 동시에) 저들의 것과 동등하면서도 반대되는 수단에 의한 전위적 폭력으로 지배자들의 명령 메커니즘을 공격하는 것이다. 가치법칙은 그 소멸과정에서 자본의 의지에 따른 착취의 조절에 의해 대체된다. 그것은 전복의 조절을 전위의 의지에 위임한다. 오늘날의 조직[화] 이론은 한편으로는 대중적 전유를 향한 대중운동들과 투쟁과정이 낳은 창조력, 그리고 다른 한편으로는 자본주의적 명령 ― 가치법칙의 소멸을 지배하려는 그 의지의 면에서 어느 때보다도 자발적이고, 주체적이며, 정확한 명령 ― 을 공격하고 파괴할 프롤레타리아트의 무장력의 긴급성이 [그 위에서] 통합되어야 하는 층위들과 [그 내부에서] 상호작용해야 하는 형식들에 대한 물질적 정의를 필요로 한다.

　　이 영역에 대한 참고문헌을 찾는 것은 단지 어렵기만 한 것이 아니다. 그것은 불가능하다. 이것은 우리가 여행해야 하는 새로운 세계이다. 그리고 이 세계 안에서 우리의 향방을 알기 위해서 우리는 블랑키주의와 그것에 대한 비판 이상을, 제3인터내셔널의 봉기 이론들과 그것에 대한 반대 이상을, 클라우제비츠와 모택동 이상을 필요로 하게 될 것이다. 오직 경험과 용기 그리고 참된 혁명적 투지(鬪志)만이 우리가 당면한 새로운 이론적 문제들을 푸는 데에 도움을 줄 수 있을 것이다. [1974]

4

맑스를 넘어선 맑스: 『요강』에 대한 연구노트

이 논문은[1] 네그리가 1978년 봄에 파리의 고등사범학교(Ecole Normale Superieure)에서 개최한 아홉 번의 세미나의 산물이다. 이 세미나를 위해 쓰여진 노트들은 『맑스를 넘어선 맑스』[2]라는 제목으로 출간되었다. 그리고 해리 클리버(Harry Cleaver), 마이클 라이언(Michael Ryan), 마우리지오 비아노(Maurizio Viano)가 함께 번역하고 각자 서문을 쓴 영어번역본이 미국에서 출간되었다.[3] 이 텍스트는 맑스 자신의 연구노트에 대한 네그리의 '연구노트'라는 사실 때문에 읽기가 쉽지 않다. 게다가 영어번역본은 과도한 '이탈리아어식' 번역 때문에 영어권 독자들에게 쉽게 다가가지 않을 것이다. 그러나 이 책은 오늘날의 자본주의 위기와 재구조화에 비

---

1. [옮긴이] 이 논문의 번역은 본 역서의 대본인 *Revolution Retrieved : Writings on Marx, Keynes, Capitalist Crisis and New Social Subject* 외에 *Marx beyond Marx-Lessons on the Grundrisse* (translated by Harry Cleaver, Michael Ryan and Maurizio Viano, edited by James Fleming, Bergin and Garvey, Massachussetts 1984) ch.1 도 참고로 하여 이루어졌다. 이 책에 번역수록한 영어판 저자서문은 후자에만 수록되어 있다.
2. *Marx Oltre Marx*, Feltrinelli, Milano 1979.
3. *Marx beyond Marx-Lessons on the Grundrisse*, edited by James Fleming, Bergin and Garvey, Massachussetts 1984. [한국어판:『맑스를 넘어선 맑스』, 윤수종 옮김, 새길 1994]

추어 맑스를 새롭게 이해하기 위해 노력을 들여 읽을만한 충분한 가치가 있다. (『요강』 자체를 선택적으로 읽어나가면서 집단적으로 공부한다면 더욱 좋을 것이다.)

네그리가 보기에 『요강』은 현대의 '맑스주의의 위기' 속에서 제기된 많은 문제들에 해답을 주고 있으며, 이것이 이 세미나 노트들의 기저에 놓여 있는 주장이다.

이 세미나가 루이 알튀세(Louis Althusser)를 비롯한 몇몇 인사들의 초청으로 파리에서 열렸다는 사실은 중요하다. 왜냐하면 그것은 프랑스 좌파 지식인들을 지배하고 있었던 구조주의와 포스트구조주의 논쟁에의 개입을 표현하고 있기도 하기 때문이다. 파리에서 네그리는 당시 프랑스에서 한창 유행하고 있었던 '포스트맑스주의'라는 현상과 대결하고 있었다. 이탈리아의 노동자주의 운동과 자율주의 운동을 경험했다는 사실은 그로 하여금 이 논쟁에서 유리한 위치에 설 수 있도록 해주었다. 프랑스의 '새로운 철학자들'이 비판하려고 애를 썼던 맑스는 이미 수년 전에 이탈리아 노동자주의자들이 재해석하고 넘어선, 정통적이며 협소한 의미에서 생산주의적이고 사회주의적인 맑스였기 때문이다. 네그리가 이 책에 실린 첫 번째 강의에서 말한 대로, "어떤 맑스를 넘어설 것인가?"가 문제이다. 여기서 네그리는 구조주의자들과 포스트구조주의자들 모두에 대해 기초적인 층위―그들의 맑스에 대한 '낡은 정통적' 해석―에서 도전한다.

네그리와 자율주의 운동의 여타의 많은 주창자들에 따르면, 맑스의 정치경제학 비판의 개요가 담긴 초고(1857~58)인 『요강』은 그의 중심적 저작이자 성취의 정점일 뿐만 아니라, 가장 완결적인 저작인 동시에 정치적으로 가장 현대적 의의를 가진 저작이다. 영미권의 신좌파들 가운데서 『요강』을 이런 식으로 평가하는 사람은 거의 없다. 그러나 영어판(Pelican 1973)의 번역자인 마틴 니콜라우스(Martin Nicolaus)가 일찍이 1968년에 한 개척적 논문4에서 이와 비슷한 논조의 주장을 펼쳤다는 사실은 주목할 만하다. [그러내 그의 제안들은 일반적인 주목을 받지는 못했다.

네그리는 『자본론』에 대한 구조주의적 독해가 주종을 이루는 상황이 『요강』의 중요성을 가렸다고 생각했다. 구조주의적 해석은, 맑스에 '과학적으로' 접근함에 있어서의 주체―객체 이분법에 대한 강조를 통해, 맑스의 이른바 '경제적' 개념들의 발전의 기저에 놓여 있는 계급주체들 사이의 적대―이것은 특히 『요강』에서 분명하게 드러난다―를 맑스의 "초기 휴머니즘"의 유물로 치부해 버렸다. 로스돌스키(R. Rosdolsky)의 고전적 논평―본 논문에서 네그리는 로스돌스키의 논평에 대해 이의를 제기한다―에서 나타난 바와 같이, 『요강』은 대체로 『자본론』의 '완전히 과학적인' 서술로 향하는 맑스 사유의 계보에 있어서 하나의 단계로 이해되어왔다. 맑스가 『요강』에서 자신의 중심적 개념, 즉 잉여가치 개념을 처음으로 발전시킨다고 주장하는 비고츠키(V. Vygodsky)의 『입문』(Introduction, Moscow 1965)에서와 같이 그것의 중요성이 인정되는 곳에서조차, 그러한 '발견은 계급적대의 측면에서 『요강』이 갖고 있는 잠재적 함의들을 찾아내는 데까지 이르지는 못한다.5 요컨대 네그리에 따르면 『요강』은 『자본론』에 대한 객관주의적이

---

4. "The Unknown Marx", *New Left Review* no. 48.
5. 영어번역본으로는, V. Vygodsky, *The Story of a Great Discovery*, Abacus 1974를 보라.

고 논리적·과학적인 독해—네그리는 이것을 "방법의 마법"[6]이라고 부른다—에 의해 가려져 왔다. 이와는 반대로 네그리에게 있어 『요강』은 『자본론』을 정치적 텍스트로 독해하는 데에 열쇠를 제공해 주는 저작이다.[7]

『요강』에 대한 네그리 본인의 정치적 독해는 이전의 수년간에 걸쳐 발전되어 왔다.[8] 이 강의 노트에서 그는 몇 가지 방향[9]에서 자신의 초기 해석을 확충하고 그것에 다시 초점을 맞춘다. 이 텍스트가 그의 초기 해석에 대해 갖는 차이점은 국가개입시기의 위기와 재구조화의 충격을 통해 격렬하게 변화한 이탈리아의 정치적 상황과 운동의 구성에 기인한다.[10]

이 단계에서 이루어진 네그리의 초점 이동은 1970년대 중반에 일어났던, 내핍국가에 맞선 (새로운 계급주체들, 즉 사회적 영역, 자본의 재생산 및 유통영역—즉 직접적인 생산을 넘어서는 영역—에서의 새로운 석대세력을 포함하는) '자율'의 대중적 저항운동들의 도전이라는 배경 속에

---

6. 알아차린 이들도 있겠지만, 이 어구는 이탈리아의 노동자주의적 좌파를 위한 연구 및 비판 프로그램을 최초로 개시한 판찌에리와 뜨론띠의 1961년 『테제』로부터 직접 인용된 것이다.
7. 미국에서 이러한 노선을 따르는 의미 있는 시도로는 해리 클리버(Harry Cleaver)의 *Reading Capital Politically*, Harvester 1980을 보라 [한국어판:『자본론의 정치적 해석』, 권만학 옮김, 풀빛 1986].
8. 이 책의 앞에 실려 있는 「계획자국가의 위기」(1971)를 보라.
9. 이것들은 이미 언급되었던 레드 노츠와 세미오텍스트의 선집들과 이 시기 네그리의 논문 모음집인 『국가형태』(*La Forma Stato*, Feltinelli 1977)에 포함된 「지배와 사보타지」("Domination and Sabotage", 1978)에서 보다 깊이 논의된다.
10. 이러한 변화들에 대한 탁월한 설명으로는 세르지오 볼로냐(Sergio Bologna)의 「두더지 부족」("The Tribe of Moles", *Primo Maggio*, Milano 1977)이 있다. 이것의 영어번역본은 앞서 언급된 선집에 실려 있다.

서 이해되어야 한다. 네그리는 이 새로운 주체들을 "사회적 노동자"로 정의한다. 이 개념은 맑스에게 있어서의 생산과 재생산 간의 관계에 대한 재이론화와 당시 이탈리아에서 논쟁의 주요한 원천이었던, '생산적' 노동 및 '비생산적' 노동의 전통적인 정의에 대한 비판을 함축한다. 코뮤니즘적 계급관점─욕구의 자기가치화의 관점─에서 생산적인 것은 자본주의적 관점에서 생산적인 것과 동일하지 않다. 공식적 꼬리표와는 달리 네그리에게 있어서는 결코 '주변인'이 아닌, 내핍체제 외부에서 그것에 대항하여 계급적 소득과 삶-욕구의 자율성을 위해 싸우는 이 새로운 운동주체들─청년 실업자, 학생, 여성, 소득 삭감에 맞서 투쟁하는 모든 이들, 비정규직 노동자들과 임시직 노동자들 등등─은 '위기국가'에 맞서 적대의 새로운 대중적인 생산적 힘, 즉 직접적으로 코뮤니즘적 대안을 제기하는 힘을 표현한다. 네그리는 이것을 계급적 "자기가치화"라는 개념으로 표현하는데, 이 용어는『요강』에서 맑스가 말한 "적대적 경향"이 다음과 같은 지점, 즉 교환에 의해 매개된 것으로서의 노동가치가 더 이상 존재하지 않는 지점, 자본과 노동 간의 교환이 노골적으로 정치적인 것이 되는 지점, 그리고 계급갈등이 자본주의적 생산과 재생산 전반에 있어서의 교환가치의 부과에 맞서 사용가치, 계급적 욕구를 위해 투쟁하는 데로 확장되는 지점까지 발전하는 것을 가리킨다.

　이러한 문제들에 대한 심화된 논의로는, (이 책의 뒤에 실려 있는) 네그리의 이후 논문인「고고학과 기획」(1982)을 보라. 앞서 언급된 영역판의 번역자인 클리버, 라이언, 비아노는 네그리의 저작에 대한 유용한 해설을 제공해 준다. 발디(G. Baldi)를 비롯한 몇몇 사람들의 적절한 비판을 『미드나잇노트』[11]에서 찾아볼 수 있다. 미국에서의 대중노동자/사회적 노동자의 투쟁들과 노동계급구성에 대한 분석으로는 카르피냐노(P. Carpignano)의 「60년대 미국의 계급구성」[12]과 마테라(P. Mattera)와 디맥(D. Demac)의 책[13]을 참조하라. 『요강』의 정치적 맥락에 대해 알고자 하는 독자는 네그리의 텍스트에서 언급되고 있는 세르지오 볼로냐의 독창적인 논문, 「화폐와 위기 : 뉴욕데일리트리뷴지(誌)의 통신원으로서의 맑스」[14]를 보라.

11. *Midnight Notes*, Jamaica Plain, Massachussetts, no. 8, 1985.
12. "US Class Composition in the Sixties", *Zerowork* no. 1, New York 1975.
13. *Developing and Underdeveloping New York*, New York 1976.
14. "Money and Crisis : Marx as Correspondent of the *New York Daily Tribune*", *Primo Maggio* 1974. 레드 노츠의 등사판인쇄물로 볼 수 있다.

□ 이탈리아어판 저자서문

"우리는 자본이 모순을 포함하고 있다는 사실을 결코 부인하지 않는다.
우리의 과제는 그것들을 끝까지 전개시키는 것이다."
칼 맑스, 『요강』

감옥에 있는 나의 자매들과 형제들을 위해

이 책에서 나는 1978년 봄 파리고등사범학교에서 행한 『요강』에 관한 아홉 번의 세미나를 위해 사용했던 자료들을 모두 모았다. 무엇보다도 나는 이 세미나에서 강의할 수 있도록 초청해 준 루이 알튀세에게 감사하지 않을 수 없다. 또한 이 세미나는 로자네 질버만(Roxanne Sielberman), 얀 물리에(Yann Moulier), 다니엘 코헨(Daniel Cohen), 피에르 에웬지크(Pierre Ewenzyk), 다니엘 길러름(Daniel Guilerm)과 알렌 길러름(Alain Guilerm)의 우정어린 도움 없이는 이루어질 수 없었을 것이다. 나는 나 자신의 의견과 그들의 비판적 논평들 중 어느 쪽이 더 중요했다고 말할 수 없다. 다만 내가 제안된 모든 것을 집어삼켰으며, 이제 그것을 이 책으로 개주(改鑄)해냈다고 말하는 것으로 충분할 것이다. 파리에 머무는 동안 나는 강의 전후로 많은 토론의 시간을 가졌고, 그것들은 대단히 유용했다. 그리고 나는 펠리스 가따리(Felix Guattari)가 나에게 베풀어준 모든 것에 대해 감사의 마음을 전하고 싶다. 나는 그에게 너무나 많은 빚을 졌다. 파리 제7대학(Jussieu)에서 나와 함께 일했던 동지들에 대한 감사도 잊을 수 없다. 마지막으로 나로 하여금 잠시 파리로 망명하도록 강제하여, 이전보다 훨씬 더 평온한 상황에서 나의 사유들을 정리할 기회를 준 여러 얼간이들에게도 적잖이 감사한다.

이 이탈리아어판에 실려 있는 『요강』으로부터의 인용문들은 모스크바에 있는 맑스-엥겔스-레닌 연구소(MELI)가 편집한 텍스트[15]로부터 가져온 것이다. 나는 (여러 가지 점에서 중요한 작업인) 엔초 그릴로(Enzo Grillo)의 이탈리아 번역판[16]도 참조하였다. 강의 기간 동안 우리는 『요강』의 불역본[17]의 복사본을 돌려봐야 했는데, 그것은 아무런 쓸모가 없었다. 『요강』의 영어번역본[18]에는 유용한 통찰들이 담겨 있다. 『자본론』 제1권으로부터의 인용은 깐띠모리(Cantimori), 판찌에리(Panzieri), 보거리(Boggeri)가 편집한 이탈리아어판(Editiori Riuniti, Rome)을 사용하였고, 서한들로부터의 인용은 마나코르다(Manacorda), 로마뇰리(Romagnoli), 깐띠모리(Cantimori), 메쬬몬티(Mezzomonti)가 편집한 여섯 권짜리 『서한집』(Edizioni Rinascita) Roma)을 사용하였다.

　나는 요강에 관한 현존하는 참고문헌들에 많이 의지하였다. 텍스트에서 나는 로만 로스돌스키의 『마르크스의 자본론의 형성』[19]을 언급하였다. 나는 또한 다음과 같은 문헌들을 인용하였다. 비고츠키, 『맑스의 '요강' 입문』[20]; 세르지오 볼로냐, 「화폐와 위기 : 뉴욕데일리트리

---

15. Karl Marx, *Grundrisse der Kritik der Politischen Okonomie (Rohentwurf) 1857~58*, Dietz Verlag, Berlin 1953.
16. Karl Marx, *Lineamenti Fondamentali della Critica dell'Economia Politica 1857~58*, La Nuova Italia Editrice, Firenze Vol. I 1968; Vol. II 1970.
17. ed. Roger Dangeville, 2 Vols, Anthropos, Paris 1967.
18. translated by Martin Nicolaus, Penguin, Harnmondsworth 1973.
19. Roman Rosdolsky, *Zur Entstehungsgeschichte des Marxschen 'Kapital'*, Francfurt am Main 1968. [영역자: 영역본으로는 Pete Burgess가 번역한 *The Making of Marx's 'Capital'*, Pluto Press, London 1980이 있다.] [옮긴이: 국역본으로는 로만 로스돌스키 지음, 양희석/정성진 옮김, 『마르크스의 자본론의 형성 1, 2』, 백의, 2003이 있다.]
20. Vitaly S. Vygodsky, *Introduzione ai 'Grundrisse' di Marx*, La Nuova Italia, Firenze 1974 [영역자: *An Introduction to Marx's 'Grundrisse'*, Moscow 1975; Berlin 1967.]

븐지(誌)의 통신원으로서의 맑스」[21]; 아이작 루빈, 『맑스의 가치이론에 관하여』[22]; 발터 부흐셰러, 『'자본론' 이전 : 1853~58년 시기의 맑스 경제이론의 발전과 전개』[23]; 헬무트 라이헬트, 『맑스 자본 개념의 논리적 구조』.[24]

나는 이 주제에 관한 많은 저자들에게 신세를 졌다. 나는 특히 최근 몇 년간 『요강』을 연구해 온 독일, 이탈리아, 영국의 모든 동지들에게 감사한다. 나는 그들로부터 『요강』을 혁명적 텍스트로 독해하는 법을 배웠다.

밀라노, 1978년 12월

안또니오 네그리

---

21. Sergio Bologna, "Money and Crisis : Marx as Correspondent of the *New York Daily Tribune*", *Primo Maggio* 1974 [영역자: 『노동자와 국가』(*Operai e Stato*, Feltrinelli, Milano 1972)에 처음으로 실렸고, 레드 노츠에서 영역본을 읽어볼 수 있다].

22. Isaak I. Rubin, *Saggi sulla Teoria del Valore di Marx*, Feltrinelli, Milano 1976 [영역자: *Essays on Marx's Theory of Value*, Black and Red, Detroit 1972]; Leningrad 1928; Frankfurt 1973.

23. Walter Tuchscheerer, *Bevor 'Das Kapital' Entstand : die Herausbildung und Entwicklung der Okonomische Theorie von K. Marx in der Zeit von 1853 bis 1858*, Akademie Verlag, Berlin 1968.

24. Helmut Reichelt, *La Struttura Logica del Concetto di Capitale in Marx*, De Donato, Bari 1973 [영역자: *The Logical Structure of the Concept of Capital in Marx*, Frankfurt 1970].

영어권 독자들에게,

여러분들은 나로 하여금 『맑스를 넘어선 맑스』를 잠시 다시 생각하도록 합니다. 이것은 내가 1978년 봄 파리의 고등사범학교에서 가르친 수업의 노트들입니다. 그 이후로 한 세기가 지난 것처럼 느껴집니다. 책을 다시 돌아보니 좋습니다. 그러나 내가 아닌 다른 누군가가 이 책을 쓴 것처럼 느껴집니다. 마치 내가 수세기에 걸쳐 감옥에 있는 동안 한 자유인이 쓴 것 같습니다. 나는 그 책의 저자와 대화하기 위해 고도의 추상화를 행해야 합니다. 저자는 자유인이고 나는 죄수입니다. 나는 최선을 다해 『맑스를 넘어선 맑스』의 저자인 자유인과 죄수 사이의 대화를 제시하려고 합니다.

자유인: 이 강의들은 단지 강의일 뿐이며, 반성과 이행의 계기로 다뤄져야만 합니다.

죄수: 저도 그렇게 생각합니다. 당신이 이 이행과 경험을 생각할 때면, 마치 그것들이 아주 가까이 있는 것처럼, 코뮤니즘이 이미 하나의 살아 있는 실체인 것처럼 느껴집니다.

자유인: 분명 나는 아직도 그렇게 생각합니다. 이 강의들은 많은 한계를 가지고 있습니다만, 또한 근본적인 장점 즉 신선하고 오염되지 않았다는 장점 역시 가지고 있습니다. 이러한 신선함은 분석에 있어서의 중요한 발전, 풍성한 성숙에 이르게 될 것입니다.

죄수: 그렇다면 과도적인 저작이군요. 당신은 어디로 가기를 원했습

니까? 당신이 다시 찾아낸 맑스는 당신을 어디로 이끌었습니까?

자유인: 맑스주의자들에 의해 자행된 맑스주의의 훼손 너머로 이끌었습니다. 맑스주의는 투사가 아닌 교수로서의 맑스를 보여줍니다. 더욱이 맑스주의는 맑스를 현단계의 사회적 자본주의에 대처하지 못하는, 낡은 경쟁적 자본주의에 관한 저자로 제시합니다. 나는 박제화(mummification)만큼이나 이러한 배반을 증오합니다.

죄수: 나는 당신에게 그리고 당신의 동기에 동의합니다. 그러나 그것이 가능하겠습니까?

자유인: 맑스는 고전적인 가치론을 이어받았습니다. 그러나 우리는 그에게서 무엇보다도 잉여가치법칙에 대한 비판을 찾아낼 수 있습니다. 맑스는 단지 하나의 고전이 아닙니다. 그는 그 모든 것 너머에 있습니다.

죄수: 그러나 가치법칙에 대한 비판은 그것이 잉여가치법칙으로 나타나는 한, 파국론에 이르게 됩니다. 당신의 주장은 맑스주의의 극단적 변형태들 중 하나가 아닌가요?

자유인: 가치법칙 및/또는 잉여가치법칙에 대한 비판은 분명 파국론적 함의를 지닙니다만, 『맑스를 넘어선 맑스』에는 그것이 발 디딜 곳이 없습니다. 그 책이 주장하고 있는 것은 코뮤니즘으로의 이행의 주체성을 가치법칙의 위기와 동시에 전개되는 하나의 과정으로 규정하자는 것입니다.

죄수: 내가 감옥에 있는 것은 아마도 그것을 잘 이해하지 못했기 때문인 것 같습니다. 좀 더 자세히 설명해 주실 수 있겠습니까?

자유인: 물론이죠. 맑스의 『요강』은 가치법칙을 세우고 허물어버립

니다. 『요강』에서 맑스는 고전적 가치분석의 이론적 한계들을 돌파하고 코뮤니즘적 희망을 정당화하는 코뮤니즘적 투사로서 나타납니다. 그는 그 과정의 즉각성과 관련하여 스스로를 속이지 않으며 그것의 주체적 필연성을 밝힙니다. 나의 죄수 친구, 당신은 헛똑똑(smart ass)이군요. 이에 동의하지 않는다면, 당신은 왜 감옥생활을 견뎌 냅니까?

죄수: 밖에 있는 사람들에게 논쟁이란 언제나 쉬운 것이지만, 나는 이론이 아닌 사람을 겨냥한 논쟁을 좋아하지 않습니다. 실제로 여기 감옥에서 나는 확실히 가치법칙과 잉여가치법칙 모두에 종속되어 있습니다. 그것들은 거대한 지배체제 속에서 구체화되어 견딜 수 없는 방식으로 나를 짓누르고 있습니다.

자유인: 물론 그것이 바로 『맑스를 넘어선 맑스』가 말하고 있는 바입니다. 나는 왜 당신이 그것을 깨닫지 못하는지 모르겠습니다. 가치법칙의 자본주의적 파기― 맑스가 실질적 포섭과정이라 부른 것― 는 착취관계 전체를 탈구(脫臼)시켰습니다. 그것은 착취를 보편적 사회관계로 변형시킵니다. 감옥과 공장은 같습니다.

죄수: 세상이 곧 감옥이라고 나를 설득할 필요는 없습니다. 그러나 어떻게 그것으로부터 벗어날 수 있습니까?

자유인: 『맑스를 넘어선 맑스』에서 제기된 커다란 문제는 이러한 실질적 포섭 속에서 적대를 규정하는 문제입니다. 자본이 모든 삶시간, 즉 노동일뿐만 아니라 모든 시간을 장악하고 있을 때 자본에 맞서 투쟁한다는 것은 무엇을 의미합니까? 재생산은 생산과 같고, 삶은 노동과 같습니다. 이러한 층위에서 자본과 결별한다는 것은 감옥을 부수는 것을 의미합니다.

죄수: 나에게는 이러한 소위 포스트모더니즘적 이론들이 자본의 사
회적 잠재력을 드러내주지만 또한 자본이 사회 전체를 장악하고 있다
는 것을 인정함으로써 이러한 층위에서의 계급투쟁의 가능성을 부정
하는 것처럼 보입니다.

자유인: 물론, 포스트모더니스트들은 신비화합니다. 현실에서 실질
적 포섭의 작용은 적대를 제거하는 것이 아니라, 오히려 그것을 사회
적 층위로 옮겨놓습니다. 계급투쟁은 사라지지 않습니다. 그것은 일상
의 모든 계기들로 변형됩니다. 프롤레타리아의 일상적 삶 전체는 자본
의 지배에 맞서 정립되어 있습니다. 실질적 포섭은 적대를 없애기는커
녕 그것을 엄청나게 증대시킵니다.

죄수: 좋습니다. 가치법칙 비판, 오직 사회적 층위에서만 그것이 유
효하다는 것, 지배와 계급투쟁의 동시적 전치(轉置)…. 자, 실제적으로
이 모든 것은 어떻게 작동하고 있습니까?

자유인: 그것은 일상적 삶 전체에 걸쳐 작동합니다. '당신의 삶과, 사
회적 지배자(Master)의 종(dog)인 당신과 맞서있는 나의 삶! 당신의
시간에 맞서있는 나의 시간!' 지금에 와서 모든 착취 문제들은 직접적
으로 정치적인 문제입니다. 오직 실질적 포섭이라는 틀 내에서 잉여가
치 비판을 염두에 둘 때에만, 우리는 현재의 근본적인 지배계획들에
대한 코뮤니즘적 비판을 행할 수 있습니다.

죄수: 포스트모던 세계에서의 계급적대군요. 당신이 옳은 것 같습니
다. 이 지점에서 그것은 권력에 맞선 투쟁에 물질적 내용을 채우는 것
을 의미합니다.

자유인: 바로 그겁니다. 생산, 직업시장, 노동일, 에너지의 재구조화,

가족생활 등에 대한 자본주의적 조직화에 대항하는 투쟁들, 이 모든 것이 민중, 공동체, 생활방식의 선택을 수반한다는 확신에서 그렇습니다. 오늘날 코뮤니스트라는 것은 코뮤니스트로서 사는 것을 의미합니다.

죄수: 내 생각에 그것은 감옥에서도 가능합니다. 그러나 당신이 우리 모두를 자유롭게 할 때까지는 밖에서는 가능하지 않을 겁니다.

자유인: 당신이 옳습니다. 『맑스를 넘어선 맑스』도 그렇게 말합니다. 그러나 이론이 당신으로 하여금 문제와 맞설 수 있게 해주고 있으니 너무 조급해하지는 마십시오.

대화가 끝났다. 자신이 홀로 남겨져있다고 느끼는 사람들은 당연히 희망한다. 진실을 말해왔고, 그 진실이 혁명적이기를 바라는 희망. 여러분 모두를 맞이하며.

레빕비아(Rebibbia) 교도소

안또니오 네그리

1. 강의 개요

텍스트의 주체적 탄생 : '위기의 임박성'과 분석의 구성요소들 □ 텍스트에 대한 형식적 기술 □『요강』그리고『자본론』의 개요 : '방법의 마법, 연구의 장애'? □ 문헌학적 고려들에서 좀 더 본질적인 문제들로 : 두 가지 경로, 즉 잉여가치의 발견과 사회적 자본/주체성/코뮤니즘 사이에서 이루어지는 유통의 연결관계 □ 개방적 저작으로서의『요강』: 독해를 위한 보완적 테제들 □ 맑스적 방법의 '다원적' 세계 : 연구 (Forschung), 서술(Darstellung), 새로운 서술(Neue Darstellung) □ 주류적 해석자들 : (a) 섬망(delirium)으로서의『요강』? (b) 쇄신된 변증법적 유물론? (c)『자본론』과의 상동성? (d) '위로부터의 혁명'? □ 이론에는 대표가 없다 □ 그 내적 역사와 혁명적 기획에서 있어서 맑스 사유의 역동적 중심으로서의『요강』□ 독해의 개요 □ 맑스를 넘어선 맑스?

2. 텍스트의 주체적 탄생

에릭 홉스봄(Eric Hobsbom)은『요강』에 대해 "지적이고 개인적이며 좀처럼 해독하기 힘든 속기(速記)"라고 말했다. 엔초 그릴로는 자신의 탁월한 이탈리아어번역판 서문에서 이러한 판단을 재확인한다. 적어도 이 텍스트를 읽고 번역하는 문제와 관련해서 말하자면, 위 표현은 상당히 절제된 것이다.『요강』은 정말로 어려운 저작이다.

그러나 우리는 매우 어려운 일부 페이지들을 두고 맑스의 이 저작이 지니는 해독곤란성이라는 특성을 과장해서는 안 된다. 사실 『요강』
과 관련된 주요한 어려움은 논의의 실제 내용에서 비롯된다기보다는
원고의 형식, 흥분으로 가득했던 그것의 생산과정에 기인한 것이다.
맑스의 기획의 전체 범위와 밀도를 알아차린다면, 『요강』의 논의 맥락
이 매우 분명해질 것이다. 조급한 집필, 일부의 공격적 비판이 당시의
상황과 긴밀히 연관된 것이라는 점 그리고 일부 전개방식이 다소 실
험적이라는 사실이 문제가 되기는 하지만 그것들이 초래하는 혼란은
단지 부분적일 뿐이다. 그러나 우리는 맑스 사유의 이 최초의 위대한
종합을 낳은 것은 바로 당시 상황의 긴급성이었다는 점을 염두에 두
어야 한다. 맑스는 1857년 11월 13일에 엥겔스에게 보내는 편지에서
다음과 같이 썼다. "우리가 1850년 11월호[25]에서, 뉴욕에서 발생할 것
이라고 예견했던 미국의 위기[공황]은 환상적이네."[26] "비록 내 재정상
태가 비참하긴 하지만 1849년 이후에 이렇게 '편안'하기는 처음이네".
"나는 경제학에 관한 연구를 정리하고 대홍수가 일어나기 전에 『요강』
을 엮어내기 위해서 밤새 미친 사람처럼 작업하고 있네."[27] "나는 정말
엄청나게 작업하고 있네. 보통 새벽 4시까지. 이중적인 작업이기 때문
이지. 1) 경제학의 근본적 요점들의 정교화 2) 현재의 위기.… "[28]

　　랴자노프(Ryazanov), 『요강』의 편집자들, 로스돌스키, 비고츠키 그
리고 가장 최근의(그리고 훌륭한) 세르지오 볼로냐와 같은 필자들은

---

25. [옮긴이] 『뉴욕데일리트리뷴』지를 말한다.
26. 'To Engels', 13 November 1857.
27. 'To Engels', 12 December 1857.
28. 'To Engels', 18 December 1857.

『요강』의 탄생을 둘러싸고 있는 상황 — 맑스가 『뉴욕데일리트리뷴』 지에 기고한 글들과 『요강』의 관계, 이후 작업과의 관련성, 1857~58년의 위기가 낳은 정치적 상황 그리고 맑스와 엥겔스가 마음속에 품고 있었던 희망과 기대 — 을 상세히 밝혀왔다. 나로서는 독자들에게 이들의 논의를 참고하라고 말해주는 것으로 충분할 것 같다.

내가 강조하고 싶은 것은 다른 요소이다. 즉『요강』에서 맑스의 기획은 이론적 층위와 실천적 층위 모두에서 종합(synthesis)을 달성하는 것을 목표로 했다는 것이다. 임박한 위기는 역사적 예견을 위한 토대를 제공하였을 뿐만 아니라, 실천적·정치적 종합으로 번역되었다. 임박한 파국은 그것이 당의 가능성, 당 설립의 가능성을 나타내는 한에서만 자본주의의 파국이 될 것이다. 임박한 위기에 대한 맑스의 서술은 '진정한 사회주의'에 대한 직접적 공격인 동시에 코뮤니즘을 신비화하고 왜곡하려하는 이들에 대한 논박이다. 이론 영역에서의 "엄청난 작업"은 사실, 실천이 사그라져서는 안 된다는 그의 결의를 보여주고 있는 것이다. 그러한 일이 일어나선 안 된다. 당시의 편지들은 이러한 점과 관련한 그의 고통에 대한 생생한 증명을 담고 있다. 이제 분석은 실천이 일어난 바로 그 순간에 실천을 재발견하고 해석해야 할 것이다. 분석이 다루어야 할 것은 위기를 통해 표현되는 혁명적 주체성이기 때문이다.

맑스 저작의 이러한 종합적 특질은 미래적 강령과 대홍수 사이의 관계에서 찾아질 수 있다. 자본에게 있어서 파국이란 당, 즉 완전히 전개된 코뮤니즘적 주체성의 실존이며 혁명적 의지와 조직[화]이다. 위기는 일정한 생산력 발전에 의해 규정된 수준에서 주체를 혁명적 역량이 만개한 상태로 재활성화시켜서 드러낸다. 맑스에게 있어서 종합이란 위기라는 집중적인 파국의 계기와 주체성 발전의 동역학 및 원칙 사이에 연결고리를 창출한다는 것을 의미한다. 그리고 이러한 상이한 항들이 자신들의 연결고리를 찾게 되는 지형이 바로 변증법의 지형이다. 따라서 『뉴욕데일리트리뷴』지에 시사적이고 논쟁적인 글을 기고하고 정치경제학에 대한 비판적 탐구를 수행하고 있었던 바로 그 순간에, 맑스가 헤겔을 다시 읽고, 그를 『요강』의 토대로 삼았다는 것은 우연이 아니다. "그 밖의 점들에 대해서는 나는 상당한 진전을 이루고 있다네. 예를 들어 나는 지금까지 존재해 온 모든 이윤론을 버렸네. 방법과 관련해서는, 우연히 헤겔의 『논리학』을 다시 한번 훑어보았다는 사실이 큰 도움이 되었다네."[29] "우연히"라고 말했지만 순전히 우연적인 것만은 아니었다. 맑스가 이어서 다음과 같이 말하고 있기 때문이다. "시간이 난다면 헤겔이 발견한, 그러나 그와 동시에 신비화시킨 방법 속에 얼마나 많은 합리성이 존재하는가를 보통의 지적 능력을 지닌 사람이면 파악할 수 있도록 만들텐데 ⋯." 맑스에게 있어서 이러한 합리성과 방법은 혁명적 봉기의 이론 및 실천의 가능성을 나타낸다. 임박한 위기가 이러한 합리성을 요구한다. 맑스는 이미 오래전에 헤겔과의 빚을 정리했고, 이후에 과학적 비판의 정신에 입각하여 자신의 주제로 다시 돌아갈 것이었다. 그러나 잠시 동안 맑스의 의도는 헤겔의 가장 값진 기여―이론과 실천의 종합―를 활용하는 것이었다.

---

29. 'To Engels', 14 January 1858.

3. 텍스트에 대한 형식적 기술

1939~41년에 『정치경제학 비판 요강』(*Grundrisse der Kritik der Politischen Okonomie*)이라는 제목으로 모스크바 맑스-엥겔스-레닌 연구소가 출간한 판본에 실려있는 텍스트(아니 오히려 텍스트들)를 살펴보자. 엔초 그릴로는 자신이 번역한 이탈리아어판 서문에서 『요강』의 노트들을 다음과 같이 날짜순으로 나열하고 있다.

1) 「서설」(Einleitung)은 M이라고 표시된 노트에 실려 있으며, 1857년 8월 23일과 9월 중순 사이에 쓰여졌다.

2) 일곱 개의 노트(엄밀한 의미에서의 『요강』)에 담긴 수고(manuscript)에는 맑스가 직접 다음과 같은 순서로 번호를 매기고 (첫 번째 것을 제외하고는) 날짜를 기록하였다.

노트 Ⅰ : 1857년 10월
노트 Ⅱ : 1857년 11월경
노트 Ⅲ : 1857년 11월 29일~12월 중순
노트 Ⅳ : 1857년 12월 중순경~1858년 2월
노트 Ⅴ : 1858년 1월 22일~1858년 2월 초순경
노트 Ⅵ : 1858년 2월경
노트 Ⅶ : 1858년 2월말/3월~5월말/6월

위의 텍스트들과 밀접한 관련을 맺고 있는 일련의 보조적 텍스트들로 구성된 부록은 다음과 같다.

3) (서설 앞에 있는) 1857년 7월에 쓰여진 「바스티아와 캐리」(Notes on Bastiat and Carey). 원래 이 텍스트는 『요강』 노트 Ⅶ의 첫 일곱 페이지를 이루는 것이었다.

4) 「일곱 개의 노트에 대한 색인」(Index zu den 7 Heften). 이것은 1858년 6월에 쓰여졌고 「서설」과 함께 노트 M에 실려 있다.

5) 「예비적 초고」(Urtext). 이것은 1858년 8월과 11월 사이에 쓰여졌다. 날짜가 없는 두 개의 노트로 이루어져 있는데, 첫 번째 것은 B'로 표기되어 있고, 두 번째 것은 B"와 B"Ⅱ 두 부분으로 나뉘어 있다.

6) 「참고문헌)」(Referate). 노트 M, 노트 Ⅱ~Ⅶ 그리고 「예비적 초고」의 내용과 관련되어 있다. 1859년 2월경에 쓰여졌고, 노트 B" 끝에 실려 있다.

7) 「계획초안」(Planentwurf). 1959년에 쓰여진 것이다.

8) 리카도의 화폐론에 관한 일련의 짧은 초록들. 이것은 1850~53년에 쓰여진 24개의 노트들 가운데 네 번째에 있으며, "1850년 11~12월, 런던"이라고 기록되어 있다.

9) 리카도의 『정치경제학의 원리에 관하여』(On the Principles of Political Economy) 제3판에서 뽑은 훨씬 긴 일련의 체계적인 초록들. 이것은 앞서 언급된 노트들 중 여덟 번째 것에 실려있으며, 1851년 4월과 5월 사이에 쓰여졌다. 이것 앞에는 아주 짧은 두 개의 텍스트들이 있는데, 그것은 리카도가 언급하는 여러 가지 세제(稅制) 유형들의 목록과 『정치경제학의 원리에 관하여』의 목차이다. 이것은 엥겔스가 1851년으로 날짜를 표기한 노트의 일부인데, 이 노트는 아직까지 출간되지 않은 『완성된 화폐체계』(Das vollendete Geldsystem)라는 수고의 마지막 부분을 포함하고 있다.

4. 『요강』 그리고 『자본론』의 개요

이 책에서 나는 노트 M(서설)과 1857년 10월부터 1858년 봄 사이에 쓰여진 일곱 개의 노트들(『요강』)에 초점을 맞출 것이다. 프루동에 대한 논박과 '미국에 관한' 작업을 연결시켜 준다는 점에서 「바스티아

와 캐리」도 매우 중요하다. 「색인」과 「참고문헌」은 후에 인용과 요약
의 형태로 텍스트에 통합되었다.

　잠시 「서설」을 제쳐놓는다면, 『요강』은 첫눈에 대단히 불완전하고
파편화된 저작인 것처럼 보인다. 그러나 이는 『요강』이 매우 강력한
역동성이 결여되어 있거나 중심을 갖고 있지 않다는 것을 의미하지는
않는다. 맑스는 다음과 같은 노선을 따라 자신의 논지를 전개한다. 노
트 I 은 화폐분석에서 교환(가치)형태의 정의까지를 다루고, 노트 II는
화폐에서 자본으로의 이행에 집중한다. 노트 III은 잉여가치로부터 사
회적 자본으로의 운동에 주목한다. 잉여가치와 이윤은 노트 IV에서 고
려되기 시작하는데, 이 가운데 가장 주요한 부분은 유통 내에서 자본
주의적 위기가 진행되는 과정에 관한 것이다. 노트 V는 「자본주의적
생산에 선행하는 형태들」에 관한 긴 삽입문―우리는 후에 맑스의 체
계에서 왜 이 부분이 필요했는지에 대해서 살펴볼 것이다―뒤에, 유
통과정과 사회적 자본의 재생산조건에 관한 문제들로 다시 돌아간다.
노트 VI은 이제 집합적 힘으로서의 자본이라는 테마와 노동자와 자본
가 사이의 집합적 적대라는 테마를 명시적으로 제시한다. 마지막으로
노트 VII에서는 가치법칙의 위기와 그것의 변형―다시 한번 이윤이라
는 테마―이 우리를 자본주의적 생산의 객관적·주관적 조건들의 위
기에 대한 좀 더 면밀한 규정으로 이끈다.

　따라서 우리는 『요강』 전체에 걸쳐서, 우리로 하여금 위기의 형태
로 나타나는 적대인 집합적 노동자와 집합적 자본가 사이의 적대에 의해
구성되는 근본적 계기를 인식하도록 해주는 지속적이고 점점 더 엄격
해지는 이론의 전진운동을 볼 수 있다. 『요강』에서 이루어지는 맑스의

이론전개에는 두 가지 근본적인 단계가 있다. 그 중 하나는 『요강』의 첫 번째 부분에 나타나는 것으로, 가치법칙을 잉여가치의 형태로 규정하는 것 즉 잉여가치법칙에 대한 최초의 완결된 정식화이다. 다른 하나는 두 번째 부분에서 나타나는 것인데, 거기서 맑스의 착취이론(잉여가치법칙)은 자본의 재생산 및 유통 메커니즘으로 확장되며, 그리하여 착취법칙은 위기법칙으로, 코뮤니즘을 향한 계급투쟁의 법칙으로 번역된다.

지금까지 개괄한 내용만으로도 『요강』의 각별한 중요성은 충분히 드러날 것이다. 그러나 그것의 중요성은 『요강』에서 맑스의 작업계획, 즉 『자본론』을 위한 계획을 읽을 수 있다는 사실에 의해 더욱 부각된다. 로스돌스키로부터 빌려 온 아래의 표들[30]은 맑스가 정식화한 계획의 목록을, 그리고 『요강』의 계획(로스돌스키는 이것을 '본래의 계획'이라고 부른다)과 『자본론』(로스돌스키는 이것을 '변화된 계획'이라고 부른다) 사이에서 일어난 더욱 중요한 수정의 윤곽을 보여주고 있다.[31]

맑스 저작의 구조와 관련하여 필자[로스돌스키─옮긴이]가 고려한 개요시안과 메모들

1) 1857년 9월, 『요강』 108쪽[32]
2) 1857년 10월, 『요강』 227~8쪽[33]

---

30. R. Rosdolsky, 앞의 책, pp. 55~6 [『마르크스의 자본론의 형성』, 앞의 책, 98~100쪽].
31. 『자본론』 기획의 발전에 관해서는 Rosdolsky, 앞의 책, pp. 2~55와 더불어, Vygodsky, 앞의 책, pp. 129~139의 매우 중요한 고찰의 참고하라.
32. [옮긴이] 『정치경제학 비판 요강』 I 권, 앞의 책, 80쪽.
33. [옮긴이] 『정치경제학 비판 요강』 I 권, 앞의 책, 219쪽.

3) 1857년 11월, 『요강』 264쪽[34]

4) 1857년 11월, 『요강』 275쪽[35]

5) 1858년 2월, 1858년 2월 22일자 라살레에게 보낸 편지[36]

6) 1858년 4월, 1858년 4월 2일자 엥겔스에게 보낸 편지[37]

7) 1858년 6월, 독일어판 『요강』 855~59쪽[38]

8) 1859년 1월, 『정치경제학 비판을 위하여』, 19쪽[39]

9) 1859년 2~3월, 독일어판 『요강』 969~78쪽[40]

10) 1862년 12월, 1862년 12월 28일자 쿠겔만에게 보낸 편지[41]

11) 1863년 1월, 『잉여가치학설사』 I 권 414~16쪽[42]

12) 1865년 7월, 1865년 7월 31일자 엥겔스에게 보낸 편지[43]

13) 1866년 10월, 1866년 10월 13일자 쿠겔만에게 보낸 편지[44]

14) 1868년 4월, 1868년 4월 30일자 엥겔스에게 보낸 편지[45]

---

34. [옮긴이] 『정치경제학 비판 요강』 I 권, 앞의 책, 263쪽.
35. [옮긴이] 『정치경제학 비판 요강』 I 권, 앞의 책, 278~79쪽.
36. *Selected Correspondence*, p. 96(*MECW* Vol. 40, p. 270).
37. *Selected Correspondence*, p. 97~8(*MECW* Vol. 40, p. 298).
38. *MECW* Vol. 29, p. 421~23.
39. *Contribution*, p. 19(*MECW* Vol. 29, p. 261).
40. *MECW* Vol. 29, pp. 511~17.
41. *MEW* Vol. 30(*MECW* Vol. 41, pp. 435~37).
42. *Theories* I, pp. 414~6(*MECW* Vol. 33, pp. 346~47.
43. *MEW* Vol. 31(*MECW* Vol. 42, pp. 172~74.
44. *MEW* Vol. 31(*MECW* Vol. 42, pp. 327~29.
45. *Selected Correspondence*, p. 191~95(*MEW* Vol. 32).

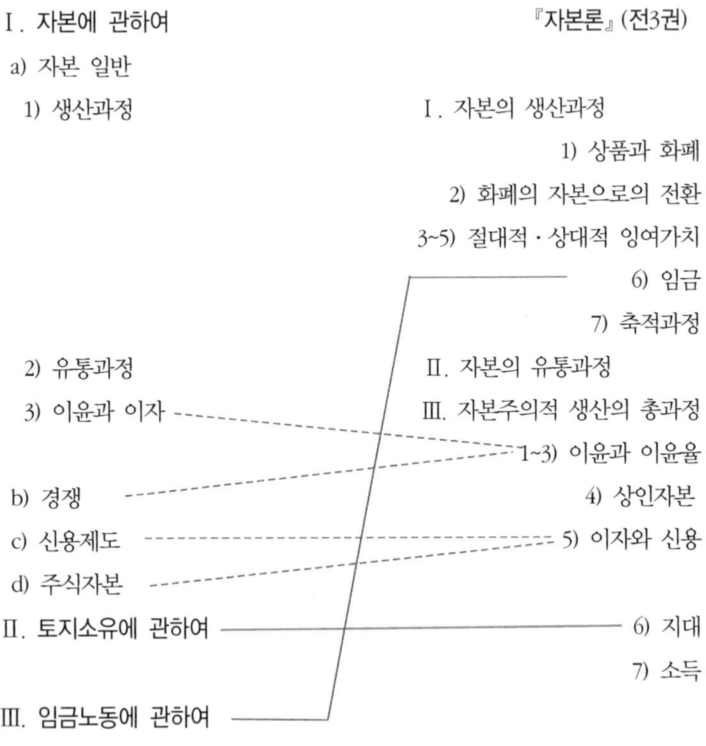

실선 : 처음의 3부 내에서의 변화
점선 : "Ⅰ. 자본에 관하여" 내에서의 변화

이러한 문헌학적 접근은 옳은가? 개인적으로 나는 약간의 의문을 가지고 있다. 그러나 당분간은 그것에 대해 말하지 않을 것이다. 연구의 진행과정에서 우리는 그러한 문헌학적 접근이 긍정적인 방식으로 해소될 수 있는지를 보게 될 것이다.

그러나 나의 첫 번째 의문은 사실 문헌학적인 것이다. 나는 맑스의 주요한 완결적 저작인 『자본론』을, 그의 모든 연구를 남김없이 포괄하고 있는 책으로 간주하는 것이 옳은지 자문해 본다. 나는 매우 뛰어나고 박식한 우리의 동지들이 제시한 『자본론』의 발생에 관한 설명들은 『자본론』이 맑스의 분석적 노력의 정점을 나타낸다는 그들의 전제로 인해 그 가치가 손상되었다고 생각한다. 그들이 그러한 전제를 갖고 있다는 것을 확인해보기 위해서는 다음과 같은 한 가지 예, 즉 맑스가 "'임금노동에 관한 책'을 별도로 쓰는 계획을 포기하였다"는 로스돌스키의 설명[46]을 살펴보는 것으로 충분할 것이다. 확실히 『요강』에서 계획되었던 '임금노동에 관한 책'은 어디서도 발견되지 않는다. 그 책을 쓰기 위해 모았던 자료의 일부가 『자본론』 1권에 삽입되기는 했지만 말이다. 그러나 이것이 맑스가 그것을 "포기"했다고 결론내리기에 충분한 증거인가?

이러한 최초의 문헌학적 의문이 좀 더 본질적인 다른 의문들과 결합된다면, 상황은 한층 더 문제적으로 된다. 『자본론』 1권에서 나타나고 있듯이, 임금은 한편으로는 자본의 한 차원이고, 다른 한편으로는 자본의 생산 및 재생산과정의 추동력이다. 이러한 점에서 노동일의 축

---

46. R. Rosdolsky, 앞의 책, p. 61 이하.

소를 둘러싼 투쟁에 관한 서술들은 적어도 세 가지 관점, 즉 필요노동과 잉여노동 사이의 변증법, 임금의 개량적 기능, 노동일의 변형/조절에 직접적으로 관여하는 국가라는 문제의 관점에서 근본적이다. 그러나 『요강』에서 전개되는 임금에 관한 서술은 우리로 하여금 이러한 세 가지 지평을 넘어서 적대의 관점에서 임금을 고려하도록 해준다. 그리고 그러한 한에서 적대는 다름 아닌 노동계급이라는 개념으로 해석된다. 『요강』에서 노동계급 개념은 코뮤니즘에 대한 강력한 암시일 뿐만 아니라, 자본에게는 언제나 위기와 파국을 나타낸다. 이렇게 우리는 『요강』에서 임금에 관한 특별한 책에 대한 형식적인 언급뿐만 아니라, 혁명적 주체성 및 노동계급 개념과 긴밀히 연결되어 있는 임금 개념을 발견하게 된다. 정말 우리는 이 모든 것이 『자본론』 1권에 완전히 표현되어 있다고 말할 수 있는가?

우리는 이 질문에 대답해야만 할 것이다. 그러나 지금으로서는 맑스의 텍스트들에 대한 저명한 해석자들이 채택한 방식이 매우 불만족스럽다고 말해두는 것으로 충분하다. 예비적 계획에서 나타나고 있듯이 『자본론』은 맑스의 전체 테마 중 단지 한 부분, 그것도 가장 근본적이지는 않은 한 부분이지 않을까? 그것은, 유일하게 완성된 부분이기 때문에, 그리고 (다소 고상하지 못한 이유긴 하지만) 그것의 부분적 성격으로 인해 한계 속에서 규정되기 쉽고 따라서 맑스의 작업 전체의 정신과 근본적으로 일치하지 않는 방식으로 해석되기 쉽기 때문에 과대평가되어 온 것이 아닐까? 맑스의 모든 원고를 갖고 있었던 카우츠키(Kaustky)는 1903년에 「서설」을 (속류적인 오류들을 지닌 채로) 출간했지만[47], 『요강』의 나머지 부분에 대해서는 아무 것도 하지 않았다. 이것은 순전히 우연이었는가? 아마 그럴지도 모른다. 그러나 후에 이루어진 혁명적 운동에 있어서의 발전들은 그것이 우연이 아니었음을 증명하고 있다. 사실 『요강』은 『자본론』이 어떻게 구성되었는지를 문헌학적으로 연구하는 데에만 사용될 수 있는 텍스트가 아니다. 그것은 '임박한 위기'가 낳은 혁명적 가능성들에 대한 평가와, 이러한 위기에 직면한 노동계급의 코뮤니즘적 행동을 적절하게 종합할 수 있는 이론에 대한 욕구를 결합하는, 역동적 관계의 이론을 제시하는 정치적 텍스트이기도 하다. 따라서 『요강』을 읽음에 있어서 문제는 그것이 맑스의 다른 텍스트들―특히 『자본론』―과 얼마나 동질적인가를 확인하는 것이 아니라, 필요하다면 극단적으로 그것들 간의 차이점을 찾아내는 것이다. 다른 한편 『자본론』은 정말로 맑스의 분석의 단지 한 부분일 뿐이다. 그것의 중요성은 그에 걸맞게 평가될 수 있을 것이다. 그러나 『자본론』은 자주 범주들의 유효성을 제한하고 변형하는 방식으로 범주들을 제시함으로써 그 의의가 상당부분 손상되었다. 우리의 이탈리아 동지들은 『자본론』에서 "연구를 가로막는" 경향이 있는 "방법의 마법"을 보았다. 『자본론』에서 나타나는 범주들의 대상화(objectification)는 혁명적 주체성의 행동을 방해한다. 다른 한편 (곧 알게 되겠지만) 『요강』이 혁명적 주체성을 뒷받침하는 텍스트라는 것은 사실이 아닌가? 『요강』은 맑스주의 전통이 너무나 자주 파괴하고 분리시켜 버린 무언가, 즉 노동계급주체성의 구성적 과정과 전략적 기획 사이의 통일성을 재구축하는 데 성공하고 있지 않은가? 다른 텍스트들에서 오직

47. *Neue Zeit*, XXI, 1.

파편적으로 그리고 일면적으로만 드러나는 맑스를,『요강』은 온전하게 제시하고 있지 않은가?

5. 문헌학적 고려들에서 좀 더 본질적인 문제들로

『요강』의 주된 해석자들은 이 저작이 갖는 각별한 풍부함과 밀도에 대해 오직 암시나 흔적만을 제공할 수 있는 것처럼 보인다. 비고츠키는 맑스가 1840년대에 고전적 가치론을 이해하고, 1850년대에 역사유물론을 발전시킨 후 — 1857년 8월에서 9월 사이에 쓰여진 『요강』의 「서설」은 맑스 사유의 발전에 있어서 이 국면에 위치지어져야 한다 — 최종적으로 『요강』(엄격하게 규정된 『요강』, 즉 1857년 10월부터 1858년 6월까지의 노트들)에서 자신의 잉여가치론을 발전시켰다고 주장한다. 그런대로 좋다. 이러한 입장은 일보전진으로 평가할 수 있다. 그러나 로스돌스키는 사태를 다르게 파악한다. 그에게 『요강』은 『자본론』에 이르는 부단한 사유과정에서 최초의 그리고 매우 중요한 하나의 단계일 뿐이다("1848년경에 이미 '맑스는 자신의 경제학 체계의 초석인 잉여가치론의 기초를 확고히 하였으며,' 이에 따라 그는 이후의 연구를 통해 잉여가치론을 상세히 가다듬는 과제만을 남겨두고 있었다. 이 과정을 우리는 '거친 초고'(the Rough Draft)[48]를 통해 자세히 연구할 수 있다.")[49] 그리고 이러한 사유의 방향은 계속적인 교정과

---

48. [옮긴이] 『요강』을 말한다.
49. Rosdolsky, 앞의 책, p. 2 [『마르크스의 자본론의 형성』 1, 앞의 책, 25쪽].

조정 그리고 정제를 통해 발전된다.

비고츠키의 경우 (단절과 도약에 의한 전진을 맑스 사유의 이론적
요소들 중 하나로 파악하고 이해했다는 의미에서) 일보전진을 이루어
냈음에도 불구하고, 여전히 적절한 설명을 제공하지 못하고 있다. 그
것은 그가 잉여가치법칙의 발견을 넘어서 나아가지 못했기 때문만이
아니라, 그 발견의 중요성을 충분히 깨닫지 못했기 때문이기도 하다.
가치론을 잉여가치론으로 발전시키는 것, 가치의 역사적 형태가 잉여
가치라는 사실을 인식하는 것은 '직접적으로 혁명적인 기획'[50]의 발전
을 의미한다. 그것은 맑스를 적대에 기반한 자본이론, 사회적 착취이
론이라는 출발점으로 데려다주며, 그러한 이론들을 더욱 밀고 나가서
투쟁의 주체성으로의 계급구성이 등장하는 지점으로까지 나아간다. 그리
하여 잉여가치론은 (아이작 루빈이 이미 보여준 바대로) 맑스 사상의
역동적 중심, 역동적 종합이 되며, 또한 자본에 대한 객관적 분석과
계급행위에 대한 주체적 분석이 결합되고 계급적 증오가 그의 과학적
범주들 속으로 통합될 수 있는 지점이 된다. 그러나 이것 역시 불충분
하기는 마찬가지이다. 지금 우리는 착취법칙의 발견이 지니는 중요성
만을 고려하고 있을 뿐이다. 그러한 발견이 가지는 함의들을 끝까지
추적하고, 그것의 파생적 효과가 미치는 범위를 확인하는 일은 여전히
행해지지 않은 채로 남아 있다. 그러므로 우리는 잉여가치의 발견 및
그것의 이론적 가공으로부터 생산과 재생산, 유통과 위기, 사회적 자
본과 노동계급주체성, 그리고 다시 한번 경제발전과 위기 그리고 코뮤

---

50. 1860년 9월 15일자 라살레에게 보낸 편지.

니즘 사이의 연결고리들에 대한 분석으로 나아가야 한다. 그리고 이러한 과정은 전적으로 그리고 지속적으로 근본적인 적대, 착취의 관점에서 진전된다. 다시 말해 잉여가치 과정의 역동적 통일성은 결코 주체들(임금노동과 자본) 간의 분리를 제거하지 않으며, 오히려 그것들의 매개 — 가치형태, 화폐, 노동형태, 교환형태 등 — 를 모순과 한층 더한 초월에 이르게 되는 지점까지 지속적으로 밀어붙인다. 위기와 계급투쟁은 너무나 밀접하게 절합되어, 이러한 적대의 변증법 내에서 위기는 파국의 형태를 띠고 계급투쟁은 코뮤니즘 — 계급적 적을 제거하려는 필연적이고 가차없는 의지라는 현실적이고 물리적인 한 극 — 의 형태를 띠게 된다. 여기서 (계급구성에 대한 특정하고 명확한 분석에 기반한) 역사유물론은 그 나름의 방식으로 정치경제학 비판의 추상적 형태 속으로 통합되며, 정치경제학의 법칙들은 역사유물론에 의해 매개된다. 여기에 모호함, 『자본론』에 대한 해석들이 만들어낸 그러한 종류의 모호함이 끼어들 여지가 있는가? 나는 그렇게 생각하지 않는다. 역설의 형태로라도, 이러한 과정의 역동성을 실체화하고 또한 마음대로 파악하거나 조작하거나 부정할 수 있는 나름의 발전법칙을 지닌 하나의 총체성으로 경화(硬化)시킴으로써 그것을 파괴하는 것은 불가능하다. 아니, 『요강』에서 당신은 그 과정의 근저에 놓여 있는 적대에 당신이 참여하는 만큼만 그것을 파악하거나 부정할 수 있을 뿐이다. 적대의 외부에는 어떠한 운동도 존재하지 않을 뿐만 아니라, 어떠한 범주도 존재하지 않는다. 『요강』의 독창성과 참신함은 전적으로 그것이 지닌 엄청난 개방성에 있다. 여기에, 주체성을 자신 내부의 결정적 요소로 품고 있다는 사실로부터 필연적으로 도출되는 역설적인 비결정성(inconclusiveness)을 다름 아닌 자신의 심장부에 가지고 있는 하나의 과학이 있다.

　사람들은『요강』을 독해하거나 해석함에 있어서 왜 그토록 소심한걸 까? 붉은 실―혁명에 대한 희망, 혁명의 가능성이라는 붉은 실―이 잉여가치로부터 자본-위기-주체성-코뮤니즘의 연쇄에 이르기까지, 즉 자본관계의 재생산에 있어서 적대가 행하는 기능에 이르기까지 걸 쳐있다. 이렇게『요강』은 자본과정 내부에 있는 혁명적 주체성의 분석 에 대한 주체적 접근("임박한 위기")을 구성해낸다. 그것은 또한 맑스의 분석적 작업에 있어서의 최고점을 나타내며, 그의 상상력과 혁명에 대 한 희망의 정점을 표현한다. 무수한 논쟁을 불러일으켰던 그 모든 형식 적 이중성들―자본에 대한 이론적 분석 대(對) 정치학, 변증법 대 유물 론, 객관주의 대 주관주의 등―은 깡그리 불타고 녹아서, 적대의 형태 로 자본주의적 과정을 구성하는 저 진정한 이중성과 결합된다.

6. 개방적 저작으로서의『요강』

　분명, 위에서 말한 모든 것은 증명을 필요로 한다. 내가 앞서 그러 한 것들을 말했던 것은, 지금껏『요강』을 따라다녔던 환원주의와 성의 없고 모호한 해석들을 피하기 위해 나의 입장을 명확하게 그리고 미 리 개괄적으로 밝히는 것이 합당하다고 생각했기 때문이다. 나의 독해 방식의 대략적인 취지를 개괄하였으므로, 이제 내가 특히 중요하다고 생각하고 또 집중적인 분석을 필요로 하는 몇 가지 논점들을 자세히 살펴보는 것이 좋을 것 같다.

1) 화폐형태에서 가치형태로. 『요강』의 맑스에게 이 관계는 근본적인 것이다. 여기서 맑스의 화폐분석은 우리로 하여금 가치형태를 분석할 수 있도록 해주는 특정한 술어들을 발전시킨다. 앞으로 보게 되겠지만 이러한 측면에서, 상품관계의 신비화라는 현실은 상품형태가 분석의 주제인 맑스의 다른 저술들에서보다 이러한 접근법에 의해 더 잘 드러난다. 반대로 사용가치는 화폐형태의 관점에서 분석된 가치형태와 나란히 설 때 새롭게 중요성을 획득하고 광범위한 발전을 이룬다. 따라서 『요강』이 'Ⅱ. 화폐' ─ 이것은 우리로 하여금 'Ⅰ. 가치'를 찾아보게 하지만, 가치에 관한 첫 번째 장은 쓰여지지 않았고, 다만 '가치'라는 제목하에 노트 Ⅶ에 실려 있는 개요시안[51]만이 존재할 뿐이다 ─ 로부터 시작하는 것은 우연이 아니다. 이 모든 것의 결과는 좀 더 연구될 필요가 있다. 내 생각에 그것들은 한편으로는 화폐에 대한 발본적인 비판으로 나아가고, 다른 한편으로는 가치를 단지 신비화일 뿐인 것으로 즉각적으로 규정하는 데로 나아가고 있기 때문이다.

2) 노동의 정의(定義). 『요강』에서 노동은 직접적으로 추상적 노동으로 나타난다. 노동은 오직 이 층위에서만 이해되고 이론 속으로 통합될 수 있다. 노동은, 그것이 오직 사회적 생산관계의 층위에서만 즉각적으로 이해될 수 있는 한에서 추상적으로 된다. 따라서 우리는 오직 교환관계 및 자본주의적 생산구조의 관점에서만 노동을 정의할 수 있다. 우리가 맑스에게서 발견하는 유일한 노동 개념은 임금노동 개념, 즉 자본의 재생산을 위해 사회적으로 필요한 노동이라는 개념이다. 그

---

51. *Grundrisse*, 앞의 책, p. 881 이하 [『요강』Ⅲ, 앞의 책, 189~90쪽].

러므로 맑스가 서술한 바대로의 노동이란 개혁되거나 복원되거나 해방되거나 혹은 승화되어야 할 무언가가 아니다. 그것은 오직 폐지되어야 할 개념이자 현실로 존재할 뿐이다.

3) 크리스티나 페나바야(Christina Pennavaja)는 비고츠키의 『맑스의 '요강' 입문』에 부치는 서문에서 다음과 같은 중요한 점을 지적하였다. 즉, 적대의 관점에서 수행된 분석의 결과, "가치론은 결코 닫힌 이론으로 간주될 수 없고, 또 균형적인 재생산 및 유통이론의 기초로 여겨질 수도 없다". 『요강』에서 맑스주의는 반(反)경제학의 이론이다. 맑스의 비판은 결코 정치경제학의 한계에 갇히지 않으며, 사실 그의 과학은 그 자체로 적대들의 운동이다. 가치법칙에 대한 이러한 이해는 이른바 사회주의 경제학의 관념 전체를 즉각적으로 의문에 부친다. 사회주의 경제학의 모든 관념들은, 그것이 유토피아적 형태이든 현재 실현된 형태이든 간에, 맑스주의와 아무런 관련이 없다.

4) 맑스 '체계'의 개방적인 역동성은 전적으로 위기와 혁명적 주체성의 출현 사이의 관계를 규명하는 데에 맞춰져 있다. 이 관계는 맑스의 사유에서 너무나 근본적인 것이며, 그런 의미에서 우리는 맑스주의를 위기의 과학인 동시에 전복의 과학이라고 규정해도 좋을 것이다. 따라서 위기를 치료되거나 고쳐져야 할 병쯤으로 이해하는 이들은 혁명적 운동의 배반자일 뿐만 아니라, 맑스주의의 범주들과 아무런 관련이 없는 방식으로 말장난을 하고 있는 것이다. 주체성을 단지 착취로만 환원하려 하는 것은 분명, 주체성을 전복과 이행으로 이해한 맑스 고유의 규정을 벗어나는 것이다. 이러한 점에서 『요강』은 이행의 문제에 관한 가장 중요한 (그리고 아마도 유일한) 맑스의 텍스트이다. 이행의

문제를 둘러싼 그 수많은 입장들이 이러한 사실을 철저히 무시하고 있다는 것은 실로 이상한 일이다.

5) 우리가 『요강』에서 발견하게 되는 코뮤니즘에 대한 맑스의 규정은 통상적으로 그것을 특징짓는 특성들을 훨씬 넘어서는 극단적으로 발본적인 형태를 취하고 있다. 여기에서 근본적인 요소는 코뮤니즘과 계급구성 사이의 연계(nexus)이다. 이러한 연계는 전통적인 정치과학의 권력 개념들과는 (심지어 맑스주의적 권력 개념과도) 근본적으로 다른 권력 개념을 낳는다. 계급구성과 권력의 연계는 계급구성과 이행의 연계와 마찬가지로 행동, 욕구 그리고 자기가치화 구조의 현실적이고 물질적인 성격을 토대로 하여 절합된다. 맑스주의 내부의 권력이라는 테마는 철저하게 비판받아야 한다. 그리고 이러한 연계들에 대한 더욱 심화된 분석은 그 테마를 새로이 구축하는 데에 적합한 술어들을 제공해 줄 것이다. 오늘날 이러한 과제의 중요성은 아무리 강조해도 지나치지 않다.

6) 마지막 특수한 논점은 『요강』에서 **노동계급**을 규정하는 개념들의 역동성에 관한 것이다. 우리는 이미 맑스가 임금노동에 관한 (혹은 임금에 관한) 책을 쓰지 않았다는 사실로부터 그리고 임금의 일부 중요한 요소들이 『자본론』 제1권에서 환원적이고 객관적인 술어들로 규정되었다는 사실로부터 발생하는 부정적인 효과들을 살펴보았다. 그러나 이러한 관찰은 문제를 푸는 데에 아무런 도움이 되지 않는다. 문제를 풀기 위해 우리는, 많은 상이한 단계들을 거쳐 맑스의 임금 비판과 코뮤니즘 및 코뮤니즘적 주체성에 대한 혁명적 정의 사이의 개념적 연결고리를 창출하는 연관관계를 추적해야만 할 것이다. 요컨대 우

리는 적어도 맑스가 쓰려고 했던 '임금에 관한 책'의 개요나 요강을 재구축하고, 그것의 주요한 절합들을 파악해야 할 것이다.

위와 같이, 우리가 어떻게 『요강』을 읽어야 하며 또 어떻게 그 분석의 두 가지 주요한 요소 — 잉여가치와 실현 — 를 정의해야 하는가를 검토할 때 염두에 두어야 할 몇 가지 근본적인 문제들이 있다.

7. 맑스적 방법의 '다원적' 세계

맑스의 사유를 이해함에 있어서 『요강』이 갖는 각별한 중요성은 거기서 사용된 방법에 있기도 하다. 1857년의 「서설」과 그것이 『요강』의 기획에 창조적으로 적용되는 방식은 **방법론**적인 측면에서도 역시 중요하다. 「서설」을 통해 맑스는 자신의 정신을 단련시켜 왔던 방법에 관한 다양한 문제들의 종합을 달성해 냈기 때문이다. 후에 「서설」을 자세히 다룰 것이기 때문에, 여기서는 그것에 관한 세부적인 분석을 행하지는 않을 것이다. 지금으로서는 다음과 같이 말해두는 것으로 충분할 것이다. 즉 노트 M은 **결정적 추상**(determinate abstraction) 및 **경향**(tendency)의 방법 그리고 역사유물론의 방법론에 대한 명시적인 정교화를 담고 있으며, 『요강』에서 맑스는 유물론적 방법을 세련된 변증법적 실천에 접목시키는 그러한 방법론을 최초로 적용하였다고 말이다. 변증법의 두 가지 추동요소의 종합은 전적으로 개방적이다. 한편으로 변증법적 이성은 추상 즉 논리적·발견적 매개를 주체화하고 그것에 역사적 자격과 역동성을 부여하면서 결정(determination)과 경향 간의 관계에 개입한다. 다른 한편 유물론적 방법은, 그것이 완전히 주체화되어 있고 또 완전히 미래를 향해 열려 있는 한에서 어떠한 변증법적 총체성이나 논리적 통일성에도 갇히기를 거부한다. 결정은 모든 의미, 범주들 사이의 그 모든 긴장, 모든 경향들의 기초이다. 이러한 방법이 바로 연구에 있어서의 장애들을 쓸어버리고 연구가 앞으로 나아갈 수 있는 더욱 진전된 새로운 토대를 끊임없이 재창출하는 폭풍이다. 이러한 의미에서 우리는 다시 한번 (아직 더 많은 설명을 필요로 하는 가설적 형태로이긴 하지만) 『요강』은 방법의 관점에서도 근본적으로 개방적인 저작이라고 말할 수 있다. 마찬가지로 우리는 또한 이 시기 맑스가 전적으로 행복한 국면, 즉 절충적이지도 않고 매개적이지도 않은 발전의 중간 시기에 있었다고 말할 수 있을 것이다. 이 시기에는 그의 맹렬한 통찰력의 풍부함이 무차별적인 평균으로 환원되지 않았고, 범주들은 진부해지지 않았으며, 상상력이 억제되는 일도 없었다.

그러나 이러한 일반적 관찰들은 중요하기는 하지만 여전히 충분히 구체적이지는 못하다. 그것들은 맑스의 방법의 '다원적' 우주 — 나는 이렇게 부르고 싶다 — 가 어떻게 탄생하게 되었는지에 대한 일말의 암시를 제공해 줄 뿐이다. 그것들은 어떠한 실례도 제공하지 못하며, 그 우주가 맑스의 연구실에서 실제로 작동하고 있음을 보여주지 못한다.

주지하다시피 맑스는 『자본론』 1권의 독일어 제2판 후기에서 연구(Forschung)와 서술(Darstellung), 즉 연구의 계기와 과학적 서술의 계기 사이의 차이점에 대해 다음과 같이 서술하였다.

물론 서술방법은 연구방법과 그 형식에 있어서 다를 수밖에 없다. 연구는 마땅히 세밀하게 소재(素材 : material)를 파악하고, 소재의 상이한 발전형태들을 분석하고, 이 형태들의 내적 관련을 구명해야 한다. 이러한 작업이 끝난 뒤에라야 비로소 현실의 운동을 적절하게 서술할 수 있다.[52]

『요강』에서 우리는 연구와 서술 사이에서 펼쳐지는 논리과정의 모든 다양한 단계들을 관찰할 수 있다. 앞서 살펴본 것을 염두에 둔다면, 우리는 이러한 과정이 선형적이지 않으며 일방적이지도 않다는 것을 즉각적으로 깨달을 수 있다. 반대로 연구와 서술 간의 변증법은 모든 측면에서 열려 있다. 연구에 의해 도달된 모든 서술적 결론은 새로운 연구와 서술을 위한 공간을 열어젖힌다. 이것은 연구의 연속적 영역들이 수평적으로 고갈됨으로써 발생할 뿐만 아니라, 주요하게는 새로운 주체에 대한 각각의 결정이 즉각적으로 새로운 적대를 드러내고, 이것을 통해 새로운 주체들에 대한 결정이 나타나는 과정을 가동시키는 역사적이고 경향적인 운동에 의해서도 일어난다. 그러므로 모든 서술에는 새로운 서술이 변증법적으로 뒤따른다. 여기에서 우리는 언제나 과학적으로 접근되고 과학적으로 재확립되는 과정에 있는 현실적 운동의 복잡성을 구성해낼 수 있는 하나의 구성적 과정을 갖게 된다.

그러므로 선형적 연속성이란 없으며, 결정적 적대에 의해 지속적으로 산출되는 관점들의 다원성 그리고 연구라는 구성적 활동에 의해 지시되는, 새로운 서술을 향한 서술에 있어서의 도약이 있을 뿐이다. 바로 이러한 관점, 즉 방법 — 유물론적으로는 언제나 역사적이고 구

---

52. *Capital*, Vol. I, 앞의 책, p. 19 [『자본론』 I 상, 앞의 책, 18쪽].

체적인 결정을 근본적인 것으로 간주하고, 변증법적으로는 각각의 적대가 스스로를 구성하고 해소하고 다시 제기하는 바로 그 운동 속에서 각 결정[규정]의 역동성과 경향을 찾아내는 방법 — 의 관점에서, 『요강』이 '다원적' 우주를 구성한다고 말할 수 있는 것이다. 모든 연구결과는 서술과정에서 자신만의 적대적 내용을 확인하고, 경향적으로는 그것을 그것에 적합한 역동성의 관점에서 파악하려고 한다. 이러한 역동성이 작동할 때, 우리는 진정한 개념적 폭발과 개념적 틀의 재정의를 보게 된다. 후에 나는 이 모든 것들을 덜 형식적인 방식으로 논의할 것이다. 그리고 나는 예컨대 어떻게 새로운 서술이 시작됨에 있어서 논의에서 사용되는 모든 술어들이 일보전진할 수밖에 없도록 강제되고, 그리하여 이전의 서술방식 자체가 분석의 주제가 되고 그 결과 새로운 서술에 소재를 제공하게 되는지에 관한 사례들을 제시할 것이다. 그러나 가설들만을 제시하고 있는 지금으로서는 『요강』에서 사용된 이러한 방법의 강력함, 즉 개념을 파악한 뒤 그것을 폭발시키고, 그것을 재정의하고 결정하기 위해 형성 중인 영역의 미결정성 속으로 다시 분석을 이동시키는 맑스적 방법의 힘을 언급하는 것으로 만족할 것이다. 기타 등등.

그러므로 맑스의 방법, 『요강』의 방법은 결코 일부 교수들이나 논쟁가들이 왜곡시킨 것과 같은 방법론적 물신주의가 아니다! 이것에 동의한다면 당신은 거기서 (결코 일괴암적(monolithic)인 의미에서가 아니라, 오직 다양한 연속 및 도약의 형태로만 나타나는) 총체성을 향한 열정을 발견할 수 있을 것이다. 무엇보다도 당신은 주체성의 그 모든 다원성 및 다양성을 품고 있는 역동성, 즉 가능한 결과들의 다면적인 개방성을 발견할 수 있을 것이다. 때때로 일부 맑스주의 전통에서 나타나는 아둔한 객관주의와의 논쟁에서 어떤 이들은 결정론으로 타락해버린 유물론의 결점들로부터 이러한 소위 '현실론'(realism)을 해방시키기 위해, 방법의 이러한 비고정성을 맑스의 정치적 담론에 귀속시켜 왔다. 그러나 이것은 중대한 문제를 해결하는 방식으로는 적절하지 않다. 오히려 우리는 맑스가 연구했던 물질적 내용의 비고정성과 그것이 표현하는 주체적 특성화의 풍부함 — 맑스는 이것에 너무나 정통해 있었다 — 을 인식해야만 한다. 맑스의 방법은, 그것이 우리로 하여금 현실을 요소들의 다면적이고 역동적인 다양성으로 이해할 수 있게 해주는 도구를 제공하는 한에서 구성적인 과학의 방법이다. 맑스의 방법은 계급투쟁이 폭발적인 적대들을 구성하는 한에서 구성적이다. 그리하여 분석의 결과들이 서술된다. 그리고 그러한 서술에는 질적인 도약이 존재하는데, 그것은 단지 결정[규정]적 종합이 일어났다는 분명한 사실만을 가리키는 것은 아니다. 중요한 것은 이러한 결정[규정]적 종합과 더불어 새로운 층위에서 적대의 확산이 시작되고, 적대의 구성과 그것의 폭발적인 잠재력/가능성을 위한 새로운 지형이 열린다는 사실이다.

잉여가치론에서 실현이론으로의 이행을 연구할 때, 그것은 후자에 전자를 적용하는 문제는 아닐 것이다. 확실히 아니다! 우리의 문제는 자본주의적 지배의 일반적인 조직과정이 어떻게 사회적 수준에서 — 자본의 관점과 계급적 관점 모두에서 새로운 형태로 — 잉여가치의 역동성을 재생산하는가를 아는 것이다. 그리고 세계시장의 형성과정과 국내시장과 세계시장의 변화하는 관계를 연구할 때, 우리는 또한 우리의 분석을 — 연구형태와 서술형태 모두에 있어서 — 이러한 새로운 일반적 층위들로, 그것들 내부로 이동시켜야(옮겨놓아야) 한다. 그리하여 결정[규정]적 추상, 경향에 기초한 방법, 서술단계의 진전, 연구영역의 전진적 전치(轉置) — 이러한 방법의 역동적 성격이 [그 내부에서] 움직이기에 위험하고, 이해하기 어려우며, 그것을 획득했을 때는 큰 흥분을 주는 '다원적' 우주를 구성한다.

『요강』에서 사용된 방법에 관한 나의 예비적 가설들 가운데 마지막 요소를 말할 차례이다. 이것은 맑스의 분석적 노력의 정점인 가치법칙의 위기 문제와 관련된 것이다. 일반적으로 말해서 오늘날 우리가 가치법칙의 물질적 작용에 있어서의 위기 국면에 진입하였다는 것을 받아들이기로 하자. 맑스주의적이고, 유물론적이며, 변증법적인 우리의 방법은 그 결과 나타나는 변화들을 고려해야 하며 그에 따라 변화해야 한다. 문제를 제기하는 것만으로는 충분치 않을 것이다. 우리는 해답을 제시해야 한다. 이보다 더 중요한 것은 없다.

8. '맑스를 넘어선 맑스'의 긴급성

잠시 숨을 돌리기 위해 다른 이야기를 해보자. 오늘날 사회과학에 있어서 방법론에 관한 논의들은 매우 자주 새로운 관점, 즉 사회적 자기가치화 계기들의 다원성, 재구성 과정의 역동성이라는 관점에서 이루어진다. 그리고 이 새로운 방법론적 감각은 대체로 맑스주의적 방법과 대립적인 것으로 제시된다. 재구성 계기들의 다양성 혹은 재구성

방법에 있어서의 횡단성(transversality)을 말하는 이들은 다음과 같이 외친다. "맑스를 넘어서." 그러나 어떤 맑스를 넘어서? 당 간부 학교들이 가르친 맑스? 아니면 노동계급과 프롤레타리아 투쟁의 이론 및 실천 속에서 재발견된 맑스?『요강』을 다시 읽을 때 우리를 지배하는 한 가지 강력한 느낌은, 여기서 우리는 진정으로 "맑스를 넘어서" 있으며, 또한 다원주의 혹은 횡단성이 지닌 모든 가능한 방법론을 넘어서 있다는 것이다. 맑스에게 있어서 연구영역은 현실적 계기들의 다원성과 적대의 폭발적 이중성 간의 지속적인 긴장을 통해 구성된다. 이 체계적 (또는 반체계적?) 틀에 통일성을 부여하는 것은 적대인데, 이 적대는 총체성 형성을 위한 토대가 아닌 적대 그 자체의 한층 더 강력하고 다원적인 확장의 근원으로서의 적대이다. 맑스의 방법론에 있어서 계급투쟁이 파괴적이고 적대적일수록 그것의 주체들은 자유로워진다. 맑스를 넘어선 맑스?『자본론』을 넘어선『요강』? 그럴 수도 있을 것이다. 그러나 확실한 것은 맑스에게 있어서 그토록 중심적인 잉여가치론이 가치론에서 집중과 지배에 관한 개념들을 도출하려 하는 모든 과학적 가식에 종지부를 찍는다는 사실이다. 잉여가치론은 권력의 미시물리학의 층위에서 적대를 증폭시킨다. 그리고 계급구성이론은 통일성의 재구성이 아니라 다양성과 욕구 그리고 자유의 재구성이라는 관점에서 권력의 문제를 사유할 수 있는 새로운 기초를 놓는다. 맑스를 넘어선 맑스, 이것 또한 중요하고 즉각적이며 긴급한 가설이다.

9. 주류적 해석자들

『요강』의 주요한 해석자들은 『요강』의 매혹적인 힘을 인식하였으나, 그것에 몸을 내맡기지는 못했다. 이 때문에 그들은 (거의 예외 없이) 텍스트를 있는 그대로 읽어내지 못하고, 왜곡과 환원주의로 끝나고 말았다. 그들이 쓴 글들의 제목은 이것을 잘 보여준다. 「위대한 발견의 역사」(La Storia di una Grande Scoperta), 또는 좀더 명시적으로 「『자본론』 발생에 있어서의 한 단계」(Bevor 'Das Kapital' Entstand), 또는 「맑스의 『자본론』 발생사의 이해」(Zur Entstehungsgeschichte des Marxzchen 'Kapital') 등등. 때때로 그들은 『요강』에 관해 매우 유용한 것들을 말하기도 한다. 그러나 그들은 언제나 『요강』을 그것 자체로 독해하지 않고, 다른 텍스트의 기원으로 다룬다. 그들이 사용하는 역사서술 방법론은 맑스주의적이지 않다. 그것은 발생적 연속성, 즉 사유의 발전에 있어서의 연속성을 확인하는 데에 만족하고 도약, 단절, 지평의 다원성 그리고 실천이 제기한 긴급성 등에 주의를 기울이지 않는다 — 아무런 주의도 기울이지 않는다고 할 수는 없을지 몰라도, 충분한 주의를 기울이지 않는 것은 확실하다.

유감스러운 것은, 매우 드물게 이러한 물질적 특성들이 고려될 때조차도 또 다른 열성 — 체계화와 분류에 대한 광적인 집착 — 이 올바른 독해를 방해한다는 사실이다. 실제로 그들은 『요강』이 그 자체로 독창적인 저작이라고 말하지만, 뒤이어 (맑스가 편지에서 한 말들을 문자 그대로 받아들여서) 『요강』은 강력한 영감의 광란 속에서, 극단적인 고립에서 오는 절망 속에서, 정치적인 실천의 일시적 위기 동안에 쓰여졌다고 말한다. 자정을 넘어서 마치 열병에 걸린 듯 『요강』을 썼다고.

　형식적인 면에 관해서는 그냥 넘어가자(그들은 자비롭게도 세세한 실수들 ― 수학적 계산들은 모두 틀렸고, 변증법적 방법이 개념들을 난삽하게 만들며, 개념들의 정의를 복잡하게 만든다 ― 은 눈감아 주겠다고 말한다). 내용에 관해서 말하자면 『요강』은 맑스주의적 '이론'을 특징짓는 엄격한 유물론적인 방법론적 단절 이전의 것으로 간주된다. 그것은 청년 맑스의 마지막 저작이며, 개념적 연결과 분석의 진행이 여전히 시험적이고 공상적이다. 이러한 서술진행방식이 잉여가치론의 측면에서 받아들여질 수 있다 하더라도, 주관주의의 폭발과 파국론으로 점철된 실현이론은 하나의 재앙이라고 할 수 있다. 그것은 물질적 연결관계들을 거의 형이상학적인 ― 아니면 적어도 (「자본주의적 생산에 선행하는 형태들」에서처럼) 유기체주의적인, 또는 (「기계에 관한 단상」에서와 같이) 인간주의적인 ― 효과들로 대체시켜버렸다. 그리하여 『요강』은 굉장한 혁신적 노력이 투여되어 있지만 청년 맑스의 인간주의를 반복하고 과장해서 말하는 것 이상으로 나아가지는 못한 텍스트로 받아들여진다. 『요강』은 단지 관념론과 개인주의적 윤리로 수놓아진 거친 초고일 뿐이다. 「기계에 관한 단상」에서 시도된 코뮤니즘에 대한 정의는 19세기의 과학적 관념론과 자유주의적 개인주의의 종합이다. 이러한 비판들을 접하면, 나는 종종 할 말을 잃는다. 나는 사실 텍스트를 있는 그대로 읽음에 있어서 이러한 비판들이 얼마나 근거없는 것인지를 보여주기 위해 '독일적인' 철두철미함을 가지고 『요강』을 자세히 검토하고 싶은 유혹을 받는다. 그러나 왜 사서 고

생을 하겠는가? 『요강』에서 나타나는 '광란'이 실은 맑스의 것이 아니라 [그 위에서] 그의 비판적 도구들을 날카롭게 벼리는 소재, 즉 물질적인 것의 광란이었음을 어떻게 설명해야 할까? 바로 이것, 즉 물질적인 것의 성격과 그 극단적인 결과들에 대한 상세한 서술이 『요강』을 그토록 특별한 것으로 만드는 것이다. 그것은 최종적이고 물질적이며 해결불가능한 적대의 지점으로까지 모순들을 심화시키는 맑스 과학의 정점이다. "오히려 우리의 목적은 (자본이 포함하고 있는 모순들을) 완전히 발전시키는 것이다".[53] 모순이 적대에 이르게 되는 이러한 과학에, 물질적인 것의 광란을 위한 현실적인 공간은 존재할지 몰라도, 인간주의를 위한 자리는 있을 수 없다.

이제 '발생'(genesis)이라는 관념을 특히 중요하게 사용하는 좀 더 최근의 몇몇 해석들을 다시 살펴보자. 이러한 해석들은 맑스 사유의 발전에 있어서의 이론적 연속성에 많은 — 내 생각으로는 지나치게 많은 — 관심을 집중한다. 이 모든 해석들 가운데 비고츠키의 해석이 가장 두드러진다. 그는 『요강』을 하나의 전환점으로 이해했다는 점에서, 그리고 『요강』에 대한 그의 정의와 주제적(thematic) 재구성이 갖는 중요성에 있어서 신뢰를 받을만하다. 그러나 비고츠키의 작업은 변증법적 유물론의 '새로운 모습'(new look) 내부에 위치한다. 계급투쟁이 가치법칙의 작동 — 이 작동은 이제 '경제적 합리성'의 외관을 조금도 띠지 않는 순수한 명령의 형태로 나타난다 — 에 맞서게 되었을 때, 즉 가치화에 대항하는 봉기가 점점 더 뚜렷해질 때 소비에트 맑스주의는

---

53. *Grundrisse*, 앞의 책, p. 351.

수세에 몰리게 된다. 때문에 낡은 변증법적 유물론은 이제 현대의 상황에 맞게 변형되어야 한다. 그러므로 『요강』의 변증법주의(dialecticism)를 사용하여 소비에트 이데올로기 체계의 엄격한 — 요즘에 와서는 지나치게 경직되고 부적절한 — 기구(機構)를 적절하게 변화시키는 것보다 더 낫고 기능적인 것이 어디 있겠는가? 비고츠키의 독해가 가지는 중요성에는 의문의 여지가 없다. 그러나 그것이 정치적 목적을 위해서 단순화되고 축약된, 즉 '적당히 서술된'(ad usum delphini) 것이라는 의미에서 일정한 기능과 정치적 방향을 갖고 있다는 점 역시 부인할 수 없는 사실이다. 『자본론』에 대한 소비에트의 속류적인 해석과 『요강』을 결합시키는 작업은 오늘날 소련에서의 계급투쟁이라는 현실이 강제한 변증법적 유물론의 현대화(modernisation) — 권력을 잡고 있는 자들은 『자본론』에 대한 경제주의적인 독해 및/또는 스탈린주의적인 독해 모두가 표현하고 있는 지배를 위한 잠재력을 변증법적으로 그리고 갈등을 통해 좀 더 잘 발전시킬 수 있기 위해 이러한 현대화를 수행한다 — 를 좀 더 수월하게 하기 위해 기획된 것이다. 이러한 관점에서 볼 때, 『자본론』에 대한 독해들이 직접적으로 지배로서 기능하는 세계의 일부분에서는 『요강』이 (일말의 독창성을 인정받는다 하더라도) 『자본론』의 적절한 독해를 위한 보충적 텍스트로 간주된다. 따라서 비고츠키의 해석은 계산적이며, 숨겨진 동기를 갖고 있는 것이다. '국가이성'(raison d'Etat)에 관한 17세기 논평자들의 저작이 그들의 강력한 과학적 현실주의(realism)에도 불구하고 여전히 모호한 것으로 남아 있는 것과 마찬가지로, 비고츠키의 독해는 그것이 종종 보여주는 정확성에도 불구하고 부정적인 것으로 남아 있다. 게다가 비고츠키의 해석의 내용을 세심히 살펴보면, 우리는 그가 (몇몇 장점들에도 불구하고) 어떤 지점에서도 결정적 돌파를 이뤄내지 못한다는 사실을 알 수 있다. 물론 그는 『요강』의 중요성을 부각시키고, 적대의 관점에서 변증법이 제기되는 방식을 강조하며, 잉여가치론의 중심성과 물질성을 이야기한다. 그러나 그는 결코 자신의 논의를 맑스의 범주 전체로 확장시키지 않는다. 심지어 그는 ― 크리스티나 페나바야가 올바르게 지적한대로 ― 맑스의 이론이 "폐쇄적인 경제이론"이라고 말하는 데까지 나아간다. 이 지점에서 나는 맑스주의를 "경제이론"이라고 부르는 것과 그것에 "폐쇄적"이라는 딱지를 붙이는 것 가운데 어느 것이 더 어리석은 것이라고 말해야 할지 모르겠다. 이런 식으로 그는 맑스의 이론을 폐쇄적인 경제이론으로, 따라서 균형이론으로 보고 있는 것이다. 그러나 그는 또한 다음과 같은 말을 덧붙일지도 모르겠다. 그것은 약간의 갈등 그리고 심지어 아마도 약간의 자유도 포함하고 있다고.

이리하여 이제 우리는 로만 로스돌스키에 이르게 된다. 로스돌스키의 선구적인 작업을 비판하는 것은 어려울 뿐만 아니라 부당한 일일 것이다. 무엇보다도, 로스돌스키는 『자본론』과 『요강』을 연결시킴에 있어서 언제나 중도적인 방식을 추구해왔기 때문이다. 그는 결코 선형적인 방식으로 『요강』을 『자본론』으로 환원하려 하지 않았다. 오히려 그는 혁명적인 해석을 발전시켰으며, 종종 『자본론』에 대한 독창적이고 혁신적인 독해를 제시하였다. 로스돌스키는, 『요강』은 『자본론』 내부에서 운동하고 『자본론』은 『요강』 내부에서 운동하며, 그러한 운동의 결과로 형성된 체계 ― 그것을 체계라고 부르는 것은, 우리가 아직까지는 체계의 관점에서 이야기하고 있기 때문이다 ― 는 (그가 맑스의(그리고/혹은 그로스만의?) "파국론"을 강조하고 과장하는 정도만큼) 강력하게 적대적인 경향을 품고 있다고 보았다.

그러나 로스돌스키는 한계를 갖고 있다('임금에 관한 책'에 관한 그의 입장, 그리고 뒤에서 다룰 여타의 것들과 같은 몇몇 실수와 혼동들은 차치한다고 해도 말이다). 내가 생각하기에 그의 한계는 양차대전 사이의 코뮤니즘적 좌파의 이데올로기적 구조의 관점에서 이해되어야 한다. 그 구조는 한편으로는 극단적인 객관주의, 다른 한편으로는 맑스주의의 정통성을 회복함에 있어서 그러한 객관주의의 기초를 다져야할 필요성을 그 요소로 한다. 이러한 요소들은 상보적이다. 즉 객관주의는 광범위한 좌익 코뮤니즘 소수파의 존립을 가능케 했으며, 정통성은 그것을 정당화하였다. 그로스만은 이러한 필요성의 가장 분명한 사례 가운데 하나이다. 로스돌스키는 이러한 객관적 한계들 내부에서 작업할 때에도 극히 명민한 모습을 보여주었다. 때때로 그는 비상한 이해 수준을 성취해냈다. 그러나 최종적인 분석에서 그의 입장은 당대의 조건들에 의해 결정되었다. 따라서 그는 『요강』을 독해함에 있어서 텍스트의 놀라운 독창성 — 로스돌스키는 종종 진실된 지성의 신실함으로 이것에 주목한다 — 과, 정통성에 의해 요구되는 연속성을 매개하려고 노력했다. 이것은 우리를 만족시키지 못한다. 이론적 관점에서, 텍스트 독해의 관점에서 그것이 만족스럽지 못한 이유는 분명하다(나는 후에 이것을 좀 더 자세히 설명할 것이다). 그러나 그것은 정치적 관점에서조차도 만족스럽지 못하다.

10. 이론에는 대표가 없다

우리는 지금 혁명적 운동이 재건되고 있는 국면에 와있으며, 그것은 소수적인 현상이 아니다. 정통성은 우리의 흥미를 끌지 못한다. 사실 그럴 수만 있다면, 우리는 맑스 없이도 매우 행복할 것이다. 단절이 발생했고 그것을 부정할 수는 없다. 너무나 오랫동안 가치론은 우리를 때리는 회초리로 사용되어 왔다. 그러나 지금『요강』을 발견함으로써 우리는 우리의 맑스를 되찾았다. 그것은 결코 맑스에 대한 특별한 충성심 때문이 아니라 그가 가진 강력한 힘 때문이다. 우리는 정통과 이야기를 나누는 데에서 어떠한 즐거움도 찾을 수 없으며, 더 이상 그래야 할 의무도 없다. 우리의 언어는 저들과 전혀 다르며, 모순의 깃발을 내걸고 있다. 더욱이『요강』은 여러 가지 의미에서 맑스를 우리에게 되돌려 준다. 무엇보다도『요강』은 가치법칙의 위기라는 관점에서 자본의 대격변을 말하는 이론가로서의 맑스를 우리에게 되돌려 준다. 앞서 말했듯이『요강』의 역사적 맥락에 관한 세르지오 볼로냐의 연구, 특히 맑스의 이론적 연구들이 화폐를 둘러싼 논쟁에 관한 그의 작업 그리고 미국의 위기 및 세계의 위기에 대한 분석 — 이것은 당시『뉴욕데일리트리뷴』지에 기고한 글들에서 발전되었다 — 과 어떻게 연결되는지에 관한 연구는 (비록 부분적이기는 하지만) 매우 중요하다.[54] 그러나 이러한 계기들의 종합은 자본주의적 권력에 의해 수행되는 '위로부터의 혁명'에 이론적으로 대응하는, 두 사람 — 맑스와 엥겔

---

54. [영역자] 이에 관한 텍스트, 「화폐와 위기 : 뉴욕데일리트리뷴지의 통신원으로서의 맑스, 1856~57」의 영역본은 레드 노츠의 이탈리아 아카이브에서 찾아볼 수 있다.

스―에 의한 혁명이라는 학문적 이미지의 관점에서 이루어질 수는 없다. 『요강』의 맑스는 이론적인 대안이란 존재하지 않음을, 즉 이론은 대중 운동의 한 기능이며, 그렇지 않으면 아무것도 아니라는 사실을 너무나 잘 알고 있다. 운동을 대신하는 이론이란 없는 것이다. 따라서 맑스 분석의 다양한 요소들의 종합은 혁명적 운동의 필수적인 재확립의 계기로 위기를 정의하는 것을 기초로 한다. 그것은 이론이 도달하고 파악해야만 하는 실천과 정치의 구조에 있어서의 저 연속성에 달려 있다. 우리는 홉스봄의 말을 살짝 뒤집어서 다음과 같이 말할 수도 있을 것이다. 맑스에게 있어서 『요강』은 일종의 집합적인 이론적 속기이며, 현재의 계급적 실천을 위해 그리고 그 내부에서 이론을 극한까지 밀어붙인다고 말이다. 그리고 이 지점에서 이제 우리는 『요강』에서 제시된 종합의 진정한 의미를 알아차릴 수 있다. 『요강』은 형성 과정에 있는 체계가 폐쇄적이기는 커녕 스스로를 실천의 총체성에 개방하는 순간을 표현한다는 점에서 맑스 이론의 발전에 있어서 중심적인 지점이다. 『요강』의 방법은 적대를 구성한다. 그리고 전체적으로 고려했을 때 그것의 범주들은 오직 그것들의 기능―계급적대의 심화와 확대―에 비추어서만 이해될 수 있는 일단의 개념들을 구성한다. 그토록 많은 이들이 이야기했던 『요강』의 파국론이란 사실 이러한 정치적·실천적 연계, 즉 노동계급의 힘이 가치체계에 맞서 그것에 부과해야만 하는 이러한 순간에 대한 암시이다.

11. 맑스 사유의 역동적 중심으로서의 『요강』

『요강』이 『자본론』으로 흘러들어 간다면, 그것은 멋진 일이다. 『자본론』을 이러한 관점에서 읽을 수 있다면, 그것이 담고 있는 개념들은 적대의 발전을 이해하는 데에 매우 적합한 것이 될 것이다. 그러나 『자본론』의 범주들이 이러한 방식으로 기능하지 않는 많은 사례들이 존재하며, 결과적으로 우리는 사실 한층 악화된 과도한 객관주의 중 일부가 『자본론』에 대한 독해들에 의해 정당화되고 있다고 생각하게 된다. 그러므로 『요강』이 『자본론』으로 흘러 들어가는 것은 행복한 과정이지만, 그 반대의 과정에 대해서는 동일하게 말할 수 없다. 『요강』은 맑스의 혁명적 사유의 정점을 나타낸다. 혁명적 행동의 관념을 구축하고, 이데올로기 및 객관주의와 맑스 사이에 존재하는 차이점들의 기초를 놓는 이론적·실천적 약진이 일어나는 장소가 바로 『요강』이다. 『요강』에서 이론적 분석은 혁명적 실천을 구성하게 된다.

이 지점에서 나는 우리로 하여금 『요강』의 범주들의 발전을 통해 계급투쟁에 있어서의 구성과정을 추적할 수 있도록 해주는 깊이있는 통찰을 제공해 준 한스 위르겐 크랄(Hans Jürgen Krahl)이라는 젊은 동지의 『요강』 독해를 언급하고 싶다. 그리고 나는 나의 입장을 분명히 해야 할 것이다. 나는 『자본론』에 대한 추상적인 반론을 제기하고 있는 것이 아니다. 사실 우리 모두는 『자본론』의 독서가 우리 안에 키워놓은 계급적 증오에 의해 지적으로 형성되고 이론적 이해에 도달해 왔다. 그러나 『자본론』은 비판을 경제이론으로 환원하고 주체성을 객관성 속에서 말살하기 위해, 그리고 지배의 과학이라는 형태로 지식을 억압적으로 재조직함으로써 전복적 프롤레타리아트를 예속시키기 위해 사용되어 왔던 텍스트이기도 하다. 오직 『자본론』을 『요강』의 비판에 종속시킬 때, 즉 프롤레타리아트의 구성적 능력에 의해 초래되는 절대적으로 해결불가능한 적대가 관통하고 있는 『요강』의 범주적 장치들을 통해 『자본론』을 다시 읽을 때에만 『자본론』에 대한 올바른 독해 ─ 나는 이 말로 지식인들의 계몽이 아닌, 대중들의 혁명적인 이해를 의미한다 ─ 가 되찾아질 수 있다. 이러한 관점에서 『요강』은 현실의 운동 내부로부터 제기된, 자본주의적인 '위로부터의 혁명'에 대한 비판이며 '아래로부터의 혁명'에 대한 확신이다. 그리고 그것은 현실의 운동과 동떨어져 존재하는 모든 이론적·정치적 자율성들을 파괴할 가장 강력한 잠재력이다. 이 현실의 운동이야말로 『요강』이 (범주들의 구조 속에서) 구성적 힘으로 간주하는 유일한 것이다.

12. 독해의 개요

「서설」을 다시 읽고 일련의 방법론적인 문제들을 제기하는 제3강의를 제외한 다른 강의들에서 우리는 『요강』이라는 텍스트의 내용을 추적할 것이다. 제2, 3, 4강의는 화폐비판에서 가치론의 정의로, 그리고 잉여가치론의 형성으로, 마지막으로 이 첫 번째 분석 단계의 이론적 결론인 위기와 파국으로 나아가는 과정을 다루게 될 것이다. 제6, 7강의에서는 실현과 유통에 대한 분석을 통해, 사회적 자본 ─ 자본의 집합적 권력 그리고 그것의 안티테제 ─ 이 어떻게 형성되는지를 살펴볼 것이다. 그리고 이 지점에서 우리는 '임금에 관한 책'의 윤곽을 추적해 볼 것이다. 제8, 9강의는 위의 두 번째 분석 단계로부터 결론을 도출해 낼 것이다. 다시 말해 우리는 주체성 그리고 코뮤니즘에 대한 처음의 정의로부터 분석의 최초의 전반적인 전진이동으로 나아갈 것이다. 그리고 이러한 과정은 적대를 구성하는 일련의 조건들의 (이미 윤곽이 그려진) 변형을 수반할 것이다. 요컨대 나의 의도는 파국 — 자본주의의 붕괴 — 과 프롤레타리아의 자기가치화 사이의 관계에 대한 탐험을 통해 코뮤니즘이라는 테마에 관한 맑스의 용어들을 재구성하는 것이다.

13. 맑스를 '넘어서는' 길

이 첫 번째 강의에서 나의 의도는 가설들의 윤곽과 가능한 해석양식들을 제시하는 것이었다. 더 이상 무엇을 말할 수 있겠는가? 나는 이미 너무 많이 말해 버린 것 같다! 하지만 이 말은 꼭 덧붙이고 싶다. 나는 레닌과 모택동이 헤겔의 『논리학』과 더불어 『요강』을 손에 들고 있었다면 무엇을 했을까 하고 상상하기를 매우 좋아한다. 나는 그들이 『요강』을 열광적으로 환영했을 것이라고 확신한다. 그들은 『요강』으로부터 실천에 입각한, 사유를 위한 양식(糧食)을 풍부하게 끌어내었을 것이다. 꽃으로부터 꽃가루를 모으는 벌처럼. 이것이 바로 내가 사랑하는 맑스를 '넘어서는' 길이다. [1979]

5

위기국가의 위기

　이 논문은 본서에 실린, 네그리가 수감 중에 쓴 두 논문 중 첫 번째 것이다. 글의 형식에서 알 수 있듯이, 이것은 1980년대에 대한 정치적·경제적 전망에 관한 논문집 『정치적인 것의 위기』[55]의 기고문으로 쓰여진 것이다. 이 글은 그가 감옥에 있는 동안 펠트리넬리 출판사가 간행한, 지난 5년간의 연구성과를 담은 네그리 선집인 『마끼나 템포』(*Macchina Tempo*, Milano, 1982)에 바로 뒤의 논문 「고고학과 기획」과 함께 다시 실렸다. '시간기계'(The Machine of Time)로 번역하는 것이 가장 적확할 이 책의 제목은 르네상스 시대의 신플라톤주의적 개념을 차용한 것으로서, 수감생활 동안의 네그리의 주요한 관심사, 즉 현대 계급투쟁에 있어서 분리된 시간차원들 간의 모순에 대한 분석과, 특히 그러한 모순이 코뮤니즘으로의 이행이라는 문제―네그리는 이것을 롬피카포(rompicapo), 즉 '퍼즐'이라고 부른다―에 영향을 미치는 방식을 가리키고 있다. 이미 앞의 논문들에서 분명하게 드러났듯이, 네그리에게 있어 코뮤니즘이란 '단계'적

---

55. *Crisi delle Politiche*, Pironti, Napoli, 1981.

이행이라는 선형적 과정 속에 있는 미래의 유토피아가 아닐뿐더러, 단순히 현재 속에서 '살아지는' 유토피아도 아니다. 맑스의 『요강』에서 나타난 바대로 그것은 현재 계급세력들 사이에서 전개되는 물질적 적대이며, 따라서 계급세력들 간의 관계, 즉 한편으로는 국가 및 자본의 "기계적" 시간과 다른 한편으로는 네그리가 프롤레타리아 자율성과 삶 욕구의 자기가치화가 성장하는 "구성적 시간"(constitutive time)이라고 부르는 것 간의 관계에 있어서의 시간성(temporality)이라는 새로운 문제이다. 계급투쟁이 사회적 노동일 전체에 걸쳐있고, 완전히 사회화된 프롤레타리아에 의해 수행되고 있는 지금, 재생산관계를 단순히 생산관계의 부산물이나 "결과"로 이해하는 것은 불가능하다. 현대 자본주의의 위기는 1960년대와 1970년대 초의 노동자주의적 분석을 넘어서 한층 더 사회적인 차원에서 분석되어야 한다. 위기는 생산의 위기인 동시에 임금노동 관계 전체의 재생산의 위기이다.

이 논문에서 네그리는 1960년대 이래 이루어진 이러한 위기에 대한 국가 대응의 발전, 특히 1970년대 "위기국가" ─ 위기정치의 관리, 조작, 협박을 통한 명령에 기반하고 있는 국가 ─ 의 뚜렷한 부각을 추적한다. 이러한 국가는 더 이상 계약적 교섭구조에 기초하지 않는다. 교섭을 위한 공간은 모든 '교섭'들이 정치적이며, 또 지역적·국제적 층위에 선택적으로 '위치지어지는' 지점까지 축소된다. 위기국가와 더불어, 계급투쟁과 자본주의 발전 사이의 일체의 긍정적인 혹은 '해소적인'(resolutive) 변증법은 결정적으로 파괴된다. 네그리는 이것을 알 수 없는 미래까지 영구적으로 지속될 새로운 국가형태, 즉 노동에 대한 새로운 명령형태로 파악한다. 위기국가와 더불어, (여전히 케인즈의 시대에 갇혀있는) 사회주의의 급진 개량주의적 가능성들은 점점 더 비현실적인 것이 된다. 네그리는 또한 오늘날의 정치에 있어서의 '신우파'(new Right)에 관해 몇 가지 중요한 언급들을 한다. 신우파는 결코 자유방임주의적인 신자유주의로의 회귀를 나타내지 않는다. 이 이데올로기적 가면은 노동시장의 긴축과 분할을 강제하고 재부과하기 위해, 즉 시장과 교환가치가 "생산적으로 작동"할 수 있도록 하기 위해 화폐, 에너지, 식량, 군사적 제재 등을 통해 국내적 층위에서뿐만 아니라 무엇보다 국제적 층위에서 이루어지는 국가의 억압적 중앙집중화의 거대한 증대를 가리기 위한 포장에 지나지 않는다. 이 강압적인 권력은 임금노동과 비임금노동 가릴 것 없이 모든 형태의 사회적 노동에 영향을 미친다. 그러나 네그리의 사유 속에서 이 새로운 사회적 힘들, 이 새로운 '생산력' 즉 '사회적 노동자'는 주변화(marginalisation)와 억압에 의해 제거되기는커녕, 계속해서 자신의 물질적 힘을 행사할 것이며 국가가 대면해야만 하는 하나의 힘으로 남아 있게 될 것이다.[56]

위 논점 중 다수는 이미 『국가형태』(*La Forma Stato*, 1977)와 같은 네그리의 이전 저작들에서 발전되었다. 그 책에서 네그리는 위기국가의 "내전적" 특징과 그것이 "내부의 적들"을 확산시킨다는 점을 매우 강조한다(이는 그의 경험에 비추어볼 때 이해할 만한 것이다).

---

56. 이러한 과정을 더욱 자세히 알아보고 싶다면, 앞서 인용된 네그리의 회고적인 인터뷰 텍스트인 『대중노동자에서 사회적 노동자로』(*From the Mass Worker to the Social Worker*, Multhipla, Milano 1979)를 참조하라. 마찬가지로 바로 뒤의 논문 「고고학과 기획」에 담긴 이후의 분석, 그리고 역시 이 책에 실려 있는 (네그리가 4월 7일 재판의 다른 피고인들과 함께 1983년에 쓴) 이탈리아 운동에 대한 회고적 설명인 「혁명을 기억하는가?」(Do You Remember Revolution?)도 역시 참고할 만하다.

네그리가 『맑스를 넘어선 맑스』의 서문에서 지적했듯이, 1977~78년경에 국가억압의 그물은 이미 이탈리아에서 그를 비롯한 수백명의 사람들을 죄어오고 있었다. 1977년에 네그리에 대한 구속영장이 발부되었는데, (본인의 언급대로) 그가 당시에 파리에 남아서 강의하고 있었던 것은 적어도 부분적으로는 바로 이 때문이다. 그러나 1979년 4월에 그가 다른 많은 이들과 함께 투옥되었던－그리고 결과적으로 재판에 앞서 4년간의 강도 높은 '예방적 구금'을 당했던－이유인 '테러음모' 혐의의 증거는 존재하지 않았다. 이른바 '4월 7일 재판'은 국제적 차원에서 민주 법률적인 관심사가 되었다. 내핍협정 속에서 통합되고 '역사적 타협'을 통해 공산당에 의해 지지된 이탈리아의 정치체제는 자율적 운동들에 대한 미증유의 탄압－합법적 저항의 경계를 철저하게 재규정하고, 독립적 계급정치를 위한 공간을 축소하는 식으로－을 전개하였다. 이러한 탄압은 테러리즘과의 전쟁이라는 보편적 보호막 하에서 행해졌다. 그것은 무장단체의 척결이라는 공표된 목표를 넘어, 모든 형태의 '전복'을 범죄시하고 모든 형태의 소위 '대중적 불법행위'－대중적 피켓, 프롤레타리아 순찰대, 소요행위, '공짜로 장보기' 혹은 몰수(expropriation)로부터 주택점거, 임대료·에너지사용료·승차요금에 대한 조직된 '자율인하'("지불할 수 없으며, 지불하지 않을 것이다"), 그리고 1970년대 내내 이탈리아에 널리 퍼져있었던 직접행동적 계급정치의 기타 다양한 형태들에 이르기까지－를 금지하였다. 이것들은 하나의 공통분모로 환원되어, 중앙집중화된 테러음모의 수많은 전선 혹은 분파들로 고발되었다. 그리고 여기에서 네그리와 그의 공동피고인들은 우스꽝스럽게도 '지도자들' 혹은 '주모자들'

이라는 배역을 할당받았다. 이러한 탄압의 물결은 운동권의 지식인들－
이른바 '사악한 교사들'(cattivi maestri) － 에게만 몰아닥친 것이 아니었
다. 뒤이어 공장에서의 대량해고, 공동체 활동가들과 출판인(사)들에 대
한 체포(와 영장발부), 서점·잡지·자유 라디오 방송국들에 대한 강압
적 폐쇄가 잇따랐다. 더욱이 국가에 의한 이런 예방적 쿠데타는 정당체
계, 미디어, 사법제도를 통해, 즉 '민주적 합의'를 통해 － 네그리가 이 논
문에서 부각시키고 있는 여러 이슈들을 제기하면서 － 이루어졌다. 좌파
정당과 노동조합들이 코포라티즘적 참여를 통해 국가의 억압적이고 권
위주의적인 논리를 강화하는 데 적극적으로 일조하면서 내핍을 강제하
는 데 참여한 것은 저항운동의 고립과 분할, 그리고 사회 전반의 계급적
욕구에 있어서 핵심적인 요소였다.

이러한 국가행동에 결정적인 것은 명백히 '테러리즘적' 요인이었다. 네
그리는 이전의 사례들에서 이것을 수차례 경고했었다. 무장단체들과 안
보국가(security state)에 의해 초래된 계급대립의 군사화와 가상적 내전
상황의 창출은 독립적인 욕구의 계급정치를 위한 공간을 철저하게 협소
화시켰다.[57]

네그리가 논의하고 있는 한층 더 과소평가된 요소는 운동 그 자체의
복수적 주체성이었다. 그것은 "파편들을 넘어서는" 공통의 정치적 표현
을 발견하는 데 실패했고, 그로 인해 분열되어서 좀더 쉽게 선택적으로
억압되고/되거나 '게토화'될 수 있었다. 이러한 의미에서 네그리를 기소

---

57. 이러한 노선을 따르는 〈붉은 여단〉에 대한 적절한 비판으로는 L. Manconi, "The Language of
Terrorism-a Critique of the Red Brigades", *Emergency*, no. 4, 1986을 참조하라.

한 검찰의 종교재판적 논리에 의해 기획된 중앙집중적 지도·조직화 모
델은 "4월 7일" 재판 전체의 최고의 아이러니다![58]

　재판과정상의 법률적 부정행위들ㅡ주요 피고들의 구금을 연장하기
위한 모호하고 날조된 고소내용의 계속적인 대체, 핵심적인 국가 증인의
불참(이 사람은 재판에 앞서 해외로 도주하기 위한 수단을 제공받았다)
등등ㅡ에 관한 믿을 만한 진술로는 그 사건에 대한 국제사면위원회의
공식보고서인 『4월 7일 재판-이탈리아』[59]를 참조하라. 재판 그 자체의 극
적인 사건들과 급진당원으로서 의회의원에 당선된 일, 석방, 뒤이은 의
원면책특권의 박탈과 1983년 프랑스로의 망명 등은 이 시기 네그리의 일
기인 『검고 붉은 이탈리아』(*L'Italie, Rouge et Noire*, Hachette, Paris, 1985)
에서 다루어지고 있다.

---

58. 이 책의 뒤에 실린 「법정에 선 네그리」에서 네그리에 대한 판사들의 심문 내용을 보라.
　　재판과정 자체는 앞서 언급된 레드 노츠판 선집과 세미오텍스트판 선집에 꽤 상세하게
　　기록되어 있다. *Italy 1980~81 : After Marx, Jail*!, Red Notes, London, 1981과 *The
　　Italian Inquisition*, Red Notes, London, 1982 또한 참조하라.
59. *7th April Trial-Italy*, 1986년 8월. 이 자료는 런던에 있는 국제사면위원회 사무국에서
　　찾아볼 수 있다.

1. 자본주의 정책의 발전과 위기국가

우선 1980년대를 특징짓는 것으로 보이는 자본주의정책 및 국가정책에 있어서의 몇 가지 발전들을 요약해보자. 이것들은 단지 즉흥적으로 머릿속에 떠오르는 대강의 사례들이다.

(1) '복지국가'(welfare state)에서 '전쟁국가'(warfare state)로의 이행
(2) 시장의 '적극적' 활용을 재활성화하는 수단으로 케인즈주의적 경제정책을 '소극적'으로 활용하기
(3) 계급의 사회적 구성에 있어서의, 특히 생산을 재생산과 연결시키는 결정적인 영역에 있어서의 일체의 동질적 요소들에 대한 새로운 공격을 수반하는, 경제의 틈새들의 재구조화(틈새적 경제 interstitial economy)
(4) 합의(consensus)와 생산성을 이유로 새로운 제도적·국가적 가치의 관점에서 노동계급의 파편화를 재구성하는 것을 목표로 하는 '신우파'의 대규모적인 정치적·사회적 재출현

내가 사용할 수 있는 정보의 양이 적다는 것을 감안한다면[6], 아래의 논평들은 매우 잠정적이며, 좀 더 많은 자료에 의해 보충되어야 할 것으로 이해되어야 할 것이다. 다음은 위에 나열된 네 가지 표제들에 관한 논평이다.

---

6. [영역자] 네그리는 감옥에서 이 글을 썼다.

[논점 1]

‘복지국가’에서 ‘전쟁국가’로의 이행이라는 말로 내가 가리키고 있는 것은 국가기계의 재구조화의 내적 효과들—그것이 계급관계에 미치는 효과—이다. 이것은 생산관계들의 재생산과 계급구조 전반에 한층 더 큰 경직성을 야기한다. 발전은 이제 결핍과 내핍 이데올로기의 관점에서 계획된다. 이러한 이행은 단순히 국가정책상의 변화뿐만 아니라, 가장 특별하게는, 정치적인 동시에 행정적인 국가구조의 변화를 포함하는 것이다. 이제 프롤레타리아와 빈자(貧者)들의 욕구는 자본주의적 재생산의 필요성에 단단히 종속된다. 국가의 물질적 구성은 정당들이 기능하는 방식과 관련하여 분명히 새로운 형태를 취한다. 즉 ‘대의제적 국가’의 다원적 정당구조가 변형된다. 더욱 중요한 것은, 협상 테이블에 앉을 수 있는 세력들—정당, 노동조합, 지역대표, 계급계층 등등—도 변화한다는 점이다. 오직 체제에 기능적이며 체제의 목적에 복무할 수 있는 세력들만 협상에 임할 수 있도록 허락된다. 우리는 형식적 절차에 기초한 메커니즘으로부터, 보호되어야 하는 ‘이익들’—헌법적 이익, 경제적 이익 등등; 일반적으로 생산성의 이익들—에 구조적으로 맞추어진 정치적 과정으로의 이행을 본다. 국가는 내핍에 기초한 자신의 물질적 구성과 그것에 어울리는 계급관계의 정태적 재생산에 무조건적으로 복종하지 않는 모든 세력들을 그러한 정치적 과정으로부터 쫓아내는 데 사용할 수 있는 군사적 배치와 억압적 수단—군대, 경찰, 법률 등—을 갖고 있다.

이것이 내가 ‘위기국가’로 규정하는 국가형태의 변형에 있어서의 최종적 국면을 나타낸다. 그것은 극복되어지지 않으며 단지 기능적 노선들을 따라 재형식화된다(reformulated). 나는 뒤에 다시 이 논점으로 돌아올 것이다.

[논점 2]

　자본이 자신의 재구조화를 위해 사용하는 기본적 무기는 화폐정책들의 배치이다. 이것은 통제된 인플레이션적 조작과, 자본주의적 기업가가 이윤수익을 재구성하는 데 있어서 보조물로 이용할 수 있도록 만들어진 (금융적, 신용적, 재정적 등등의) 다양한 수단들— 이러한 수단들은 높은 비율의 생산성을 조건으로 한다— 의 교묘한 조합을 수반한다. 다시 말해 여기서 우리는 화폐적 통제의 도구들— 이것은 전적으로 국가에 의해 조작될 수 있다— 과, 자본주의적 지배관계들을 재생산하기 위해 요구되는 비례[균형]들 간의 상호작용을 보게 된다. 우리는, 예컨대 장기간에 걸친 높은 인플레이션의 와중에 실업률이 증가하고 공공지출이 돌이킬 수 없이 삭감되는 데 반해, 산업자금조달은 증대하고 재화의 순환과 자본의 흐름을 보증하기 위해 만들어진 수단들이 나날이 집중되는 것을 보아왔다. 시장이라는 '자연적' 틀, 즉 이윤 및 명령관계들의 '자생적' 재생산을 위한 필수적 조건들을 회복시키고 그것들의 균형을 되살리기 위해 케인즈주의적 개입도구들이 이러한 과정 전반에 걸쳐 사용된 것이다.

　(흔히들 말하는 것처럼) 이러한 조합이 거대한 역설을 나타낸다고, 성공할 가능성이 거의 없다고, 시장을 통한 '자생적' 재생산이라는 자

본주의적 이상은 비극적인 유토피아일 뿐이라고 말하는 것은 실제로는 아무것도 말하지 않는 것이나 다름없다. 중요한 것은, 이러한 시장 유토피아가 제공하는 것과 동등한 정도의 이득을 만들어내기 위해 강압적 수단들이 더욱 증대될 것이라는 점이다. 오늘날 자본주의 기업가들의 반(反)혁명은 오직 국가의 강압적 권력의 증대라는 맥락에서만 가능할 뿐이다. 자유방임주의라는 '신우파' 이데올로기는 그 필연적 귀결로서 사회 전반에 대한 강압적·국가적 개입의 새로운 수법들의 확장 — 더 정확하게 표현하면, 사회의 국가 내부로의 포섭의 결정적으로 새로운 증대 — 을 함축한다. 위기국가라는 이 신자유주의적 국가형태는 케인즈주의적 국가계획자 형태의 본질적 특징들을 명백하게 권위주의적 용어들로 번역함으로써, 그것들이 무엇이었는가를 더욱 날카롭게 부각시킬 뿐이다.

[논점 3]

지난 수년간 나는 프롤레타리아의 사회화를 현재 자본주의 위기의 기원에 있는 근본적인 요소로서 주목해왔다. 이 프롤레타리아트는 완전히 사회적 — 어떤 이들은 케인즈주의적이라고 말할 수도 있겠다 — 이며, 자본주의적 이윤축적에 맞서 모순/적대를 공장영역에서 사회 전체로 확장시켜왔다. 프롤레타리아트는 생산으로부터 재생산에까지 이르는 회로 전체를 전복시키고 탈안정화시켜왔다. 그것은 노동력 재생산의 사회적 조건들의 모순을 자본주의적 축적의 장애물로 발전시켜왔다. 이 새로운 프롤레타리아트의 형성과 사회적 특질은 단순히 최근의 계급투쟁들 이면에 존재하는 관념적인 힘이 아니다. 그것은—
수평적이면서도 수직적으로 이동적인 노동력, 추상적 노동력, 새로운
욕구를 기획하는 노동력을 표현한다는 의미에서—무엇보다도 노동의
새로운 특질을 나타낸다. 이 새로운 노동력은 오랜 기간 동안 (상품생
산과 교환에 영향받기 쉬운) 자신의 노동시간을 협상해왔지만, 다른
한편으로 전체 노동일의 층위에서는 상대적인 독립성을 유지하였다.
이러한 사실로 인해 이 새로운 노동력은 노동계급 내부의 동등성과
동질성을 위한 조건을 창출할 수 있게 되었다. 그것은 계급적 힘을 강
화시키는 요소로 행동해 왔다.

우리는 이 새롭고, 이동적이고, 추상적이며, 완전히 사회화된 프롤
레타리아트에 직면한 선진 자본주의 세계의 집합적 기업가들이 행한
최초의 대응이 계급전쟁에 있어서의 일종의 휴전이었음을 목도하였
다. 실제로 초기에 체제의 틈새들 전체에 두루 퍼져있었던 (이동적인
파트타임 노동과 같은) 지하경제(underground economy)의 확장은 복지
의 확장과 비례하여 진행되었다. 이 케인즈주의적 프롤레타리아트에게
있어서 임금소득은 사회적 임금의 증대 및 자유시간 쟁취에 비례하는
것이었다. 새로운 프롤레타리아트의 투쟁과 목표는 이러한 지평에서
조직되었다.

오늘날 자본주의적 반혁명은 정확히 이러한 동질성, 즉 완전히 사
회화된 노동력의 이동성이라는 이 주체적·물질적 특질을 겨냥하고
있다. 따라서 이 틈새적 경제를 안정화하고 재구조화하기 위해 강력한
통제수단들이 활성화된다. 그리고 또한 언제, 어디서고 이러한 주체
적·물질적 특성이 나타날 조짐이 보이면, 이 사회적 프롤레타리아트

의 투쟁들의 정치적·행동적 통일성을 깨뜨리기 위한 시도들이 나타난다. 자본은 이 과정을 재구조화해야만 하며, 그러한 필요는 직접적으로 재생산 영역 전체를 포함한다. 예컨대 그것은 페미니즘 운동들의 자율적 투쟁을 '격퇴하기' 위한 반동적 시도들 — 무엇보다도 가족의 책무를 재구성하려는 시도, 그리고 자본주의적 관계의 원활한 재생산을 손상시키는 경향이 있는 일체의 요소들을 공격하려는 시도 — 을 수반한다. 우리는 바로 이러한 틀 속에서, 생산력들의 영토적 재배치에 대한 공간적 통제를 재획득하기 위한 자본의 현재의 시도들의 기본적 역할을 이해해야만 한다.

이 모든 재구조화 메커니즘들은 중요한 이론적 함의를 가지고 있다. 이러한 변형의 과정에서, 자본은 국가권력을 통해 집합적이고 사회적인 자본으로서의 자신의 고유한 실존을 인식한다. 그리하여 순수한 시장경쟁의 원칙 — 신우파의 이데올로기 — 과는 정반대로, 자본은 사회적 층위에서 하나의 **사회적 공장**으로 점차 집중화되어가고 있다. 그것은 프롤레타리아적 생활조건과 가능성의 시간 및 공간 전체에 대한 '정확한 행정적 흐름'을 통해 사회적 노동시간에 대한 자신의 명령을 재조직하려고 하고 있다. 결과적으로 공공지출과 그것의 삭감이라는 문제는 단순히 국가가 전체 지출에 대한 자신의 통제를 확장하고 강화하기를 원한다는 뻔한 의미에서의 국가지출의 문제는 아니다. 그것이 하나의 문제인 것은, 무엇보다도 공공지출을 통해서, 전체로서의 사회적 자본이 직면한 문제들 그리고 완전히 사회화된 프롤레타리아트가 야기한 모순들이 자본주의 국가 그 자체의 기초와 결정적으로 관련되는 — 즉 노동에 대한 보편적 통제를 통해 직접적으로 종속되어야 하는 — 문제로서 다루어지게 된다는 의미에서이다.

[논점 4]

　계급의 구성과 그에 상응하는 자본주의적 노동명령형태 사이의 이러한 관계에 강력한 모순의 요소들이 남아 있다는 것은 분명하다. 파열의 지점들이 존재하며, 그 두 과정을 동시화(synchronisation)하고 그것들을 동질적인 것으로 다루는 데에 어려움이 존재한다. 이러한 문제는 정치적 합의의 층위에서 나타난다. 그리고 이러한 '정당화(legitimation) 문제'는 자본에게 심각한 문제이다. 그것이 심각한 까닭은, 형식적으로 보았을 때, 노동에 대한 지배의 관점에서 제기되는 '산출'(output)의 긴급한 필요가 합의의 '투입'(input)과 대칭적이지 않기 때문이다. 양자는 적어도 가설에 있어서는 대칭적이어야 한다. 이러한 합의 없이, 그리고 그것이 가능케 하는 효과적인 신비화와 지속적인 조작들 없이는, 사회적 공장의 체계 전체, 즉 사회적 노동시간 전체에 대한 명령이 기능할 수 없다. 이것이 바로 모든 선진 자본주의 국가에서 경제적 이데올로기의 측면, 그리고 무엇보다 매스미디어의 이데올로기적 통제라는 측면에서 '신우파'의 정치적 활동이 그토록 중요한 이유이다. 이해관계들의 가정된 사화(私化)된 '분열'(balkanisation)을 초월하고 넘어설 수 있으며 그와 동시에 노동에 대한 전반적 명령을 재확립할 필요에 부응할 수 있는 원리라고 주장되는 일단의 가치들 — 전통, 권위, 법과 질서, 가족, 집중된 리더쉽 등 — 이 제시되었다. 국가의 이데올로기적·행정적 기구들은 모두 정화(淨化)되어야 한다. 이러한 층위에서 계급투쟁에 의해 야기된 모순들 역시 제거되어야 한다.

그러므로 신우파는, 우선적으로는, 갈등-매개라는 낡은 변증법의 일체의 잔존적 요소들이 제도들 자체를 부숴버리는 임계점에 도달하는 것을 예방하고, 국가제도들 내부와 그 사이의 갈등, 국가 법인체들 사이의 갈등을 중화시킬 수 있는 일종의 '항체'이다. (이탈리아에서 이것은 정당체제의 '국민적 연대'(national solidarity) 협약에 의해 달성되었다.) 둘째로 신우파는 이러한 국가의 물질적 구성[헌법]을 받아들이지 않는, 그러한 '헌법상의 이익'에 매어있지 않은, 그리고 계급관계에 있어서의 근본적 변형을 요구하는 세력들에 맞선 강력한 독소(毒素)이다. 두 가지 경우 모두에 있어서, 현대의 위기국가형태에서 동의(consent)의 이데올로기의 생산과 그것의 조작은 그 이데올로기가 '상식'과 '여론'으로 나타나는 지점까지 그것을 산업적 상품으로 변화시킴으로써 경제적인 측면에서도 필수적이고 적절한 역할을 수행한다.

사례를 통해 대강의 논점들을 그려봤지만, 나는 그것들이 위기국가형태 발전의 현(現)국면의 혁신적 측면들을 철저하게 드러낸다고 생각하지는 않는다. 이것들은 위기국가의 기본적 특징 — 프롤레타리아의 욕구 및 투쟁과 자본주의적 발전 사이의 모든 평형 혹은 균형의 총체적 파열을 자본주의적 견지에서 그리고 군사적 관점에서 제도화하기 위한 일련의 수단들의 채택 — 에 대한 (다른 것들이 덧붙여질 수 있는) 설명일 뿐이다. 우리는 지금 이 위기국가형태의 완전한 성숙 단계에 와있다. 그것의 발전에 있어서의 초기 단계들은 무엇이었는가?

그것의 최초의 출현은 1960년대 계급투쟁과 자본주의적 발전 간의 관계 — 전후 개량주의와 민주적 유대의 기초를 제공한 관계 — 에 있어서의 파열에까지 거슬러 올라갈 수 있다. 이러한 파열은 불균형적인 임금투쟁의 양적인 출현 그리고 그것의 결과로 발생한, 케인즈주의적 발전이 의존했던 균형들의 '선(善)순환'의 전복을 통해 야기되었다. 1970년대에 나타난 두 번째 단계에서 이러한 균열은 더욱 깊어졌다. 임금이라는 변수는 단순한 양적 불균형 이상을 표현하게 되는 임계점 까지 자신의 독립성과 자율성을 발전시켰다. 이제 그것은 비가역적인 방식으로, 노동계급의 사회성의 표현으로서의 임금이라는 질적인 주장 으로 변형되었다.7

이 지점에서 자본은 사회적 노동력의 통일체가 기반하고 있는 생산 적 회로를 분해하고 분산시키려는 시도를 통해 대응하기 시작했다. 그 러나 자본은 노동계급의 사회화, 즉 노동의 자본에의 예속에 있어서의 이 진전된 단계에 의해 야기된 계급의 비가역적인 재구성을 자신의 토대이 자 출발점으로 삼음으로써만 그렇게 할 수 있었다.

이미 강조한대로, 바로 문제의 전개에 있어서의 이 최종적 층위가 '위기국가의 위기'에 이르게 된다. 그러한 층위에서 결과적으로 위기국 가는 스스로의 메커니즘들을 완성하도록 강제당한다. (만일 이 논문의 제목이 동어반복으로 읽혔다면, 이제는 내가 이 위기국가형태의 보다 완전한 실현을 시사하고 있다는 것이 분명해져야 한다.) 그리고 이러 한 의미에서, 다양한 형태의 국민적 연대의 정치로 시작된 1970년대 자 본주의의 부흥은 하나의 실제적 반혁명을 나타내는 것으로 보인다. 나 는 정치적 변화와 경제적 정책상의 변화 사이의 일치(coincidence) 대

7. [영역자] "정치적 임금"을 말한다.

해 엄격한 인과관계를 주장하고 있는 것이 아니다. 나는 단지 그러한 일치의 명백한 지점들을 지적하고 있을 뿐이다. 내가 강조하고 싶은 것은, 위기의 수단들의 보다 심오한 조절 및 활용과 노동계급투쟁들 및 그 주체들에 대한 국가 박해의 새로운 특수한 형태 간의 연결이 단순히 우연의 일치일 뿐이라고 생각하는 이들은 단지 (언제나 논의의 여지가 있는 논점인) 이 관계에 있어서의 인과성만을 부정하고 있는 것은 아니라는 점이다. 그들은 결국 이 일치가 — 그것이 필연적이거나 본질적인 것으로 여겨지지 않을 때조차도 — '돌이킬 수 없는' 영원한 사실로, 그리하여 1980년대에 대한 중기(中期)적인 예측으로 고찰되어야 한다는 점 또한 부정한다. 오직 이러한 문제들을 지속적이고 진행 중인 것으로 이해할 때에만, 우리는 그것들을 합리적 설명이 가능한 방식으로 제기할 수 있다. 이것이 내가 다음의 두 절에서 발전시키고자 하는 논점이다.

2. 위기국가의 전개와 그 경향

위기국가형태의 이러한 부각이 의미하는 바는 구체적으로 무엇일까? 무엇보다도 그것은 계획된 발전을 위한 사회적 계약의 가능성 일체가 결정적으로 파괴되었음을 의미한다. 그것은 (좋았던 옛 시절에 하나의 계약적 체제로 — 그것이 자유주의적 형태이건 사회주의적 형태이건 간에 — 이해되었던) 민주주의가 쓸모없는 것이 된다는 것을 의미한다. 다시 말해, 구조적으로 자본주의적 발전과 노동계급 및 프롤레타리아 투쟁들의 발전 간의 역동적 관계 — 후자가 전자의 이면에서 추동력으로 작용한다 ─ 를 기초로 하는 국가권력형태는 더 이상 이러한 역동적 기초를 갖고 있지 못하다. 결과적으로 사회적 갈등이 정치적 층위에 등록되는 방식에 심대한 변화가 일어난다. 제도적 관점에서, 이러한 파열은 명백히 자본의 편에 있는 새로운 권력관계로의 결정적 이행에 의해 표지된다. 이러한 이행과 더불어 근대 민주주의의 '자연적' (즉, 역사적) 토대는 찢겨 날아가버린다.

위기국가형태에 대한 이러한 정의와 파시즘의 정의 사이에는 하나의 유비(analogy) ─ 우리가 이것을 역사적 유사성의 지점까지 확대시키지 않는다는 조건에서 ─ 가 존재한다. 양자는 공히 생산력과 생산관계 간의 (중단된) 관계의 특유한 성격에 부과되는 (분리된) 명령형태의 특수한 성격에 대한 근본적인 의존을 특징으로 한다. 다시 말해, 양자 간의 유비는 오직 형식적 관점에서만 도출될 수 있으며, 때문에 분석적으로 채워져야 한다. 이러한 유비는 그 결과에 있어서도 선형적인 것으로 이해될 수 없다. 위기국가형태와 파시즘적인 통치유형은 동일한 종류의 예정된 결과에 이르지 않는다. '파시즘적인' 국가가 존재한다하더라도, 그것이 파시즘적인 정치적 경제가 존재함을 의미하는 것은 아니다. 존재하는 것은 하나의 정치적 형태, 파시즘이라는 유형 ─ 즉, 자본주의적 발전과 노동계급투쟁들 사이의 파열, 그리고 위기를 자본주의적 명령의 제도적 형태로 활용하는 것을 전제로 하는 국가형태 ─ 이다.

일반적 경향의 층위에서 이러한 분석을 계속해 나가면서, 나는 특히 우리가 처해있는 유럽국가들 내부의 좀더 직접적인 상황 속에서 위기국가의 이러한 심화가 이루어지는 방식에 초점을 맞추고 싶다.

유럽에서 민주주의의 최대의 발전이 1960년대 말의 가장 거대한 노동계급 및 프롤레타리아 투쟁의 시기와 일치했다는 점에는 의심의 여지가 없다. 그 시기에 자본주의적 발전과 그것의 민주적 통치체제의 이중적이고 위기담지적인(crisis-ridden) 성격은 너무나 분명했다. 계급운동 내 단결의 정도는 지금에 와서 보아도 상당한 것이었다. '국가 내부의 국가'가 되었다는 만연한 느낌은 프롤레타리아트로 하여금 그 존재방식에 있어서 창의적이고 혁신적으로 될 수 있도록 해주었다. 프롤레타리아트는 이제 자신의 삶의 질을 향상시킬 수 있었다. 프롤레타리아는 자신의 힘을 사용하여 입법을 촉진시키고, '대항권력'의 전(全) 영역을 합법화할 수 있었다. 또한 (언제나 노동계급과 프롤레타리아 주도권의 가장 주요한 지형이었던) 노동시간단축을 위한 싸움에 있어서도 투쟁의 고양 — 그리고 주목할만한 성공들 — 이 있었다.

특히 이러한 투쟁들은 운동에 있어서 '정치'가 의미하는 바에 대한 재정의를 수반하였다. 공식적 정치에 대한 비판 — 이것은 항상 모든 노동계급 및 프롤레타리아 담론과 투쟁의 추동력이었다 — 은 이제 정치를 형성하는 낡은 방식들을 파괴하였을 뿐만 아니라, 노동력의 사회적 재생산의 모든 측면들을 흡수하고 통합하여 직접행동의 집단적 정치로 전환시키면서 자율적 계급정치[학]의 새로운 방법[론]을 발전시켰다. 결코 혁명적이지 않은 논평가인 클라우스 오페(Claus Offe)조차도 최근에 이러한 "정치적인 것의 새로운 경계"의 질적으로 새로운 주체적 특징들을 강조하였다. 그에 따르면, 정치적 주체성의 이러한 새로운 특질은 (제도들 외부에서 뿐만 아니라 내부에서도) 전통적 민주주의의 구조를 그것의 궁극적 한계까지 확장시키는 새로운 종류의 갈등적 패러다임을 출현시킨다.

위기국가 발전의 첫 번째 국면으로 정의될 수 있을 이 단계에 있어서의 자본주의적 대응은 이러한 노동계급의 성공들을 뒤엎기 위한 기능적 수단의 분석과 실행에 있다. 노동계급과 프롤레타리아트는 국가로 하여금 예산의 더욱 많은 부분을 사회적 재생산과정을 유지하고 보증하는 데 쓰도록 강제했다. 자본은 어쩔 수 없이 자본축적의 이러한 사회적 성격을 인정해야만 했다. 그리고 (계급투쟁에서 언제나 그랬던 것처럼) 그것은 노동계급이 직접적이고 조직적이며 화폐적인 교섭요구를 하기 위한 기초가 되었다.

자본주의적 대응은 첫째로 저지(blocking), 그 다음에 통제, 마지막으로 프롤레타리아트에 의해 공공지출 — 정확히 프롤레타리아적 힘의 이동성과 통일의 지형 — 의 확장에 부여된 기능들을 뒤엎으려는 시도 속에 존재한다. 이제 자본은 개량주의 세력들과 더불어, 본래 사기업의 것인 생산성 기준을 공공지출에 부과한다. 이 '생산성 패러다임'은 노동조합운동의 흡수 — 계획협약 등 — 를 통해 교묘하게 조절되고, 착수되고, 관리되었다. 이처럼 1970년대를 통해 통합(incorporation)이라는 정태적 원리가 계급행동의 단결을 분쇄하고 자본주의적 재조직화의 길을 순조롭게 하기 위한 주요한 도구로 등장하였다. 지성적 부문과 제3부문과 같은, 노동력 집단의 새로운 영역들 — 이것들은 생산의 증대하는 사회화를 통해 1960년대에 조직적이고 적대적인 세력으로 등장했다 — 에 분할을 부과할 목적으로 유사한 노선이 추구되기도 하였다. "통합적(corporate) 부르주아지의 새로운 층으로부터 게토를 분리시키기"라고 부를 수도 있을 이 새로운 전략은 이탈리아에서보다

다른 유럽국가들에서 훨씬 더 철저하게 추구되었다. 1970년대 내내 위기국가는 일체의 일반적 균형의 모든 매개변수들을 파괴하는 정책을 의식적으로 수행하였다. 케인즈주의식 소득정책에 기초한 정치적 관계들은 일반적으로 거부되었다.

이 국면은 계급세력과 프롤레타리아 계층의 파편화 및 탈연대화(desolidarisation) 과정이 코포라티즘적 책임부과(responsibilisation)를 넘어 순수한 명령관계에 기초한 균형의 새로운 토대를 창출하는 데로 나아가는 일보전진을 이뤄내지 못하는 동안 계속되었다고 말할 수 있다. 대부분의 경우에 이 최종적 단계는 협약이라는 코포라티즘적 틀—혹은 적어도 과도적인 기초 위에 서있었던 개입시기에 채택되었던 코포라티즘적 요소들—에 대한 적극적인 탈신비화와 파괴를 필요로 한다. 이는 이러한 결정적 전환점에서 발생했던 몇몇 주요한 노동자투쟁들—포드 쾰른(Ford Cologne, 1973), 로레인(Lorraine) 철강 파업(1978), 피아뜨(FIAT) 파업 그리고 1980년의 대량해고—의 성격과 결과에 의해 암시되고 있다.

그리하여 이것은 우리에게 세 가지 국면의 도식을 제공해 준다. 첫 번째 국면—복지의 무차별적인 확대 그리고 노동력의 새로운 사회화된 성격에 대한 인식. 두 번째 국면—생산성 패러다임에 기반한 통제의 계획 그리고 게토화(ghettoisation)와 결합된 코포라티즘 전략. 세 번째 국면—(앞서 정의된 의미에서의) '파시즘'적 유형의 일반적 균형의 재구축—역설적이게도 알도 모로(Aldo Moro)는 이것을 '제3차시기'(the third period)로 설명했다. 이 도식은 유럽의 모든 주요 통치세력들에 의해 광범위하게 적용되었다. 그것은 1970년대의 10년간에 걸쳐 이론화되고 발전되었다. 그리고 이 모델의 기원은 미국에서 이루어졌던 선구적인 발전에까지 거슬러 올라갈 수 있다. 더욱이 유럽의 모든 나라들에서 이러한 국면들이 매우 명백하게 일치했고, 특히 이러한 국가전략에 대한 기존 좌파조직들, 노동운동들 등의 핵심적인 지지가 일치했다는 점이 강조되어야 한다. 이것은 최소한 두 번째 재구조화 국면과 관련해서는 사실이다. 1974년 이래의 PCI의 역사적 타협, EUR 노선, 판돌피(Pandolfi) 계획은 그 정치적 의미에 있어서 결코 오로지 이탈리아적인 것만은 아니다. 유럽 전역에 걸쳐 그와 유사한 노동협약들이 체결되었다. 이것은 자본주의적 재구조화의 변화무쌍한 행진에 대한 방어책으로 코포라티즘적 노선을 따라 노동계급의 합의를 조직한다는 환상 — 다른 한편에서는 새로운 사회화된 프롤레타리아트를 고립시키고 주변화시켜서 근근이 먹고 사는 수준으로 전락시키는 과정이 진행되고 있었다 — 에 빠진 실천이었다. 이것이 유럽 전체의 사회당과 공산당들 — 그리고 특히 다양한 노동조합 조직들 — 의 정치[학]이었다. 그러나 이러한 종류의 협약은, 실제로는, 낡고 극도로 양면적인 정치적 도구이다. 코포라티즘 그 자체가 좋은 예이다. 이러한 전략은 권위주의적이고 명령에 기초한 통치체제를 향한 운동을 저지하지 못했을 뿐 아니라, 실제로는 위기국가형태의 완전한 실현에 일조했다! 결국 이러한 기획들의 공허하고 자멸적인 성격이 명백하게 드러났다. 무엇이 기존 좌파의 이러한 환상을 조장하고, 결국 그들을 실패로 이끌었는지가 분명하게 밝혀져야 한다. 위기의 시작에서부터, 정당체제를 통한 새로운 합의적 기초의 필요성을 제기하면서 탈구된 것은 단지 국가의 정치적 구조만은 아니었다. 무너진 것은 명령과 합의, 행정적 구조들과 실제 노동세계 사이의 기초적인 구조적 관계였다. 그리고 이러한 구조적 위기의 근저에는 새로운 계급구성의 돌이킬 수 없는 출현이 놓여 있었다.

이제 최근 국면에서 나타난 위기국가의 특징적 경향들로 돌아가보자. 두 가지 기본적인 요소가 강조되어야 한다. 첫 번째는 명령이론이 한층 더 성숙되었다는 것이다. 명령은 그 형태에 있어서 훨씬 더 파시즘적으로 되고, 스스로의 단순 재생산에 훨씬 더 고착하게 되며, 그 자신의 유효성의 재생산을 제외한 일체의 합리적 근거를 상실하게 된다. 두 번째 요소는 노동의 자본에의 실질적 포섭단계에서는, 이러한 명령이 사회적 관계들의 총체성에 내재하는 방식으로 실행되어야 한다는 것이다. 그러나 이런 식으로 말한다면, 이 '세 번째 국면'에서의 전반적 기획은 분명 매우 문제적일 수밖에 없다. 그것은 두 가지 모순을 안고 있다. 첫 번째는 기능적 모순이다. 어떻게 명령은 자신이 점점 더 중요한 부분이 되어야 하는 현실을 초월하기를 바랄 수 있는가? 두 번째 모순은 구조적이다. 노동과 합의, 자본과 프롤레타리아트 간의 파열이 구조적으로 돌이킬 수 없는 것인 상황에서 명령은 어떻게 절합될 수 있는가?

첫 번째 모순은 광범위하고 유용한 문헌들에서 많이 다루어져 왔다. 분석은 사회의 시뮬라크럼(simulacrum)을 재생산하고, 사회적 총체성에 대한 효과적인 시뮬레이션을 통해 명령을 정식화하며, 사회적 과정들의 복제(duplication)를 통해 자신의 억압을 발전시키는 자본의 능력에 초점을 맞추어 왔다. 경제학자들은 이러한 현상을 보고 놀라서는 안 된다. 왜냐하면 그들은 늘 유사한 술어 — 시뮬라크럼의 작용 — 로 화폐적 명령의 영역을 규정해왔기 때문이다. 사회적 공장에 있어서,

화폐는 사회적 관계들 내에서 이루어지는 이러한 통제의 원형이다. 그러나 화폐적 통제를 그 원형이자 핵심으로 하는, 사회적 총체성에 대한 그리고 그것 내부에서의 통제의 이러한 필요성을 분명히 강조해야 한다 하더라도, 근본적인 것은 아마도 명령의 문화—화폐의 권력에 대한 창백한 암시로서의 문화—적 차원일 것이다. 신비화들의 신속함 그리고 진행되고 있는 실제 변형과정에 대한 그것들의 적합성이 명령실행의 근본적 조건이 된다. 다시 말해 첫 번째 모순은 극복된다기보다는 시뮬라크럼의 작용에 의해 굴절되고 중층결정되며, 정보체계를 통한 이데올로기의 자동적인 미시적 작용을 통해 조직된다. 이것이 정상적인, '일상적인' 파시즘이며, 그것의 가장 주목할만한 특징은 여간해선 눈에 띄지 않는다는 점이다. 그러나 이러한 통제를 오로지 이러한 층위에서만 이야기하는 것은 잘못일 것이다. 이러한 메커니즘들 자체가 위기에 영향을 받기 쉬울 뿐만 아니라, 유통의 영역에서 일어나는 실제 변형들과의 관계에서 이차적인 영향을 미친다. 그리고 이러한 유통의 위기는 노동의 자본에의 실질적 포섭에 조응한다. 이제 유통개념에서 그것의 경제주의적 함의들—'경제'라는 용어는 기껏해야 따옴표 속에서만 사용될 수 있을 뿐이다—이 제거되었다면, (우리가 계속해서 맑스주의적 용어를 사용하고자 한다면) 우리는 그것을 '이차적' 위기라고 부를 수 있다. 유통은 이제 노동의 실질적·총체적 포섭의 층위에서 재규정되어야 한다.

다른 한편, 두 번째 모순은 구조적이며 결정적이다. 그것의 위기-유발적(crisis-inducing) 특징이 가장 중요한 것으로 이해되어야 한다. 사회적 노동력의 생산적 특질—이것은 단순히 전통적 의미의 노동계

급의 생산적 특질이 아니다 — 은 해결불가능한 모순을 제기하기 때문
이다. 체제의 기능을 설명하려고 시도하는 가운데 이러한 주제를 다룬
다양한 정치적 이론들 — 예컨대 루만(Luhmann)의 저작[8] — 은 유토
피아적인 만큼이나 머뭇거리고 허약하다. 루만은 생산적 모순을 그것
의 고유한 영역으로부터 끄집어내며, 그리하여 의식적으로 권력의 신
비화에 기여하게 된다. 그리고 나서 그는 그 모순을 그것의 거짓된 복
제를 기초로 하여 해소시켜 버린다. 결과적으로 과학이 의미 있기를
그치는 지점에 남는 것은 허위와 환상뿐이다. '사회학적 오류'라는 개
념은 이러한 작업의 효과적인 신비화 기능들을 총칭하는 말인데, 그것
은 자본주의적 이해관계와 완전히 일치한다. 그러나 실천의 관점에서
보면, 그러한 담론은 이데올로기적 포장으로서조차 기능하지 못한다.
실질적 권력 행사의 관점에서, 그것은 없어져야 하는 것이다. 유통영
역에 있어서의 모순을 극복하고, 실질적 권력에 대해 기능적인 시뮬라
크럼을 구축할 수 있는 유일한 이론적 보증은 즉각적으로 본래 모습
그대로 — 이론과 실천 모두에 있어서, 생산영역 그 자체의 모순에 대
한 강압적이고 폭력적인 부정으로 — 나타난다.

　맑스주의적 관점에서 이 두 번째 모순은 계급관계 — 그것은 실제
로 변형되었지만, 조금도 덜 현실적이지는 않다 — 내에 위치지어져야
한다. 한편으로, 완전히 사회화된 프롤레타리아트에서 완벽하게 구체
화된 생산적 힘들이 존재한다. 다른 한편으로, 신비화와 지배의 체계
적 기능으로 완벽하게 재구성된 생산관계들이 존재한다. 더욱이 프롤

---

8. [영역자] *Truth and Power*와 *Differentiation and Society*, Columbia University Press.

레타리아트의 이 생산적 힘 또한 오늘날 적대의 핵심적 영역이 된 재생산과정의 공간적·시간적 차원 전체에 대하여 — 직접적으로 — 행사된다. 때문에 국가의 권위주의적 성격은 이 영역 내에서 최대한 일관되고 강력하게 전개되어야 한다. 오직 계급관계의 실질적, 직접적 영역에 있어서의 일체의 매개적 메커니즘들의 부정만이 그러한 국가체제의 전체주의적 의도를 유효한 것으로 만들어 줄 수 있다. 근본적이고 구조적인 모순은 강제적으로 — 그리고 무엇보다도 예방적으로 — 부정되어야 하며, 조작하기 쉬운 기능적 모순으로 전환되어야 한다. 국가는 사회를 시뮬라크럼으로, 화폐로 변형시킨다. 자본이 그것을 소비할 수 있도록 말이다! 이러한 특징들 속에, 발전의 이러한 최종적 국면에 있어서의 위기국가의 파시즘적 특성이 놓여 있다.

이러한 특징들은 전쟁국가에게도 해당되는가? 그렇게 보일 것이다. 순전히 형식적인 정의를 넘어선다면, 일련의 특성들은 다음과 같이 요약될 수 있다. 국가권력 근거의 극도로 과학기술적인 객관화(핵국가; the nuclear state), 국가의 합의생산의 최대한도로의 절합(정보체계국가), 이익집단들을 통한 정태적 관점에서의 가능한 — 필수적이진 않지만 — 매개(코포라티즘적 국가), 결과적으로 배제, 주변화 그리고 선택적 억압 메커니즘의 한계까지 나아가기(파시즘적 국가) 등등. 끝으로 중요한 것을 말하자면, 내전은 통제의 도구로서 계산적이고 냉소적으로 활용된다. 노동의 실질적 포섭의 단계에서, 그리고 합의의 문제로 이해된 유통의 문제에 대한 해결책으로서 테러리즘적 요소가 근본적이라는 것에 주목할 필요가 있다. 재정정책이 앙시앙레짐에 자연스러운 것이었던 것과 마찬가지로 테러리즘적 요소는 현대국가에게 '자연스러운' 것이다. 다시 한번 위기는 국가형태의 내력을 반복하고 재생산한다. 오늘날 프롤레타리아 투쟁의 힘에 맞서 그것을 지배하고 있는 것은 진정한 의미에서의 리바이어던이다.

3. 노동계급 과학의 당면 과제

오늘날 노동계급의 과학은 소크라테스적 과제 — 현실의 원리를 재부과하는 과제 — 에 직면해 있다. 오늘날의 정세는 이상하게도 1920년대를 떠올리게 한다. 그러나 많은 이들이 오늘날 반복되고 있다고 생각하는 후버(Hoover)식의 복수, 즉 불황을 통한 노동계급에 대한 공격은 그 자체가 하나의 환영이며 현실의 시뮬라크럼이다. 다른 한편, 노동계급구성의 변화는 실제적이고 돌이킬 수 없는 발전이며, 1960년대 이래로 계속 그래왔다. 자본이 — 계급적대가 사회적 영역 전체로 넓어지고 확장되었다는 인식 속에서 — 이러한 재구성을 추적하여 신비화하면 할수록, 그것은 일체의 긍정적 논리를 상실하며 지배를 행사하기 위한 폭력과 야만성으로 스스로를 무장할 수밖에 없도록 강제당한다.

그러나 우리가 이러한 변형이 가속화되었던 1960년대 운동의 국면과 1970년대 사회적 층위에서 정치적 성숙이 이루어지는 국면을 확인할 수 있다 하더라도, 현재의 국면이 계급간의 관계에 있어서 진지전(war of position)의 일종으로 이해되어야 한다는 것은 분명해 보인다. 현국면에 대한 이러한 정의로부터 일정한 이론적 · 실천적 과제들이 제기된다. 여기서 나는 문제의 일부 이론적 측면으로 논의를 제한할 것이다.

노동계급과 프롤레타리아트에 관해 말하자면, 나는 1980년대가 계급 그 자체 내부의 좀 더 공고한 정치적 매개형태들 — 사회적 집단들과 다양한 임금노동 계층들 간의 매개, 젠더들 간의 매개, 세대를 가로지르는 매개 등 — 에 대한 (중기간에 걸친) 모색의 시대가 될 것이라고 생각한다. 가장 최근의 대결 단계로부터 우리에게 넘겨진 문제들은 부정적인 동시에 긍정적인 것이다. 부정적인 문제는 어떻게 코포라티즘적 지배전략 — 짐작할 수 있듯이, 이것은 국가제도들 내부의 변증법에 의해서는 아직 청산되지 않았다 — 을 분쇄할 것인가 하는 것이다. 여기서 이 과제는 일반화된 저항의 지형을 건설하는 것을 의미한다. 긍정적인 과제는 그 모든 형태들에 있어서 예속된 노동의 질적으로 새로운 사회적 재구성을 하나의 유효한 힘으로 주장하는 방식을 어떻게 찾아낼 것인가 하는 문제이다. 따라서 핵심적인 이론적 과제는 1960년대 초기의 대중노동자 계급구성에 기초한 맑스주의적 분석을 완성하고 갱신하는 것이다. 이제 '대중노동자' 계급구성은 코뮤니즘으로의 이행의 시기에 있는 프롤레타리아트의 사회화된, 추상적인, 이동적인 특성들에 종속된 현상으로 고려되어야 한다. 다시 말해서 우리는 새로운 프롤레타리아트의 문화적이고 사회적인, 공간적이고 시간적인, 수평적이고 수직적인 이동성을 파악할 수 있는 (새로운 프롤레타리아적 주체의 매개들에 관한) 현상학을 현시기 코뮤니즘 이론의 완전히 새로운 장(章)을 위한 기초로 발전시켜야 한다. 성장하고 있는 일단의 맑스주의 이론가들 — 예컨대 드 고드머(De Gaudemar), 폭스 피번(Fox Piven)과 클로워드(Cloward), 호스펠트(Hossfeld) 혹은 오코너(O'Connor) — 이 제출한 여러 테제들은 계급구성의 이론이 시간이론의 틀 속에서 — 다시 말해, 계급의 내적 관계들을 그 시간적 차원에 있어서 포괄하고, 이동성을 노동계급재-형성(re-formation) 과정의 핵심적인 특성으로 이해하는 역동적인 형태로 — 다시 한번 연구되고 체계적으로 갱신되어야 한다고 제안한다.

자기비판적 의미에서 우리는 프롤레타리아 운동이 1970년대 말 이탈리아에서 경험했던 '막다른 골목'(impasse)을, 새로운 분할전략을 부과하고 시간을 둘러싼 계급운동의 상이한 부문들을 훈육하기 위한 다양한 전술들을 선택하는 자본의 능력의 산물로 이해해야 한다. 코포라티즘적 협약에 의한 패배, 중요한 부문들 — 무엇보다도 대중노동자 부문들 — 의 혁명적 활동의 확장에 대한 봉쇄는 정확히 시간의 차원에서 발생했다. 만약 우리가 이것을 철학적 술어로 표현하고자 한다면, 혁명적 경향의 구성적 시간과 자본주의적 명령의 분석적 시간이 대립했다고, 이제 과제는 시간에 대한 자본주의적 분석을 노동계급 및 프롤레타리아의 **구성적** 시간으로 변형시키는 것이라고 말할 수 있을 것이다. 그러나 이러한 논점을 철학적으로 제기하는 방법은 아직 충분히 준비되지 못했다. 설사 그것이 진지전에서 조직화의 문제를 올바르게 제기하는 유일한 방법이라고 할지라도 말이다. 따라서 계급운동 재구성의 시간적 지평에서 — 자본주의적 전략 및 명령의 주도권과의 관련 속에서 계급적대를 결정함에 있어서 분석적 시간 차원이 근본적이라는 점을 인식하는 가운데 — 경험적 분석이 발전되어야 한다.

이러한 전략적 지평에서, 계급적 적(敵)을 탈구조화하는 것의 중요성이 망각되어서는 안 된다. 실제로 그것은 여전히 결정적인 것으로 남아 있다. 계급관계들에 대한 시간적 분석은 본질적으로 프롤레타리아적 힘들의 주체성, 계급의 다양한 층들의 주체성, 그것들의 다원성의 주체성에 기초해야 한다. 그리고 프롤레타리아 주체성의 다원주의는 전체 노동일이라는 시간적 차원에서 이해되어야 한다. 주지하다시피, 계급주체성은 정신적인 요소가 아니다. 그것은 노동일과 관련되어 있는 다른 모든 요소들과 마찬가지로 물질적이다. 우리가 해야 할 일은 계급주체성의 새로운 정의에 도달하기 위해, 계급 재구성 과정에 있어서의 문화적 차이, 연령적 차이, 젠더적 차이 등을 역동적으로 고려하는 것이다. 오늘날의 근본적 과제는 이러한 주체적 과정들로부터 하나의 조직적인 종합을 정의하고 그것을 가능케 하는 것이다.

논지를 명확히 하기 위해, 1970년대 운동에 제기되었던 문제틀로 잠시 되돌아가 보는 것이 좋을 것 같다. 앞서 말했듯이 자본의 관점에서 복구는 분할정책과 코포라티즘적 포섭 전략에 의해 수행되었다. 폭스 피번과 클로워드는 자신들의 책『가난한 민중의 운동』9에서, 최소한 미국과 관련해서는, 이 과정을 매우 명확하게 설명해냈다. 그러나 그들의 분석에는 위로부터 부과된 다양한 분할들을 넘어서고 (그들의 분석에 은연중에 내포되어 있으며, 전반적 계급운동 내부의 혁명적 경향을 지시하는) 계급구성의 새로운 특질을 파악할 수 있는 구성적 시간 차원이 결여되어 있다. 다시 말해 우리가 정말로 이해해야만 하는 것은 욕구의 새로운 특질과 수준 그리고 이동성의 새로운 형태들이 어떻게 계급 내부에서 재구성의 물질적 회로를 생산해내는가 하는 것이다.

---

9. F. Piven and R. Cloward, *Poor People's Movement : Why They Succeed, How They Fall, New York* : Random House, 1977.

낡은 '노동자주의적' 분석틀에서 중심적인 것은 전반적인 생산과정과 구별되는 것으로서의 노동과정이었다. 노동과정 내부의 대중노동자에 대한 분석은 그 자체로 상품과정의 단순한 역전에 불과한 일종의 투쟁의 주체적 유통을 추적하는 데에 충분한 것으로 보였다. 이러한 주체적 유통은 발생했던 투쟁들의 주체성을 특징지우는 데에 열쇠를 제공해 주었다. 이 '역전' 방법은 (이탈리아의 노동자주의적 흐름에만 해당되는 것은 아닌) 통속적인 방식으로 공공지출에 대한 분석으로까지 확대되었다 ─ "공공지출은 당신의 월급봉투의 일부입니다." 그것은 대중노동자의 투쟁회로들과 나란히 사회적 노동자의 투쟁회로들을 확인하기 위한 것이었다. 분명, 이러한 분석은 불충분한 것이었다. 마찬가지로 지금 필요한 것은 단지 노동계급의 이동성이 명령 패러다임의 '이면'(裏面)임을 보여주고, 실업자와 공장노동자들, 착취받는 주부와 노령의 연금수령자들, 학생들과 지하경제에서 일하는 젊은이들 등등이 장기간에 걸쳐 수렴하게 될 가능성을 격앙된 어조로 지적하는, 노동계급의 이동성에 대한 분석만은 아니다. 물론 우리는 이것을 필요로 한다. 그러나 여전히 그것만으론 충분치 않다. 분석은 코뮤니즘적 전망에 근거해야만 한다. 분석은 자본주의적 명령의 절합들에 맞선 투쟁의 실천적 문제들, 즉 공공지출의 갈취와 보편적인 의미에서 이루어지는 전체노동일의 훈육에 저항하고 그것들을 전복하는 문제를 포괄해야 한다. 그러나 분석의 연결선(connecting thread)은 코뮤니즘적 미래를 예시하는, 이론적인 동시에 실천적인 진보적 운동을 통해서만 발견될 수 있을 뿐이다.

1970년대 후반 운동의 패배의 또 다른 측면을 살펴봄으로써 이 문제의 구체적 사례를 검토해보도록 하자. 이 패배는 코포라티즘적 국가정책들의 결과로서 뿐만 아니라, 운동 그 자체의 게토화 ― 전체 계급적 이해(利害)의 새로운 특질의 수준에서 일반화될 수 없는 것으로 판명되었으며, 그 결과 공공지출에 대한 자본주의적 통제의 억압적 패러다임의 희생양이 된 특수한 투쟁들의 억압 그리고/또는 고립 ―를 통해서도 일어났다. 이 과정은 유럽 거대도시의 중심지들에서 특히 분명하게 나타났다. 최근에 칼 하인츠 로쓰(Karl Heinz Roth)는 이러한 게토화와 고립 현상들이 매우 명백하게 나타나는 독일의 사례를 통해 이 문제와 직접적으로 대면했다.[10] 독일에서 운동의 패배는 전적으로, 그 자체만으로도 운동 전반의 일반적인 목표 ― 결코 외부에서 부과된 목적이 아닌, 프롤레타리아 존재 자체의 특질로부터 생겨나는 목표 ―를 제공할 수 있었을 계급분리 및 적대의 새로운 특질을 파악하고 그것을 발판으로 삼지 못한 무능력으로부터 기인한 것이었다.

이것은 심각한 문제를 제기한다. (누구나 얼마간은 건드려보았던, 그리고 정확히 주체와 투쟁의 새로운 특질을 파악하기 위해 필요했던) 강령적인 '일반적 요구'라는 낡은 맑스주의적 틀과 운동에 있어서의 과학적 합리주의의 폐기는 일체의 일반적인 물질적 기획에 있어서의 연결고리인 특정한 주체성들을 재구축할 가능성의 붕괴로 이어졌다. 로쓰가 보여주는 바와 같이, 그 결과 (특히 게토 지하운동조직에서 분명하게 관찰되었던) 자기가치화 운동의 생산성은 노동시장의 자본주의적 분리와 틈새적 경제의 재조직화 내부에서 자본의 입맛에 맞는 형태로 회복되었다. 그리고 현재 이것은 자본이 이러한 부문을 멋대로 재형성

---

10. *Autonomie-Materialen gegen die Fabrikgesellschaft-Neue Folge*, no. 4~5.

(reshape)하고 조작할 수 있을 정도에까지 이르게 되었다. 그리하여 자유는 마약거래행위가 되고, 자기가치화는 비즈니스로 전락하며, 대항권력의 행사는 테러리즘을 통해 부정된다. (반핵 혹은 생태적) 투쟁의 부분적 내용을 제공해 주는 이슈들은 스스로 분리되어, 자본주의적 생산을 관장하는 사회적 관계들의 시뮬라크럼의 일반적 권력 내부로 재통합된다. 로쓰에 따르면 이러한 난국에 대한 유일한 해결책은 계급행동의 새로운 특질을 포착하기 위해 코뮤니즘적 내용과 목표를 갖춘 계급주체 전체를 재구성할 수 있는 지평에서 맑스주의적 분석방법을 발본적으로 복구하는 것이다.

그러나 나는 이러한 언급이 일종의 새로운, 갱신된 그람시주의를 위한 변명으로 잘못 해석되는 것을 바라지 않는다. 나는 헤게모니 개념이 그 명백한 이론적 약점과 관념론적인 도출과정에도 불구하고 이제 보다 유물론적인 일관성을 부여받아서 현대 사회의 맥락에 맞게 번역될 수 있다고 제안하고 있는 것이 결코 아니다. 방법론에 있어서 우리를 일체의 '헤게모니적' 해법과 구분시켜주는 차이들은 여전히 본질적인 것으로 남아 있으며, 앞서 서술된 지난 몇 년간의 사건들과 앞으로의 전망들에 관한 어떠한 자기비판도 이 심연(深淵)을 메울 수는 없다. 그것은 분석적 접근법과 관련한 자기비판의 문제도 아니다. 방법은 동일한 것으로 남아 있어야 한다. 즉 체제의 해체와 사보타지를 목표로 하는 전복적 방법의 발본적 연속성은 유지되어야 한다. 계급적 관점에서 이루어지는 미래에 대한 일체의 정치적 결정은 이제 프롤레타리아트의 문화적 혁명에 있어서의 도약을 필요로 한다. 이 과정에서 모든 카드들이 다시 뒤섞여야만 할 것이다. 필요한 것은 새로운 사회화된 프롤레타리아트가 낳은 변형의 주체성을 만개(滿開)시키기 위해 생산관계들을 전복시키는 일종의 레닌주의적인 '신경제정책(New Economic Policy)이다. 일체의 혁명적 출현을 가로막는 주요한 정태적 힘인 코포라티즘은 파괴되어야 한다. 그리고 우리는 계급 재구성에 이르는 투쟁회로의 핵심적 요소인 계급이동성의 중심적 중요성을 완전히 파악해야 한다. 만약 헤게모니 개념 ― 계급단결에 대한, 레닌주의적 정치과학의 고전적인 관념 ― 이 이러한 과정과 조금이라도 관련을 가질 수 있다면, 그것은 오직 프롤레타리아 단결의 부단한 형성·재형성 과정에서 이루어지는 이동성의 조직화를 오늘날 지배의 기본적 무기인 (정치적, 경제적, 정보적) 시뮬라크럼의 자본주의적 재생산에 대항하여 내세우는 지평 내에서만 그럴 수 있는 것이다. 우리는 이동성을 프롤레타리아의 무기로 재해석하고, 노동계급이 그것을 자유시간을 쟁취하고 노동일을 재정의하는 수단으로 활용하는 방식을 발견해야만 한다. 그리고 우리는 이러한 이동성의 활용을 전쟁국가 명령 ― 화폐 유동성에 대한 화석화되고 환상적인 명령, 그리고 그것의 문화적·제도적 반영 ― 의 경직되고 파시즘적인 형태들에 대항하는 핵심적 무기로 삼아야 한다.

이탈리아적 견지에서, 나는 미래에 대한 암시를 얻기 위해서 피아뜨로 되돌아가야 한다고 생각한다. 이것은 계급투쟁에 있어서 이전의 모든 결정적 전환점 ― 1962, 1969, 1973년 ― 이 그랬던 것만큼이나 사실이다. 그러나 이제 정문 앞의 피켓들로 되돌아가는 것으로는 더 이상 충분치가 않다. 대중노동자 봉기의 최초의 투박한 형태인 살쾡이 파업(wildcat strike), 그리고 대규모 피켓시위에서 나타난 대중노동자투쟁 행동의 일반화가 계급투쟁 전체의 방향을 가리켜 주기에 충분한 기초였던 시절은 지나가 버렸다. 이제 분석은 대도시 전체를 포괄해야 하고, 계급 재구성은 이동성의 관점에서 이해되어야 한다. 이제 노동계급의 자유는 오직 전체 사회적 노동일 — 노동의 실질적·사회적 포섭 단계에서, 이것은 삶시간 자체와 동일하다 — 의 측면에서만 이해될 수 있을 뿐이다. 오늘 우리가 피아트로 돌아가는 것은 새로운 답을 얻기 위해서, 즉 계급의 다른 모든 부문들과 계층들에 대해 사회적 노동자 재구성 운동이 가지는 헤게모니와 (양적인 동시에 질적인) 다수적 지위를 입증하기 위해서이다.

무엇보다 공공지출의 지형 위에서 프롤레타리아트를 신비화시키고, 분열시키고, 제지해 왔던 모든 이들과 단호하게 결별할 시간이 왔다. 공공지출의 정신분열증적 가능성들을 그 한계까지 밀어붙일 시간이 왔다. 그 관념적이고 유토피아적이며 반동적인 성격을 물질적으로 폭로하고 공격하면서도, 파괴적으로 반어적인 태도로 시장의 자본주의적 복구를 받아들일 시간이 왔다. 그리고 무엇보다도 기능주의적 왜곡에 맞서 근본적이고 구조적인 모순을 부과하는 저 현실의 원리를 단언할 시간이 왔다. 그렇게 함으로써 우리는 또한 계급운동을 겨냥한 국가의 군사적 역량들의 배치를 쓸모없게 만들 수 있다. 분명 이 모든 것이 우리를 위해 축하연을 베풀어주지는 않겠지만, 우리는 이제 최종적으로 그리고 명확하게 다음과 같이 말할 수 있다. "그것은 저들을 위한 피크닉이 되지도 않을 것이다!" [1980]

뜨라니 특별감옥, 1980년 11월

고고학과 기획: 대중노동자와 사회적 노동자

　　이 논문은 앞의 논문과 마찬가지로 네그리가 감옥에 있을 때 쓰여졌으며, 역시 동일한 논문집 『시간기계』에 수록되었다. 이 두 논문의 문제틀은 앞서 「위기국가의 위기」의 소개글에서 개괄한 바 있다. 기본적인 주제는 선진 자본주의에서의 계급적대를 사회 및 사회적 노동 전체의 자본주의적 지배에의 실질적·총체적 포섭에 조응하는 수준에서 재정의할 필요가 있다는 것이다. 네그리가 이 글에서—이 책에 실려있는 초기 글들에서도—주장하는 바와 같이, 이것이 의미하는 바는 '노동계급' 개념이 사회적 재생산 영역 전체의 모순과 적대로까지, 즉 직접적 생산 그 자체 너머까지 넓어지고 확장되어야 한다는 것이다.

　　그러므로 1960년대 이탈리아 노동자주의자들의 분석은 현재의 영구적 위기상태의 근저에 놓여 있는 주요한 추동력인 **노동력** 그 자체의 구조적 위기에 비추어 시급히 갱신되어야 한다. 계급구성 내의 이러한 변화, 사회적 수준에서의 계급적대의 재구성이 이 논문에서 다루어지고 있는 주요한 논점이다. 여기서 네그리는 1960년대 이탈리아 노동자주의의 초기 주창자들로부터 오늘날 계급운동의 재구성에 대한 분석에 제기된 새로운 문제들, 즉 사회적 적대의 현재 수준에서의 '노동계급의 재형성'에 이르기까지 계급구성의 분석과 방법을 추적한다.

신기능주의 및 후기산업사회학(post-industrial sociology)의 여러 이론들과 반대로, 네그리는 사회적 영역에 있어서의 투쟁의 새로운 운동들이—가치와 잉여가치의 생산에 기반한 일체의 계급관계의 종말을 알리면서—계급적대의 새로운 수준을 나타내며, 그것은 삶욕구를 둘러싼 새로운 주체성들의 단순한 증식으로 환원될 수 없는 것이라고 생각한다. 계급관계로 이해된 가치형태의 위기는 오히려 새로운 수준의 계급적대를 위한 출발점이다. 그리고 이러한 분석은 생산적 노동에 대한 협소한 정의와 정통 맑스주의 내에서 너무나 오랫동안 지배력을 행사해왔던 노동계급에 대한 '공장주의적' 정의를 넘어서 나아가야 한다.

네그리에게 있어 1970년대 초중반부터 나타난 이러한 계급투쟁의 새로운 사회적 차원은, 1960년대에 발전한 '대중노동자' 개념에 기초한 계급분석이 생산을 넘어 재생산 전체로까지 확장된 적대의 새로운 층위를 포괄하기에는 너무나 협소해졌다는 것을 의미했다. 따라서 그것은 '대중노동자의 정치경제학'에 대한 비판과 극복의 필요성을 가리키는 것이었다. 이전의 노동자주의적 분석이 결코 단순히 계급에 대한 '공장주의적' 관념을 기초로 한 것은 아니었다는 점은 지적되어야 마땅하다—그리고 네그리는 이것을 분명히 하고 있다. 예컨대 뜨론띠에게 있어 공장과 생산관계의 사회로의 확장은 선진 자본주의 내의 계급적대에 관한 그의 이론 전체에서 매우 중심적인 것이었다. 그리고 계급투쟁의 전략적 방침으로서의 '노동거부'에 대한 그의 정의는 이후에도 폐기되지 않았다. 실제로 네그리에게 그것은 자신의 갱신된 계급분석에 있어서도 관건(關鍵)으로 남아 있다. 달라진 것은 이러한 '사회적 확장'이 이제 더 이상 공장투쟁의 임금요구를 사회로 확장시킨다는 관점에서는 이해될 수 없다는 점이었다. 공장 임금투쟁의 '확장성'은 재구조화와 내핍체제를 통해, '보장'부문과 '비보장'부문 간의 노동시장 분할과 구획화에 의해, 임시직·시간제근무·지하경제 등의 확장에 의해, 요컨대 이탈리아에서 '확산된 공장'이라는 용어로 정의된 것에 의해 차단되었다. 이것이 노동계급의 새로운 사회적 성격을 재규정하게 된 한 가지 요인이었다. 또 다른 요인은 위기에 대한 자본주의적 대응의 사회적 성격이었다. 자본은 네그리가 완전히 사회화된 노동력의 독립적 재생산과 임금/노동관계의 규율 사이의 '동시화'(synchronisation)라고 부르는 것을 회복시키기 위해 공공지출의 삭감을 통해 사회적 임금 전체를 공격하였다.

오늘날의 계급적대, 즉 완전히 사회화된 노동력의 계급적대에 대한 네그리의 역동적인 접근과 분석은, 오직 '직접적' 생산 내의 임금노동자에만 국한된 전통적이고 일괴암적이며 코포라티즘적인 계급정의들로부터 그를 구별짓는다. 이동성과 시간제·임시직·가사노동의 성장, 직업 고정성의 부재, '비공식적' 경제 내의 생산의 확산, 생산·유통·재생산의 통일 등등에 대한 그의 강조는 결코 '노동계급의 종말'을 의미하는 것이 아니라, 오히려 사회적 노동일 전체를 둘러싼 계급적대의 한층 더 고도화된 사회화를 가리키는 것이다. 투쟁의 새로운 사회적 주체들을 결코 '주변적'이지 않다. 아니, 그들의 주변화는 정치적이다.

이것이 1970년대 중반 이후 이탈리아에서 벌어진 자율주의자들과 기존 좌파 간의 논쟁과 대결에 있어서 핵심적인 쟁점이었다. 네그리에 대한 정통적 비판가들, 특히 왕년의 노동자주의자들을 포함하는 PCI 구성원들은 그에게 '반(反)노동자적인' 역할―후에 네그리를 기소한 판사들이 이 테마를 이어 받는다[1]―을 부여한다. PCI는 새로운 사회적 투쟁들을 새로운 '쁘띠 부르주아' 혹은 '룸펜 프롤레타리아' 등의 주변적 운동으로, 다시 말해 전통적 맑스주의 경전에서 극우운동을 규정할 때 쓰이는 용어들로 규정했다! 한때 노동자주의자였던 PCI 대변인 아쏘르 로사(Asor Rosa)에게 있어 자율주의자들은 "비특권적인 기생충적 계층"을 의미했고, PCI의 서기관인 엔리코 베를링게르(Enrico Berlinguer)에게는 단지 "전염병 보균자"를 의미할 뿐이었다. 이 시기 '민주적' 내핍을 적극적으로 지지한 PCI의 주요한 언급들에 대해서는 엔리코 베를링게르의 『내핍―이탈리아를 변화시킬 기회』[2]를 참조할 수 있다. 주변성에 대한 이러한 공식적인 테제―그리고 네그리를 '반노동자주의자'로 그리는 초상화―가 영국의 자칭 PCI 비판가들이 쓴 네그리에 대한 평론과 논평들에서 폭넓게 받아들여졌다는 것은 유감스러운 일이다.[3] 그러한 논평가들에게 있어서 '주변인들'은 주변적인 것으로 남아 있으며, 노동계급은 협소한 노동조합적 관점에서 정의된, 정태적이고 일괴암적인 존재일 뿐이다. 네그리의 연구가 정말로 "앙드레 고르(!)를 예기하고", "일상적 아나키즘"을

---

1. 뒤에 실린 「법정에 선 네그리」를 보라.
2. Enrico Berlinguer, *Austerità Occasione per Trasformation l'Italia*, Ed. Riuniti, Rome, 1977.
3. 예를 들어, Alex Callinicos, *Socialist Worker Review*, 1984년 7·8월, 혹은 Tobias Abse, "Judging the PCI", *New Left Review* 153, 1985를 보라.

나타내는가(캘리니코스)에 관해서는 독자들이 알아서 판단할 것이다.

네그리 자신은 그러한 비판에 대해 1978년의 긴 인터뷰[4]에서, '노동계급의 중심성'을 거부한다고 대답했다. 그러나 그는 또한 자신이 새로운 계급주체들의 구성을 정의하기 위해 사용하는 술어 상에서 '노동자'라는 단어를 강조한다는 사실에 대해 주의를 환기시켰다. 계급 재구성에 대한 분석, 그리고 오늘날 코뮤니즘을 위한 복수적 주체들과 운동들에 대한 이러한 분석은 1983년 이후 망명기간 이래 프랑스의 동료들과의 의견교환을 통해 진행된 작업에서도 계속해서 주요한 초점으로 남아 있었다.[5] 프랑스어를 읽을 줄 아는 독자들은, 이탈리아의 현대 계급분석의 논점들이 네그리와 여타의 사람들에 의해 보다 심도 있게 논의되고 있는 최근의 논문집 『이탈리아, 철학자와 경찰관』[6]을 읽어보면 좋을 것이다.

이 논문에서 제기된 문제들은 네그리의 최근 저작 『전복의 정치학』[7]과 『주체의 공장』[8]에서 한층 더 깊이 논의되고 있다.

---

4. 앞서 언급된 "From the Mass Worker to the Social Worker"

5. Negri · Guatarri, *New Lines of Alliance*, Semiotext(e), Foreign Agents Series, New York 1986 [『미래로 돌아가다』, 조정환 옮김, 갈무리, 2000]

6. *Italie, le Philosophe et le Gendarme*, VLB Editeru, Montreal, 1986. (유럽 배본처: Réplique Diffusion, 66 rue René Boulanger, 75010 Paris, France.)

7. *Fin de Siècle*; 영어판 *Politics of Subversion*, Polity Press, Cambridge, 1989 [『전복의 정치학』, 장석준 옮김, 세계일보, 1991].

8. *Fabbriche del Soggetto*, XXI Secolo, Livorno, 1987.

1. 대중노동자 개념의 기능과 한계

1956년 소련의 제 20차 공산당대회에 뒤이어 이탈리아 노동운동 내부에서 전개되었던 스탈린주의에 대한 비판은 무엇보다도 노동조합에 대한 전통적인 관념을 문제 삼았다. 이것은 주요한 관심의 영역이 되었다. 1953년에는 피아트에서 공산주의적 조합의 대패배가 있었다. 이후 몇 년 동안에도 농장노동자들의 조합과 공공부문 노동조합들— 철도노동자, 우편노동자 등 — 의 패배가 줄을 이었다. 일체의 직접적인 권력쟁취 전망의 퇴조(혹은 철저한 소멸), 그리고 이데올로기적 충위에서의 일련의 혼란들은 노동조합이 체제의 전달벨트(transmission belt)로 전락하고 있다는 것을 의미했다. 노동조합의 조직형태 및 이데올로기적 기초 모두가 위기에 처해졌다.

그러나 이러한 위기는 노동계급의 급진성에 영향을 미치지는 못했다. 자생적이고, 다형(多形)적이고, 격렬하고, 이동적이며, 무질서한 대중적 행동형식 — 그러나 그럼에도 불구하고 그것은 독창적이면서도 강력한 방식으로 노동조합 지도력의 결여를 보충할 수 있었다 — 이 나타나기 시작했다. 노동조합 지도부가 낡은 형태들의 반복을 고수하는 동안, 노동계급은 자율적인 방식으로 반응했다. 노조가 파업행위를 요구하면, 노동자들은 작업장으로 들어가 버린다. 그러나 일주일, 한달, 어쩌면 일년 후에 그와 동일한 노동계급이 자생적인 시위로 폭발한다. 남부의 농장노동자들 역시 자생적인 투쟁을 시작했다. 그러나 그들은 농토를 쟁취하기 위한 투쟁에서 패배했다. 그들은 정부의 농업개혁에 매수되어 버렸는데, 그것은 그들을 소규모 경작지에서 일해야만 하는 빈곤으로 처넣었다. 그 결과 농촌의 전위들은 대규모 이주라는 방침을 채택했다. 이것은 대중적 현상이었다. 분명, 그것의 원인과 결과는 복잡했지만, 그 특질은 정치적이었다. 그때부터 사태는 달라지기 시작했다. 1959년 밀라노(Milan), 1960년 제노바(Genova), 1962년 또리노(Turin) 그리고 1963년 포르또 마르게라(Porto Marghera) — 이러한 일련의 투쟁들이 정치적 상황의 최전선까지 밀고 나갔다. 이 계속적인 노동투쟁들은 모든 주요 산업부문과 모든 주요한 도시산업지역들을 포함했다. 그것들은 모두 다소간 자생적이고 대중적인 사건들이었으며, 이제껏 경험된 적이 없었던 투쟁양식들의 일반적인 유통의 정도를 드러내었다.

투쟁들의 이러한 자생성에 대한 정의를 요구하는 이가 있을 수도 있을 것이다. 그 투쟁들이 대부분 노동조합의 통제와 명령으로부터 독립적이었던 것은 사실 — 때때로 노동조합들은 그것들을 인식조차 하지 못했다 — 이지만, 그와 동시에 그것들은 강력하게 구조화되어 있는 것처럼 보였고, 또 실제로 그러했기 때문이다. 그러한 투쟁들은 — 우리가 말하곤 했듯이 — '보이지 않는' 새로운 노동계급 지도력들의 존재를 드러냈다. 그것들이 보이지 않았던 것은 부분적으로는 단지 많은 이들이 그것들을 보고 싶어 하지 않았기 때문이다. 그러나 그것은 또한 (그리고 주요하게는) 그것들의 대중적 특성, 노동자들의 정치적 이해의 형성에서 작동하기 시작했던 새로운 협력 메커니즘들, 이러한 새로운 투쟁형태들의 비상한 유통능력, 그리고 그것들이 드러내었던 이해 — 생산적 과정에 대한 이해 — 의 수준 때문이기도 했다. 대부분의 사람들이 처음에는 이 새로운 투쟁형태들을 '비합리적'이라고 생각했지만, 발전과정에서 그것들은 일관된 기획과 전술적 지성을 보여주기 시작했으며, 결국에는 노동계급 합리성이라는 바로 그 개념 — 경제적 합리성? 사회주의적 합리성? 가치법칙의 합리성? 노동조합 통제의 합리성? 법과 질서의 합리성? — 까지 문제 삼기 시작했다. 실제로 우리는 이러한 투쟁들이 취한 형태 속에서, 노동조합주의적/사회주의적 이데올로기의 구조 전체와 직접적으로 모순되는 요소들을 확인할 수 있었다. 임금요구들 그리고 그러한 요구들이 치달았던 극단은, 전통적인 노동조합적 실천에서 임금이 하나의 정치적 도구, 매개의 수단으로 활용되어 왔던 방식과 모순되는 것이었다. 그러한 투쟁들의 당파적 성격 — 자기중심성 — 은 그때까지 지배적이었던 노동계급 이해(interest)의 동질성이라는 사회주의적 이데올로기와 정면으로 충돌했다. 살쾡이 파업에서 대중적 사보타지에 이르기까지 걸쳐있는 투쟁들의 직접성 및 자율적 성격과 생산의 순환구조에 미치는 그것들의 강력한 부정적 효과는 고정자본은 신성한 것이라는 전통적 견해와 충돌하였으며, 노동의(노동을 통한) 해방이라는 이데올로기 — 여기에서는 노동이 해방의 주체이며 스타하노프주의(Stakhanovism), 즉 높은 수준의 전문적 숙련이 해방의 형태이다 — 와도 대립했다. 결국 이동성 형태, 계획적 결근, 투쟁의 사회화의 (집단적 수준에서건 개인적 수준에서건) 강화는 노동계급의 이해에 대한 일체의 공장중심적 관념, 즉 노동자평의회주의적 전통으로부터 우리에게 전해 내려 온 것과 같은 종류의 관념과 직접적으로 대립하였다. 이 모든 것은 노동에 반대하는 투쟁의 태도와 노동으로부터의 해방에 대한 욕구 — 그것이 온갖 소외적 특질을 갖고 있는 대공장 내 노동이든, 아니면 임금과 교환되어 자본가에게

양도된 것으로서의 노동 일반이든—를 점차 더욱 사회화된 형태로 드러내었다.

자신의 내부에서 고도로 구조화되어 있는 이러한 대중적 자발성이 원칙적으로 자발성의 정의 자체를 부정한다는 사실은 하나의 역설이었다. 전통적으로 자발성은 낮은 수준의 노동계급 의식성, 노동계급의 단순한 노동력으로의 환원을 의미해왔다. 그러나 사태는 전과 같지 않았다. 새로운 자발성은 매우 높은 수준의 계급적 성숙을 나타냈다. 그것은 노동계급의 노동력으로서의 성격에 대한 자발적인 부정이었다. 이러한 경향은 분명하게 현존했으며, 이후의 발전들에서 더욱 명백하게 드러났다. 그러므로 새로운 투쟁형태들을 분석하고자 하는 사람은 누구라도 사회주의의 이론적 전통 전체를 문제시할 준비가 되어있어야 할 것이었다. 이러한 투쟁들 내부에는, 밝혀지기를 기다리고 있는 새로운 범주들이 존재하고 있었다.

그리고 그러한 일은 이루어졌다. 1960년대 초 공식적 노동운동의 언저리에서, 계급투쟁 내부에서 활동하고 있었던 몇몇 노동계급전위들과 지식인 집단들은 대중노동자를 노동계급투쟁의 새로운 주체로 이해하는 이론을 만들어 냈다.

한편으로 그들의 연구는 이 계급적 주역의 객관적 특성들을 확인했다. 이러한 특성들은

1) 노동과정의 조직화 내부에서는 테일러주의에 의해

2) 노동일의 조직화 및 임금관계의 조직화 내부에서는 포드주의에 의해

3) 경제적/정치적 관계들 내부에서는 케인즈주의에 의해

4) 일반적인 사회적 관계들 및 국가적 관계들 내부에서는 계획자국가의 모델과 실천에 의해 규정되었다.

다른 한편으로 그들은 이 새로운 계급형상의 새로운 주체적 특성들을 정의 — 이것은 절대적으로 긴급한 것이었다 — 하는 데 성공했다. 이 주체적 특성들은 역동적이고 매우 생산적인 술어로 기술되었다. 다시 말해 공장-사회의 자본주의적 조직화의 모든 측면은 노동계급투쟁과 (과학기술, 임금형태, 경제정책, 국가형태에 있어서의 발전들을 포함하는) 자본주의적 발전 간의 변증법, 즉 대중노동자가 능동적이고 추동적인 중심적 힘으로 작용하는 변증법의 산물로 이해되어야만 했다.

우리의 오랜 친구 맑스의 말처럼, 기계들은 파업이 일어난 곳으로 몰려든다. 발전에 대한 자본주의적 통제의 모든 메커니즘들은 체제 내의 결정적 지점에 집중되었다. 투쟁들이 낳은 정보를 끊임없이 도둑질함으로써, 자본은 점점 더 복잡한 메커니즘들을 창출해냈다. 노동자주의의 분석이, 노동계급투쟁이 제공한 지시를 좇아 자본주의적 몰록(Moloch)[9]을 파헤쳤던 것은 바로 이러한 틀 안에서였다. 노동자주의자 동지들은 자본주의 발전의 일정한 수준에서 (노동자들과 자본 간의 변증법적 관계 — 이 관계에서는 자본주의적 논리가 우세하다 — 의 한 요소로 이해된) 노동력 개념이 해소되게 된다는 근본적인 이론적 결론에 도달했다. 변증법적 관계는 무엇보다 확실하게 지속되지만,

---

9. [옮긴이] 구약성서에 나오는 세무족의 신의 이름. 몰록을 신봉하고 있었던 사람들은 이 신을 달래기 위한 제물로서 어린아이들을 태워서 바쳤다고 한다.

이제 자본/노동력 관계는 자본/노동 계급관계로 변화된다. 따라서 자본주의적 발전의 변증법은 노동계급과의 관계에 의해 지배된다. 노동계급은 이제 자본주의적 발전 내부에서 하나의 독립적 극성(極性, polarity)을 구성하였다. 이제 자본주의적 발전은 노동계급의 행동이라는 정치적 변수에 의존하게 되었다. 노동력 개념은 더 이상 본질적인 것으로 간주될 수 없었다. 오직 노동계급 개념만이 타당한 것이었다.

나는 이 시기 우리의 이론적·정치적 입장들이 어떤 측면에서는 매우 풍부했지만, 또 다른 측면들에서는 매우 빈곤했음을 인정하지 않을 수 없다. 그것들은 완전히 정치적인 노동력 개념을 발전시킬 수 있는 토대를 제공해 주었다는 점에서 풍부했다. 우리는 1930년대와 40년대 자본주의적 혁명에 있어서의 발전들로부터 많은 것을 배웠다. 특히 우리는 노동과정의 구조와 경제적·정치적 지배구조 모두에 현저한 영향을 미치는 혁명적 투쟁 — 다시 말해서 테일러주의에 맞서 그리고 케인즈주의 내에서 승리할 수 있는 투쟁 — 을 추진하는 것이 가능하다는 것을 배웠다. 다른 한편 우리의 이론적·실천적 입장들의 빈곤은 다음과 같은 사실, 즉 개별적 투쟁 및 개별적 계급부문의 투쟁은 자본을 이해하고 그것과 대결할 수 있음이 증명되었지만, 그와 동시에 그러한 투쟁의 잠재력, 그것의 전략적 차원 그리고 혁명적 주도권의 중심의 재확립은 여전히 우리의 손이 닿지 않는 곳에 남아 있었다는 사실에 놓여 있다. 이러한 계급투쟁의 수준에서 실천은 (최고 수준의 노동계급 실천조차도) 그 종합(synthesis)과 해소(resolution)에 있어서 언제나 불확실성의 요소를 포함하고 있다. 그러한 종합과 해소를 레닌은 '봉기의 예술'(art of insurrection)이라고 불렀으며, 오늘날 노동자들은 그것을 과학으로 전환시키고자 애쓰고 있다. 그러나 이 과학 — 대중노동자의 실천이 요구하고 있지만, 그것이 제공해 주지는 못하는 과학 — 은 여전히 구축되어야 하는 것으로 남아 있다.

사실 자본의 지배과학은 우리보다 한참 앞서 있다. 우리가 대중노동자 개념을 도입하고 있었던, 그리고 암묵적으로나마 노동계급의 역동성 개념을 위하여 노동력 범주에 대한 비판을 도입하고 있었던 바로 그 때에, 자본은 이미 지배이론 및 권력균형의 회복과 관련하여 실천에 있어서 엄청난 진전을 이루어냈다. (우리가 주목할만한 수준의 주체적 행위를 발전시키고 심층적인 자본주의 위기의 계기를 만들어 내는 데 성공했던 것은 특수하고 고립적인 몇몇 민족국가적 상황 — 특히 이탈리아 — 에서였다는 사실에 주목하라.) 노동계급적 관점에서 비롯된 대중노동자의 혁명적 실천이 개별 공장들 내부에서 그리고 공장들과 회사들의 상호연동된 체계 내부에서 진전되고 있었던 반면, 자본은 이미 전체적이고, 보편적이며, 사회적인 관점 — 보편적인 지배와 통제의 관점 — 에서 대응하고 있었다. 케인즈주의는 그 뿌리에서부터 이미 이것을 입증했다. 그것은 임금관계가 상이한 주체들 — 자본과 노동계급 — 사이로 확장되었다는 사실뿐만 아니라, 무엇보다도 (자본주의 발전에 유리한) 해결책은 생산과 유통의 전범위에 걸쳐, 다시 말해 생산관계 및 재생산관계들의 사회성 전체를 포함하면서 추구되어야 한다는 점을 인식하고 있었다. 케인즈주의 체제에서, 국가예산편성은 공장 내 계급투쟁을 치유하고 중화(中和)시키는 수단이었고, 화폐정책은 임금관계를 예속시키는 수단이었다. 포드주의는 조립라인에서의 높은 수준의 협력을 조립라인의 사회성이라는 하나의 의식적 정책—다시 말해서 (사회 내부의 사회적 명령과 분할을 조립라인 상의 명령과 분할을 위한 조건으로 특권화시키는) 산업적 생산과 노동력 재생산 간의 관계에 대한 명령의 정책, 즉 노동력의 사회적 유연성 내부에 대한 자본주의적 개입—으로 변형시켰다. 그리고 그렇게 해서 노동투쟁들이 그러한 생산수준에서 자본주의적 명령에 맞서 이용할 수 있었던 [자본의] 취약한 요소들을 교정하였다. 포드주의는 사회적 유인(誘引, motivation)들을 회복시켜서 그것들을 테일러주의적 노동조직화에 기능적인 것으로 만들었다. 포드주의는 그것들을 공장 내 명령의 가장 주요하고 근본적인 지형으로 정립하였다. 노동시장 그리고 생산과 재생산 간의 관계들의 직조구조는 점차 자본주의적 공장명령이론이 작용하는 장이 되어가고 있었다(이것은 이론적 관점에서 볼 때도 역시 그러하였다). 이렇게 해서 케인즈로부터 칼도어(kaldor)의 계획기법으로의, 정치적 순환에 대한 칼레츠키(kalecki)의 미시분석으로의, 그리고 오늘날의 체계적인 신기능주의 이론들로의 발전이 이루어졌다.

명령의 마디들에 대한 자본의 이해의 이러한 발전에 직면하여, 대중노동자 개념은 발전이 더딜 뿐만 아니라, 명령의 새로운 차원들에 조응할 수 있는 이론으로 발전할 수 없음이 결정적으로 드러났다. 물론 60년대의 옛 노동자주의자들은 자신들이 공장이라는 '경험적' 범주를 넘어서야 하며, 대중노동자가 사회적 공장의 전범위에 걸쳐 유효성을 가져야 한다는 것을 알고 있었다. 그러나 그 개념의 공장주의적 내용과 발생여건들은 그것의 이론적 잠재력이 실천적 현실이 되는 것을 가로막았다. 그리하여 결국 이러한 대중노동자의 무력함은 매개와 대의의 비밀스런 작용들에게 길을 열어 주었다. 그리고 당-형태의 낡은 기구 전체가 사회적·정치적·일반적 수준에서 이슈를 제기하는 수단으로 작용하였다. 우리는 또한 이것이 (역사적으로만 타당한 것이 아니라) 노동조합이 노동계급에 대한 통제력을 재확립할 수 있었던 기초였다는 점을 덧붙여야 한다. 이것은 역설적인 결과를 초래했다. 노동조합은 노동계급이 노동조합에 되돌려주었던 권력과 일반적 기능들의 위임을 수용하였으며, (코포라티즘적 의미에서) 노동계급을 프롤레타리아화된 여타의 사회계층들로부터 분리시키는 규칙을 부과하는 데까지 나아갔다. 노동조합이 — 부르주아적 정치시장 내에서 노동력을 대의하는 동시에 자본주의적 시장에서 노동을 하나의 상품으로 판다는 의미에서 반은 당이고 반은 상인인 자신의 전통적 기능 속에서 — 마침내 (68년 이후의) 대중노동자의 새로운 구성을 따라잡고 그것을 이해했을 때, 그것은 단지 그것[대중노동자의 새로운 구성-옮긴이]을 코포라티즘으로 환원시켰으며, 사회적 노동의 나머지 부분으로부터 분리시켰다.

때문에 계급투쟁 범주들 내부에서 주체적 발생을 위한 가능성들을 찾아내려고 하는 (내가 사용하는 것과 같은) 방법론은 대중노동자 개념의 이러한 낡은 판본(version)에 만족할 수 없게 되었다. 그리고 실제로 이러한 전선 위에서의 심화된 이론적 진전을 위한 조건들은 풍부했으며, 특히 1968~69년의 대격변 직후에는 더욱 그러했다. 상대적 임금체계 내부에서 그것에 맞서 싸우는 투쟁들로서의 그 모호성에도 불구하고 — 아니, 어쩌면 바로 그 때문에 — 매우 강력했던 노동계급투쟁은 자본주의적 통제 메커니즘의 위기를 야기했다. 이 시기의 자본주의적 대응은 두 개의 상보적 노선, 즉 생산의 사회적 분산과 탈집중화 노선과 공장 내 대중노동자의 정치적 고립이라는 노선을 따라 전개되었다.

노동계급적 관점에서 이에 대한 유일하게 가능한 대응은 계급통일성의 가장 광범위한 정의(定義)를 주장하고 그것을 위해 싸우고, 노동계급의 생산적 노동 개념을 수정·확대하며, 대중노동자 개념의 — 이 개념이 지배자들의 역공의 충격, 노조의 코포라티즘, 그리고 그 개념 자체의 역사적·이론적 한계들로 인해 불가피하게 공장이라는 경험적 관념(단순화된 공장주의)에 묶이게 되었던 한에서의 — 이론적 고립을 타파하는 것이었다. 다른 한편에서, 분산된 생산형태들('분산된 공장')의 출현과 성장은 또한 — 노동시장을 엄청나게 확대시킨 반면 — 그렇지 않았다면 주변적이거나 잠재적인 것으로 이해되었을 사회적 노동 내부의 일련의 기능들 전체를 직접적으로 생산적인 것으로 그리고 '노동계급'으로 재정의하였다. 결국 생산적 노동과 재생산 노동 사이의 상호관련성에 대한 인식이 성장하고 있었고, 그러한 인식은 광범위한 사회적 투쟁행위들 속에서, 무엇보다도 이 모든 활동들을 집합적으로 노동으로 단언하는 여성과 청년들의 대중적 운동들 속에서 표현되었다. 이러한 발전은 계급개념어휘들의 혁신을 필연적인 것으로 만들었다. 우리는 그것을 '대중노동자에서 사회적 노동자로'라는 말로 표현하곤 했다. 그러나 다음과 같이 말하는 것이 보다 정확할 것이다. 노동계급, 즉 공장 내 직접적 생산에서 대규모화된 바로 그 노동계급에서, 새로운 노동계급의 잠재력을 표현하면서 생산 및 재생산 영역 전체로 확장된 사회적 노동력 — 사회 및 사회적 노동 전체에 대한 자본주의적 통제의 보다 광범하고 면밀한 차원들에 상응하는 개념 — 으로라고 말이다.

이 지점에서 제기되는 많은 문제들이 있으며, 나는 그 문제들을 회피할 생각이 전혀 없다. 이하에서 나는 적어도 그 문제들 중 일부라도 다루고자 한다. 이 단계에서는 심화된 논의의 많은 부분을 명확히 하는 데 도움을 줄 수 있는 핵심적인 방법론적 개념 — 계급구성 개념 — 이라고 생각되는 것을 소개하는 것으로 충분할 것이다. 내가 계급구성이라는 말로 의미하는 바는, (a) 한편으로는 일정한 수준의 생산력과 생산관계들에 의해 생산된, 역사적으로 주어진 노동력 구조를 구성하고 (b) 다른 한편으로는 역사-정치적 관점에서 자신의 독립적 정체성을 향하는 경향이 있는 (필요와 욕구의 공고화의 결정적 수준, 역동적 주체, 적대적 힘으로서의) 노동계급을 구성하는 역사적인 동시에 물리적인 정치적·물질적 특성들의 조합이다. 노동계급을 정의하는 모든 개념들은 계급구성이라는 이 역사적 변형가능성의 틀 안에서 고안되어야 한다. 노동계급은 그것의 보다 광범위하고 세련된 생산역량, 그 성격의 보다 강력한 추상화와 사회화, 그리고 그것이 자본에 대해 제기하는 한층 더 강렬하고 무게있는 정치적 도전이라는 일반적 의미에서 이해되어야 한다. 다시 말해서, 노동계급의 재형성! 예컨대 바로 이러한 틀과 이러한 기준들에 준거함으로써, 우리는 자발성과 같은 용어를 보다 정확하게 가다듬을 수 있다. 구성이라는 개념은 자발성에 대한 우리의 이론적 정의 속으로 특정하고 명확한 특질을 도입할 수 있도록 해준다. 다시 말해 그것은 우리가 이데올로기적 정의들 — 그것이 정치적이건(이 경우 자발성은 무차별적인 범주로 인식된다) 경제적이건(이 경우 자발성은 순전한 노동력 개념이라는 의미론적 공허로 환원된다) 간에 — 의 함정으로 빠지는 것을 막아준다. 따라서 '대중노동자' 범주는 노동계급구성의 변형이라는 이 시간적 틀 내에서 그 기능 및 한계들이 재평가되어야 한다. 그리고 나는 오늘날의 조건 하에서 이러한 변형은 노동의 자본에의 실질적 포섭과정을 통해 일어나고 있으며, 그 포섭은 사회 전체를 포괄하는 수준에 도달했다고 생각한다. "여기가 로두스다. 여기에서 뛰어라."

2. 자본주의적 재구조화 : 대중노동자에서 사회적 노동력으로

이제 이 새로운 자발성 — 다시 말해 새로운 계급구성, 즉 대중노동자의 자발적인 (그러나 우리가 앞서 기술한 역설에서와 같이, 구조적인 동시에 구조화되어 있는) 표현형태들 — 의 압력이 상품생산 및 재생산에 대한 자본주의적 통제수단에 위기를 야기하는 순간으로 돌아가 보도록 하자.

나는 이러한 순간이 연대기적으로 1960~1970년 사이의 10년 내에 위치지어질 수 있다고 제안하고 싶다. 그 시기에 파업과 투쟁들은 기존의 발전구조 내부에서 주요한 일련의 결정적 현상들 — 자본주의적 통제의 위기 — 을 초래하면서 대격변을 창출하였다: 그러한 현상들 중에서도 다음과 같은 것들이 가장 중요하다고 생각된다.

1) 대중노동자는 노동시장 내에서 이동성(mobility)을 작동시켰다. 이러한 이동성의 전복적 특성은 수요의 흐름/회전 속도의 통제불가능한 증대 속에, 그리고 그와 동시에 그러한 수요의 경직적이고 동질적인 상승 속에 존재하는 것으로 나타난다. 만약 우리가 대중노동자가 추상적 노동의 일정한 질적 응고(solidification)를 나타낸다는 사실 — 이것은 추상적 노동에 대한 고도의 주체적 의식을 이야기하는 또 다

른 방식이다 ─ 을 대중노동자에 대한 우리의 정의 속에 포함시킨다면, 이동성과 관련된 이러한 현상들은 근대 자본주의의 대량생산이라는 틀 내에서 추상적 노동이 가지는 (평균을 향한) 구심적인 잠재력을 드러내게 된다. 이것이 꼭 발전과 모순되라는 법은 없다. 그러나 대중노동자의 이동성(주체성)이 스스로를 표현하는 형식과 양식들은 자본주의적 발전을 균형으로부터 벗어나게 해서 견딜 수 없는 가속도(acceleration)에 종속시키고, 또한 특히 그것으로 하여금 노동계급구성 ─ 성, 나이, 문화 등과 같은 역사적 차이와 분할들은 이제 확고한 정치적 동질성을 향해 나아가고 있었다 ─ 의 특질과 대면토록 하였다. 추상적 노동의 이동성은 주체들과 투쟁들이 통합되는 경향과 동일하다.

2) 다른 한편에서, 하나의 상보적 과정 속에서 대중노동자는 ─ 개별공장들 내부에서 뿐만 아니라 대도시의 생산적 직조구조 내부에서도 ─ 기대와 임금요구의 하방경직성(downward rigidity)을 작동시켰다. 이것 ─ '동등성'에 대한 요구 ─ 은 그 자체로 전복적인 힘이 되었다. 평등주의(egalitarianism)를 향한 열망은 이러한 경직성을 강화하는 데 기여했다. 우리는 공장 내의 모든(혹은 거의 모든) 분할의 무기들 ─ 성과급제, 노동과정의 속도조절에 대한 고용주들의 일방적인 통제, 내부적 이동성 등 ─ 과 노동과정 및 생산조직화를 통제하는 위계제가 붕괴하는 것을 보았다. 이 시기에 노동자들은, 여타의 모든 다양한 형태의 배제 및 주변화와 더불어, 대량해고에 강력하게 도전하고 저항하였으며, 대부분의 해고들을 저지하였다. 게다가 계급의 전반적인 경직성은 실질노동시간에 있어서의 축소를 가져왔다. 그것은 또한 노동에 대한 저항, 즉 노동거부의 개별적 경험들에게 방어와 뒷받침을 제공해

주었다. 임금투쟁은 양적인 측면과 질적인 측면 모두에서 발전의 강력한 독립변수─그 존재를 드러낸 일종의 경제적-정치적 이중권력─가 되었다. (몇몇 사례들에서 우리는 이것이 공장법률 속에 등록되는 것을 발견한다. 예컨대 특히 이탈리아의 사례는 주목할만하다.) 추상적 노동의 경직성은 앞서 언급된 주체들 및 투쟁들의 통합의 질적 공고화와 동일하다.

　3) 셋째, 사회적 노동자의 사회적 이동성과 정치적 경직성 및 임금 경직성은 유통영역 내에서도 표현되었다. 그러나 대중노동자에게 있어서 유통은 매일의 노동시간과 비노동시간 사이의 관계에 있어서의 발본적인 변화를 의미한다. 우리는 아직 비노동시간이 노동시간에 대해 헤게모니를 갖는 지점에 있지 않았다. 그러나 우리는 사회적 생산관계 ─생산과 재생산 간의 관계─가 강력한 다툼의 영역이 되는 국면에 와 있긴 했다. 대중노동자는 계급투쟁에 있어서의 이러한 도약을 완전히 통제하고 관철시켜 내는 데 성공하지 못했지만, 그럼에도 불구하고 자신의 주체적 행위의 전염력을 프롤레타리아 사회의 직조구조 속으로 확장시켜 냈다. 우선 (한 가지 예를 들자면) 비록 아직 직접적으로 '오이디푸스적 임금'(Oedipal wage)─다시 말해서, 가족에 대한 남성노동자의 지배를 위해 지불되는 임금─에 이의를 제기하는 지점까지 오지는 못했지만, 그럼에도 불구하고 대중노동자는 사회적 영역의 관리와 발전에 있어서 새로운 임금형태들─통합된 가족임금에 결정적이고 해체적인 영향을 미치며, 극도로 높은 욕구수준에서 새로운 노동력을 해방시키는 새로운 임금형태들─의 긴급한 필요성에 대한 의식을 불러일으켰다. 대중노동자는 노동계급의 목표들의 유통에 있어서, 그리고 추상적 노동 속에 암묵적으로 내재하고 있는 평등을 퍼뜨

리는 데 있어서 하나의 능동적 요인이었다. 그리하여 대중노동자는 생산적 노동과 재생산적 노동 사이의 분할을 부정하고, 그것들 간의 기존의 균형을 변형시키는 경향이 있는 전복적 효과들을 사회 내부에서 초래하였다. 대중노동자 행위형식들의 유통은 주체들 및 투쟁들의 통합의 확장이었다.

4) 마지막으로, 대중노동자의 실존에 내재된 일련의 전복적 조건들은 오직 정치적 표현으로 나아감에 의해서만 한층 더 진전될 수 있으리라는 점이 강조되어야 한다. 대중노동자 개념은 순전히 상대적인 실존을 가지고 있었다. 그/그녀가 아직 완전하게 실현되지 않은 계급 진화의 지점이라는 사실은 종종 전위와 대중이라는 관념과 같은 낡은 정치적 개념과 실천들의 은밀한 재도입을 허용했으며, 그리하여 당에 의한 대의의 재출현과 과거 형태들의 거울이미지를 허락했다. 이러한 정치적 부적절함은 정확히 대중노동자 형상의 사회적 비결정성(indeterminateness)으로부터 기인한다. 우리는 결코 이러한 한계를 과소평가해서는 안 된다. 그러나 만약 그 너머까지 본다면, 우리는 다음과 같은 새로운 가치들의 틀이 형태를 갖추어가기 시작하고 있었음을 알 수 있을 것이다. 이동성이라는 현실에 조응하는 자유의 이념들, 앞서 언급된 경직성의 한 측면인 공통체(community)의 이념들, 민중이 재생산시간 및 해방된 시간과 맺는 관계의 종합으로서의 새로운 삶과 보편성(universality)의 이념들. 이러한 새로운 가치들의 틀은 맹아적이었고 아직 여명기에 있었지만, 그럼에도 불구하고 유효했다. 왜냐하면 그것은 대중적 층위에서 존재했기 때문이다.

이 지점에서, 이 강력하고 풍부한 노동력에 대한 관리에 있어서의 자본주의적 위기는 결정적으로 되었다. 자본은 노동력이 노동계급 —

나는 노동계급이라는 말로 생산력 성숙의 일정한 역사적 단계에서 명령과 양립할 수 없는 구성의 수준을 가리킨다 — 으로 변화하는 매순간마다 위기에 빠져든다. (이러한 관계 외부에서 의식성이 정의될 수 없다는 것은 명백하다. 완전히 무력한 것으로 남아 있는 극도로 높은 수준의 의식성과 혁명적 관점에서 매우 강력한 자생적 수준의 의식성을 동시에 발견하는 것이 가능하기 때문이다.) 앞서 말했듯이 노동력이 자신의 구성을 혁명적으로 변화시킴으로써 노동계급이 되는 매순간마다, 자본은 위기의 관계로 진입하며 대응할 수 있는 단 하나의 무기 — 재구조화 — 만을 갖고 있을 뿐이다. 그것은 계급구성을 공격하고 변형시키려는 시도이다. 다시 말해 자본에게 있어서 재구조화는 노동계급의 노동력으로의 강제적 환원을 목표로 하는 정치적·경제적·과학기술적 메커니즘이다. 좀더 정확히 말하면, 자본은 계급의 정치적 구성의 강렬도를 축소시키려 한다.

이 지점에서 문제는 다시 구체적인 것이 된다. 자본은 대중노동자의 계급적 공격이 초래한 생산관계들에 있어서의 위기에 어떻게 대응했는가? 계급과 그 투쟁들의 정치적 구성의 이러한 수준에서 재구조화는 어떻게 절합되었는가? 1960년대 이후에 무슨 일이 일어났는가?

자본주의적 대응의 몇몇 주요한 요소들을 확인하고 서술하는 것은 그리 어렵지 않다. (분명, 아래 이어지는 서술들은 매우 부분적이고 암시적이다. 아래에서 서술은 생산영역 내 계급관계의 문제들에만 국한되어 있다. 노동력의 재구조화를 적절하게 다루기 위해서는, 실제로 1970년대 초에 발생한 제국주의적 발전에 있어서의 두 가지 근본적인 변화들 — 1971년의 금태환정지 선언과 1973~74년의 에너지 위기 — 을 고찰해야만 할 것이다. 그것들을 여기에서 다룰 여유는 없다. 때문에 솔직히 이 글의 논의는 부분적이고 암시적일뿐 아니라 불충분하기도 하다. 그러나 내가 전반적인 틀의 이러한 여타의 근본적인 결정들에 대해 충분히 숙고했다고 이야기할 때, 필자인 나를 신뢰하고 믿어주길 바란다. 내 생각에 위의 현상들은 생산 및 재생산의 층위에서 현재 연구되고 있는 현상들과 모순적이지 않다. 오히려 그것들은 이러한 현상들의 근저에 놓여 있는 논리의 중층결정, 확장 그리고 심화를 나타낸다.)

이제 우리가 처음에 제기한 문제, 즉 자본주의적 재구조화의 기본원리에 대한 분석으로 돌아가보자. 이동성을 살펴보는 데에서 시작하자. 내 생각에 이동성과 관련하여 자본은 노동계급을 노동력의 위치로 다시 돌려놓기 위해 이미 대중노동자 구성 내부의 발전들을 고려하고 있었으며, 사실상 현실화되고 있는 그것들의 경향에 맞춰 행동하고 있었다. 1960년대 이래 줄곧 대중노동자 구성이 — 이동성을 통해 — 잠재적인 추상적 노동 일반에 있어서의 통일화를 향하는 가운데, 자본의 재구조화 기획은 추상적 노동을 향한 사회적 경향을 효과적으로 포착한다. 자본은 바로 이 추상적 노동에 맞서 억압하고, 파편화시키고, 위계적 분할을 도입하기 위해 자신의 역량을 행사한다. 자본은 추상적 노동이나 그것이 취하고 있는 사회적 차원에 대항해서가 아니라, 이러한 층위에서 발생하는 정치적 통합에 대항해서 결집된다. 자본은 노동의 포섭 — 추상화와 사회화 — 을 이미 실현된 과정으로 가정한다. 직무설계(job-design)에 있어서의 실험들, 노동시장의 분할, 재등급화 정책들, 생산협력 내 명령방법론의 개혁들 등 — 이 모든 것이 근본적으로 되었다. 끊임없는, 실천적인 시행착오 과정이 시작되었으며, 그것은 프롤레타리아가 단결할 가능성을 파괴하기 위한 것이었다. 만약 우리가 이동성을 자유를 향한 경향으로, 고전적인 노동일 내부의 명령된 시간에 대한 대안적인 시간 정의로 이해한다면 — 그리고 만약 우리가 지금부터 그와 병렬적인 운동 속에서 자본이 일체의 고정된 노동 '예비군'을 확보하는 것이 불가능해진다고 가정한다면 — 우리는 정치적·경제적 관점에서 자본이 어떻게 해서든 (주체적으로 실현된 추상적 노동의 최초의, 자생적인 그리고 구조적인 현현인) 이 노동력을 이동성 내부에 그리고 이동성을 통해서 고정시키는 것이 왜 그토록 긴급한 것인가를 이해하게 된다. 한편에는 자본주의 체제 내부에서 그것에 대항하는 계급투쟁들이 존재한다. 다른 한편에는 새로운 구성 내부에서 그것에 대항하는 — 그것의 이동성, 사회화, 추상화 내부에서, 이러한 요소들이 낳은 주체적 태도들에 대항하는 — 자본의 투쟁이 존재한다. 모든 인력(manpower) 개입 및 직무설계 개입들은 사회적 통합으로 향하는 추상적 노동의 전진으로부터 배워진 정책들로 이해되어야 한다. 그러한 개입들은 추상적 노동의 전복적 잠재력이 한층 더 발전하는 것을 막기 위한 것이다.

대중노동자의 구성 내부에서 뚜렷이 나타나는 경직성에 맞선 자본의 반응은 한층 더 혹독한 것이었다. 그 혹독함은 이러한 영역에서는 신비화가 이루어지기가 더 어렵다는 사실로부터 기인하는 것이었다. 노동시장의 분할을 목적으로 하는 정책들 — 추상적 노동의 이동성이라는 '소극적'인 것에 맞서는 것으로서 '적극적'으로 제기된 정책들 — 은 노동시장의 분열을, 그리고 무엇보다도 주변화라는 중요한 새로운 효과를 산출하는 경향이 있다. 정치적 협박, 억압 그리고 가치들의 타락이라는 형태로 나타나는 주변화는 가난이라는 익숙한 협박보다 훨씬 더 혹독한 것이다. 나는 대중노동자의 행위형태들에 있어서의 (특히 임금 전선에서의) 경직성이 질적인 본질 ─ 힘으로 공고화된 욕구들의 복합체 ─ 을 표현한다고 말한 바 있다. 자본의 문제는 양적으로나 질적으로 어떻게 이 힘의 뇌관을 제거할 것인가 하는 것이었다.

그리하여 한편에서 우리는 다양한 형태의 분산된 노동(diffuse labour)이 촉진되는 것 ─ 즉, 자본의 고도의 유기적 구성에 묶여 있지 않은 생산기능들을 대도시 지역의 변두리로 이동시키는 것 ─ 을 보았다. 이것은 양적인 대응, 즉 규모와 크기에 있어서의 대응이었다. (이 기획의 규모는 다국적(multinational)이었으며, 이것은 에너지 위기라는 배경에 비추어 이해되어야 한다.) 다른 한편에서 자본은 질적인 경직성의 문제를 공격했으며, 그 공격은 양자택일적인 방식 ─ 그것은 코포라티즘화(corporatised)되거나 게토화되어야 한다 ─ 으로 이루어졌다. 이는 발전에의 가상적 참여 및/또는 발전 내부에서의 통제에 기초한 임금 위계체계를 의미하며, 다른 한편으로는 주변화와 고립화를 의미한다. 이러한 지형 ─ 대중노동자들의 투쟁경험은 이 지형이 정치적 가치들에 의해 강하게 특징지워진다는 것을 드러냈다 ─ 위에서, 자본주의의 재구조화 행위는 종종 법률적 도구들을 직접적으로 활용해 왔다. 그것은 노동계급행위에 있어서의 적법성과 법률외부성(extralegality) 사이의 경계를 사회적 위계의 전반적 회복에 종속된 문제로 간주하였다. 심지어 이것조차도 새로운 것은 아니며(알다시피, 언제나 그래왔다), 맑스는 노동일에 대한 분석에서 이것을 여러 차례에 걸쳐 강조한다. 노동일의 조절과 법률은 견고한 탯줄로 연결되어 있다. 만약 노동일의 조직화가 사회적으로 분산된다면, 제재, 벌칙, 벌금 등등은 형법(刑法)에 맡겨질 것이다.

자본은 또한 대중노동자가 유통 — 다시 말해, 생산과 재생산 간의 점증하는 긴밀한 연결 — 을 활용하는 방식에 맞서 행동했다. 재구조화는 다시 한번 전치(轉置, displacement)라는 방법을 택했다. 다시 말해 자본은 노동계급의 투쟁이 작동시킨 경향을 주어진/실현된 것으로 받아들이고, 노동계급의 행동들 — 즉, 생산시간과 재생산시간 사이의 순환성(circularity)에 대한 인식 — 을 포섭하고 이 상황을 통제하는 방법에 대해 연구하기 시작한다. '복지국가'는 이러한 관계를 동시화하는 것을 목표로 하는 핵심적인 층위이다. 복지국가로부터 주어지는 혜택들은 투쟁의 과실(果實)이자 대항권력이다. 그러나 재구조화의 구체적 적용은 예산을 이용한 책략을 통해 통제하고 명령하기 위해 복지를 활용하는 것을 목표로 삼는다. '공공지출삭감'은 복지국가의 부정이 아니다. 오히려 그것은 생산성 및/또는 억압의 관점에서 복지국가를 재조직한다. 만약 그 후에도 프롤레타리아의 행동이 이러한 통제 네트워크 내부에서 계속해서 단절을 산출하고 장애와 불균형을 도입한다면, 통제에 대한 자본의 집요함은 최고조에 달하게 된다. 내적인 전쟁국가로의 이행은 복지국가의 위기에 대한 그에 상응하는 중층결정을 나타낸다. 그러나 다시 한번 자본의 전치 역량을 강조하는 것이 중요하다. 대중노동자의 투쟁들이 가한 충격 그리고 대중노동자가 계급권력관계의 일반적 틀 내부로 주입시킨 경향의 결과로 행해진 재구조화는 완전히 사회화된 상태로 존재하는 노동력 — 그것이 실재적으로 존재하는지 아니면 잠재적으로 존재하는지는 중요하지 않다 — 에 대항할 수 있도록 맞추어진다. 자본은 어쩔 수 없이 앞서 움직여야 한다. 그러나 주변화는 자본이 생산회로들로부터 민중을 배제시킬 수 있는 한에서 이루어진다. 추방은 불가능하다. 생산회로 내의 고립, 이것이 자본의 재구조화 조치가 달성하기를 희망할 수 있는 최대치이다. 그것은 현상태 (the status quo)를 복구하는 데 성공하지 못하며, 오히려 대중노동자에 맞선 투쟁에서 완전히 사회화된 노동력의 한층 더 치밀한 형성에 도움을 주기 십상이다. 이 모든 것에 프롤레타리아적 논법의 기막힌 절묘함이 존재한다!

자본의 재구조화 활동이 스스로를 입증하고 또 입증되어야 하는 네 번째 영역 — 다시 말해 정치의 지형 — 에 이르게 되면 사태는 훨씬 더 명확해진다. 여기에서 신비화를 겨냥한 모든 시도 — 나는 이것에 가장 큰 흥미를 느낀다 — 는 노동력의 완전한 사회화를 정상적인 것으로, 어찌할 수 없는 삶의 진실로, 프롤레타리아 적대에 맞선 모든 행동의 필수적인 전제조건으로 받아들이도록 강제된다. 다시 말해서 (이제 많은 필자들이 받아들이고 있는 것처럼) 투쟁을 신비화할 수 있는 (통제할 수 있는, 그것에 명령을 부과할 수 있는 등등) 희미한 가능성은 그 문제가 고려되는 관점의 진전, 다시 말해 프롤레타리아 사회 전체에서 자신에게 적대적인 주체를 발견하는 자본주의적 명령정책들의 층위에서 문제에 접근하는 것에 달려 있다. 자본은 최고 수준의 적대로서의 실질적 포섭국면에 관계하고 있다. 명령에 대한 자본주의적 분석은 두 가지 가능한 접근방법을 발전시키는 이러한 인식으로부터 출발한다. 첫 번째는, 내가 경험적이라고 부르는 것으로, 사회적 노동력을 순전히 경제적 주체로 간주하며, 따라서 필수적인 명령-지향적 책략들을 소득의 재분배 및 재배치의 부단한 시행착오 과정 내부에 위치시킨다. 소비주의적(consumerist) 목표, 인플레이션적 조치 등은 그것의 예가 될 수 있다. 내가 체계적이라고 부르는 다른 하나는 보다 세련된 것이다. 이것은 지금까지 추구되었던 경험적 정책들이 아무것도 해결하지 못했다고 생각한다. 따라서 계급갈등의 복잡성이 계속적으로 축소되는 상황에서 명령의 효과적인 행사를 보증하는 유일한 길은 체계적인 정보와 유통에 대한 명령을 유지하는 것, 투입과 산출을 계획하고 균형잡는 미리 질서 잡힌(pre-ordered) 메커니즘을 유지하는 것이다. 이러한 층위에서 자본의 명령과학과 명령실천은 사회적 영역을 분석하기 위한 일단의 수법들로, 그리고 노동력의 직접적인 사회성, 구조, 밀도를 마지못해 인정하는 것으로 드러난다.

나는 이러한 근본적인 변화들을 이해하고 그것들의 개념적 특징을 조명하는 것이 중요하다고 생각한다. 따라서 나는 재구조화를 노동계급구성의 진화과정 내부에 끼워진 하나의 삽화(揷話)로 정의한다. 분명 이것은 필수적인 삽화이며, 생산적 힘들 — 자본과 노동계급 — 의 상호작용은 결코 환상이 아니다. 그러나 그와 동시에 우리는 이러한 과정 내에서 근본적인 것은 노동계급투쟁의 추동력이라는 점을 강조해야 한다. 노동계급구성의 강렬도, 그리고 추상적 노동이 생산과 재생산 내에서 사회적 특질로, 통합하는 요소로 출현하는 현상 역시 마찬가지로 근본적이다. 흔히들 이야기하듯이, 자본의 위대한 기능은 그 자신의 파괴를 위한 조건들을 창출하는 것이다. 이것은 여전히 진실이다. 그러므로 우리는 현재 진행 중인 재구조화 과정에서 자본주의 발전의 그러한 결정적 조건들이 여전히 존중되고 있다는 사실을 인식해야 한다. 분명 그러한 인식은 우리의 이론이 그것을 감당할 수 있을 때에만 가능할 것이다. 그리고 적절한 이론의 근본조건들 중 하나는 개념적으로 난삽하지 않으면서도, 역사적·정치적으로 생산적이며, 지속적이고 물질적으로 계급의식 — 다시 말해 고전적 프롤레타리아 개념에 점점 더 가까워지는 변화에 영향을 미칠 수 있는 역량과 투쟁의 정도(degrees) — 과 조화되는 노동력 개념을 갖는 것이다. 그러나 나는 생산과 생산관계들의 저 모호성을, 그리고 그것들이 언제나 새롭게 결정되어지고 있는 방식을 온몸으로 살아내는 것이 여전히 필수적이라고 느낀다.

3. 대중노동자의 정치경제학 비판을 위하여 : 사회적 노동력에서 사회적 노동자로

그러므로 우리의 기획은 노동력 — 개별적 상품으로 정립된 것이건 사회화된 추상적 노동으로 정립된 것이건 간에 — 이 계급의식 및 자본과 맺고 있는 관계가 가지고 있는 저 모호성을 해결하는 것이다. 다시 말해 이 지점에서 우리는 노동의 사회화와 추상화를 노동의 자본에의 실질적 포섭과정 내부에 위치시키는 맑스 분석의 선형적 메커니즘이 혹시 잘못되지 않은 것은 아닌지 자문해 보아야 한다. 맑스에게서 실질적 포섭과정은 실질적이고 바람직한 지양으로 종결된다. 적대는 그러한 지점까지 전개된 변증법적 과정의 필연적 산물인 코뮤니즘의 이미지를 통해 초월된다. 진부한 사회주의 불가타성서(vulgate)[10]

들에서 지양 — 맑스에게 있어서 지양의 도식은 개념적이고, 구조적이며, 공시적이다 — 은 통시적이고, 유토피아적이며, 종말론적인 것이 된다. 이러한 논점을 분명히 하기 위해, 나는 나의 테제를 다음과 같이 분명히 밝힌다. 실질적 포섭의 단계에서 — 즉 노동의 모든 생산적·재생산적 부분들의 완전한 사회화 및 추상화의 단계에서 — 우리가 상대하고 있는 것은 선형성과 파국이 아니라, 분리와 적대이다. 이 이론의 증명은 무엇보다도 노동계급의 운동에 대한 경험적 (역사적, 사회학적, 정치적) 분석으로부터, 다시 말해 사회적 노동력으로 정립되었을 때의 노동력이 가지는 특성들을 고려하는 것으로부터 구해져야 할 것이다.

구체적으로 우리의 논의는 친숙한 역사적 국면에 대한 검토로부터 시작될 수 있을 것이다. 만약, 몇몇 필자들이 그랬듯이, 노동의 특질에 있어서의 발전이 나타나는 역사도표를 작성한다면, 우리는 자본주의적 발전의 전체 방향이 어떻게 숙련노동의 추상적 노동(다양한 '직업')으로의 환원, 즉 그것의 파괴(특정한 '기술'(skill)의 파괴)로 향하는지를 알 수 있을 것이다. 교육과정들 — 학교교육, 기술훈련, 도제수업 등 — 의 사회화는 산업혁명 이후의 전(全)기간에 걸친 일련의 역사적 에피소드들 속에서 노동의 추상화 과정과 보조를 맞춘다. 18세기에서 1920~30년대까지 이르는 이 기간 내내, 경향은 진보적이고 대체로 균형잡힌 상태를 유지한다. 그러나 1920년에서 1930년 사이에, 그 역사적 연쇄의 균형잡힌 연속성에 균열이 발생한다. '숙련노동'의 붕괴는 정확히 두

---

10. [옮긴이] 성 제롬(St. Jerome)이 386년에 번역한 라틴어역 성서. 근대 카톨릭의 출발점이 된 트렌트 공회(1646~63년)에서 유일한 라틴어 표준성경으로 인정받았다. 여기서는 맥락상 속류적인 해석 혹은 텍스트들을 가리킨다.

번의 커다란 제국주의 전쟁 사이 ─ 즉 1920~30년 ─ 에 일어났다. 이는, 마찬가지로 그 시기부터 나타난, 반(半)숙련노동자, 전문노동자(ouvrier specialise) ─ 즉 우리가 대중노동자라고 부르는 노동자 ─ 의 헤게모니로 귀결되었다. 그러나 이러한 헤게모니 또한 과도적인 것으로 드러난다. 왜냐하면 사실 대중노동자는 '기술'(skill)과 '직업'(job) 사이의 균형잡힌 관계의 '붕괴'에 있어서 단지 첫 번째 형상일 뿐이기 때문이다. 대중노동자는 노동력의 완전한 추상화를 향한 엄청난 속도의 진행에 있어서의 첫 번째 계기이다. 대중노동자, 반숙련노동자는 (그의 주관적 의식이 어떻든 간에) 숙련 노동자의 최종적 형상이라기보다는, 오히려 완전히 사회화된 노동자의 최초의 성급한 선형상화이다.

이러한 전제로부터 몇 가지 중요한 결론들이 도출된다. 억지 혹은 궤변에 빠지는 것을 조심하면서 한 가지 결론을 조명할 가치가 있는 바, 그것은 대중노동자의 정치경제학 비판을 특징지음에 있어서 근본적인 것으로 보인다. 그 결론은 다음과 같은 것이다. '기술'이 대수롭지 않은 요소로 와해된다 해도, 우리가 알고 있는 바와 같은 (상대적 강도와 구조적 특질의 수직적 등급들에 기초한) 노동분업이 해체된다 해도, 다시 말해 '인적 자본'(human capital)에 관한 모든 이론이, 착취당하는 동시에 명령에 종속적인 현실의 신비화일 뿐만 아니라 순전히 몽상적인 변호론일 뿐임이 드러난다 해도 ─ 그 모든 것이 사실이라 해도 그것들은 자본이 여전히 노동과정(그것이 개별적이든 사회적이든 간에)의 요구에 부응하기 위해 노동력의 분화된, 기능적인 구조화를 작동시키고 유지함으로써 명령을 행사해야 한다는 사실에 아무런 영향도 미치지 못한다.

앞 절에서 우리는 대중노동자에서 사회화된 노동력으로의 이행에 있어서 자본주의적 재구조화가 가지는 기본적인 특성들 중 일부를 살펴보았다. 우리는 잠시 그것들을 다시 살펴봄으로써 문제의 이론적 핵심을 파악할 수 있을 것이다. 앞서 말한 바와 같이, 일단 '기술'과 '직업' 사이에서와 같은 수직적 분화들이 쇠퇴한 다음에는, 집합적 자본(과 국가명령)은 노동시장에 대한, 노동력의 사회적 이동성에 대한 명령의 수평적 지형 위에서 새로운 분화들을 추진하는 경향을 갖는다. 상대적으로 선진적인 자본주의와 관련하여 볼 때, 이것은 친숙한 영역이다. 즉 그것은 (우리가 코포라티즘이라고 부르는) 새로운 산업적 봉건주의의 지형이다. 이 특수한 세력균형 내부로부터, 노동력의 분할에 관한 다수의 이론들 — 노동력이 1차적인지 2차적인지 3차적인지, 그것이 '중심적'인지 '주변적'인지 등등에 관한 논쟁 — 이 증식되어 나온다. 문제의 본질은 무엇인가? 사회적 노동력은 이동성으로 이해된다. 그리고 사정이 바로 그러하기 때문에 그것은 조절될 운명에 놓인다.[11]

사회적 노동력이 이동성으로 이해된다고 말할 때, 그것이 의미하는 바가 무엇인지를 좀 더 엄밀하게 살펴보기로 하자. 그것은 노동력이 사회적인 것으로, 이동적인 것으로 그리고 주체적으로 정체성을 가질 수 있는 것으로 이해된다는 것을 의미한다. 그것은, 그 자신의 사회적 맹아기(gestation)에 내재하는 모순들에 짓눌린 대중노동자에게는 단지 경향으로만 존재했던 것을 자본이 하나의 현존하는 실재로 이해한

---

11. 짧은 여담 하나. 이러한 측면에서 산업예비군에 대한 모든 정태적 이론들 — 그리고 이와 유사한 19세기의 고고학적 구축물들 — 은 정치적으로 거부되어야 할 뿐만 아니라, 명백히 논리적으로도 이치에 닿지 않는다.

다는 것을 의미한다. 그리고 무엇보다도 그것은 우리가 문제를 사고하는 층위에 본질적인 변화가 일어났음을 의미한다.

이동성은 시간, 시간 내부에서의 흐름과 유통이다. 맑스주의 범주들은 노동일이라는 시간-척도를 기초로 삼고 있다. 일부 유명한 맑스주의 텍스트들에서는, 시간-척도라는 관습이 너무나 견고하고 자명한 것이어서 '정상적인' 노동일을 자신의 기초로 삼기에 이른다. 지금, 우리가 살고 있는 이 시대에 이 모든 것의 흔적은 조금도 남아 있지 않다. 사회적 노동력의 시간은, 자신의 내부에 생산시간과 재생산시간 사이의 관계를 단일한 전체로서 포함할 뿐만 아니라, 무엇보다도 시간에 대한 고려를 노동시장의 삶-공간 전체로 확장시킬 정로도 확대된 노동일이다. 노동일에서 노동시장으로, 노동시간에서 노동의 이동성으로. 이러한 이행은 시간에 대한 두 가지 대립적인 관념 — 자본주의적 시간-척도 관념 그리고 삶의 시간적 범위 전체에 걸쳐있는 노동계급적 자유의 관념 — 의 대당정립(counterposing)을 의미한다. 삶-시간을 추상적 노동시간척도로 환원시키는 자본주의적 조작은 절대적으로 적대적인 것이 된다. 시간과 발전에 대한 관념 속에서 그것은 프롤레타리아적 삶, 즉 사회적 노동력의 실존 자체와의 본질적인 비대칭성을 드러낸다. 여기서 우리는 명령일반의 비대칭성 — 국가이론들에 의해 드러난 비대칭성 — 과 특히 착취의 범주들을 조절하는 비대칭성이 프롤레타리아 실존의 장구한 사회적 시간에 직면하여 탈구되고 변형된다고 말할 수 있다.

나는 위와 같은 점을 강조하고 싶다. 이유는 명확하다. 만약 이제 착취의 조건들이 사회적 지형 위에서 다시 위치지어지는 것이 사실이라면, 그리고 이 사회적 지형 내부에서 착취, 즉 절대적 잉여가치와 상대적 잉여가치의 양과 질을 '정상적' 노동일의 시간-척도로 환원시키는 것이 더 이상 가능하지 않다면, 프롤레타리아 주체는 하나의 근본적 대안, 즉 자본의 시간-척도에 대항하는 것으로서의 삶-시간이라는 대안을 중심으로 하여 적대적 술어로 다시 태어나게 된다. 설사 논의를 대중노동자의 정치경제학에 대한 비판에 한정한다 할지라도, 우리는 여전히 이 문제에 대한 적극적인 결과들을 손에 넣을 수 있다. 즉, 대중노동자라는 모호한 개념은 여기서 그 구조적 비결정성과 불안정성을 드러낸다. 그것의 모호성은 대중노동자가 여전히 내면화하는 지배체제 — 자본의 시간-척도 — 와 삶 전체의 시간에 대해 계산되고 고찰되어지는 노동의 전망 사이에서 나타나는 모호성이다. 대중노동자는 여전히 이데올로기의 희생양이다. 그의 행동은 자유를 말하지만, 그의 기억은 노예적이다. 사회적 노동력의 차원을 도입함으로써 대중노동자의 투쟁들을 앞지르고, 술책을 써서 승리하는 자본주의적 재구조화는 이 지점에서 결정적 모순에 도달한다. 왜냐하면 대중노동자에 대한 일체의 초월은 사회화된 노동력에 대한 지배의 재생산 및 재정식화가 아닌, 대중노동자 형상 내부의 모순적 긴장들의 해소 그리고 새로운 형태의 적대의 구조적 실현일 수밖에 없기 때문이다.

사회적 노동자. 이러한 층위에서 적대가 주체화되어 온 방식을 정의하고, 사회화된 노동력을 '사회적 노동자'라고 부르도록 하자. 이렇게 함으로써 우리는 분명 하나의 방법론적 차이 — 대중노동자 이론의 초기 국면들에서 발전된 입장 그리고 그 이론의 성숙에 적합한 것으로 생각되었던 방법론 속에서 발전된 입장들과 구별되는 하나의 입장 — 를 도입하고 있는 것이다. 그 특정성과 차이는 이 지점에서 나타나는 적대의 특질에 놓여 있다. 다시 말해서 이 추상적·사회적·이동적 노동력은, 자본주의적 명령의 시간-척도로 환원될 수 없는 자신의 시간 개념과 시간적 구성을 중심으로 스스로를 주체화하는 한에서 환원 불가능한 적대를 야기한다. 그것은 가변자본으로 간주되는 노동력으로, 가치의 이론적 변증법으로 환원될 수 없을 뿐만 아니라 — 이것은 너무나 분명하다 — 무엇보다도, 계급적 관점에서 볼 때, 대중노동자의 역사적 경험과 뗄래야 뗄 수 없는 하나의 초상(肖像)으로 발전되어 왔던 한층 더 세련된 구성/재구조화/재구성의 변증법으로도 환원될 수 없는 적대이다. 실제로 이러한 초상은 다양한 변형 속에서도 자본주의적 시간-척도 관념을 모델로 하는 노동일 개념을 유지하였다. 그러나 삶 전체가 생산이 될 때, 자본주의적 시간은 그것이 직접적으로 명령한 시간만을 척도할 뿐이다. 그리고 사회화된 노동력은, 삶-대안을 제시하고 그리하여 현재와 미래 모두에 있어서 그 자신의 실존을 위한 다른(different) 시간을 기획하는 한에서, 명령으로부터 스스로를 해방시키는 경향이 있다. 삶-시간 전체가 생산-시간이 될 때, 누가 누구를 척도한단 말인가? 시간과 삶에 대한 두 가지 관념은 점점 더 깊어지고 강하게 구조화되는 분리 속에서 직접적인 갈등에 이르게 된다. 우리는 이 모든 것을 다음 절에서 다루게 될 것이다.

이제 대중노동자의 정치경제학에 대한 우리의 비판으로 돌아가 보자. 반복의 위험을 무릅쓰고라도, 저 범주의 중요성과 모호성 모두를 다시 한번 강조해야 할 것 같다. 그것의 중요성은, 대중노동자의 역사적 출현과 더불어 노동력 개념이 (비록 가변적인 것으로긴 하지만) 자본의 구성요소가 되는, 이론이 덧씌운 운명으로부터 명확하게 벗어난다는 사실에 놓여 있다. 그러나 스스로를 **독립변수**로 드러내는 (그리고 투쟁들을 가차없이 추적하고, 순응시키고, 재구성하는 자본주의적 재구조화와 충돌하는) 과정에서, 대중노동자의 구성적 활동은 — 비록 생산의 완전한 사회화라는 상황 속에서 운동하고 있긴 하지만 — 충분한 정도의 성숙에 도달하는 데 실패했다. 이러한 사실은 강력한 모호성들을 야기했으며, 1970년대에는 일정 정도의 정치적 퇴보 — 대중노동자 일부 계층의 코포라티즘, 계급 내부의 새로운 분할 등 — 를 가져왔다. 그러나 바로 이 지점에서 사회적 노동자의 특성이 하나의 새로운 힘, 사회적 노동력의 주체적 특질화(qualification)로서 출현한다. 사회적 노동자는 대중노동자 내부에 하나의 경향으로 존재했던 동역학을 완성하고 종결지었으며, 독립변수를 독립성 그 자체로 변형시켰다. 이러한 적대는 자본이 사회적 노동과 관련하여 작동시킨 실질적 포섭의 리듬에 맞춰 발전한다. 실질적 포섭이 진전됨에 따라, 사회적 노동자는 해결할 수 없는 적대로 실존하게 된다. 삶에 대한 관념들에 관한 적대, 시간의 해방을 둘러싼 적대 그리고 완전히 대안적인 시공간적 조건들을 창출하는 데 있어서의 적대. 일종의 해방의 '선험성'(a priori).

그러나 이러한 방향의 논의를 재개하기 전에, 이론에서 나타나는 (이 경우에는 신비화의 기능으로 드러나는) 외관상의 역설을 지적하고 넘어가야 할 것 같다. 오늘날 정치적 논쟁에서 대단히 유행하고 있는 소위 탈근대적(혹은 '탈자본주의적') 관념들은 포섭의 과정을 선형성과 파국의 관점에서 이해한다. 이러한 술어들은 맑스에게서도 — 그리고 사회주의 불가타 성서에서는 이보다 훨씬 더 발전된 형태로, 때로는 완전히 명시적으로 — 일부 발견된다. 포섭은 하나의 체계로, 자본의 사회적 지배 내부에서 실현된 노동력으로, 적대의 평면화로 주어진다. 그리하여 적대는 유토피아적이고 파국론적인 대안으로 이해된다. 그러한 입장들은 광범위하게 퍼져있고, 때때로 대중노동자 이론의 주창자들 또한 그러한 입장을 취한다. 포스트모더니즘 이론들을 가지고 장난치고 있는 (경향과 객관성을 강조하면서 적대와 주체성은 제거하고 있는) 이러한 노동자주의 이론들을 보고, 혹자는 노동자주의가 자멸하고 있다고 말할 수도 있을 것이다. 역설과 신비화는 다음과 같은 사실, 즉 여기에서 맑스의 사유 ― 그리고 발간되지 않은 여섯 번째 장이나 그보다 전의 것이지만 훌륭한 『요강』의 「기계에 관한 단상」(이 두 텍스트는 상호보완적인 것으로 이해되어야 한다)에서, 실질적 포섭을 정의하는 바로 그 지점까지 그의 사유를 관통하고 있는 상당한 긴장들 ― 가 존중되고 있는 것처럼 보이지만, 실은 그것이 심각하게 그리고 회복불가능한 정도로 잘못 표현되고 있다는 사실 속에 존재한다. 실상 맑스에게 있어서 초점은 언제나 적대의 현실성과 결정성이다. 자본의 이론적 경향 ― 맑스는 이것에 대해서도 기술하고 있지만, 오직 삽화적으로만, 그리고 앞서 말했듯이 그의 전체 논의에 흐르는 적대적 정신에 종속된 술어로만 기술하고 있다 ― 이 때때로 이러한 비판을 받아들이고, 좀 더 진부한 신비화들은 피한다는 것은 정말로 사실이다. 그럼에도 불구하고 그것이 한계까지 밀어붙여졌을 때 우리가 이러한 적대 관념으로부터 얻을 수 있는 최상의 것은 적대를 외인적(外因的) 형태로, 즉 파국으로 이해하는 것이다. 그러나 맑스를 넘어섬에 있어서 우리의 과제는 내인적(內因的) 형태로, 실질적 포섭의 단계에서 적대를 파악하는 것이다.

위의 말로 내가 의미하는 바는 다음과 같은 것이다. 즉, 노동의 실질적 포섭은 자본의 위기의 한 형태이며, 노동의 실질적 포섭을 위기로 이해하는 것은 '맑스를 넘어' 나아가는 코뮤니즘을 위해 준비된 발견들 중 하나이다.

그러나 이것만으로는 충분치 않다. 탈근대적 이데올로기들을 거부하는 가운데(물론 그것들의 분석적 유효성은 부정하지 않으면서), 우리는 또한 1960년대 이래 우리 이탈리아 운동의 이론적 역사의 또 다른 요소를 회복한다. 그것은 바로, 대중노동자의 모호한 이론과 방법론이 오늘날 사회적 노동자가 거부하는 가치의 변증법을 내포하고 있긴 했지만, (이제 사회적 노동자가 자신의 존엄과 본질로 살아내고 있는) 전복의 고유한 실천적 활동성과 자기가치화하는 독립성(자율) 또한 그 내부에 포함하고 있다는 사실이다. 『위기』(*Krisis*)를 쓴 철학자, 마씨모 까치아리[12]는 다음과 같이 외친다.

위기가 있는 곳에 변증법은 없다. 위기는 변증법의 한 형태가 아니다. 아니, 오히려 위기는 그것의 초월 — 지양 — 이라는 형태로만 변증법화될 수 있을 뿐이다.[13]

아니, 여기에는 어떠한 지양도 있을 수 없으며, 그 이유는 여기에서 대립은 다른(different) 주체들 사이에 존재하기 때문이라고 사회적 노동자는 대답한다. 형식적 포섭에서 실질적 포섭에로 이동함에 있어서, 자본

---

12. [영역자] 1969년 이래 PCI의 당원임.
13. M. Cacciari, *Krisis*, Feltrinelli, Milano, 1978.

은 장애물들을 극복하고, 지속적이고 장기적이며 진보적인 노동의 사회
화라는 측면에서 — 점점 더 고도화되는 강렬함과 잠재력의 수준에서 이
루어지는 계급구성들 간의 이행이라는 측면에서 — 노동계급을 노동력
으로 끊임없이 환원시키면서 살아간다. 그러나 일단 포섭이 완전히 실현되
고 나면, 유일하게 가능한 발전은 사회화된 노동력에서 사회적 노동자로의, 새로운
계급주체로의 이행일 뿐이다. 대중노동자의 전통과 이론은 우리로 하여금 이
러한 새로운 정의에 이르도록 자극함에 있어서 여전히 유용할 수 있다.

4. 노동력의 정치적 개념화로서의 프롤레타리아트, 그리고 몇 가지 문제들

이제 우리는 우리로 하여금 부분적 결론에 이르러서 새로운 문제들
을 제기할 수 있도록 도와줄 몇 가지 기본적인 방법론적 가정들을 개
괄해 볼 수 있게 되었다.

우선 나는 노동력을 가변자본 — 유기적 자본의 가변부분 — 이 되려
는 경향과 노동계급 — 외부로부터 주어진 의식의 저장소, 새로운 아리
스토텔레스적 '종합적 전체'(synolos)의 실체 — 이 되려는 경향 사이의
이분법에 사로잡혀 있는 논리적 구축물로, 모호하고 덧없는 본질로 이
해하는 일체의 이론을 논리적으로 지지할 수 없는 것으로 간주한다.
노동력에 대한 이러한 도구적이고 순수논리적인 정의 — 이것은 추상
적일 뿐만 아니라 조작되기 쉽다 — 는, 역사적으로 말하면, (단순화시

켜서 말하자면) 적어도 세 가지의 동시적 과정들을 통해 점차 부정되어 왔다.

첫 번째 과정은 자본의 유기적 구성의 고도화인데, 그것은 노동력이 자본의 구조와 맺는 관계를 대규모로 내면화하는 동시에, 개별 노동자가 행한 노동과 달성된 생산성의 수준 간의 관계를 측정할 수 있는 모든 균형의 척도를 그것으로부터 제거한다. 노동시장에서 다수의 개별 노동력으로 나타나는 노동력은 이제 완전히 주변적인 현상으로 이해될 수 있을 뿐이다.

두 번째 과정은, 자본의 유기적 구성의 발전을 개별 기업의 범위 너머까지 확대시키고, 또 그 발전의 현상학적 외관을 넘어서 그것을 사회적 노동의 집합적 자본 내부에의 포섭의 실현이라는 관점에서 이해하는 과정으로서, 노동력이 하나의 사회적 실체(entity)라는 것을 보여주었다. 개별적 측면에서 주변화되었던 것이 사회적 차원에서 이동성으로, 추상적 노동과 동등한 것으로, (자신의 내부에 이제 생산의 본질적 조건이 된 일반화된 사회적 지식을 지닌) 보편적 잠재성으로 변형된다.

개별적 주변화 과정 및 집합적 사회화 과정과 동시적으로 일어나는 세 번째 과정은 (a) 스스로를 상품으로 이용가능하게 만드는 것으로서의 노동력에 대한 거부 — 나는 이것을 개별적 주변화의 효과로, '직업'과 '기술' 간의 관계 일체의 붕괴로 이해한다 — 와 (b) 이러한 계급행동양식의 사회화 사이의 결합을 초래했다. 나는 이것을 '세 번째' 과정으로 지칭하며, 이것이 혁신적일 뿐만 아니라 개념적으로도 매우 풍부하다고 생각한다. 왜냐하면 개별적 주변화와 집합적 사회화의 결합은 단순한 합산의 과정이 아니기 때문이다. 오히려 그것은 물질적 요소들을 결합시킬 뿐만 아니라 그와 동시에 — 역사적 경험이 비가역적 특질들로, 제2의 천성(nature)으로 변형된다는 의미에서 — 주체화를 동반하는 역사적 과정이다. 이러한 과정의 발생을 통해 새로운 주체적 힘들이 그 모습을 드러낸다.

이러한 과정들의 결과로서, 노동력이 (자본에 의한 사회적 노동 포섭의 현단계에서) 가변자본의 기능이 되는 것과 노동계급이 되는 것 사이에서 부유하는 매개적 실체로 나타나기는커녕, 이제 스스로를 하나의 사회적 주체, 상품이 되는 것에 대한 거부를 사회적 층위에서 내면화한 주체로 제시한다는 점이 명확해져야 한다.

정치적·사회적 층위에서, 이러한 주체는 자신의 존재구조 내부에서 의식을 완전히 물질화시킨다. 다시 말해 계급의식은 외부에서 혹은 멀리서 오는 것이 아니다. 그것은 계급구성이라는 하나의 사실, 사태에 완전히 내재적인 것으로 이해되어야 한다. 원래 대중노동자에 대한 분석을 통해 노동력의 성격에 있어서의 변화들을 분류하는 수단으로, 그리고 이러한 변화들을 순전히 논리적이고 경제주의적으로만 특성화하는 입장들에 대한 비판으로 발전된 것이었던 계급구성 개념은 이제 노동력에 대한 역사-정치적(historico-political), 주체적, 사회적 정의로 갱신될 수 있다. 이러한 관점에 입각해서 볼 때 우리는 대중노동자에 대한 분석을 통해 발전되었던 이론적 흐름의 중요성과 진가를 정당하게 평가할 수 있으며, 무엇보다도 이 계급적 투사의 특수한 적대적 주체성이 어떻게 자신의 투쟁들을 통해 애초의 이론적 개념화가 갖고 있었던 한계들을 넘어서고 극복하는 데 기여했는지 또한 올바르게 인식할 수 있다. 이러한 이론적 접근법의 발전을 통해 **프롤레타리아**

트라는 신화적 용어가 역사적 차원을 부여받게 되었으며, 구체적인 물질적 실재로 확립되게 되었던 것이다.

이 모든 것으로부터 주요한 결론들이 도출된다. 첫째, 노동운동의 전통 내부에 존재하는 많은 개념들과 실천들의 탈신비화. 둘째, (내가 생각하기에) 엄정한 이론적 층위에서 제기되는, 다시 말해 노동과 코뮤니즘에 대한 우리의 개념화와 관련된 중요한 결론들(그리고 더욱 특별하게는, 문제들). 셋째, (그 중요성에 있어서 과소평가되어서는 안 되는) 방법을 위한 지침들.

첫 번째 논점을 살펴보자. 정치적 실재로 존재하는 이 사회적 노동력, 사회적 노동자, 프롤레타리아트는 많은 범주들을 무용지물로 만들 정도로 많은 (내포적인 동시에 외연적인) 차원들을 그 내부에 포함하고 있다. 다시 말해 실질적 포섭 내부의 프롤레타리아 적대는 한편으로는 (내포적으로는) 도달된 일정한 수준의 욕구의 비가역성으로, 다른 한편으로는 (외연적으로는) 행동의 잠재성, 즉 자신의 행동을 노동일의 전범위로 확장시키는 능력으로 스스로를 정립한다. 개념적으로 좀 더 엄밀해지고 싶다면, 이 사회화된 노동력은 (a) 자본주의가 자신을 하나의 상품으로, 착취를 위한 자본주의적 명령의 가변적 구성요소로 간주할 수 있는 가능성 일체를 소멸시킬 뿐만 아니라, (b) 필요노동을 임금으로, (절대적 혹은 상대적) 잉여가치를 이윤으로 변형시킬 가능성 일체를 허용하지 않는다고 말해도 좋을 것이다. 물론 이윤과 임금은 계속해서 존재할 것이다. 그러나 그것들은 오직 하나의 역(力)관계 — 더 이상 노동일의 삼중 분할, 즉 필요노동시간, 잉여노동시간, 자유시간 혹은 재생산시간으로의 분할을 허용하지 않는 역관계 — 에 의해 조절되는 양들로서만 존재할 것이다. 이제 노동력은 사회적인 동시에 주체적이다. 그것은 노동일의 가치-분할(value-partition)을 오직 자본이 노동일 내부에서 일어나는 노동력의 부단한 흐름 위로 그리고 그것에 맞서 부과하는 데 성공할 수도 있고 그렇지 않을 수도 있는 명령체계로만 인식할 뿐이다. 잉여가치 추출을 위한 조건은 이제 오직 일반적인 사회적 관계의 형태로만 존재한다. 이윤과 임금은 사회 내 명령관계의 특정한 비대칭성 이외에 어떠한 특정한 착취 메커니즘과도 관계를 맺고 있지 않은 가치 내용의 분할형태가 된다. 자본은 명령의 평균, 중간(mediety)으로서의 이윤의 형식과 실질을 갖고 있다. 노동력은 임금의 형식과 실질을 갖고 있다. 그러나 양자 간의 '자연적 비율'은 결코 존재할 수 없다. 다시 말해서, 이러한 개념들의 맑스적 발생을 특징짓는 변형과 매개의 메커니즘은 이제 완전한 성숙의 지점에 도달했다. 착취는 명령 속에 존재한다. 그것은 해방을 위해 싸우고 있는 사회적 주체들의 적대에 맞선 폭력이다.

결과적으로 노동력의 매매는 더 이상 권력의 앞잡이들과 아첨꾼들을 위한 사업이 아니다. 오히려 오늘날 그것은 완전히 정치적인 작용이 되어 버렸다. 그것은 한없는 노동일을 향한 자본주의의 경향과 노동력의 제공을 제한하려는(가능하면 영(0)으로 만들려는) 프롤레타리아의 경향 사이의 (맑스가 말한) "전쟁"을 확대시키고, 그 "전쟁"을 생산과 재생산 내부의 구체적 노동과정에서부터 명령조직화의 시나리오 전체—즉 경제관리, 노동시장관리, 공공지출 등의 정치적·국가적 형태들—에까지 이르는 형식화되고 실용적인 정치적 절차로 변형시키는 데에 존재한다. 노동력 매매의 성공과 실패는 오직 이러한 정치적 차원에서만 판단될 수 있다.

이 모든 것은, 우리가 목도하고 있는 발전단계에서, 자본 내부에서/자본에 대항하는(within/against capital) 노동력의 낡은 변증법이 이제 시대에 뒤처지게 되었고, 무용지물이 되어 버렸으며, 오직 고고학적 흥미의 대상일 뿐이라는 사실을 말하는 또 하나의 방식이다. 만일 조금이라도 실질적인 협상이나 교섭이 존재한다 하더라도, 노동조합적 교섭형식 혹은 여타의 다른 낡은 실천들은 더 이상 그것을 포괄할 수 없다. 다시 말해, 이제 힘(power)의 이중성이 기준이다. 노동일은 오직 힘의 능동적 이중성에 의해서만 기술될 수 있으며, 그러한 한에서 통일, 초월, 균형의 낡은 변증법은 무용지물이 된다. 이러한 논점을 분명히 하기 위해서는 한 가지 예, 즉 가장 표준적이고 일상적이며 (자주 그렇게 보이는 것처럼) 명백히 제도적인 전통적 노동운동 형태, 즉 노동조합의 부적절함을 언급하는 것으로 충분할 것이다.

이처럼 재발견되고 재구축된 우리의 프롤레타리아 개념에 대한 잠재적 신비화와 관련해서 한층 더 위험스러운 것은 바로 노동력을 계급의식에로 이끌어질 수 있는 재료로 간주하는 이데올로기들이다. (동유럽의 '현실사회주의'의 경험으로 미루어보건대, 그것들이 무력하다는 것은 분명 사실이지만 말이다). 노동력을 무엇으로 전환시키는가? 신비한 '정치적 의식성', 즉 전위적 대표자들의 마술지팡이가 착취된 노동을 해방된 노동으로 전환시킨다. 실제로 달라진 것은 무엇인가? 아무것도 달라지지 않았다. 단지 말만 달라졌을 뿐. 노동의 변증법은 여기에서 완벽하게 작동한다. '노동'이라는 단어가 '자본'이라는 단어를 대체하지만, 체제는 동일한 것으로 남는다. 노동일은 건드려지지 않는

다. 시간-척도는 계속해서 명령 및 분할/분리의 조절적 기능으로 남
게 된다. 아니! 새로운 프롤레타리아 개념은(심지어 낡은 개념조차?)
결코 이러한 신비화들을 받아들일 수 없다. 진실은, 프롤레타리아적
관점에서 보았을 때 실질적 포섭과정이 노동계급구성을 대규모적으로
강화시키고 그것이 갖는 잠재력을 확장시켜서, 이제 존재와 의식성의
이중성 내부에서는 어떠한 측면도 고립되는 일이 없으며, 나아가 양자
사이에는 어떠한 이중성도 존재할 수 없다는 사실이다. 프롤레타리아
트는 직접적으로 사회적 노동일의 전 범위에 걸쳐 행동한다. 생산과
재생산은 이제 나란히 동등한 조건 위에 놓여 있는, 노동력의 현실에
적합하고 적절한 행동영역들이다. 의식성은 그 물질적 구조의 속성이
며 완전히 그것 내부에 있다.

　이제 노동(work, labour)을 살펴보자. 여기에서 우리는 사회화된 노동
력, 구성(즉 사회적 노동자)이라는 우리의 정치적 개념으로부터 도출되
는 결론들의 두 번째 집합에 이르게 된다. 노동은 자본의 본질(essence)
이다. 그것은 언제나 그래 왔다. 또한 노동은, 인간이 생산적 활동성인
한에서, 인간의 본질이기도 하다. 그러나 인간적 본질이 단지 꿈인데
반해, 자본은 현실이다. 자본의 구체성에 근접하는 노동(labour)의 유일한
인간적 본질은 노동(work)의 거부이다. 아니, 노동은 오히려 자본에게는
순전히 부정적인 종류의 생산성이다. 왜냐하면 그것은 생산의 필수조
건을 나타내지만, 그럼에도 불구하고 자본은 그것을 축소하려 하고,
그것이 인간 본성의 본질인 한에서 그것을 생산으로부터 제거하려는
경향을 갖고 있기 때문이다. 프롤레타리아적 실재로 정립되었을 때의
인간노동은 자본주의적 생산에 있어서 하나의 부정적 요소이다. 물론

오직 노동만이 생산한다고 말하는 것은 옳다. 그러나 지배자들이, 생산 내부의 노동이 명령에 완전히 종속되어 있을 때의 생산에만 기뻐할 뿐이라는 것 또한 사실이다. 명령은 사디스트적이다. 그것은 오직 노동을 부정하고 무가치하게 만들기 위해서만 인간 노동의 현존을 필요로 한다. 과거에 이 과정은 자본주의적 지배의 강철채찍으로 기능했었다. 그러나 그것은 노동력이 사회적 주체로 스스로를 드러내지 않는 한에서만 그러했다. 다시 말해 이제 우리는 프롤레타리아적 주체의 구성의 내포 및 외연과 더불어 부정적 형태의 노동을 갖게 되는데, 그것은 '부정적'이라는 바로 그 정의를 문제삼을 정도로 광범한 차원들을 가지며 절합된다. 우리는 종종 그것을 '대안적인', '자기가치화하는' 등으로 부른다. 그러나 나는 계속해서 '부정적 노동'이라는 말을 쓰고 싶은데, 그것은 위기의 언어와 장난치기 위해서가 아니라 단지 아직까지는 그것을 해방된 노동 ―즉, 완전히 긍정적인 노동―으로 부를 수 있을 만큼의 힘(strength)이 느껴지지 않기 때문이다. 자본 내부에 가두어져 있고, 그만큼의 죽음과 고통을 내부에 품고 있는 노동에다 '긍정적'이라는 술어를 부여하기는 어려운 일이다. 노동계급적·프롤레타리아적 노동을 '긍정적'인 것으로, 사회적으로 유용한 것으로 말할 수 있기 위해서 우리는 ―복합성 속에 있는 프롤레타리아적 주체는― 생산의 대안적 형태를 예시(像示)하는 술어들로 진술할 수 있어야 할 것이다. 우리는 프롤레타리아적 노동의 생산적 잠재력이 어떻게 펼쳐질 수 있는지에 관한 전망을 필요로 할 것이다. (지금까지 재생산영역 내부의 프롤레타리아트의 일부 부문들 ― 그중에서도 페미니즘적 운동이 가장 중요하다 ― 만이 프롤레타리아적이고 대안적이며 혁명적일 수 있는 노동형태들의 긍정적 이미지를 생산할 수 있음을 증명하였다.) 그러나 우리가 그것을 상세하게 서술할 수 없다는 사실이 필연적으로 그것이 존재하지 않는다는 것을 의미하는 것은 아니다. 그것은 프롤레타리아트 사이에서 하나의 중얼거림으로 존재한다. 부정적 노동은, 일상적 삶의 속삭임들과 투쟁의 소음 그리고 외침의 한가운데서, 일반적인 표현 형태를 획득하기 시작하고 있다. 특별히 강조되어야 할 것은 부정적 노동의 **물질적 특성**, 즉 그것의 **제도성**(institutionality)이다. 프롤레타리아트 개념은 하나의 제도적 실재가 되어 가고 있다. 생명이 없는 상태로가 아니라 살아 있는 상태로의 실천적 출현. 시간에 대한 다른 개념화. 완전히 인공적인 저 제2의 본성이 담지하고 있는 보편성(어원학적으로 이야기한다면, "진리는 만들어진 것이다(verum ipsum factum)"). 그리하여 그 자신의 가치들의 질서와 체계화를 추구하는 제도성. 이러한 경험의 층위들과 공간들은 정말로 천겹(thousand-fold)이다. 그러나 그것들 모두는 그것들의 자유와 확장성의 정도에 따라 증가하는 구심적 충동을 가지고 있다. 만약 우리가 '코뮤니즘'이라는 단어를 오늘날의 언어로 번역할 수 있다면, 그것은 아마도 이러한 프롤레타리아 제도성을 강화하고, 그것의 잠재적 내용들을 발전시키는 것을 의미할 것이다.

그러나 당분간 우리는 여전히 장기간에 걸친 설명, 연구 그리고 구체적인 투쟁들을 필요로 한다. 방법은 전술적인 것으로 남아 있다. 방법론적 결론들은 프롤레타리아 주체를 실현된 포섭 내부의 적대로 규정하는 우리의 정의로부터 도출된다. 그리고 그것들은 무엇보다도 대중노동자에서 사회화된 노동력으로, 사회적 노동자로의 이행의 여러 측면들에 대한 우리의 이해로부터 도출된다. 이러한 이행 내부에서 자본주의적 발전의 조절 원리들 ― 시장, 가치, 생산과 재생산의 분리 등 ― 이 붕괴할 뿐만 아니라, 발전의 전반적 계획과 (특히) 그것의 범주들, 규범들의 어떠한 동질적인/통합된 결정도 불가능한 것으로 나타난다. 노동력 개념이 사회화되고 주체화된 계급구성 내부에서 실현될 때 ― 이것은 바로 자본의 관점에서 관찰된 가장 고도의 통일성의 지점(실질적 포섭)에서 발생한다 ― 기존의 모든 과학적 담론의 술어들은 붕괴된다. 그것들은 통일과 초월의 낡은 변증법적 논리를 결코 회복할 수 없으며, 어디에서도 탈출구를 찾을 수 없다. 일체의 과학적 범주 ― 그것이 논리학적인 것이든 윤리학적인 것이든, 또는 정치학적인 것이든 정치경제학적인 것이든 ― 가 자신을 하나의 규범으로 구성할 수 있는 유일한 길은 협상에 의한 해결(negotiated settlement)로서, 즉 대결하는 힘들의 형식화와 균형화로서이며, 인간과학에서라면 자발적 동의의 계기로서이다. 분명히 여기에는 과학적 규범들에 관한 낡은 개념화를 정의했던 요소 중 아무것도 존재하지 않는다. 그 대신에 우리가 갖고 있는 것은 오로지 계급구성 ― 영구적 위기의 형태로 실현된 자본에의 포섭 ― 의 발전이 가져온 논리적 결과들뿐이다. 우리에게 주어진 것은 부정적 노동(labour)의 긍정적 출현, 즉 자본 내부에 포섭된 노동(work)에 맞서 행동하는 제도화된 대항-권력으로서의 출현이다. 자본 내부에 포섭된 노동이 통일과 명령의 논리에 그리고 그것의 초월에 조응했던 반면, 부정적 노동은 분리에 기초한 논리 ― 전적으로 저 분리 내부에서 작동하며 그것에 내생(內生)적인 논리 ― 를 생산한다. 이제 노동력에 의해 하나의 분리된 실체로 간주된 제도화된 형태들은 경제 및 정치의 현존하는 틀과 관련하여, 자본 및 국가와 관련하여 자신의 탈제도화 또한 표현한다. 이러한 관계는 정확히 하나의 부정적인 관계이며, 부정적 노동이 자신을 체제에 부과할 수 있는 힘과 가능성을 지니고 있는 한에서, 유일하게 남아 있는 통합적 논리는 이중성, 양면성에 있어서의 다른 한편, 즉 덧없는, 단순한 환영(幻影)으로 축소되어버린 논리일 뿐이다. 실제로 그것은 모든 합리성 혹은 지성의 준거점이 완전히 사회화된 노동력으로, 새로운 계급주체로, '사회적 노동자'로 빠르게 이동해 가고 있는 역사적 위기국면에 있어서의 한 계기를 표현할 수 있을 뿐이다.

이렇게 해서 우리는 노동력이 사회적 주체로 형성되는 과정의 몇 가지 측면들을 개략적으로 다루어 보았다. 대중노동자와 대중노동자투쟁의 역사에서부터 시작한다면, 이러한 변형에 매우 풍부한 현상학이 제공될 수 있을 것이다. 나는 그러한 설명이 내가 이 글에서 개략적으로 제시한 이론적·방법론적 가정들을 확증하게 될 것이라고 생각한다.

그러나 끝으로 나는 지금까지 서술한 내용이 분석에 있어서 중간단계일 뿐이라는 점을 강조해야 하겠다. 만약 자본관계에 관한 모든 과학적 범주들이 이제 오직 이중성의 지반 위에서만 이해될 수 있다는 것이 사실이라면, 보다 심화된 논리적 문제가 제기되기 때문이다. 그것은 계급주체의 이러한 변형형태들의 다양성과 이동성의 문제, 그리고 어떻게 이러한 다형성(multiformity)이 노동력이라는 성숙한 정치적 개념 내부에서 파악될 수 있는가 하는 문제, 다시 말해 어떻게 다양한 지반들에 걸쳐 있는 프롤레타리아트의 새로운 제도성에 관한 이론을 발전시킬 수 있는가 하는 문제이다. 그러나 이러한 문제들은 다른 기회에 다루어야 할 것 같다.

[1982]

부록

혁명을 기억하는가?[1]

1970년대 이탈리아 운동의 해석을 위한 제안

서문

1970년대 운동을 재검토하기 위해 되돌아보면, 우리에게 적어도 한 가지는 분명해 보인다. 의회외부 반대파와 노동자자율운동의 역사는 주변인들, 언저리의 별종들 혹은 일부 지하게토의 종파적 공상들의 역

---

1. [영역자] 이 글은 로마에서 있었던 "4월 7일"의 전시용 재판에서 신문(訊問)을 받았던, 노동자자율운동 출신의 열한 명의 피고인들에 의해 감옥에서 작성된 것이다. 이 글은 재판이 시작되기 직전에 좌파신문 『선언』(*Il Manifesto*) 1983년 2월 20~22일자에 게재되었다. 이탈리아에서의 10년간에 걸친 독립적인 코뮤니즘적 저항투쟁들을 (저들이 무장 테러리스트그룹들과 연결되어 있는 것으로 추정하고 있는) 중앙집중화된 지도부 단독의 음모로 환원하려는 검찰 측의 시도에 맞서, 이 글에서 피고인들은 1968년 이후 변화하는 운동의 모습을 재구축해낸다. [옮긴이] 이 글의 한글번역은 동일한 이탈리아 원문의 Michael Hardt 영역본인 'Do You Remember Revolution?'(Paolo Virno & Michael Hardt ed., Radical Thought in Italy, Minnesota, Mineapolis, London, 1996, pp. 225~240)과 같은 글의 한글번역인 「당신은 혁명을 기억하는가?」(쎄르지오 볼로냐 · 안또니오 네그리 외, 『이탈리아 자율주의 정치철학 1』, 이원영 편역, 갈무리, 1997, 165~188쪽)을 참조하여 이루어졌다.

사가 아니었다. 반대로 이 역사 ― 그것의 일부는 이제 재판의 대상이 되었다 ― 가 당시 계급투쟁의 전반적 발전의 불가분한 일부이며, 전 국적 수준에서 일어났던 결정적 변화들 및 단절들과 불가분하게 연결되어 있다는 점이 분명해져야 한다.

(그 자체로는 명백해 보일 수도 있지만, 오늘날과 같은 시대에는 직접적으로 도발적이진 않다하더라도 무모한 것으로 비춰질) 이러한 관점에서, 우리는 재판과 관련된 직접적인 변론 사안들을 넘어서는, 과거 10년에 대한 일련의 역사적·정치적 테제를 제출하고자 한다. 우리가 제기하고 있는 문제들은 판사들이 아니라, 오히려 1968년의 동지들로부터 1977년의 동지들에 이르는, 이 시기 투쟁에 참여했던 모든 이들에게 그리고 봉기가 합리적인 것이라고 판단하면서도 (요즘 우리가 말하는 방식대로 하면) "불만을 품고 있는" 모든 지식인들에게 제출되는 것이다. 우리는 이번에는 그들이 기억의 왜곡과 새로운 순응의 악순환을 깨뜨리기 위해 개입할 수 있기를 바란다. 우리는 1970년 대에 대한 현실적인 재평가를 위한 시간이 도래했다고 생각한다. 우리는 국가와   띠띠(pentiti)[2]가 퍼뜨린 왜곡에 맞서, 진실과 우리 자신의 정치적 판단을 위한 길을 닦아나갈 필요가 있다. 오늘날 책임을 완전히 받아들이고 할당하는 것은 가능할 뿐만 아니라 필수적인 일이다. 그리고 이것이 '포스트테러리즘' 시대에 들어서기 위해 요구되는 근본적인 단계들 중 하나이다.

---

2. [영역재 문자 그대로 '회개한(penitent) 자들' 즉, 국가 측의 증인으로 돌아선 '테러리스트들'을 지칭한다.

우리가 테러리즘과 아무런 관련이 없다는 점은 명백하다. 우리가 '전복적'이었다는 점도 마찬가지로 명백하다. 이 두 가지 진실 사이에, 우리 재판에서 문제가 되고 있는 핵심적 쟁점이 놓여 있다. 분명 재판관들은 전복과 테러리즘을 동일시하려 할 것이고, 그에 맞서 우리는 적절한 기술적·정치적 수단들을 사용해서 변론을 펼칠 것이다. 그러나 1970년대에 대한 역사적 재구축이 재판정에서만 행해질 수는 없다. 이번 재판과 함께, 그 시기 '위대한 변형'의 실질적 주역이었던 사회적 주체들 사이에서 정직하고 폭넓은 논의가 이루어져야 한다. 1980년대에 우리가 직면한 새로운 긴장들과 적절하게 대결하고자 한다면, 이러한 논의는 반드시 이루어져야 한다.

루치오 까스뗄라노(Lucio Castellano)

아리고 까발리나(Arrigo Cavallina)

쥬스띠노 꼬르띠아나(Giustino Cortiana)

마리오 달마비바(Mario Dalmaviva)

루치아노 페라리 브라보(Luciano Ferrari Bravo)

끽꼬 푸나로(Chicco Funaro)

안또니오 네그리(Antonio Negri)

빠올로 폿찌(Paolo Pozzi)

프랑코 똠메이(Franco Tommei)

에밀리오 베스체(Emilio Vesce)

빠올로 비르노(Paolo Virno)

레빕비아 형무소, 로마, 1983년 1월

1.

　‘이탈리아의 68년’의 독특한 성격은 새롭고 폭발적인 (여러 측면에
서 성숙하고 산업화된 국가들에 전형적인) 사회현상들과 코뮤니즘적
정치혁명의 고전적 패러다임의 결합이었다. 임금노동에 대한 급진적
인 비판, 대규모로 이루어진 임금노동에 대한 거부는 대중투쟁들의 배
후에 있는 중심적 추동력이었고, 강하고 지속적인 적대의 모반(母盤)
이었으며, 운동이 표현했던 모든 미래적 희망들의 물질적 내용이었다.
이것은 직업적 역할들과 위계들에 반대하는 대중적 도전, 동등한 임금
즉 생산성으로부터 분리된 소득을 위한 투쟁, 사회적 지식의 조직화에
대한 공격, 일상적 삶의 구조에 있어서의 변화들을 위한 질적인 요구
들─요컨대 자유의 구체적 형태들에 대한 보편적 추구에 자양분을
공급하였다. (독일이나 미국과 같은) 다른 서구 자본주의 국가들에서
이와 동일한 변형의 힘들은 정치권력의 문제─즉 대안적 국가경영의
문제─를 직접적이고 즉각적으로 제기하지 않고, 사회적 관계들의 분
자적 변화라는 형태로 전개되었다. 프랑스와 이탈리아에서는 제도적
경직성, 그리고 갈등을 조절하는 다소 단순화된 방식으로 인하여, 국
가권력의 문제─그리고 그것의 ‘장악’이라는 문제─가 즉각적으로
중심적인 것이 되었다.
　특히 이탈리아에서는 1968년부터 계속된 대중투쟁들의 파도가 여
러 측면에서 기존 노동계급운동의 ‘노동자주의적’·국가사회주의적 전
통들과의 첨예한 단절을 표지하였고, 그와 동시에 새로운 운동들의 몸
(body) 속에서 코뮤니즘적 정치모델에 새 생명을 주었다. 계급대립의

극단적인 양극화 그리고 (지나치게 중앙집중화된 복지체계와 더불어) 제도적인 정치적 매개들의 상대적 결핍은 더 높은 임금과 더 많은 자유를 위한 투쟁들이 "국가기구분쇄"(smashing the State machine)라는 레닌주의적 목표와 연결되는 상황을 창출하였다.

2.

1968년과 1970년대 초 사이에, 대중투쟁을 위한 정치적 배출구를 찾아내는 문제는 신구(新舊) 전체 좌파의 의제였다. 한편에서 이탈리아공산당(PCI)과 노동조합들 그리고 다른 한편에서 의회외부의 혁명적 좌파그룹들 모두 권력구조에 있어서의 격렬한 변화―공장과 노동시장에서 이미 발생한 세력관계에 있어서의 변화를 관철시키고 실현시킬 변화―를 위해 노력하고 있었다. (일반적으로 필수적인 것으로 주장된) 이러한 정치적 해법의 성격과 특질을 둘러싸고, 좌파 내부에서 장기간의 헤게모니 다툼이 있었다.

고등학교와 대학에서 다수를 차지하고 있었으며 공장과 서비스 산업에도 뿌리를 두고 있었던 혁명적 그룹들은 투쟁과 사회적 변형의 물결이 지금까지 운동들이 안주해 왔던 합법성의 틀과의 첨예한 단절과 일치한다는 사실을 깨달았다. 그들은 운동이 명령 및 이윤의 구조들이라는 제도적 층위로 복귀하는 것을 저지하기 위해, 상황의 이러한 측면을 강조하였다. 사회적 지형 전체로의 투쟁들의 확산과 대항권력 형태들의 구축은 경제위기라는 위협에 맞선 필수적인 단계로 간주되었다. 다른 한편 공산당과 노동조합들은 중도좌파 연합의 붕괴와 '구

조적 개혁들'의 확립을 1968년 대중투쟁의 자연스러운 결과물로 이해
하였다. 그들은 새로운 '공존가능성의 틀'과 더욱 치밀하게 절합된 제
도적 매개들의 네트워크가 경제성장의 재개에 있어서 노동계급에게
더욱 중심적인 역할을 보장해 줄 것이라고 생각했다.

가장 격렬한 논쟁들은 의회 외부 그룹들과 역사적 좌파 사이에서
일어났지만, 그 두 진영들 내부에서도 매우 중요한 투쟁들이 있었다.
이에 대해서는, 예컨대, 당시 운동에서 나타난 '새로운 노동조합주의'
문제를 둘러싼 공산당 우익(아멘돌라 : Amendola)과 또리노(Turin)의
엔지니어링 노동자 연합(FLM) 사이의 논쟁들, 혹은 극좌 내부에서 노
동자주의적 조류와 맑스레닌주의적 노선 사이의 첨예한 차이를 떠올
리는 것으로 충분할 것이다. 그러나 이러한 분열들은 하나의 공통적인
기본적 문제, 즉 1968년 이래 투쟁들의 물결로부터 발전해 온 사회적
관계들에 있어서의 격변을 어떻게 정치적 권력의 술어로 번역할 것인
가 하는 문제를 중심으로 한 것이었다.

3.

1970년대 초에 의회 외부 좌파는 전적으로 혁명적 코뮤니즘 전통
내에 속하는 술어들로 무력의 사용이라는 문제, 폭력의 문제를 제기하
였다. 그들은 그것을 권력의 지형 위에서 벌어지는 투쟁을 위해 필요
한 수단들 중 하나로 간주하였다. 폭력의 사용에 대한 물신주의는 전
혀 없었다. 반대로 폭력의 사용이라는 문제는 대중행동의 전진에 엄격
하게 종속된 것이었다. 그러나 그것의 타당성에 대한 명확한 승인이

있었다. 사회적 갈등들의 상호작용과 정치권력의 문제 사이에는 어떠한 실질적 연속성도 없었다. 1960년대 후반에 나폴리(Naples) 근교의 바띠파리아(Battipaglia)와 또리노의 코르소 트라야누스(Corso Traiano)에서 벌어진 폭력 충돌 이후, 국가의 독점적 무력 사용은 체계적으로 맞서야 할 불가피한 장애물로 나타났다.

그리하여 이 시기의 강령과 슬로건들은, 공격적 술어로, 합법성의 폭력적 파괴를 새로운 대항권력의 표현으로 개념화하였다. '도시를 장악하라' 혹은 '봉기'와 같은 슬로건들은 (즉각적인 의미에서는 아니지만) 불가피한 것으로 간주되었던 이러한 전망을 종합한 것이었다. 다른 한편, 대중운동 자체의 구체적 맥락 속에서 이루어지는 비합법적 틀 내부의 조직화는 훨씬 더 제한적이고 온건한 방어적 목표들 — 피켓대열의 방어, 주택점거의 방어, 시위의 방어, 요컨대 있을 수 있는 우익의 반동(1969년 12월 밀라노의 피아짜 폰타나에서의 집회에 대한 파시스트의 폭탄공격 이후 이것은 현실적 위협으로 나타났다)을 저지하기 위한 안전조치들 — 을 갖고 있었다.

코뮤니즘적 전망과 1968년 이후 출현한 '새로운 정치적 주체'의 결합에 기초한 공격과 파열의 이론이 존재하였으나, 실천에 있어서 이것은 최소한도로만 실현되었을 뿐이었다. 그럼에도 불구하고 1968년~69년의 '붉은 시절'(Red Years) 이후에 (노동조합 그룹들을 포함한) 수천 명의 투사들이, 국가의 억압적 구조들과의 대결형식과 시기를 둘러싼 공적인 논쟁과 더불어, 투쟁들의 '비합법적' 조직화를 정상적이고 평범한 것으로 간주했다는 사실은 분명히 해야 한다.

4.

이러한 시기에, 최초의 비밀무장조직들 ― 〈빨치산행동집단〉(Partisan Action Groups : GAP)과 〈붉은 여단〉(Red Brigades : BR) ― 의 역할은 극히 주변적이었고, 운동의 일반적 전망과 논의의 외부에 놓여 있었다. 비밀조직 자체, 전시의 저항적 빨치산 전통에의 강박적 의지(依支) 그리고 그와 더불어 이루어진 고도로 숙련된 노동계급부문에의 준거는 운동의 계급전위와 혁명적 그룹들이 이야기하는 폭력의 조직화와는 결코 아무런 관련도 없었다. 1950년대까지 거슬러 올라가는 낡은 반파시즘적 저항 그리고 '이중적 층위', 즉 대중적 층위와 비밀[비합법] 층위에서 조직화하는 코뮤니즘적 전통과 연결된 〈빨치산행동집단〉은 (그들이 생각하기에) 임박한 파시스트 쿠데타에 맞선 예방적 조치의 필요성을 제기하였다. 다른 한편 〈붉은 여단〉은 뜨렌또(Trento) 시의 맑스레닌주의자들, 밀라노 지역의 전(前)공산당원들 그리고 에밀리아(Emilia) 지방의 공산주의청년연맹 출신자들의 합류점으로부터 형성되었다. 이 초기 국면 내내 〈붉은 여단〉은 혁명적 운동이 아닌, 공산당의 평당원들 사이에서 지지와 접촉을 모색했다. 그들의 행동은 반파시즘에 의해, 그리고 '개혁을 지지하는 무장투쟁'에 의해 특징지어졌다.

역설적으로 보일지 모르겠지만, 혁명적 운동그룹들이 비합법성과 폭력을 포함하는 투쟁 전망을 채택하자, 이것과 '무장투쟁'전략·비밀조직 사이의 간격은 훨씬 더 넓고 건널 수 없는 것이 되어 버렸다. 혁명적 운동그룹들과 최초의 무장조직들 사이에 존재했던 산발적인 접촉은 그 둘을 나누는 문화적 전망과 정치적 노선에 있어서의 깊은 골을 확인시켜 줄 뿐이었다.

5.

　1973~74년에, 운동이 발전해 온 정치적 맥락이 해체되기 시작했다. 짧은 시간 안에, 운동 속에는 다양한 파열들이 있었고, 정치적 전망에 있어서의 첨예한 변화들이 있었으며, 갈등 그 자체의 조건들도 변화하였다. 이러한 변화들은 상호작용하는 다수의 요인들에 기인하고 있었다. 첫째는 공산당 정책에 있어서의 변화였는데, 공산당은 이제 국제적 층위에서의 가능성들이 더 이상 존재하지 않음을 인식하고, 그에 따라 주어진 조건의 한계 내에서 사회적 혼란에 대한 즉각적인 '정치적 해결'을 찾아낼 필요성을 제기하기 시작하였다.

　이러한 변화는, 내적인 차이들에도 불구하고 1968년 이래로 투쟁들의 급진적이고 변혁적인 내용을 반영하고 실현할 대안적인 권력구조를 구축한다는 공통의 목표를 공유해 왔던 정치·사회세력들 사이의 분열 — 이것은 점점 더 심각해졌다 — 을 초래하였다. 다수의 좌파, 특히 공산당 및 그것과 연합된 노조들은 이제 정부와 더욱 가까워지기 시작했으며, 점점 더 운동의 많은 부문들과 대립하게 되었다.

　의회 외부의 반대파들은 이제 공산당이 추구하고 있었던 정부와의 '타협'과 관련하여 스스로를 재규정해야만 했다. 이러한 재규정으로 인해 그룹들은 위기를 맞았고 점차 정체성을 상실해 갔다. 혁명적 그룹들의 존재를 어느 정도 정당화해 주었던, 좌파에 대한 헤게모니를 둘러싼 투쟁은 이제 논쟁을 완전히 막아 버리는 일방적인 방식으로 해소된 것처럼 보였다. 이 지점에서부터 '정치적 출구' 찾기, 대안적 국가경영이라는 오래된 문제가 공산당의 온건한 정치와 동일시되었다. 아직도 이러한 전망을 따르던 의회 외부의 조직들은 최선을 다하여 타협의 결과에 영향을 미치는 방식으로 — 예컨대, 1975년 (지방) 선거와 1976년 (전국) 선거에의 참여 — 공산당과 함께 하지 않을 수 없었다. 그렇지 않았던 여타의 그룹들은 자신들의 존재이유가 한계에 다다랐다는 것을 깨달았으며, 오래지 않아 해체하는 것 외에 다른 대안이 없다는 것을 알게 되었다.[3]

6.

1973~74년 운동에서 일어난 변화의 두 번째 요인은, 공장투쟁의 중심적 형상인 대공장 조립라인 노동자들이 1972~73년의 노동조합-고용자 협약과 더불어, 공격적이고 조직하는 주도자로서의 중심적 역할을 상실하기 시작했다는 사실이다. 대규모 산업의 재구조화가 시작된 것이다.

일시해고 활용의 증가, 그리고 기술 및 노동조직화에 있어서의 부분적이지만 근본적인 최초의 변화들은 대중파업을 포함한 이전의 투쟁형태들의 공격을 무디게 만들었다. 작업장의 동질성, 그리고 생산과정 전반에 영향력을 행사하는 그것의 능력은 새로운 기계류와 노동일의 재조직화에 의해 약화되었다. 공장평의회들의 대표 기능과 좌파와

---

3. 현재 계류 중인 재판의 주요 기소 대상인, 1969~73년의 〈노동자의 힘〉(Potere Operaio)의 경우가 그러하다.

우파로의 내적인 분열은 거의 즉각적으로 쇠퇴하였다. 조립라인 노동자의 힘은 전통적인 의미의 '산업예비군'이나 실업자들과의 경쟁에 의해 약해진 것이 아니었다. 중요한 것은 산업의 복구가 대량생산영역 외부의 부문들에 대한 투자로 나아가는 경향을 갖고 있었다는 사실이다. 이것은 상대적으로 주변적이었고 조직적 경험을 별로 갖고 있지 못했던 노동력 부문들 — 여성, 청년, 높은 교육을 받은 노동자 등 — 을 사회적 생산에 있어서 중심적 위치에 가져다 놓았다. 그리하여 대결의 지형은 공장으로부터 노동시장, 공공지출, 프롤레타리아트 및 청년들의 재생산의 메커니즘 전체, 노동에 대한 보상과 무관한 소득분배로 이동하기 시작하였다.

7.

세 번째로 운동의 주체성, 문화 그리고 미래를 향한 전망에 변화가 일어났다. '권력장악'이라는 생각, '프롤레타리아 독재'라는 권위 있는 목표, '현실사회주의'가 남긴 짐들 그리고 일체의 국가경영기획을 포함하는 노동자 운동의 전통 전체가 완전히 거부되었던 것이다.

1968년 이후 운동들 내부에 존재해 왔던, 새로운 열망들과 코뮤니즘적 정치혁명모델 사이의 연결고리는 이제 완전히 붕괴되었다. 권력은 맞서 싸워야 할, 사회 속의 낯선 적대적인 힘으로 이해되었다. 권력을 '정복'하거나 '장악'하는 것은 아무런 소용이 없었으며, 오히려 문제는 그것의 축소, 그것과의 거리 유지였다. 이 새로운 전망의 핵심은 운동 자체를 소통의 풍부함, 자유로운 생산적 역량, 자신만의 삶 형태를 지닌 '대안적 사회'로 긍정하는 것이었다. 새로운 사회적 주체들이 벌이는 투쟁의 지배적 형태는 그들 자신만의 '공간'을 차지하고 관리하는 것이 되었다. 임금노동은 더 이상 사회화의 주요한 지형이나 대중적 준거점으로 이해되지 않았다. 그것은 이제 삽화적이고, 우연적이며, 중요치 않은 것으로 간주되었다.

공동체주의(communalism)적이고 분리주의(separatism)적인 실천들, 정치와 권력에 대한 비판, 필요와 욕구에 대한 일체의 '일반적'이고 제도적인 대의에 대한 깊은 불신, 차이에 대한 사랑 등에 의해 특징 지어지는 페미니즘 운동은 운동의 이러한 새로운 국면을 상징했다. 그것은 1970년대 중반 프롤레타리아 청년들의 다양한 여정에 명시적으로건 암시적으로건 영감을 제공했다. 1974년에 있었던 이혼에 대한 국민투표는 '사회적인 것의 자율성'을 향한 이러한 경향이 최초로 드러난 사건이었다.

좌파를 하나의 가계(家系) ― 심지어 위기에 처한 가족으로라도 ― 라는 관점에서 고찰하는 것은 더 이상 가능하지 않았다. 새로운 대중적 주체성은 공식적인 노동자 운동에게는 전적으로 낯선 것이었다. 그들의 언어와 목적은 더 이상 어떠한 공통지반도 갖고 있지 않았다. '극단주의'(extremism)라는 범주는 더 이상 아무것도 설명해 주지 못했고, 오히려 상황을 혼란스럽게 만들 뿐이었다. 우리는 유사한 어떤 것과의 관련 속에서만 '극단주의자'가 될 수 있다. 그러나 바로 이 유사점들이 빠르게 사라져 가고 있었다. (이번 재판에서 검찰이 하는 것처럼) 이 지점에서 어떤 연속성을 찾는 사람들은 맑스레닌주의적 '전투조직들'의 분리적이고 종파적인 실존이 가지는 연속성의 '가족앨범'만을 발견하게 될 것이다.

8.

　이 세 가지 요인들이 1973년에서 1975년까지의 상황을 특징지었으며, 특히 마지막 요인은 〈노동자의 자율〉이라 불리는 조직의 탄생에 기여했다. 자율적 운동은 '역사적 타협'이라는 공산당의 기획에 대항하여, 혁명적 그룹들의 실패와 위기에 대한 대응으로, 그리고 진행중인 생산의 재구조화에 갈등적으로 상호작용하기 위해 공장중심적 전망을 넘어서는 일보전진으로서 형성되었다. 그러나 무엇보다도 그것은 운동의 새로운 주체성, 그 다양한 차이들의 풍부함, 형식적 정치 및 대의 메커니즘과의 발본적인 단절을 표현했다. 그것은 '정치적 출구'나 '해결책'을 추구하기보다는, 사회적 지형에서 힘의 구체적이고 절합된 행사를 지향하였다.

　이러한 의미에서, 지역주의와 다원주의는 자율적 운동의 경험을 규정하는 특징이다. 국가의 대안적 경영이라는 전망 일체를 거부하게 될 때, 거기에 운동의 중앙집중화는 존재할 수 없다. '자율적 운동'의 일부였던 모든 지역적 집단들은 그 지역의 계급구성의 구체적 특수성을 좇았다. 그리고 그 특수성은 한계가 아닌 그것의 존재이유로 경험되었다. 그러므로 로마, 밀라노 그리고 베네또(veneto)와 남부 지역에서 벌어진 운동들의 단일한 역사를 재구축하려 하는 것은 문자 그대로 불가능한 일이다.

9.

　1974년에서 1976년까지, 대중의 비합법적이고 폭력적인 실천은 더욱 강렬해졌으며 일반적인 것이 되었다. 그러나 실천적인 측면에서 운동의 이전 국면에서는 알려진 적이 없었던 이러한 적대 형태는 국가에 맞선 일관된 계획을 갖고 있지 않았다. 그것은 '혁명적 단절'을 위한 준비가 되어 있지 않았다. 이것이 그것의 본질적 특성이다. 대도시에서 폭력은 즉각적인 필요에 대한 대응으로, 자율적으로 통제될 수 있는 '공간들'을 창출하기 위한 노력의 일부로, 그리고 공공지출 삭감에 대한 반응으로 발생하였다.

1974년에 또리노의 노동조합들이 조직한 운송요금의 자율인하는 이전에, 특히 집세지불거부운동(rent strike)에서 실천되었던 대중적 비합법성을 부활시켰다. 이 때 이후로 공공서비스 전체에서 이러한 '보장소득'의 형태가 폭넓게 실천되었다. 노동조합은 이러한 자율인하를 하나의 상징적 제스처로 기획했지만, 운동은 그것을 일반화되고 물질적인 투쟁형태로 변형시켰다.

그러나 자율인하보다 한층 더 중요한 것은 1974년 10월에 로마, 싼 바실리오(San Basilio)에서 벌어졌던 주택점거였다. 그것은 하나의 전환점, 즉 경찰의 폭력적인 공격에 대한 방어적 대응으로 프롤레타리아트에 의해 이루어진 자발적인 '군사화'였다. 운동의 결정적인 다음 발걸음은 파시스트들과 경찰에 의해 두 명의 활동가 — 바렐리(Varelli)와 찌베키(Zibecchi) — 가 살해된 이후 1975년 봄에 밀라노에서 벌어졌던 대규모 시위였다. 폭력적인 가두대치는 정부의 내핍조치들 — 소위 '희생의 정치'에 있어서의 첫 번째 단계 — 에 맞선 전체 투쟁의 출발점이었다. 1975년에서 1976년 사이에는 복지국가의 쇠퇴에 대한, 어떤 측면에서는 '고전적인' 대응 — (위기 메커니즘의 전복을 목표로 하는) 자율인하

로부터 전유로의 이행, 요금인상에 대한 방어적 투쟁으로부터 욕구의
집단적인 충족을 위한 공격적 투쟁으로의 이행 ― 이 나타났다.

'전유' ― 그 가장 두드러진 사례는 뉴욕이 정전되었던 밤 동안에 벌
어진 '약탈'이다 ― 는 대도시 생활의 모든 측면들에 있어서 집단적 실
천의 일부가 되었다. 무상쇼핑 혹은 '정치적' 쇼핑, 자유로운 연합적
활동을 위한 건물점거, 영화와 콘서트 관람에 대해 지불을 거부하는
젊은이들의 습관, 초과노동의 거부와 공장 내 휴식 시간의 연장 등등.
무엇보다도 그것은 자유시간의 전유, 공장명령의 속박으로부터의 해
방, 새로운 공통체(community)의 모색을 의미했다.

10.

1970년대 중반 무렵, 계급적 폭력에 있어서 두 가지 두드러진 경향
이 뚜렷해지기 시작했다. 이것들은 대략적으로 소위 '운동의 군사화'의
탄생에 있어서의 두 가지 상이한 경로로 정의될 수 있을 것이다. 첫
번째 경로는 대기업과 중소기업들에서 진행되고 있었던 생산의 재구
조화에 맞선 폭력적 저항운동이었다. 이러한 운동의 주도자들은 무엇
보다도 1968~73년의 시기에 정치적으로 형성된 노동자 투사들이었다.
이들은 자신들의 협상력이 의존하고 있던 물질적 토대를 어떠한 대가
를 치르고서라도 지켜내려고 하였다. 재구조화는 정치적 재앙으로 인
식되었다. 무엇보다도 공장평의회 경험에 강하게 묶여 있었던 저 공장
투사들은 재구조화를 패배와 동일시하는 경향이 있었다. 이것은 노동
조건의 관리에 대한 노동조합의 거듭된 양보에 의해 확인되었다. 공장

을 과거의 모습대로 보존하여 유리한 세력관계를 유지하는 것, 이것이 그들의 목표였다. 이러한 문제들을 둘러싸고, 또 이러한 정치적·노동 조합적 토대를 기초로 해서 〈붉은 여단〉은 1974~75년부터 지지를 얻 고 또 뿌리를 내릴 수 있었던 것이다.

11.

여러 가지 면에서 첫 번째 것과 정면으로 대립되는 비합법성의 두 번 째 경로는 재구조화, 생산의 탈집중화, 노동력에 있어서의 이동성의 결 과였던 그 모든 '사회적 주체들'로 구성되었다. 여기서 폭력은 보장의 부 재, 시간제 노동과 불안정한 고용형태들이 만연한 상황, 자본주의적 명 령의 사회적 조직화의 직접적인 충격의 산물이었다.

재구조화 과정으로부터 출현하고 있었던 이 새로운 프롤레타리아트 는 지방정부의 통제 및 소득구조와 폭력적으로 대결하였으며, 노동일의 자기결정을 위해 싸웠다. 우리가 자율적 운동과 얼마간 동일시할 수 있 는 이 두 번째 비합법성 유형은 결코 유기적인 기획이 아니었다. 오히려 그것은 투쟁형태와 특정한 목표의 달성 사이의 완전한 일치에 의해 규 정되었다. 따라서 무력 사용을 전문으로 하는 분리된 군사적 구조는 전 혀 존재하지 않았다.

폭력에 대한 파졸리니(Pier Paolo Pasolini)의 견해—그는 폭력을 특 정한 룸펜적 사회계층에 '자연적인' 것으로 본다—를 받아들이지 않고 서야, 당시 운동에 만연되어 있었던 폭력이 자기동일시[자기정체성 확 립, self-identification]의 필수적인 과정이었다는 사실을 부정할 수는 없을 것이다. 그것은 공장 중심성의 쇠퇴로부터 탄생하여 경제위기의 강력한 압력에 노출된 새롭고 강력한 생산적 주체의 적극적인 긍정이었다.

12.

1977년에 폭발한 운동은 그 본질에 있어서 이러한 새로운 계급구성을 표현했으며, 결코 '주변화'의 현상이 아니었다. 당시 (공산당의 문화담당 대변인인 아쏘르 로싸에 의해) 주변적인 '제 2의 사회'(second society)로 묘사되었던 새로운 계급구성은 그 생산적 역량, 기술적·과학적 지성, 사회적 협력의 발전된 형태라는 관점에서 보았을 때는 이미 '제 1의 사회'가 되어 가고 있었다. 새로운 사회적 주체들은 자신들의 투쟁 속에서 (예컨대, 컴퓨터화된 공장과 선진적인 제 3부문의 새로운 현실에서 나타나는) 새로운 생산과정과 소통형태들 사이의 점증하는 동일성을 반영하거나 예시(豫示)하였다. 1977년의 운동은 그 자체가 풍부하고 독립적이며 적대적인 생산력이었다. 임금노동에 대한 비판은 이제 긍정적인 방향을 취했다. 즉 그것은 '자기조직화된 기업가정신'이라는 형태로 그리고 복지체계 메커니즘의 '아래로부터의' 관리의 부분적인 성공 속에서 창조적으로 스스로를 드러내었다.

1977년에 무대의 중앙에 등장한 이 '제 2의 사회'는 국가권력과의 관계에 있어서 비대칭적이었다. 더 이상 정면대립은 없었다. 오히려 일종의 탈출, 구체적으로 말하자면 운동이 강화되고 성장할 수 있는 소득과 자유의 공간에 대한 추구가 있었다. 이러한 비대칭적 관계는 매우 의미심장한 것이며, 커다란 성취이다. 그것은 자신의 기저에 놓여 있는 사회적 과정들의 진정한 토대 — 거대한 새로운 사회적 적대세력의 출현 —
를 보여주었다. 그러나 그것은 시간 — 시간과 매개, 시간과 협상 — 을
필요로 했다.

13.

그러나 '역사적 타협'의 세력들 — 공산당과 기독민주당 — 은 그 운
동에 완전히 부정적인 방식으로 반응하였다. 그들은 어느 곳, 어느 때
에서도 운동을 부정하였으며, 투쟁과 국가 사이에 대칭적 대립관계를
재부과하였다. 운동은 위협적인 가속화 과정에 종속되었고, 그 잠재적
절합들을 저지당했으며, 일체의 매개 메커니즘을 빼앗겼다.

이것은 다른 유럽 국가들에서 나타난 과정과는 매우 다른 것이었
다. 가장 두드러진 경우가 독일이었는데, 거기에서는 억압적 조치와
대중운동들과의 협상이 병행되었고, 따라서 운동의 재생산을 직접적
으로 공격하지는 않았다. 이탈리아의 '역사적 타협' 정부는 억압의 그
물을 극히 넓게 던졌고, 사회적 갈등에 대한 새로운 코포라티즘적·노
동조합적 조절의 외부에 있거나 그것에 반대하는 일체의 세력들의 정
당성을 부정하였다. 이탈리아에서 억압은 그토록 일반적인 범위에 걸
쳐 진행되었고, 자발적인 사회세력들을 직접적으로 겨냥한 것이었다.
정치·군사적 조치들에 대한 정부의 체계적인 의지(依支)는, 어떤 의
미에서는, 종종 순전히 생존 그 자체를 위한 투쟁의 형태로 나타나는
일반적인 정치투쟁을 필연적인 것으로 만들었다. 운동의 해방적 실천
들, 그리고 삶의 질을 향상시키고 사회적 욕구들을 직접적으로 충족시

키려는 그것의 노력들은 주변화되었고 게토에 갇히게 되었다.

14.

　자율적 조직들은 자신들이 사회적 게토에의 유폐와 국가와의 직접적 대결 사이의 딜레마에 빠져있음을 발견했다. 자율의 '정신분열증'과 그것의 궁극적 패배는 — 운동의 사회적 네트워크에 계속해서 기초하는 동시에 국가와 대결하면서 — 이 간극을 메우려는 시도에까지 소급되어질 수 있다.

　이러한 시도는 곧 완전히 불가능한 것으로 드러났으며, 두 가지 층위 모두에서 실패하였다. 한편에서, 1977년의 운동에 부과된 정치적 가속화는 자율적 조직들이 사회적 주체들 — 이들은 좀 더 적게 일하고, 좀 더 나은 삶을 살며, 자유롭고 창조적인 생산을 위한 그들 고유의 공간을 유지하기 위해 '전통적 정치'를 거부하고 (때로는 개별적이고, 때로는 집단적인) 자신들만의 다양한 해결책을 따라 살았다 — 과의 접촉을 상실하는 데까지 이르게 되었다. 다른 한편에서 바로 이와 동일한 가속화가 자율적 조직들을 군사화 문제를 둘러싼 일련의 분열 속으로 밀어 넣었다. 군사주의적 그룹들과의 접촉이 기각되자, 곧 운동 내에서 무장조직의 형성을 지향하는 분리적 경향이 발전하였다. 딜레마는 해결되지 않았다. 단지 더욱 심화되었을 뿐이다. 모든 형태의 자율, 그것의 조직, 권력에 대한 그것의 담론, 정치에 대한 그것의 개념화는 '게토'와 군사화 문제로 인해 위기에 처하게 되었다.

　우리는 당시 자율적 조직들이 운동의 지속적이고 선형적인 확장과

급진화에 의존하고 있었던 자신의 정치·문화적 모델의 그 모든 취약
성을 과소평가했다는 사실을 덧붙여야 한다. 그 모델은 낡은 것과 새
로운 것 — '낡은' 반(反)제도적 극단주의와 새로운 해방적 욕구 — 을
한데 엮어 짜려 했다. 자율적 조직들은 종종 새로운 주체들과 그들의
투쟁의 변별적 특질인 분리성(separateness)과 타자성(alterity)을 일체
의 정치적 매개 — 심지어 이러한 타자성을 뒷받침해 줄 수 있는 매개
까지 포함하여 — 에 대한 거부로 독해하였다. 즉각적인 적대는 제도
에 대한 어떠한 토론, 어떠한 부정 그리고 어떠한 '활용'도 배제하는
것으로 이해되었다.

15.

　1977년 말에서부터 1978년 말까지 특히 군사적 층위에서 움직이는
조직들은 성장과 증식을 거듭한 반면 자율적 조직들의 위기는 한층
더 심각해졌다. 많은 이들이 "정치투쟁 = 무장투쟁"이라는 등식 속에
서, 역사적 타협의 정치가 운동에 던져 놓은 덫에 대한 유일하게 적절
한 대응을 발견하였다. 첫 번째 국면에서 — 여러 번 반복된 전형적인
시나리오대로 — 수많은 투사들이 무장투쟁으로의 이른바 '도약'을 감
행했으며, 이러한 선택을 투쟁들의 '연결'로, 일종의 '지원구조'(servicing
structure)로 생각하였다. 그러나 무장행동을 목적으로 하는 조직형태 자
체가 운동의 실천들과 구조적으로 양립불가능한 것으로 드러났다. 그것
은 자신만의 고립된 길을 갈 수밖에 없었다. 그리하여 1977~78년의 시기
동안에 난립했던 수많은 무장그룹들은 결국 (그들이 애초에는 거부했

던) 〈붉은 여단〉의 모델을 닮거나 심지어는 그들과 결합하게 되었다. 운동의 동역학으로부터 완전히 분리된 채로 '국가와의 전쟁'을 수행했던 〈붉은 여단〉은 대중투쟁들의 패배에 빌붙어 기생적으로 성장하는 것으로 귀결되었다.

특히 1977년 말부터 로마에서 〈붉은 여단〉은 깊은 위기에 빠져 있었던 운동으로부터 대규모의 신병(新兵)을 모집하였다. 정확히 그 해에 자율운동은 광범한 가두투쟁으로 국가 군사주의에 대항하면서 자신의 모든 한계에 맞섰지만, 그것은 운동이 표현했던 잠재력을 분산시킬 뿐이었다. 이러한 억압적인 속박, 그리고 로마와 일부 다른 지역에서의 자율주의자들의 현실적 오류들이 〈붉은 여단〉의 확장에 길을 열어 주었다. 〈붉은 여단〉은 1977년 대중투쟁의 외부에 있었고 그것에 매우 비판적이었지만, 역설적이게도 이제 그들이 그 투쟁들의 결실을 가져가고, 그것으로 자신들의 조직을 강화하였다.

16.

1977년 운동의 패배는 1978년 3월에서 5월 사이에 벌어졌던, 기독민주당의 주요 정치인인 알도 모로(Aldo Moro)에 대한 납치 및 살해와 더불어 시작되었다. 〈붉은 여단〉은 사회 전반에서 일고 있었던 저항의 물결의 발전으로부터 완전히 분리된 채로 그리고 그것의 외부에서 그들 자신만의 '정치적 출구' — 이것은 1970년대 중반에 공식적 좌파가 자신들의 정책을 발전시켰던 방식에 대한 일종의 비극적 모방이다 — 를 추구하였다. (전적으로 '정치'라는 분리된 영역의 논리 내부에서 이루어지는 '무장분파'의 실천과 더불어) 자신만의 인민법정, 감옥, 죄수, 재판을 가진 〈붉은 여단〉의 '문화'는 제도적 틀에 적대적인 만큼 사회적 적대의 새로운 주체들에 대해서도 적대적이었다.

모로 납치작전과 더불어 운동의 통일성은 결정적으로 파괴되었다. 비상사태, 테러와 국가의 위협, 공간의 폐쇄가 시작되었다. 그 과정에서 자율운동은 〈붉은 여단〉을 정면으로 공격했지만, 운동의 많은 부문들은 투쟁에서 물러났다. 국가와 공산당이 실시한 비상조치들은 '반테러리즘'에 관한 한 그리 성공적이지 못했다. 반대로 국가는 '전복적 인물'로 널리 알려진 사람들 가운데서 제물을 고르곤 했다. 그리고 그 인물들은 무차별적인 마녀사냥에서 속죄양으로 사용되었다. 자율운동은 곧 자신이 북부의 공장들에서 시작된 폭력적 공격에 직면해 있음을 알게 되었다. 공장 내 '자율적 집단들'은 노동조합과 공산당의 감시견들에 의해 잠재적 테러리스트로 고발되어 제거되었다. 모로가 납치되었을 때, 자율주의자들은 알파 로메오(Alfa Romeo)에서 토요근무에 반대하는 투쟁을 벌이고 있었지만 공식적 좌파는 그들을 악마로 낙인찍으면서 군사적인 '반테러리즘' 전술로 대응하였다. 이렇게 해서 새로운 세대의 자율적 투사들을 공장으로부터 추방하는 과정이 시작되었다. 이 과정은 1979년 가을 또리노의 피아뜨 자동차 공장에서의 대량해고에서 절정에 도달하였다.

17.

모로 암살 이후, 군사화 된 시민사회의 황량함 속에서 국가와 〈붉은 여단)은 마치 같은 거울에 비친 반대 상(像)처럼 서로에 맞서 싸웠다. 〈붉은 여단〉은 정해진 길을 따라 빠르게 나아갔다. 무장투쟁은 말 그대로 테러리즘이 되었으며, 그리하여 절멸의 전투를 시작했다. 국가 측의 증인으로 돌아섰던 이들(띠띠)의 폭로가 보여주듯이, 1977년에서 1978년까지 경찰, 판사, 행정장관(magistrate), 공장관리자, 노동조합주의자 등이 단지 그들의 '기능'을 이유로 살해되었다. 1979년에 몰아쳤던, 자율운동에 대한 체포와 구금의 억압적 물결은 이러한 테러리즘의 확대 논리에 맞서 싸우는 위치에 있었던 유일한 정치적 네트워크를 제거하였다. 그리하여 1979년에서 1981년 사이에 〈붉은 여단〉은 처음으로, 상대적으로 강도가 약한 무장투쟁조직의 투사들뿐만 아니라 불만과 분노를 정치적으로 매개할 일체의 통로를 빼앗긴 거의 정치화되지 않은 청년들로부터 보다 광범위하게 조직원을 충원할 수 있었다.

18.

　사면의 대가로 국가 측 증인으로 돌아섰던 사람들, 즉　띠띠들은 단지 테러리즘이라는 동전의 이면일 뿐이다. 이러한 밀고자들은 테러리즘 자체의 조건반사(conditioned reflex)일 뿐이며, 테러리즘이 운동의 그물망으로부터 완전히 소외되어있음을 증명할 뿐이다. 새로운 사회적 주체와 무장투쟁의 양립불가능성은 밀고자들이 행한 구두진술 속에서 끔찍하고 파괴적인 방식으로 입증되었다. (1979년 12월에 법에 의해 수립된) 국가 측 밀고자들을 위한 사면체계는 무차별적인 피의 복수(vendettas)에 기초한 사법적인 '절멸의 논리'이다. 운동에 대한 집단적 기억의 공적 파괴는 증언자들의 개별적 기억에 대한 조작을 통해 수행되고 있다. 그들은 진실을 말할 때조차도 자신이 설명하고 있는 것의 실제적 동기와 맥락을 없애버린다. 검찰이 미리 구성해 놓은 정리(定理)들에 따라 해석된 가설적 연결고리들, 원인 없는 결과들을 확증하면서 말이다.

19.

1970년대 말에 있었던 정치적 운동조직들의 첨예하고 결정적인 패배는 결코 1977년의 폭발로부터 출현한 새로운 정치적 주체들의 패배와 동일시될 수 없는 것이었다. 이 새로운 사회적 주체들은 작업장, 사회적 지식의 조직화, '대안적 경제', 지역활동, 행정기구들 전반에 걸쳐 '대장정'을 수행하였다. 그들은 몸을 바짝 낮추어 스스로의 근거를 유지하면서, 일체의 직접적인 정치적 대결을 피하면서 그리고 지하게토와 제도적 협상들, 분리와 연합 사이의 지형을 살피면서 전진한다. 압력하에 있고 또 종종 수동성을 강요받지만, 이러한 지하운동은 오늘날 이탈리아 위기의 해결되지 않은 문제를 (과거보다 훨씬 더 많이) 창출해 낸다. 노동일을 둘러싼 투쟁과 논쟁의 갱신, 공공지출에 대한 압력, 환경보호 및 과학기술의 선택이라는 문제, 당 체제의 위기 그리고 정부에 대한 새로운 헌법적 원칙을 발견하는 문제―이 모든 문제들 이면에 소득, 자유, 평화에 대한 다양한 요구들과 더불어 여전히 손상되지 않은 채로 현존하고 있는 대중적 주체의 밀도와 살아 있는 현실이 놓여 있다.

20.

역사적 타협과 테러리즘 국면 모두가 종말에 다다른 지금, 1977년에 제기되었던 것과 동일한 문제, 즉 운동이 스스로를 표현하고 성장할 수 있도록 해줄 수 있는 매개의 공간들을 어떻게 열어젖힐 것인가라는 문제가 다시 제기되고 있다. 투쟁과 정치적 매개, 투쟁과 제도들과의 협상 — 독일에서와 마찬가지로 이탈리아에서도 이러한 전망은 사회적 갈등의 후진성 때문이 아니라, 반대로 그 내용의 극단적인 성숙성 때문에 가능하며 또 필연적이다.

우리는 이제 1977년 운동의 맥락을 다시 한번 이어받아서 그것을 발전시키기 위해 분명한 태도를 취해야 한다. 이는 국가의 군사주의뿐만 아니라 '무장투쟁'을 재개하려는 어떠한 경향에도 반대한다는 것을 의미한다. 무장투쟁노선의 '좋은' 판본은 존재하지 않으며, 〈붉은 여단〉의 엘리트주의적 실천에는 어떠한 대안도 존재하지 않는다. 무장투쟁은 그 자체로 새로운 운동과 양립불가능하며 그것과 대립적이다. 임금노동의 틀 외부에서 그것과 대립하는 (개별적인 동시에 집합적인) 새로운 생산적 힘이 출현하였다. 국가는 행정적·경제적 정책결정에서 뿐만 아니라 모든 사안에 있어서 이 힘을 고려해야만 할 것이다. 이 새로운 사회적 힘은 분리적이고 적대적인 동시에 스스로의 매개들을 모색하고 발견할 수 있을 정도로 강력한 것이다.

네그리와의 인터뷰[1]

질문: 당신은 1979년 4월 7일부터 지금까지 계속 투옥 중입니다. 그리고 그 날부터 객관적인 증거들은 모로 암살에의 연루와 같은, 당신에 대한 소위 '흑이냐 백이냐하는[2] 혐의가 근거 없는 것임을 보여주고 있습니다. 남아 있는 혐의들은 지문이나 알리바이로는 대답될 수 없는 것들입니다. 이러한 기소 내용들은 개입을 목적으로 사법체계가 졸렬하게 각색된 영역 — 사상의 영역, 이론적·역사적 연속성의 영역, 다양한 정치적 집단들의 공존 가능성이라는 영역 — 에 속하는 것입니다. 이러한 혐의들에 대해서, 그리고 감옥에 갇혀 있는 당신과 당신의 동지들이 처한 법적 상황에 대해서 말해 주시겠습니까?

대답: 우리의 재판은 2년 후쯤에나 열리게 될 것입니다. 이탈리아

---

1. [영역자] 이 인터뷰는 1980년 11월에 뜨라니 특별감옥(Trani Special Prison)에서 이루어졌다.
2. [옮긴이] 사실 여부가 분명히 가려질 수 있는.

법은 5년 4개월에 이르는, 그리고 최종심 전까지는 10년 8개월에 이르는 '예방적 구금'을 허용하고 있기 때문입니다. 나와 동지들이 재판정에서 맞닥뜨리게 될 기본적인 혐의는 아마도 '국가권력에 대항한 무장봉기'일 것입니다. 그리고 이러한 혐의는 종신형에 해당합니다.

파시즘의 붕괴 이후 이탈리아에서 이러한 혐의가 제기된 것은 이번이 처음입니다. 파시즘 체제 하에서 그러한 혐의에 대한 판결은 총살형이었습니다. 그래서 우리는 파시즘이 전복된 것에 대해 행복해하고 있습니다. 그러나 우리는 파시즘의 몰락에서 그 외에 어떠한 즐거움도 찾을 수 없습니다. 다른 모든 측면에서 법은 달라지지 않았습니다. 사실, 억압적 법률들은 수적으로 엄청나게 증대되었으며 훨씬 더 무거운 형벌들을 부과하고 있습니다. 사법절차들은 전시(戰時)에 적용되었던 특성들을 그대로 지니고 있습니다. 요컨대 당신은 법적인 도움을 받지 못하는 상태에서 체포되어 심문받을 수 있으며, 오랫동안 억류될 수 있습니다. 그러나 내가 앞서 말했듯이, 터무니없는 수준에 도달한 것은 바로 예방적 구금의 기간입니다.

어쨌든, 우리에게 제기되고 있는 혐의들로 돌아가 봅시다. 우리는 무장봉기를 선동하였다는 이유로 기소되었습니다. 국가가 우리를 기소한 것은 1960년대 내내 우리가 수행했던 프롤레타리아적이고 노동계급적인 선동활동들 속에서 실질적인 위험을 감지했기 때문입니다. 1970년대에 프롤레타리아와 노동계급 자율성의 발전을 위해 활동했던 나와 동지들은, 만약 우리가 실제로 자본을 재생산해내는 제도들을 그러한 극도의 위험에 빠뜨렸다면 매우 행복했을 것입니다. 불행히도 우리의 행동은, 그것의 부정할 수 없는 중요성에도 불구하고 결코 그렇게 위협적인 것은 아니었습니다. 심지어 부르주아들조차도 실질적인 봉기의 위험이 있다고 느꼈던 것 같지는 않습니다. 그러나 그럼에도 불구하고 1979년 4월 7일에 이러한 혐의가 우리에게 제기되었던 것입니다.

우리를 이러한 혐의로 기소한 것은 누구입니까? 그것은 몇 명의 법관들에 의해 이루어졌는데, 그들과 이탈리아 공산당 사이의 정치적 제휴는 이제 악명이 높습니다. 그들이 우리를 기소한 것은 아우또노미아(autonomia)의 행동들이, 우리의 대중적 행동을 통해, PCI가 기독민주당과 연합하여 정부에 입성할 수 있는 기회를 효과적으로 저지했기 때문입니다.

따라서 봉기라는 매우 심각한 혐의가 제기되었던 것은 우리가 계급적/대중적 지형 위에서, PCI가 '역사적 타협'이라는 전략을 통해 저지른 계급투쟁에 대한 배반에 맞서 투쟁했기 때문입니다.

질문: 많은 이들이 언급한 바대로, '아우또노미아의 재판'은 아우또노미아 운동을 범죄시하려는 시도에 있어서의 한 단계로 보입니다. 어느 글에서 읽은 걸로 기억하는데, 당신은 일간지가 당신을 '괴물'로 묘사한 것에 충격을 받았다고 하더군요. 아우또노미아를 범죄조직으로, 그것의 이론가들을 괴물로 만드는 데 활용된 과정들은 무엇이었습니까? 그리고 당신은 이러한 범죄화 기획이 피고인들에 대한 '확실한 증거' 확보의 실패와 더불어 실패하고 있다고 보십니까?

대답: 이번 기소는 실패할 수가 없습니다. 그것은 피고 개개인들에 대한 객관적 증거에 기초하고 있지 않기 때문입니다. 아우또노미아는 결코 하나의 조직이었던 적이 없습니다. 그것은 종종 물결처럼 출렁이

는, 조직[화]들의 앙상블이었습니다. 조직적 층위에서, 그것은 존재하지 않았던 것이지요. 아우또노미아는 하나의 운동이었습니다. 법관들은 이러한 사실을 잘 알고 있음에도 불구하고 아우또노미아가 하나의 운동 이상의 그 무엇이라고, 그리고 운동 내부에 존재했던 일부의 신문들, 자유 라디오들, 조직적 분파들을 책임지고 있는 사람들이 일부가 아닌 모든 것에 대해 정치적인 책임이 있다고 주장했습니다.

법관들 스스로가, 오직 자발적인 행동만이 있었던 곳에 중앙위원회를 세우고, 오직 개별적인 책임 하에서 이루어지는 결정만이 있었던 곳에 객관적인 책임의 기준을 구축했습니다. 노동자들의 시위, 운송수단의 봉쇄, 가격의 '자율인하', 주택점거 등등의 거대한 사회적 현상들이, 이 모든 행동들을 명령하고 그것을 책임지고 있다고 가정된 전략적 중심에 인위적으로 연결되었습니다. 이것은 순전히 공상입니다.

명령, 소규모 비밀위원회들로부터의 연락, 특수공작원 등을 통해 이러한 인상적인 사회적 현상을 지시할 수 있을 것으로 가정된 (나와 같은) 인물들이 광적인 저널리즘적 신비화 작전을 통해 만들어졌습니다. 지난 10년간에 걸쳐 이탈리아 사회를 습격했던 거대한 운동은 이러한 방식으로 몇몇 개인들의 경험의 한심한 총합으로, 몇몇 인물들의 생각과 저술들로 환원되었습니다. 개인의 경험이 아무리 흥미롭고, 또 개인의 생각이나 저술이 아무리 중요하다 하더라도 운동 전체가 그것으로 환원될 수는 없는 것입니다.

이 가설적 기소에서, 사회적·대중적 계급자율성과 그것 내부에서 활동했던 조직들은 조직적 중심에 묶여 있습니다. 그것의 우두머리는 안또니오 네그리라는 '괴물'이고요. 그런데 왜 '괴물'일까요? 왜냐하면

이 신사는 파리에서 강의를 하면서도 한편으로는 명령을 보내서 이탈리아 전역의 수십만의 젊은이들을 공장에서, 학교에서 그리고 거리에서 움직이도록 했기 때문입니다. 다른 한편으로는 당시 이탈리아에서 계속되고 있었던 모든 군사적인 지하투쟁들을 조직하느라 바쁘기도 했고요. 다시 말해서 그는 〈붉은 여단〉, 〈최전선〉(Prima Linea), 그리고 다른 모든 지하그룹들의 우두머리였던 것이지요.

내가 정말 이 모든 것을 했다면, 의심의 여지없이 나는 탁월한 관리자였을 것입니다. 그러나 나는 그런 사람이 아니었습니다. 사실, 나와 나의 동료들이 테러리즘적 행동에 대해 취한 태도는 언제나 너무도 명백한 것이었습니다. 우리가 우리 자신과 테러리즘을 구분하는 내용이 담긴 글들은 수도 없이 많습니다. 법관들은 계속해서 이것이 거짓이라고, 은폐하기 위한 시도라고 주장합니다. 이 지점에서 '괴물'의 형상이 완성됩니다. 내가 쓰고 말했던 모든 것들이 테러리스트라는 나의 진짜 입장을 은폐하기 위한 것으로 간주되어야만 했던 것이지요. 권력자들이 우리에 대해 갖고 있는 유일하게 실제적인 관심은 우리같이 보잘 것 없는 인물들을 통해 사회적인 저항운동 전체를 범죄화하는 것입니다.

이러한 조작은 전적으로 정치적인 것이며, 법과는 거의 아무런 관계가 없습니다. 재판들은 정치적인 재판의 모습으로 나타날 것입니다. 권력자들이 우리를 체포하고 우리의 뒤를 이어 수천의 동지들을 체포해서 달성하려 하는 중요한 것은, 운동의 범죄화 작전에다 국가에 대항한 테러리즘이라는 낙인을 덧붙일 수 있게 되는 것입니다.

질문: 개인적인 질문 하나 하겠습니다. 감옥에서의 경험은 어떻습니까?

대답: 감옥에서의 생활은 나쁘지 않습니다. 현재 약 3천 명의 동지들이 ('테러리스트'를 위한) 특별감옥에 갇혀 있습니다. 따라서 매우 풍부한 정치적 논의가 이루어지고 있습니다. 비록 감옥에 있지만 우리의 힘은 의심할 나위가 없습니다. 때문에 감옥에서 우리의 조건은 최악은 아닙니다. 우리들이 감옥으로 대거 유입되기 전에 일반 죄수들이 겪어야 했던 조건보다는 확실히 낫습니다. 사실, 교도관들과 교도소장들은 두려워하고 있습니다. 더욱이 현재 투옥되어 있는 동지들이 코뮤니스트 투사들의 전(全)세대를 통틀어 가장 훌륭한 투사들을 대표한다는 것은 모두가 알고 있는 사실입니다. 일부 교도관들은 코뮤니스트이고, 또 일부 교도소장들은 좌파 성향을 가지고 있습니다.

그러나 이러한 사정에도 불구하고 감옥에서의 생활이 그렇게 많이 개선된 것은 아닙니다. 하지만 감옥 내부에서의 코뮤니즘적 생활은 강력할 뿐만 아니라, 활기 찬 주도권에 있어서도 풍부합니다. 감옥, 아니 오히려 우리들이 떼를 지어 모여 있는 이런 종류의 집단수용소의 가장 안 좋은 부분은 무엇보다도 뉴스와 정보의 결핍, 그리고 투쟁에 참여할 수 없다는 점입니다. 피아뜨에서 투쟁이 있었던 지난 몇 달 간, 동지들은 매우 들떠서 텔레비전 뉴스 방송을 고대했습니다. 여기 감옥에 있는 네다섯 명의 피아뜨 노동자들뿐만 아니라, 우리 모두가 그랬죠. 그것은 우리의 모든 논의에서 중심적인 것이었습니다. 그것은 감옥 밖에 있는 노동계급과 프롤레타리아 동지들과 함께 하는 투쟁으로 되돌아가고자 하는 자유를 향한 욕구와 분노의 감정을 증가시키는 데에 근본적이었습니다.

질문: 제게는 모로 암살이 이탈리아 지배계급이 필요로 했던 방편을

제공해 준 것으로 보입니다. 그것은 이탈리아에서 테러리즘을 진압한다는 핑계로 지식인에 대한 가혹한 억압과 정치적 공간의 질식을 '정당화'시켜 주는 기능을 하였습니다. 이탈리아의 좌파가 빠른 시일 내에 회복될 수 있을 것이라고 생각하십니까?

대답: 모로 암살은 무장집단들이 택할 수 있는 가장 어리석고 의미 없는 행동이었습니다. 1977년에 프롤레타리아 운동은 이탈리아의 모든 대도시들에서 엄청나게 많은 사람들을 불러 모았습니다. 그것은 1974년에 시작되었던, 투쟁의 목적들이 갖는 동질성이 재정식화되는 과정을 절정에 이르게 하였습니다. 그러나 운동은 다름 아닌 그 광범한 성격 때문에 극도로 취약했습니다. 문제는 도시, 공장, 다양한 작업장들의 근저로부터 솟아나오는 조직적 형태를 어떻게 발전시킬 것인가 하는 것이었습니다.

우리는 모두 이러한 발전을 이루기 위해 노력하였습니다. 1977년 9월에 볼로냐에서 3만 명의 활동가들이 참가한 대중 집회가 열렸습니다. 주요하고 근본적인 문제는 뿌리들과 조직적 형태를 발견하는 것이라는 점을 모두가 이해하고 있었습니다. 운동의 확장을 강력하게 추진하는 것이 여전히 필요했습니다. 그리고 그것은 가능했습니다.

〈붉은 여단〉 — 맑스레닌주의 이데올로기를 고수하고 있는 집단 — 은 이러한 '조직'(tissue) 위에, 무장전위가 전체 운동의 리더십을 장악한다는 자신의 이론을 이식시켰습니다. 모로 납치 이후 한 달 동안 이어진 감금과 그 이후의 암살은 〈붉은 여단〉이 운동의 지도세력, 헤게모니, '볼셰비키적' 지도부임을 증명할 것으로 생각되었습니다.

그러나 결과는 〈붉은 여단〉이 예상했던 것과는 정반대였습니다. 운동은 자신의 약점과 강점 모두를, 스스로를 근거 짓고 조직적 형태를 발견하는 데에 쏟아 붓고 있었습니다. 〈붉은 여단〉의 정체—야만적 변수(variable)—는 드러나 있었습니다. 그러나 이러한 기초, 즉 모로 암살이 부르주아들에게 제공해 준 기초 위에서 이제껏 한번도 겪어보지 못한 가공할 만한 탄압작전이 시작되었습니다. 지난 2년 간 3천 명의 동지들이 투옥되었습니다.

노동조합 및 공산당과 연합한 부르주아지의 억압적 힘은 전(全)세대의 투사들을 깨끗이 쓸어버렸습니다. 운동의 정치적 공간은 극도로 제한되었습니다. 실제로 모든 운동적인 신문과 유인물이 금지되었습니다. 아우또노미아의 동지들이 대학과 공장에서 확보하고 있었던 공간도 폐쇄되었습니다. 테러리즘을 진압한다는 명분으로, PCI의 왼편에서 발전하고 있었던 전적으로 새로운 종류의 거대한 프롤레타리아 운동, 청년 노동자들과 대도시 프롤레타리아들의 운동, 노동에 저항하는 운동을 약화시키는 강력한 일격이 가해졌습니다.

회복이 빨리 이루어질지는 모르겠습니다. 오히려 그렇지 않을 가능성이 더 크겠지요. 그렇지만 확실한 것은 운동이 여전히 존재하며, 또 아직 패배하지 않았다는 점입니다. 오늘날 문제는 정치적 공간의 재점유 및 동지들의 석방과 아울러, 대중투쟁이 부활하는 것입니다.

질문: 칼로게로(Calogero, 검사)는 다음과 같은 등식을 갖고 있더군요. 〈노동자의 힘〉 = 아우또노미아 = 〈붉은 여단〉. 좌파는 다음과 같은 등식을 갖고 있고요. 칼로게로 = PCI = 역사적 타협 = 이탈리아 지배 블록에 의한 정치적·헤게모니적 통제의 공고화. PCI가 최근 몇 년간 수행했던 역할에 대해 말씀해 주시겠습니까?

대답: PCI가 계급적 좌파에 대해 개시한 탄압작전을 통해 자신의 헤게모니를 강화할 수 있을 것이라는 등식은 이미 위기에 처해 있습니다. PCI는 부르주아지로 하여금 그것이 겪어야만 했던 가장 심각한 위기로부터 벗어나도록 도와주었습니다. 그런데 이제 부르주아지는 배은망덕하게도 그들에게 퇴장을 요구하였습니다. 그러나 PCI의 억압은 부르주아지를 도와주는 정도에서 그치지 않았습니다. 그것의 스탈린주의적 정신은 정치적이고 기회주의적인 고려들을 넘어서는 것이었습니다. 자신의 왼쪽에 있는 적은 무슨 수를 써서라도 꺾어야 하는 상대입니다. 이러한 탄압작전이 가까운 미래에 부르주아지가 PCI 자신에 대해 사용할지도 모르는 작전들을 위한 시험장으로 쓰이고 있다는 것은 중요하지 않습니다. 좌파에 대한 수정주의자들의 증오는 맹목적입니다.

그러나 PCI의 자학(自虐)적 행동은 억압의 층위에 그치지만은 않습니다. 지난 10년간 이탈리아에서는 PCI에게서 부르주아지와의 매개의 요소를 발견할 수 있는, 계급투쟁에 있어서의 발전이 이루어졌습니다. 이러한 맥락에서 PCI는 계급의 보다 활동적인 층에 대한 자신의 헤게모니 — 1968~69년에 잃어버렸던 그 헤게모니 — 를 되찾으려고 하였습니다. 그리고 이러한 회복이 불가능하다는 것을 깨달았을 때, PCI는 탄압을 개시하였습니다. 그러나 공장과 도시에서 활동할 수 있는 좌익이 없다면, PCI의 매개적 행동은 부르주아지에게 아무런 쓸모가 없다는 것이 드러났습니다. 그리하여 PCI는 다시 반대파의 입장으로 내던져지게 된 것입니다.

이 지점에서 PCI는 저항의 마지막 떨림에 사로잡힌 채로 스스로를 투쟁에 있어서의 지도적 위치에 가져다 놓았습니다. 그러나 그것은 지속될 수 없었습니다. 지금까지 변형주의(transformism)3와 기회주의에 이용되어 왔던 노동조합들은 즉시 PCI를 저버린 반면, 노동계급 좌파는 적절하게도, 커다란 의심을 가지고 PCI가 행하는 계급투쟁에의 개입을 지켜보았습니다. PCI가 보호했던 모든 투쟁들이 패배에 이르게 된 원인은 바로 이것이었습니다.

오늘날 PCI 내부에서 자율성에 관한 일련의 정치적 테제들이 발전되기 시작하였습니다. 그러나 PCI의 스탈린주의적 종파주의가 극복될 수 있다고 착각하는 사람은 아무도 없습니다.

질문: 당신이 생각하기에 〈노동자의 힘〉이 노동계급의 사상과 투쟁에 주되게 공헌한 바는 무엇입니까? 바로 그 공헌 때문에 〈노동자의 힘〉 지도부가 '아우또노미아에 대한 재판'에서 특별히 공격 받아야할 대상으로 선택되었는데 말이죠.

대답: 대답하기 어려운 질문이군요. 〈노동자의 힘〉은 복합적인 현상입니다. 그것의 가장 중요한 조직적 특징은 의심할 나위 없이 주요 대학들의 학생운동 지도자들과 북부의 일부 대공장의 노동계급전위를 유기적으로 통합할 수 있었다는 사실이었습니다. 이러한 유기적 연결은 대중행동과 이론적 분석 모두를 해낼 수 있는 매우 독특한 정치적 인력을 제공해 주었습니다.

---

3. [옮긴이] 수동적 동의 혹은 수동혁명과 관련된 개념이다. 주도권을 가진 집단이 다른 집단에 의해 산출되는 능동적 요소, 심지어 적대적 집단으로부터 나오는 요소까지도 점진적으로 흡수하여, 그들의 반대를 무력화시키는 과정을 가리킨다. 궁극적으로는 기존의 지배질서를 유지시키는 것을 목적으로 한다.

〈노동자의 힘〉은 아마도 1968년으로부터 발생한 집단들 중에, 놀랍게도 해체 이후에도 정치적 입장들의 동질성을 유지할 수 있었던 유일한 집단일 겁니다. 이러한 사실로 인해 치안판사들은 〈노동자의 힘〉이 해체 이후에 운동 전체에 걸쳐 침투작전(entrist operation)을 수행했다고 잘못 믿게 되었습니다. 더욱이 〈노동자의 힘〉은 오랫동안―그룹의 구성 국면과 해산 국면 모두에서―노동거부를 둘러싼 논쟁의 전달자이자 대도시 프롤레타리아트의 새로운 주체-형상에 관한 논쟁의 선도자였습니다. 이론의 측면에서 말하자면 아우또노미아는 사실상, 해체 이후에도 개별적으로건 운동 내부의 소규모 그룹들 속에서건 계속해서 정치적으로 작업했던 〈노동자의 힘〉의 주요인물들이 발전시킨 개념들로부터 태어났습니다.

〈노동자의 힘〉은 1973년 로솔리나(Rosolina) 대회에서 해산되었습니다. 그러나 1977년 볼로냐 아우또노미아 대회에서 이탈리아의 상황에 대해 발언한 거의 모든 연사들은 〈노동자의 힘〉 출신 동지들이었습니다. 많은 상이한 접근법들에도 불구하고, 제기된 핵심적 주장―대도시 프롤레타리아트의 사회적 구성 내부에서 출현하고 있는, 노동거부를 향한 노동계급의 경향에 주목했던 주장―은 〈노동자의 힘〉 출신 동지들의 이론적·선동적 공헌을 통해 논의의 핵심에 이르게 되었습니다.

오늘날 감옥은 이러한 동지들로 가득 차 있습니다. 얼마나 많은지를 세어 보지는 않았지만, 많이, 아주 많이 있을 것입니다. 권력의 제도들이 〈노동자의 힘〉의 지도부를 선택했던 것은, 그들이 〈노동자의 힘〉의 이론적 주장들의 중심성과 정치적 행동의 연속성을 인식했기 때문입니다. 개인적으로 나는 이러한 상황이 매우 행복하게 느껴집니다. 그것은 (소수이지만 멀리 내다보는 소수인) 나와 나의 동지들이 〈노동자의 힘〉이 막대한 지적 부를 축적했음을 깨닫는 동시에 경험이 부족하다는 것을 받아들이고 해산을 결정했을 때, 우리가 역사적이고 근본적인 발걸음을 내딛었던 것이라는 사실에 대한 증명이기 때문입니다.

질문: 이탈리아의 노동계급투쟁과 문화에 매우 발본적인 '단절'이 있었던 1977년에는 무슨 일이 일어났던 것입니까?

대답: 1977년에 일어났던 일은 1969년에 우리가 힘의 부족으로 이루지 못했던 바로 그 일이었습니다. 즉 프롤레타리아가 대규모로 개량주의적 조직들과 단절했던 것이지요. 1969년에 우리는 공장에서 발본적이고 민주적인 계급행동을 만들어냈습니다. PCI와 노동조합들은 공장평의회를 만들어냄으로써 이러한 정치적 행동의 변화에 능숙하게 대응하였습니다. 우리는 이것이 노동조합의 기회주의적인 조작이라는 것을 알았지만, 결국 그러한 조작의 모호성에 갇히고 말았습니다.

다른 한편 1969에 출현한, '대중노동자'의 낡은 전위와 새로운 계급적 층들 사이의 관계는 매우 외재적이었고, 본질적으로 선동에 기초하고 있었습니다. 게다가 직접적 생산에 있어서의 노동계급적대와 사회적 지형에서의 프롤레타리아 적대 사이의 관계는 매우 불분명했습니다. "도시를 장악하라"라는 당시의 슬로건은 전적으로 공장 프롤레타리아트 행동의 확장에 기초한 것이지, 복합적인 사회적 주체-형상의 등장과 전개에 기초한 것이 아니었습니다. 1969년과 1977년 사이에 우리는 강력한 여성운동이라는 위협적인 존재를 만나게 됩니다. 논쟁이 진전되었던 것은 바로 그러한 여성운동과의 (종종 쓰라린, 그리고 언제나 중요한) 대면 속에서였습니다. (고백에는 언제나 일정한 부끄러움이 존재하기 때문에) 과장하고 싶진 않지만, 나는 1974년 〈노동자의 힘〉의 해체 이면에 놓여 있는 원인들이 본질적으로는 여성운동의 발전으로부터, 여성들의 불만이 다수의 〈노동자의 힘〉 간부들에게 가져왔던 긍정적인 변화로부터 비롯되었다고 생각합니다.

한편, 공장평의회들에 대해 노동조합이 제기한 논쟁이 처음에 띠었던 모호성은 1969년과 1977년 사이에 노동자와 프롤레타리아 모두에게 분명해졌습니다. 1969년부터 계속해서 노동조합들은 평의회의 권위를 약화시키기 위해 노력을 집중하고 있었습니다. 무엇보다도 그들은 평의회들로 하여금, 정부에의 참여를 목표로 한 행진에서 PCI가 내건 표어였던 내핍정책들에 억지로 동조하게 만들려고 하였습니다. 당시 우리는 PCI의 노선을 탈신비화시키기 위해 지속적으로 그리고 치열하게 노력했을 뿐만 아니라, 새로운 사회적 경험 — 몰수와 대항권력의 대중적 경험을 통해 직접적으로 고무된, 공통체로서의 운동경험 — 을 살아 내고 고무하기 위해 노력하였습니다. 맞습니다. 바로 그때 1977년이 '일어났습니다'. 처음에는 볼로냐에서 새로운 학생 프롤레타리아트 — '지하경제'에서 일하도록 강제당하고, 대도시에서 공산당의 행정기관들에 의해 착취당하는 학생들 — 의 전투가 시작되었는데, 이것은 혁명적 욕구의 수준을 엄청나게 높여 놓았습니다. 그리고 로마에서는 운동을 멈추게 하려는 PCI의 시도가 라마(Lama) — PCI의 노동조합 지도자 — 가 대학에서 물리적으로 축출되는 것으로 끝났습니다.

다시 한번 우리는 사건들의 리듬을 예견하고 가속화시켰습니다. 라마가 피아뜨의 정문에서 다시 한번 쫓겨난 것은 1980년에 와서일 것입니다. 그러나 1977년에 시작된 이러한 변형은 여전히 근본적입니다. 앞서 말했듯이 만약 〈붉은 여단〉이 개입하지 않았다면, 그들이 살인과 테러리즘이라는 길을 선택 — 좋게 말하면 비극적 오류, 나쁘게 말하면 하나의 배반이자 분노를 일으키는 선택 — 하지 않았다면 우리는 아마도 새로운 대중적 좌파의 사회적 실재를 조직적으로 공고화해냈을 것입니다.

질문: 아우또노미아 운동은 현재 자본주의 경제를 괴롭히고 있는 세계 전반에 걸친 위기에 의해 사회의 주변부로 내던져진 모든 노동계급 부문들을 포함한 다수를, '프롤레타리아트라는 새로운 사회적 다수'의 일부로 이야기하자고 주장합니다. 확실히 이러한 주장은 전통적인 맑스주의 계급분석에 몇 가지 중요한 물음들을 제기합니다. 당신은 당신과 감옥 안팎에 있는 동지들의 생각이 맑스주의 이론으로부터 어느 정도나 발본적으로 이탈했다고 생각하십니까?

대답: 동지들과 나는 우리의 분석이 맑스주의적 분석과 다른 것이라고 생각하지 않습니다. 그것은 맑스주의 분석의 완성이자 발전입니다. 우리는 프롤레타리아 주체가 노동시간과 삶-시간의 결합 속에서 형성되며, 사회는 착취라는 동질적인 조직(tissue)을 형성하면서 자본에 포섭된다고 믿습니다. 결정적인 문제는 바로 이것입니다. 즉, 자본은 정말로 '사회적 자본'이 되었고, 자본주의 사회는 — 유비가 아니라 실제로 — '사회적 공장'이 되었습니다. 교육, 복지, 가정생활, 운송, 문화 등이 모두 자본주의적 축적과 밀접하게 관련되어 있습니다. 인간의 욕

구와 자본 사이의 갈등은 직접적입니다. 노동력의 생산 및 재생산 메커니즘은 자본에 완전히 내재적입니다. 이것이 근본적인 요점입니다. 만약 이 모든 것이 사실이라면, 그리고 그 결과 프롤레타리아적 주체가 이 모든 삶의 조건들 내부에서 발전한다면, 자본의 가치화가 부딪히는 진정한 장벽은 생산과 재생산 간의 관계 속에 존재하게 됩니다. 우리의 주체는 자본주의 위기의 극단적인 과실(果實)이라기보다는 오히려 자본주의 재구조화의 산물입니다.

나는 내가 말한 어느 것도 정통 맑스주의보다 못하다고 생각하지 않습니다. 그것은 정통적이진 않을지 모르지만, 어쨌든 진실입니다. 정통성은 나에게 그렇게 중요한 것이 아닙니다. 내가 맑스주의자인 유일한 이유는 맑스의 분석이 내가 파악하고 있는 현상과 행동들에 부합하기 때문입니다. 우리의 주체주의[주관주의](subjectivism)가 맑스주의 전통의 기존 조류들과 일치하지 않는다는 사실은 오직 그 사람들이 틀렸다는 것을 의미할 뿐입니다. 우리는 아무것도 발명하지 않았습니다. 우리는 단지 맑스를 독해하는 사람들일 뿐이며, 우리 시대의 혁명적인 정치적 선동가들일 뿐입니다.

상이한 사회계층들의 투쟁의 통일은 이데올로기나 가치체계를 통한 강제 — 우파들은 이러한 방식을 취하지요 — 로는 이루어질 수 없습니다. 우리는 각각의 집단들의 이해(interest)의 직접성, 공통적 관심사의 정치적 매개, 코뮤니즘에 대한 욕구를 발견해야 합니다. 투옥되어 있는 우리 동지들, 민주적인 이탈리아 국가의 '특별'감옥에 격리된 우리 3천명의 혁명적 투사들은 이러한 욕구가 대중들 내부에 살아 있음을 확신합니다. 무엇보다도 우리는 개별적 층들의 관심사에 대한 숙고를 기초로 하는 매개를 강력하게 밀고 나가야 합니다. 계급단결은 자기가치화 과정 내부의 깊숙한 곳에서 찾아져야 합니다. 이데올로기가 아닌, 구체적 행동과 혁명적 사유 속에서 말입니다. [1980]

뜨라니 감옥 반란[1]

뜨라니 : 국가의 야만성에 관한 이야기

이 글은 지오르지오 바움가르트너(Giorgo Baumgarter), 루치아노 니에리(Luciano Nieri), 에밀리오 베스체(Emilio Vesce) 그리고 안또니오 네그리의 눈에 비친, 그들의 동지들에 의해 보고된 뜨라니에 관한 이야기이다.

사건들이 발생한 지 겨우 2주일 후에 작성된 이 고통스럽고 파편화된 보고서에는 그들의 멍들고 부은 얼굴, 비통한 심정, 진절머리나는 면회조건 ― 면회자와 죄수를 나누는 유리 칸막이, 마이크를 통한 소통, 혼잡스러움, 20분의 짧은 방문시간 등 ― 등이 부각되어 있다.

---

1. [영역자] 이 글은 〈자율노동자위원회〉(Comitati Autonomi Operai, via dei Volsci 6, Rome, January 1981)가 간행한 팜플렛, 「뜨라니 : 특별감옥은 이제 그만」("Trani : Basta coi Supercarceri")을 번역한 것이다. 이것은 뜨라니 특별감옥에서 일어난 봉기에 대한 보고서로서, 사건 직후에, 면회 등의 방문 중에 이루어진 죄수들과의 대화를 기초로 해서 작성되었다. 네그리를 비롯한 4월 7일 사태의 죄수들이 이 사건들에 연루되었으며, 이것이 우리가 이 글을 싣는 이유이다.

1980년 12월 12일, 〈붉은 여단〉은 "아시나라(Asinara)[2]를 폐쇄"시키기 위해 행정관 두르소(D'Urso)를 납치하였다. 며칠 후 팔미(Palmi) 감옥의 죄수들이 회합시간 동안 짧은 동맹파업을 벌였다. 포솜브로네(Fossombrone) 감옥에서는 오직 한 구역의 죄수들만이 그 납치를 지지하였다.

뜨라니에서는 12월 28일까지 아무 일도 없었다.

뜨라니 특별감옥의 정치적 지형은 다음과 같았다.

a) (〈붉은 여단〉을 중심으로 하는) 투쟁위원회-조직된 기구.

b) (〈최전선〉을 중심으로 하는) 자율집단-조직된 기구.

c) 4월 7일 동지들-이들은 기존의 어떠한 조직적 기구에도 속해있지 않았다.

d) 폴리크리니코 집단(Policlinico Collective)의 동지들-위와 같음.

e) 여타의 동지들-위와 같음.

'특별사동(舍棟)'은 분리된 블록의 3개 층에 걸쳐있다. 그리고 각각의 층은 계단통에 의해 두 구역으로 나누어진다.

1층에는 '위험스러운' 범죄자들이 수감되어 있다.

2층에는 〈붉은 여단〉과 〈최전선〉의 구성원들이 있다.

3층의 A구역에는 독방들이 있는데, 여기에는 네그리와 그 밖의 사람들뿐만 아니라 〈붉은 여단〉 단원들이 갇혀 있다. 겨우 2개의 방에 5명이 갇혀 있는 B구역에는 바움가르트너, 니에리, 페라리 브라보 그

---

2. [영역재 낡은 감옥 섬.

리고 또 다른 한명이 수용되어 있다. 에밀리오 베스체는 분리된 감방에 수용되어 있다.

감방의 문은 이중으로 되어 있다. 내부문은 쇠창살로 이루어져 있으며 하루 종일 닫혀 있고, 틈 구멍이 있는 강철판으로 되어 있는 외부문은 밤에만 닫힌다.

반란

12월 12일 오후 3시~3시 30분. 대부분의 사람들은 오후 운동시간을 마치고 돌아갔다. 지오르지오와 루치아노는 이미 감방에 들어가 있었고 내부문은 닫혀 있다. 잠시 후 우리의 동지들은 무슨 일이 일어났다는 것을 알게 된다. 왜냐하면 간수들이 소리치기 시작했기 때문이다. 그들은 다가와서 감방의 외부문을 잠근다. 무슨 일이 일어나고 있는지는 통 설명하려 하지 않으면서 말이다. 루치아노는 작은 거울을 이용해서 복면을 한 사람들이 특별사동 주변에서 움직이고 있다는 것을 가까스로 알게 된다. 1시간 반쯤 후에 '복면을 한' 죄수들이 감방문의 경첩을 제거하고 문을 뜯어낸다.

감옥 교도관 텔레스카(Telesca)가 투쟁위원회의 요원들에 의해 인질로 잡혔는데, 그는 임시로 만든 단도(短刀)로 상해를 입은 상태였다. 이러한 사태가 운동에서 돌아오는 와중에 발생했는지, 아니면 감방 — 감방의 빗장은 이미 톱으로 잘려져 있었다 — 에 돌아간 후에 발생했는지는 확실치 않았다. 투쟁위원회는 교도관의 열쇠를 이용해서 동료들을 감방에서 풀어 주었다. 다른 교도관들도 인질로 잡혔으며, 특별사동 전체가 곧 투쟁위원회의 통제하에 놓이게 되었다.

오후 5시부터 해질녘까지

교도소 당국이 취한 최초의 보복조치는 전기, 수도, 난방 그리고 TV를 차단하는 것이다. 투쟁위원회는 2층에 있는 내부 전화를 통해 교도소장과 협상을 벌인다. 루치아노와 여타의 동지들은 사태에 개입하지 않고 3층에 머물러 있다. 간수들은 3층으로 끌려와서 A구역과 B구역으로 나누어졌다.

교도관 텔레스카의 건강상태가 악화되다

투쟁위원회는 당국에 전화를 걸어 텔레스카를 데려가라고 말한다. 그의 건강상태가 점점 나빠지고 있었는데, 투쟁위원회는 그를 돌볼 만한 의료수단을 갖고 있지 않기 때문이다. 당국은 다음과 같이 대답한다. "너희들의 의사 — 지오르지오 바움가르트너를 지칭하는 것이다 — 로 하여금 그를 돌보게 해라." 이 때 비로소 투쟁위원회가 지오르지오에게 접근한다. 지오르지오는 응급조치를 취했고, 자신이 직접 당국에 전문적인 의견을 제시하면서 항생제를 비롯한 다른 약품들과, 인질로 잡힌 간수를 안정시킬 수 있는 진정제를 요청했다. 지오르지오는 또한 불을 켜서 상처들을 볼 수 있도록 다시 전기를 넣어 달라고 요청했다. 그는 아무런 대답도 듣지 못했다. 우리의 동지들은 각자의 감방에서 밤을 보냈다.

스카마르치오의 발언

유명해지려고 안달이 난 사회당 상원의원이 바움가르트너와 네그리에 대해 완전히 그릇된 내용들을 떠벌렸다. 네그리는 반란을 지도하지 않았을 뿐만 아니라, 오히려 그것과 관계를 끊었다. 더욱이 지오르지오는 3층에서 결코 내려온 적이 없으며, 일체의 협상이나 대표단에도 참여하지 않았다. 모든 일들은 2층이나 1층에서만 일어났다.

급습

12월 29~30일. 투쟁위원회는 급습을 예상하지 못했다. 인질을 붙잡고 있다는 이유로 안심하고 있었기 때문이다. 오전 내내 그리고 마지막 순간까지 교도소장 브루네띠(Brunetti)는 투쟁위원회에게 최악의 상황을 피하기 위해 인질들을 석방하라고 요구하고 있었다.

그러나 최악의 상황은 이미 결정되어 있었다. '정치적 상황'이 일정한 유형의 대응을 요구했던 것이다. 브루네띠는 경질되었고, 정당들이 군복을 입었다!

오후 4시 30분

해가 막 지려고 한다. 머리 위 헬리콥터의 둔탁한 소음이 죄수들에게 상황의 해결이 군사적으로 이루어질 것이라는 사실을 알려준다. 사람들이 앞 다투어 달아나고, "저들은 우리를 다 죽여 버릴거야"라는 외침이 들려온다. 투쟁위원회는 2층으로 물러나서 자신들의 감방에 바리케이트를 설치한다. 3층에서는 인질로 잡힌 간수들이 광란에 사로잡혀 지오르지오에게 매달린다. "의사선생님, 우리를 살려주세요. 우리는 죽고 싶지 않아요". 사실상 그들은 지오르지오가 자신의 감방 안으로 피신하지 못하도록 방해한 셈이 되었다. 그는 간수들과 함께 남았고, 그들은 수류탄과 총알을 피해서 바닥을 기어 탁자와 세면대 뒤로 숨는다.

폭발과 헬리콥터의 엄청난 소음에 공기가 흔들린다. 기동타격대가 3층 천장에 있는 뚜껑문을 통해 들어왔다. 그들이 섬광탄을 던지자 눈이 멀 듯이 부시고, 귀청이 터질 것 같은 굉음이 울린다. 더 많은 기동타격대가 밀어닥치고, 미친 사람처럼 쏘아 대기 시작한다. 보이는 것은, 그들의 손전등이 감방의 어둠을 가를 때 그 빛 때문에 드러나는 그들의 로봇같은 그림자뿐이다.

기동타격대의 사디즘과 폭력

- 베스체는 걷어차여서 늑골 두 개가 부러졌다.
- 바닥에 엎드려있었던 바움가르트너는 손을 짓밟혀서 손가락들이 으스러졌다.
- 니에리는 팔이 탈구되었다.
- 네그리는 머리를 걷어 차였다.

동지들은 극심한 공포를 느끼고 있다. 그들은 소음과 빛 때문에 귀가 멍멍하고 앞을 볼 수 없는 상태이다. 그들이 자신들의 성(姓)을 말하기를 주저하자, 군인들이 한층 더 폭력적으로 대응한다.

"늑골 골절, 찌르는 듯한 고통, 시력상실, 호흡곤란, 계단 아래로 내동댕이쳐짐. 군인들이 그의 머리카락을 잡아당겨 고개를 들게 한다. 그들이 그의 이름을 묻는다. 그들은 그를 놀려댄다, '두렵지?'. 그의 얼굴에다 총을 겨눈 다음, 머리 위로 0.5인치 벗어나게 발사한다. 이 모의(模擬) 처형 후에, 그들은 그를 사복(私服)조에게로 끌고 간다."

"자신의 신분을 확인시켜 줄, 인질로 잡혔던 간수 한 사람을 기억해 냈지만 기동타격대는 그를 걷어차서 거꾸러뜨렸다. 니에리는 손과 얼굴을 벽에 댄 채 일으켜 세워졌다. 그들은 그를 계단통으로 끌고 가서 그의 입 속에 총을 들이밀었다. '겁쟁아 … 무섭지?…' '예 … 무섭습니다.' 그들은 그의 머리 위로 총을 한 방 발사했고, 벽의 석고 덩어리들이 그에게로 떨어졌다. 그는 떠밀리고 걷어차이면서 3층부터 1층까지 내려왔고, 1층에는 사복조가 기다리고 있었다."

"지오르지오는 꿈쩍도 하지 않았다. 그는 귀를 찢는 듯한 소음과 손에서 느껴지는 고통 때문에 정신을 잃었다. 그들은 그를 계단통으로 데려가서 그의 입에 총을 들이밀었다. 그리고는 마치 그들이 처형부대인 것처럼 그의 머리 위로 총을 발사했다. 어둠 속에서 그는 넘어지고 구르면서 1층까지 끌려 내려왔다. 그는 자신이 이제 '조직적 대학살'로부터 벗어났다고 생각했지만, 실은 그가 사복조의 손아귀에 놓여 있다는 점을 깨닫지 못했다."

사복조, 죄수들을 구타하다

바깥으로 이어진 복도에는 두건을 쓴 남자들, 즉 사복조가 곤봉으로 무장한 채 2열로 늘어서 있었다. (두건은 그들의 공식적인 장비의 일부이다.) 그들은 감옥의 간수들이었던 것으로 추정된다. 왜냐하면 죄수들의 이름과 그들이 연루된 사건을 낱낱이 알고 있었기 때문이다.

에밀리오 베스체 : 사복조원들이 소리친다. "빠도바놈이다." 늑골 골절로 고통스러워하고 있던 베스체는 빗발치는 주먹질로부터 자신을 보호할 수가 없었다. 그는 2열로 늘어선 줄을 두 번이나 왔다 갔다 하면서 곤봉 세례를 받고 나서야 운동장으로 끌려 나왔다.

니에리와 네그리 : 이들은 첫 번째로 내려왔기 때문에, 좀 덜 가혹하게 넘어갈 수 있었다.

바움가르트너 : "무기를 가진 놈이다" 즉시 그는 배를 얻어맞았다. 안경이 떨어지고 그는 바닥에 쓰러진다. 그들이 그를 걷어찬다. 거의 혼수상태에서 밖으로 기어 나가려고 애를 쓰지만, 그들이 그를 다시 끌고 들어와 발로 걷어찬다. 그는 한 경찰관이 사복조에게 말하는 것을 얼핏 듣는다. "됐어요 … 그러다 사람 잡겠어요." 그 경찰관이 사복조에게서 그를 빼내려고 하지만, 그들은 그를 다시 끌고 와서 걷어차고 곤봉으로 내리친다. 그런 뒤에 그들은 그를 감옥을 향해 내던진다. 거의 의식불명 상태에서 그가 느낀 전부는 그를 감방 안으로 끌어당

기는 두 명의 손이었다. 그것은 네그리와 니에리이다.

그러나 이것이 끝이 아니다. 사복조원들이 죄수들의 숫자를 세기 위해 감방 안으로 들어온다. 모두가 서 있어야 한다. 극심한 고통을 겪고 있는 베스체와 바움가르트너도 일어서라는 소리를 듣는다. 그들은 설 수가 없고, 그래서 다시 발길질을 당한다. 한 경관이 사복조를 중지시키고 다음과 같이 외치기 전까지 말이다. "당신네들, 인질로 잡혔던 간수들에게 감사해야 할 거야 … 당신네들이 그들을 나쁘게 대하지 않았다고 하더군 … 이제 의료사동으로 가도 좋아."

동지들은 그것이 속임수라고 생각했고, 그래서 움직이지 않았다. 결국 몇 사람이 그들의 이름을 적어 내려갔다.

기록은 다음과 같다.

- 41명, 치료받음
- 17명, 사지 골절
- 가장 심한 부상자 중 8명이 고립된 감방들에서 밤을 보내도록 강제됨. 바움가르트너(손가락 골절), 요비네(심한 타박상), 리찌아르디(이가 부러짐), 나리아(많이 꿰맴) 등등.

간수들의 복수

죄수들은 거의 아무 것도 입지 못한 채로 덜덜 떨면서 운동장에서 밤을 보냈다. 특별사동으로부터 때려 부수는 소리와 웃음소리가 들려왔다. 그것은 (죄수들의 개인적인 물건들, 특별사동의 대부분을 때려 부수는) 광란의 파괴의식이었다. 그것은 패배자들에 대한 승리자들의 야만적인 전쟁-포상, 국가의 '무장한 무리들'을 위한 보상이었다.

그들이 벌인 광란의 파티 끝에는 옷 한 조각도 온전하지 못했다. 특별사동은 물에 잠겼고, 난방기가 뽑혀졌으며, 변기들이 부서졌고, 창문은 깨어졌으며, 싸구려 감옥 가구들도 파괴되었다. 소중하게 간직하던 죄수들의 편지, 책, 법적 변호 문건들은 화톳불에 불태워졌다.

현재 상황은 절망적이다

12월 31일 이후 죄수들은 1층으로 옮겨졌다. 그들은 한 감방에 12~15명씩 수감되어 있다.

그들이 처해 있는 상황은 끔찍하다. 매트리스와 담요 하나가 잠자리의 전부이다. 화장실은 노천변소로서, 모든 사람 앞에서 볼 일을 봐야 한다. 24시간 중 23시간을 갇혀 있으며, 일어설 수가 없기 때문에 내내 누워 있어야만 한다. 이렇게 끔찍한, 인간 이하의 위생조건에 대해, 그들은 복도에다 자신들의 배설물을 내던짐으로써 항의하고 있다.

복수는 계속되고 있고, 분위기는 매우 긴장되어 있다.

행정관 두르소의 석방 이전

그들은 새벽 2시에 깨어나, 판사 시카(Sica)가 발부한 영장에 근거한 심문을 받기 위해 거의 옷을 입지 못한 채 덜덜 떨면서 끌려나왔다.

한 죄수가 자신에게 욕을 한 간수를 주먹으로 치려고 달려들었다. 그는 그 자리에서 공격당했을 뿐만 아니라, 지하감방으로 끌려가 발가벗겨진 채로 사복조원들에게 두들겨 맞았다. 죄수들은 그를 구출하고 구타를 멈추게 하기 위해서 항의를 조직해야만 했다.

두르소 석방 이후

1월 21일에 '내부소문'에 근거한, 무기를 찾기 위한 야간수색이 있었다. 이 수색은 분란과 긴장을 야기해서 사복조들이 한층 더한 보복 행위를 할 수 있도록 만들어 줬다.

바깥 세계가 그들이 처한 상황을 알 수 있도록 하기 위해 죄수들이 '유리 벽 뒤에서의' 면회를 받아들인 이후 이루어진 죄수 가족들의 진술들

가브리엘라 베스체(Gabriella Vesce) : "에밀리오는 거의 숨을 쉬지 못했어요. 완전히 탈진해있더군요. 그는 1979년 4월 7일 이래로 특별감옥에만 수감되었어요. 처음에는 레빕비아, 그 다음에는 떼르미니 이메레세(Termini Imerese), 팔미, 그리고 뜨라니."

빠올라 네그리 : "그런 상태의 네그리를 본 건 이번이 두 번째에요. 첫 번째는 체포 후 30일 만에 단독감금에서 풀려났을 때였죠. 그는 정말로 분노하고 있었고, 또 지쳐있었어요. 그를 가장 화나게 했던 건 구타와 그의 물건들에 대한 파괴였어요. 그들은 빠도바 대학에서 보내온 몇 권의 책들뿐만 아니라, 5년간이나 작업해 온 그의 원고들 중 하나를 못 쓰게 만들었어요."

비앙까 바움가르트너(Bianca Baumgartner) : "그 상처와 부상들을 생각해보세요. 머리의 꿰맨 자리, 얼굴을 가로지른 깊은 상처, 부러진

오른쪽 손가락, 왼손에 댄 부목 … 그는 눈에 띨 정도로 다리를 절고, 반복되는 현기증으로 고통 받고 있어요. 그가 겪고 있는 이 모든 것에도 불구하고, 그는 2주 후에야 겨우 메시지 하나를 보낼 수 있었을 뿐이지요. 전보에는 다음과 같이 쓰여 있었답니다. '나는 괜찮아요. 하루빨리 당신을 꼭 껴안고 싶소'."

릴리(Lili) : "루치아노는 뜨라니를 떠난 첫 번째 사람들 중 하나에요. 1월 14일에 로마에서 있는 재판 때문이었죠. 국영TV는 이 이감(移監)에 무언가 음흉한 것이 있으며, 루치아노가 두르소를 둘러싼 협상에서 대변인 역할을 했다고 말하더군요. 이것만큼 진실과 거리가 먼 이야기도 없을 거에요. 루치아노는 뜨라니를 떠나 레빕비아에 온 걸 기뻐했어요. 지금 뜨라니의 상황은 인간이 견딜 수 있는 것이 아니에요. 그리고 그는 이감목록에 올라가 있지요."

왜 마리니(Marini) ─ 그는 계속해서 죄수들을 그토록 끔찍한 조건에 방치해 두고 있는 뜨라니의 시장이다 ─ 는 이러한 공적 · 사적 재산의 파괴와 구타를 공개하고 조사하지 않았는가? 법무장관은 무엇을 하고 있는가?

감옥봉기조사위원회에 행한 우리 동지들의 답변은 '사복조', 감옥당국 그리고 기동타격대를 보낸 사람들에 대해서 소송을 제기하는 것이었다. [1980]

1981년 1월, 로마

뜨라니 감옥 반란 사건 이후
네그리가 가따리에게 보낸 편지

81년 8월 2일 로마

친애하는 펠릭스에게

나는 로마에서 이 편지를 쓰고 있습니다. 한 달간 뜨라니에서 형언하기 어려운 사건들을 겪은 후 이리로 이감되었습니다. 이감의 이유가 무엇인지는 정확히 모릅니다. 감금의 전쟁 … 사법적 전쟁 … 포악하고 잔혹하고 사디스트적인 그 모든 사건들. 나는 언젠가 그것들에 대해 쓸 생각입니다. 우리는 그것들을 세상에 자세히 알릴 것입니다. 순간에 붙들려 있는 삶과 죽음이란 그리 유쾌한 것이 아닙니다. 물론 모든 순간은 문제적인 것이지요. 그러나 서로 대립하는 극단주의적인 주도력들 — 저항과 억압 — 의 양극성이 지배하는 (지금까지 한 달간 중단 없이 지속되어 온) 정치적 시나리오 속에서의 일상이 가지는 진부함들 속으로 죽음에 관한 생각이 서서히 스며들 때는 모든 것이 부조리해진답니다.

게다가 로마에 도착하자마자 나는 감옥에서 일련의 잔학행위를 목격했습니다. 도대체 여기는 어떤 종류의 세상이란 말입니까? 모든 것이 답답하고 부조리합니다. 감옥의 드라마는 사법적 절차와 더불어 신속하게 전개되고 있습니다. 기소는 검찰에 의해 이루어졌습니다. 지금까지 2년 동안 나를 짓눌러 왔던 기소의 골자와 관련해서 변한 것은 아무것도 없답니다. 기소의 근거는 빈약하지만, 그 의도는 위협적입니다. 그것은 분명 파괴의지에 의해 추동되고 있습니다. 이번 재판은 국가억압의 포괄적인 정치전략의 필수적인 부분입니다. 기소는 이러한 층위에서 이루어진 것이지요. 바로 이러한 점을 볼 때, 이것은 단순한 사법적 기소 사건이 아니랍니다. 그것은 오히려 국가가 자신의 정치정책들을 권위주의적으로 정당화하기 위해 벌이고 있는 공개적 테스트라고 할 수 있습니다.

당신은 이 중층결정에 맞서 싸운다는 것이 얼마나 어렵고, 어쩌면 불가능하며, 여하튼 비효과적이라는 것을 매우 잘 알고 있을 것입니다. 개인적으로 나는 매우 지쳤습니다. 지금 나는 앞으로 다가 올 몇 달을 로마에서 보내게 될지 아니면 다른 감옥에서 보내게 될지 알고 있지 못합니다. 소식을 기다리고 있지요. 나는 특별보안감옥에 감금되는 것만은 피하고 싶습니다. 특별감옥에서는 누구나 뭉개져 버리고 만답니다. 감옥 당국의 폭력 — 국가의 진면목 — 과 군사화 된 저항폭력 사이에서 뭉개져 버리는 것이지요. 그 결과는 그 사람의 정체성의 상실과 모든 (개인적이고 정치적인) 자율성의 붕괴입니다. 나는 이 끔찍한 이야기가 어떻게 끝나게 될지 모르겠습니다. 나에게는 모든 것이 점점 더 불명확하게 보이고 있습니다.

그 밖에, 삶은 — 가장 음울한 방식으로 — 계속되고 있습니다. 반란 이후 뜨라니에서 나의 모든, 혹은 거의 모든 연구가 파괴되었습니다. 그 모든 것을 다시 시작하는 것이 내게는 쉽지 않답니다. 나는 언제나 축적된 자료를 바탕으로 연구를 해오지 않았습니까? 그것들이 파괴되는 것은 마치 내 자신의 일부가 파괴되는 것처럼 느껴집니다. 내 연구 진행의 논리도 파괴되는 것은 마찬가지입니다. 하지만 작업리듬을 일정도 회복하긴 했습니다. 나는 훌륭하고 합리적인 긴장에 의해 자극받고 있지만, 일정한 역동성과 활기에 찬 자극은 결여되어 있습니다.

오늘은 날씨가 꽤 음침합니다. 미안하지만, 나의 상태가 좋질 못합니다. 하지만 햇빛이 비출 때라고 더 나은 것은 아닙니다. 감옥에서 2년을 보내면, 참을 수 없게 되지요. 감옥생활은 좀처럼 익숙해질 수 없는 것인가 봅니다.

잠깐 한 마디. 스피노자에 관한 내 책이 출간되었습니다. 실비에가 당신과 들뢰즈에게 한 권씩 보냈겠지요?

안녕, 친애하는 펠릭스
뜨거운 마음을 보내며

안또니오 네그리

법정에 선 네그리[1]

심문 : 1979년 4월

판사: 당신이 무장투쟁에 관해 무엇이라고 썼는지 말해 주십시오.

네그리: 무장투쟁에 관한 나의 입장은 우선 나의 책 『레닌에 관한 33가지 교훈』(*33 Lessons on Lenin*)에 표현되어 있습니다. 그 책에서 레닌의 사상에 대한 재검토는 무장투쟁을 대중 및 계급의 혁명적 투쟁의 발전에 있어서의 하나의 본질적인 계기로 받아들이는 것으로 귀결됩니다. 그러나 나는 모든 공적 진술에서 언제나 비밀전위활동과 운동의 군사화를 수반하는 일체의 무장투쟁형태에 대해서 심원하고, 광범하며, 합리적인 거부를 표현해 왔습니다.

---

1. [영역자] 안또니오 네그리는 자율운동의 다른 동지들과 함께 1979년 4월 7일에 체포되었다. 그는 몇 주후 법정에 출두하여, 자신에 대해 제기된 근거 없는 주장들에 기초한 질문들에 대답했다. 이 기록문은, 그것이 검찰이 채택한 기괴한 절차 ─ 구체적 혐의들의 제시가 아닌, 일종의 물고기 잡기(fishing operation) ─ 를 예증하고 있다는 점에서 매우 귀중한 것이다.

판사: 당신은 대부분의 〈노동자의 힘〉 투사들이 비밀화(clandestisation)
와 무장투쟁에 반대한다고 말했습니다. 여기 당신의 문서꾸러미에서
발견된 두 개의 문서가 있습니다. 첫 번째 것은 등사판인쇄물로서, 화
염병을 소지한 혐의로 체포된 몇몇 〈노동자의 힘〉 구성원들의 무장투
쟁을 찬미하는 내용입니다. 두 번째 역시 등사판인쇄물로서 〈노동자
의 힘〉이라고 서명이 되어 있는데, 그 내용은 "왜 이달고 마치아리니
(Idalgo Macchiarini)와 로베르트 네그레떼(Robert Negrette) — 밀라
노에 있는 싯-지멘스(Sit-Siemens)와 파리에 있는 르노(Renault)의
경영자들 — 가 납치되어서 심판 받았는가"에 관한 것입니다. 상기시
켜 드리자면, 마치아리니는 1972년에 납치되었고, 그러한 행동은 〈붉
은 여단〉이 주장했던 것입니다.

네그리: 그것들은 68년의 어느 조직이라도 가지고 있을 법한 문건들
입니다. 여하튼 그것들은 〈노동자의 힘〉의 노선 그 자체를 가리킨다
기보다는, 오히려 당시의 운동이 대중적 무장투쟁의 최초의 주도력에
부여했던 일반적이고 무차별적이며 문제의식 없는 찬미를 가리킨다고
할 수 있습니다.

검사: 당신은 이러한 종류의 전단을 배포한 적이 있습니까?

네그리: 10년 전쯤, 그러니까 1970년경에 그러한 일을 그만두었습니다.

판사: 이 타자본 자료를 보십시오. 당신이 여기에 손으로 메모를 한
것 같은데요. 내용을 좀 확인해 주시겠습니까?

네그리: 그 문서는 현재의 상황에 대한 분석을 담고 있고, 생각건대
그 분석은 내가 동의할 수 있는 것입니다. 전체적으로 보았을 때, 그
문서는 나의 것이라고 할 수 있을 것 같습니다. 비록 그것이 집단적

토론의 성과물을 표현하고 있고, 그래서 내가 받아들일 수 없는 몇 가지 논점을 포함하고 있다 하더라도 말입니다. 일반적으로 말해 그 문서는 극도로 적대적인 계급관계들이라는 비가역적 사실을 가정한다는 특징을 갖고 있습니다. 따라서 그것은 운동 내부, 이 주어진 비가역적 상황 내부에서의 "베트남식" 전략에 대해 이야기합니다. 이것이 의미하는 바는 무엇입니까? 그것은 당시 대중투쟁의 주요한 측면들에 대한 강조를 의미합니다. 그리고 그러한 측면들은 그 문서의 핵심적인 부분, 즉 네 가지 캠페인 — 임금에 대한 그리고 더 짧은 노동시간에 대한 캠페인, 공공지출에 대한 캠페인, 핵권력에 대한 캠페인, 국가테러리즘에 맞선 캠페인 — 을 다루고 있는 부분에서 명백하게 설명되어 있습니다. 그 문서가 공격적 투쟁에 대해 이야기할 때, 그것은 사회적 생산의 새로운 조건들 — 즉 사회화된 노동, 지하경제, 여성들의 노동, 절대적 잉여가치를 추출하는 따라서 더욱 야만적인 착취의 여러 방법들 — 과 관련된 착취의 물질적 조건들을 언급하고 있는 것입니다. 이 모든 것이 계급들과 사회집단들 사이의 극단적인 사회적 적대의 상황을 초래하며, 따라서 결론은 불가피하게 내전의 관점에서 제기되기 마련인 것입니다. 이러한 입장과 〈붉은 여단〉의 노선 사이에 존재하는 거대하고 근본적인 차이를 주목해 보십시오.

판사: 나는 그 근본적인 차이가 무엇인지 정말로 모르겠습니다.

네그리: 그것은 권력의 탈구조화(destructuring)와 정치체제의 탈안정화(destabilisation) 사이의 차이입니다. 정말로 근본적인 문제는 사회적 착취체제의 해체를 통해서 정치체제를 탈안정화하는 것입니다. 이것이 내가 생각하는 혁명적 과정, 즉 자본기계에 의한 지배의 전일

성(金──性)을 깨뜨림과 동시에 프롤레타리아트의 근본적인 욕구를 해방 ─ 자기가치화 ─ 시키는 물질적 과정입니다. 봉기과정 ─ 즉 내전과 연결된 과정 ─ 은 오직 이러한 사회적 운동이 가지는 복합성의 끝에서야 제기될 수 있는 것입니다. 투쟁이 강화되고 경제적 착취 체제가 자신의 법칙을 가동시킴에 있어서 곤란을 겪게 되는 것은 바로 객관적 모순들이 폭발하는 지점에서입니다. 결과적으로 그것을 표현하는 체제는 오직 지배의 테러리즘적 비합리성으로만 살아가게 됩니다. 잉여가치를 생산하지 못하는 정치적 계급은 죽은 정치적 계급입니다.

검사: 그렇지만 나는 여전히 〈붉은 여단〉과의 차이를 이해하지 못하겠습니다.

네그리: 앞서 내가 말한 내용과 〈붉은 여단〉의 이데올로기 사이의 차이는 심원하며, 다음과 같은 점들에 기초하고 있습니다. 첫째, 조직화의 개념입니다. 〈붉은 여단〉은 극도로 중앙집중적인 조직화(당) 관념을 갖고 있으며, 그것은 국가와의 전투에 있어서 근본적이고 배타적인 무기이자 결정적인 요소로 제시됩니다. 대중 운동과의 관계가 근본적이라고 주장하면서도, 그들은 당의 외적인 지도적 역할이 없다면 대중운동은 효과가 없다고 생각합니다. 이것은 고전적인 제3인터내셔널의 이데올로기입니다. 다른 한편 이탈리아의 혁명적 맑스주의에 토대를 둔 〈노동자의 자율〉이 생각하는 조직화는, 사회적 생산의 자본주의적 조직화를 여과하고 자기자신으로 전화시켜서 전복해버리는 대중적 조직화입니다. 자율주의적 사고 속에서 국가의 문제는 부차적인 지표로, 즉 프롤레타리아트의 직접적인 욕구들에 비해서는 부차적인 것으로 이해됩니다. 국가는 착취에 대항하는 투쟁에 의해서 그리고 프

롤레타리아의 투쟁-욕구를 해방시키기 위한 싸움을 통해서 해체되어야 하는 하나의 계기일 뿐입니다.

두 번째는 봉기 개념입니다. 〈붉은 여단〉에게 있어서 봉기 개념은 국가권력의 장악이라는 관념과 연결되어 있습니다. 아우또노미아에게 있어서 이러한 권력의 장악은 최소한 두 가지 점에서, 즉 첫째 어떠한 국가권력도 생산의 물질적 조직화 외부에 존재하지 않는다는 점에서, 둘째 혁명은 형성 중이거나 부분적으로 실현된 이행과정으로서만 존재한다는 점에서 무의미한 것입니다. 따라서 아우또노미아가 단순히 제도들을 겨냥한 행동들을 통한 국가 "쿠데타"라는 관념 일체를 거부한다는 것은 분명합니다. 모든 행동은 언제나 프롤레타리아트의 근본적 욕구에 초점을 맞추어야 합니다. 〈붉은 여단〉에게 있어서 프롤레타리아트의 해방이라는 관념 — 그리고 이러한 방향에 입각해서 노력하고 투쟁한다는 생각 — 은, 국가권력구조를 공격하고 파괴하기 전에는 있을 수 없는 것입니다.

판사: 여기에 노동조합 쟁점들에 관한 일련의 문건들이 있습니다. 이것들은 특히 "공격"과 "전복"을 언급하고 있습니다. 나는 이 목표들이 〈붉은 여단〉과 같은 군사적·비밀적 조직들이 추구하는 목표들과 동일한 것이라고 믿는데요.

네그리: 이 문건들 대부분은 우리가 앞서 이야기했던 문건들과 마찬가지로 『적색』(Rosso)지에 실렸던 것입니다. 나는 "심지어 민주적인 노동조합에 의한 대의일지라도 공격하라"라는 요구가 아우또노미아의 지속적인 노선의 일부라고, 그리고 그것은 이 사회의 정치적 관계들의 일반적인 진행방향에 의해 정당화된다고 믿고 있습니다. 우리가 노동

조합 구조에 대한 공격을 이야기할 때, 그것은 노동조합에 대한 대중적 반대 그리고 노동자들과 프롤레타리아트의 발본적인 민주적 권리들의 행사를 의미하는 것입니다.

판사: "자율성의 조직화된 축(axis)"과 "보완적 축들"이라는 표현이 무엇을 의미하는지 설명해 주시지오.

네그리: 내가 "자율성의 조직화된 축"에 대해 이야기할 때, 그것은 공장, 서비스 부문 그리고 공동체들에서 활동하고 있는 자율적인 대중 전위를 의미합니다. "보완적 축들"이라는 말은 자율성의 영역 내부에서 움직이고 있는 소규모의 자생적인 집단들을 의미합니다.

판사: 그렇다면 당신은 〈붉은 여단〉과 동일한 목표를 공유하고 있는 것입니까, 아닙니까?

네그리: 나는 맑스주의 좌파운동 내에 광범하게 퍼져 있었던 반(反)노동조합적 주장과 〈붉은 여단〉의 군사적 실천 사이에 명백한 관계가 존재한다고 주장하는 것은 (아무리 줄잡아 말해도) 위험하다고 생각합니다.

판사: 나는 당신의 문서꾸러미 속에 「노동자들의 협력을 구축하기 위한 개요」(Outline for the Construction of a Worker' Coordination)라는 제목이 붙은 문건이 있다는 것에 주목하고 있습니다. 특히 이 타자본 문건에는 다음과 같은 내용이 들어 있습니다. "사장을 추종하는 무리들을 무력하게 만들어야 한다. 관리자들은 사장들의 명령이 실행되는 조직적 연쇄에 있어서 첫 번째 연결고리이다." 또한 다음과 같은 내용이 이어집니다. "파업파괴자들을 공장에서 몰아내기 위해 프롤레타리아 순찰대를 조직하자. 그리고 이러한 순찰대들을 공장 안팎의 영

구적 조직화의 수단으로 만들자…" 이러한 것들이 〈붉은 여단〉의 전형적인 목표라는 점에는 의심의 여지가 없습니다.

네그리: 문건을 대충 훑어보니, 내 것이 아닌 것 같습니다.

검사: 그렇지만 당신의 문서꾸러미 속에서는, 당신이 손수 쓰거나 타이프한 동일한 내용의 문서들이 더 발견되었습니다!

피고측 변호사: 검사는 이 문건이 무엇을 증명하기 위한 것인지를 말해야 합니다! 형법은 피고인에 대한 기소가 근거하고 있는 증거뿐만 아니라, 그 기소와 관련된 상황 또한 피고인에게 '분명하고 정확하게' 알려져야 한다고 규정하고 있습니다.

검사: 변호인은 피고가 질문에 대답하는 것을 방해하려 하고 있습니다.

네그리: 흥분하실 것 없습니다. 질문에 기꺼이 답변해 드리겠습니다. 나는 내가 집필한 자료뿐만 아니라 운동 내부에 존재하는 다양한 정치적 입장들이 담긴 문건들도 모았습니다. 나는 1960년대에 그랬던 것과 마찬가지로, 이 모든 것을 어떤 협회에 기증할 생각이었습니다.

판사: 완벽을 기하기 위해 세 가지 문건을 추가로 제시하겠습니다. 첫째 것은 「운동화를 신은 프롤레타리아 순찰대, 여단, 홍위병」(The Proletarian Patrol, the Brigade, the Red Guard in Training Shoes)이라는 제목의 원고이고, 두 번째는 "운동화를 신은 프롤레타리아 순찰대들은 자신의 영역을 담당하고, 계급을 재구성하면서 적을 공격한다."라는 진술을 담고 있는 타자본 자료이며, 세 번째 것은 수신인이 당신으로 되어 있는 한 통의 편지로서, 여기에서 발신인은 프롤레타리아 순찰대의 실행가능성과 관련하여 당신에게 동의한다고 말하고 있습니다.

네그리: 첫 번째 것은 내가 『적색』에 기고했던 글의 개요입니다. 나

는 프롤레타리아 순찰대라는 구상이 생산적 활동의 지역적 분산, 지하경제, 분산된 노동, 제3부문의 노동 등을 강제 당하고 있는 오늘날의 프롤레타리아트에게 하나의 유용한 조직적 도구가 될 수 있을 것이라고 생각합니다. 오직 프롤레타리아 순찰대만이 자본의 대공장 내부에 모여 있지 않은 이러한 힘들의 집합을 창출하고, 그리하여 이 새로운 노동력의 이동성에 상응하는 방식으로 계급투쟁의 성숙을 달성할 수 있을 것입니다. 이러한 순찰대들의 기능은 노동조건과 생활조건을 개선하기 위해서, '비공식(off-the-books)' 노동에 종사하고 있는 생산적 프롤레타리아트를 경제적·정치적으로 대표하는 것입니다.

판사: 우리는 당신이 "계급투쟁의 성숙"이라고 정의한 것이 이러한 프롤레타리아 순찰대들의 법적·폭력적 수단을 통해 수행된다고 생각합니다.

네그리: 대부분의 경우에 순찰대들의 활동은 불법적·폭력적 수단을 통해서 수행되기보다는 정치적 압력과 협상을 통해서 이루어집니다. 폭력적 요소들이 나타나는 것은, 계급투쟁의 역사에서 흔히 목격되는 바와 같이 미조직된 노동력 부문들이 노동조합승인(union recognition)을 요구할 때 등일 것입니다. 대공장들에 있어서 노동조합 조직화의 역사가 상당한 정도의 폭력, 무엇보다도 자본의 억압적 힘들에 대한 대응으로서의 폭력을 포함해 왔음을 잊지 말아야 할 것입니다.

판사: 다음 증거물은 당신이 갖고 있었던 또 다른 일련의 문건들입니다. 이것들은 "종대들"(columns), "정치적·군사적 간부들", "병참부문들" 그리고 "대중노동"에 대해 이야기하고 있습니다. 그리고 "적에 맞선 전투, 방어전투, 훈련, 몰수"를 포함하는, 군사구조의 과제에 대

한 구체적 언급이 담겨 있습니다. 이 문건들은 무장을 준비하고, 재정과 비밀 유지를 강화하자고 말하면서 끝납니다. 이와 관련해서는 뭐라고 말하겠습니까?

네그리: 그것은 나의 자료가 아닙니다. 그 문서들은 이제껏 내가 추구해 왔던 정치적 노선과 조금의 관련도 갖고 있지 않습니다. 여백에 손으로 쓰여진 메모들은 나의 것이 아닙니다. 이 문서들은 밀라노에서 운동 내부의 토론용 문건으로 유통되었던 것입니다. 추측건대 아마 후에 〈최전선〉에 가담하게 되었던 사람들에 의해서 유통되었던 문건일 것입니다.

판사: 그들은 누구입니까?

네그리: 당신에게 그들의 이름을 알려줄 수는 없습니다. 그들은 〈아우또노미아〉 조정 모임들에 기웃거렸던 사람들입니다. 그러나 그 문건들에 나타난 조직모델은 매우 테러리즘적입니다. 이러한 논점들을 둘러싼 논쟁이 1976년경까지 계속되었는데, 그들의 생각은 운동 내부에서 상당한 반대에 부딪혔습니다.

판사: 당신은 왜 동일한 텍스트의 복사본을 여럿 가지고 있었습니까?

네그리: 아마도 그 문건들은 나의 의견이나 지지를 얻기 위해 나에게 보내졌던 것일 겁니다. 나로 하여금 그러한 입장들에 좀 더 효과적으로 반대할 수 있도록 해준 것이 바로 이용 가능한 정보의 풍부함이었다는 점을 분명히 하고 싶습니다.

판사: 그렇지만 당신은 그 사람들이 누구이며, 누가 당신에게 이 문건들을 주고 당신의 지지를 구했는지를 기억해내야만 합니다.

네그리: 반복해서 말하지만, 대답할 수 없습니다. 테러리스트들은 결

코 자신을 있는 그대로 소개하지 않습니다! 이러한 자료는 공개 모임에서 유통되고, 종종 단지 회람되기도 합니다.

검사: 당신이 그렇게 흥분된 음성으로 말하니, 모로 여사에게 걸려 온 전화 속의 목소리가 생각나는군요![2]

네그리: 당신에게는 그런 식으로 말할 권리가 없소! 당신은 당신이 말한 것을 먼저 증명해야 할 것이오. 당신은 지금 날 모욕하고 있소!

피고측 변호사: 방금 일어난 일이 기록되어야 한다고 요청하는 바입니다.

판사: 인정합니다. 모든 것을 기록하도록 합시다. 하지만 정숙해주세요.

네그리: 간단히 말해, 나는 그 문건들을 나에게 건네준 사람이 누구인지를 확인할 수 없습니다.

판사: 「기본행동규범」(Elementary Norms of Behavior)은 당신의 문서꾸러미에서 확보한 또 다른 원고의 제목입니다. 여기서 제시된 개념들은 비아 그라돌리(Via Gradoli)의 아파트에서 발견된, 〈붉은 여단〉이 작성한 「비정규군에서의 안전수칙과 활동방법」(Security Standards and Methods of Working in the Irregular Forces)이라는 제목의 타자본 문건에서 나타난 개념들과 유사합니다. 이 문건들은 네그리 교수 당신과 무관하지 않은 운동 내부에 불법적이고 비밀적이며 군사화된 단체들이 있었다는 사실에 대한 증거를 제공해 주었습니다.

네그리: 말할 필요도 없이 그 문건은 내가 작성한 것이 아닙니다. 그 것은 내가 모았던 문서 자료들 중 하나입니다. 당신은 최근 몇 년간 밀라노에서 발전해 왔던 〈아우또노미아〉의 형성과 정치적 동일시[정

---

2. [영역자] 알도 모로가 암살되기 전에 그의 아내에게 걸려 온 〈붉은 여단〉의 전화를 말한다.

체성확립]의 과정이 운동 내부에 존재하는 군사주의적 "곤경"의 극복을 필요로 한다는 점을 염두에 두어야 합니다. 밀라노의 조직된 〈아우또노미아〉가 이 "곤경"에 맞서 투쟁하고 있다는 점을 분명히 해야 합니다.

판사: 노동조합과 관련된 쟁점들을 다루고 있는 이 전단에는 연필로 쓴 메모들이 있습니다.

네그리: 그 메모들은 토요일 노동에 반대하는 투쟁의 조직화와 관련된 논의를 위한 것입니다.

판사: "전단"(leaflet)이라는 단어 옆에 있는 "나"(me)라는 단어가 의미하는 바는 무엇입니까?

네그리: 아마도 내가 그 일을 맡도록 되어 있었나 봅니다. 혹은 내가 그 일을 하고 싶어 했다는 말일 수도 있고요.

판사: 「코뮤니즘을 위한 노동자들의 힘」(Workers' Power for Communism)이라는 제목의 이 팜플렛은 당신 것입니까? 만약 이것이 집단적 노력의 산물이라면, 당신은 그 작업에 참여했습니까?

네그리: 내 것이 아닙니다. 그리고 나는 그것을 작성하는 데 참여하지 않았습니다. 나는, 첫 페이지에 작성자라고 적혀 있는 〈혁명적 코뮤니즘 위원회〉(Revolutionary Communist Committees)에 결코 몸담은 적이 없습니다.

판사: 당신이 앞서 말했던, "〈붉은 여단〉의 지도노선"과 〈붉은 여단〉의 주도권을 운동에 있어서의 통합의 한 계기로서 지지했던 사람들은 누구입니까? 그리고 "비밀적"이고 "테러리즘적"인 노선을 지지하는 "소규모 그룹들"을 만든 것은 누구입니까?

네그리: 그러한 질문에 대답하기는 어렵습니다. 아니 실은, 불가능합니다.

판사: 당신은 당신이 무장투쟁을 지속적으로 거부해 왔다고 말하고 있습니다. 우리는 1971년 9월 〈노동자의 힘〉의 제3차 조직회의에서 당신이 행한 진술들의 사본을 입수했습니다. 그 때 당신은 "전유"와 "군사화"가 매우 밀접하게 관련되어 있으며, "대립"의 발전과 "조직화"의 발전이 공동으로 이루어져야 한다고 말했습니다.

네그리: 우선 그 문건이 매우 복잡하고 혼란스러운 회의의 와중에 즉석에서 작성되었다는 점이 고려되어야 할 것입니다. 그러나 그 입장은 내가 그 후에 발전시켰던 입장들과 모순되지 않습니다. (여기서 불리어지고 있는 대로 말하면) 무장투쟁이라는 전망은 맑스주의 고전들 속에서 정의된 전망을 가리키는 것이지, 결코 운동의 군사화를 위한 어떤 구체적 강령을 가리키는 것이 아닙니다.

피고측 변호사: 그러한 질문들은 본 재판과 관련이 없습니다. 피고는 매번 특정한 증거에 대한 구체적인 답변이 아닌, 철학적 전제들, 전문적인 어휘 그리고 정치적·역사적 쟁점들에 대한 분석을 제시하도록 강요받고 있습니다. 재판관님은 이러한 대답들로부터 증거가 될 만한 것들을 뽑아내고 싶어 하는 것 같습니다. 따라서 우리는 혐의, 특히 비밀경찰(the Digos)이 작성한 두 개의 보고서 및 증인들의 진술과 직접적으로 관련된 질문만을 할 것을 요청하는 바입니다.

판사: 동의합니다. 나는 피고인이 자신에게 제기된 아래와 같은 증명력 있는 사실들과 관련하여 스스로의 결백을 증명할 것을 요청하는 바입니다. 이것들의 출처는 재판관의 질문에 편견을 품게 할 위험성 때문

에 공개하지 않도록 하겠습니다.

1) 네그리가 여러 차례에 걸쳐, 한편으로는 〈붉은 여단〉의 군사적 행동을 발전시키고 다른 한편으로는 〈아우또노미아〉의 대중적 행동을 강화하는 강령을 정식화했다는 진술. 이 때 중앙집중화된(중심적이고 주변적인) 구조들을 통해 하나가 다른 하나에 통합됩니다. 무장된 전위와 운동의 토대 간의 연결은 대중과 전위의 주도권의 경직된 중앙집중화 ―소위 노동자 중심주의(centralismo operaio) ―를 통해 보장되어야 했습니다.

2) 조직구성원들과의 모임에서 네그리가 권력장악을 목표로 대립의 수준을 제고―산업공장들에서의 사보타지, 공장 감독자들에 대한 폭행, 프롤레타리아적 몰수, 노동조합 지도자, 법관, 공장관리자들에 대한 납치와 재산몰수―해야 한다고 주창했다는 진술.

3) 네그리가 〈붉은 여단〉과 〈노동자의 힘〉을 상호연결된 구조로 지칭했으며, 〈붉은 여단〉의 계획과정에 참여했다는 진술.

4) 〈붉은 여단〉의 한 구성원이 나중에 사법당국에 정보를 준 어떤 사람에게 행한, 〈노동자의 힘〉과 〈붉은 여단〉 사이의 직접적인 연관관계에 대한 폭로.

5) 빠도바에 있는 〈노동자의 힘〉 투사들이 사용가능한 무기와 폭발물을 갖고 있었으며, 군사 훈련을 하고 있었다는 진술.

6) 네그리가 화염병을 만드는 '기술'을 가르쳤다는 진술.

네그리: 나는 방금 진술된 기소내용에 경악을 금치 못하고 있습니다. 이 기소내용들은 사실이 아닐 뿐만 아니라, 내가 〈노동자의 힘〉과 〈아우또노미아〉에 몸담았던 시절에 말하고 행한 모든 것들에 배치되는 것입니다. 〈붉은 여단〉과 〈아우또노미아〉 사이의 대립은 서로가 서로에

대해 행한 비판들을 볼 때 너무나 명백합니다. 내가 사람들에게 화염병을 만드는 법을 가르쳤다는 말도 터무니없는 것입니다. 나는 화염병 만드는 방법을 알지도 못합니다. 그리고 나는 결코 〈붉은 여단〉의 군사행동과 조직된 〈아우또노미아〉의 대중행동들을 연결시키는 것을 지지하는 발언을 한 적이 없습니다. 기소내용들은 완전한 날조에 기초한 순전한 환상일 뿐입니다!

판사: 이 지점에서 우리는 당신이, 증거로 수집된 당신의 저작들 전체에서 무장투쟁과 프롤레타리아 독재의 수립을 목표로 하는 강령을 제시하고 있다는 점을 문제삼고 있는 것입니다.

네그리: 나는 당신 질문의 정당성 그리고 나에 대한 체포를 정당화하기 위해 사용되었던 보고서들의 적법성을 인정할 수 없습니다. 내 책의 어느 부분도 직접적인 조직적 관계를 갖고 있지 않습니다. 내가 져야 할 책임은 전적으로 책을 쓰고 파는 한 사람의 지식인으로서의 책임일 뿐입니다.

판사: 만약 당신이 항상 무장투쟁에 대한 거부를 표현해 왔다면, 전단에 들어 있는 다음과 같은 구절을 어떻게 정당화하겠습니까? "〈붉은 여단〉과 〈무장 프롤레타리아의 중심〉(NAP) 동지들의 영웅적 투쟁은 운동이라는 빙산의 일각이다." 당신의 문서꾸러미에서 가져온 이 문서에는 당신이 손으로 쓴 것처럼 보이는 메모와 교정들이 있다는 사실에 주목해주기 바랍니다.

네그리: 예, 그 문서는 내 것이 맞는 것 같습니다. 적어도 여백에 있는 메모들 중 일부는 내가 한 것입니다. 그러나 그것은 맑스주의의 고전적 표현들을 담고 있습니다. 우리는 "민주주의"를 부르주아 독재로 이

해하며, "프롤레타리아 독재"를 자유와 민주주의의 최고 형태로 이해합니다. 문제가 되고 있는 구절에 대해서 말하자면, 〈붉은 여단〉과 NAP가 운동이라는 빙산의 일각으로 출현한 것을 하나의 사실로 인정하는 것은 정말로 필수적인 일입니다. 그러나 그러한 사실을 인정한다는 것이 곧바로 옹호를 의미하거나, 〈붉은 여단〉이 취했던 노선의 중대한 실수들을 부정하도록 요구하는 것은 아닙니다. 어디에선가 나는 〈붉은 여단〉을 미쳐버린 운동의 한 변수로 정의했습니다.

나는 내가 〈붉은 여단〉의 노선에 동의하지 않음을 매우 단호하게 표현했고, 절대 다수의 〈아우또노미아〉 동지들도 이러한 입장에 동의할 것이라고 생각합니다. 따라서 혼동이 없도록 합시다. 동시에 이것이 〈붉은 여단〉 동지들이 존경받아서는 안 된다는 것을 의미하지는 않습니다. 프롤레타리아적인 코뮤니즘적 목표를 추구하는 모든 이들은 얼마간의 존경을 받을 필요가 있습니다. 맑스주의의 모든 전제들과 배치되는 그들의 "국왕살해(regicide)" 전략은 혹독하게 비판한다 해도 말입니다. 맑스는 펠리체 오르시니(Felice Orsini)[3]에게 예를 표했습니다. 그럼에도 불구하고 나는, 테러리즘과의 싸움은 진정한 대중적 정치투쟁을 통해서 그리고 혁명적 운동 내부에서만 이루어질 수 있다고 말씀드리는 바입니다. [1979]

---

3. [옮긴이] 이탈리아의 혁명가. 나폴레옹 3세를 이탈리아 독립운동의 장애물이라고 판단하고 암살을 기도, 1858년 1월 17일 그 행렬에 폭탄을 던졌으나 실패하여 사형에 처해졌다.

안또니오 네그리 약전(略傳)

안또니오 네그리는 1933년에 빠도바에서 태어났다. 그리고 23세의 나이에 독일 역사주의에 대한 학위 논문으로 철학과를 졸업했다. 그 후 2년 동안 그는 나폴리에 있는 베네데또 크로체 역사연구소(Benedetto Croce Institute for Historical Studies)에서 까보드(Chabod)와 함께 공부했다. 1959년 빠도바에서 당시 이탈리아의 기준에서는 매우 젊은 나이에 법철학 교수자격을 획득했다. 그러나 그는 1967년까지 조교수로 남아 있었는데, 왜냐하면 악명높은 카톨릭 도시인 빠도바에서는 대학이 대부분 파시스트들에 의해 장악되어 있었기 때문이다. 유일한 예외는 두 개의 명문 학부들뿐이었다. 하나는 법철학부로서, 꾸리엘(Curiel), 라바(Rava), 보비오(Bobbio) 그리고 오뽀체(Opocher)가 독일인들에 맞서 레지스땅스을 조직했던 곳이며, 다른 하나는 신경정신병학부로서, 정신병 환자들로 가장한 빨치산들의 은닉 장소로 이용되곤 했던 곳이다.

네그리는 1964년에 빠올라 메오(Paola Meo)와 결혼하여 ― 교회에서 하지 않았는데, 이것이 스캔들의 빌미가 되었다 — 첫딸을 얻었고, 이후 1967년에 아들을 얻었으며, 같은 해에 국가론 교수 자격을 취득하였다.

그의 주위에는 일단의 저명한 학자와 연구자들이 모여들었다. 세르지오 볼로냐, 루치아노 페라리 브라보, 산드로 세라피니(Sandro Serafini), 구이도 비앙치니(Guido Bianchini), 알리사 델 레(Alisa del Re) 그리고 마리아 로사 달라 코스타(Maria Rosa Dalla Costa) 등이 바로 그들이다. 특히 페미니즘 이론에 대한 코스타의 글들은 국내외적으로 광범한 논쟁을 불러일으켰다. 그들의 존재로 말미암아 정치과학연구소는 국내적·국제적 모임의 중심점이 되었는데, 이는 대부분의 이탈리아 대학들이 다소간 지역적인 환경에 매몰되어 있었던 당시의 상황에 비추어 볼 때 희귀한 일이었다.

네그리는 학술적 작업 외에, 정치적·저널리즘적 활동에도 열정적으로 참여하였다. 1956년에 그는 빠도바 대학의 학생저널인 『일 보』(*Il Bo*)의 편집장으로 일했다. 1959년에는 PSI(이탈리아 사회당)의 시의원으로 선출되었고, 최초의 중도-좌파 연합(기독민주당과 사회당의 연합)이 이루어져서 그가 사회당을 떠나게 되는 1963년까지 빠도바 지구의 당기관지, 『진보 베네또』(*Il Progresso Veneto*)를 편집했다.

그해 여름은 '뜨거웠다.' 베네또는 정체된 농업지역에서 급속히 벗어나 중요한 산업중심지가 되었다. 공산당이 외부적 목표들 — 예컨대 이탈리아를 나토에서 탈퇴시키는 것 — 에 열중하고 있던 시기에, 노동계급 기반은 충분히 조직되지 못한 상태였으며 노조가입률도 낮은 수준에 머물러 있었다. 바로 이러한 노동자들 가운데서 네그리가 작업하기 시작했던 것이다. 1963년 8월에, 『진보 베네또』의 증보판으로 『노동자의 힘』(*Potere Operaio*)이 발행되었다. 같은 달에 네그리, 빠올라메오 그리고 마시모 까찌아리―유명한 철학자로서, 후에 공산당 하원의원이 됨―는 포르또 마르게라(Porto Marghera) 석유화학공단의 노동자들 사이에서 『자본론』 독서모임을 조직했다. 같은 시기에 『붉은 노트』(*Quaderni Rossi*)가 시작되었다. 그것은 또리노에서 시작되었지만 밀라노, 로마 그리고 무엇보다 네그리를 중심으로 하는 빠도바에도 역시 편집진을 가지고 있었다. 초기의 『붉은 노트』는 라니에로 빤찌에리(Raniero Panzieri)와 로마노 알콰티(Romano Alquati)의 주도 아래, 노동자주의적 전망을 표방하는 잡지였다. 볼로냐, 뜨론티, 아쏘르 로사, 포르티니, 리에세르―즉 이탈리아 좌파의 가장 훌륭한 지식인들―도 역시 『붉은 노트』에 참여하고 있었다. 그 후 (우호적인) 분열로 인해 다른 간행물들―『노동자 계급』(*Classe Operaia*), 『반[反]계획』(*Contropiano*) 그리고 몇몇 다른 저널들―이 나타나기 시작했다.

1967년경 『노동자의 힘』은 마르게라의 거대 석유화학 단지의 노동자 신문이 되었다. 네그리는 『노동자의 힘』뿐만 아니라, 후에 다른 많은 간행물들―『계급』(*La Classe*), 『노동자의 힘』(전국적 주간지), 『아웃―아웃』(*Aut-Aut*, 엔조 파찌가 편집했던 철학 잡지) 그리고 『권리의 비판』(*Critica del Diritto*, 민주적인 하급판사 조직의 잡지로서, 법철학에 대한 논문들을 간행하고 이탈리아에 잘 알려져 있지 않은 외국인 필자들을 소개한다)―에도 정기적으로 기고하게 되었다. 1967년에 시작되어 무장투쟁이 절정에 이르렀던 바로 그 때인 1977년에 서서히 소멸되었던 이탈리아의 '1968' 동안에, 네그리의 정치활동은 주로 대공장

들에 그리고 대다수의 노조들이 무시했던 정치적 목표들—안전문제,
작업속도감소 등—에 집중되었다.

다른 유럽 국가들에서 일어났던 일들과는 반대로 1969년 이탈리아
의 '뜨거운 여름'에서는, 학생들의 투쟁이 노동자들의 투쟁과 결합하였다.
공산당(PCI) 왼편에는 다음과 같은 정치그룹들이 포진하고 있었다—〈끊임
없는 투쟁〉(Lotta Continua), 〈전위노동자〉(Avanguardia Operaia), 〈학생운
동〉(Movimento Studentesco, 후에 MLS 즉 〈노동자학생운동〉(Movimento
Lavoratori e Studenti)이 됨) 그리고 네그리가 설립멤버이자 국내외적으로 그
가장 유명한 이론가였던 〈노동자의 힘〉. 〈노동자의 힘〉은 1973년에 이들 중
가장 먼저 해체한 조직이기도 하다.

사실, 네그리의 '대중노동자' 이론은 일정한 변형을 겪고 있었다. 더
욱 젊고 전투적인 세대의 노동자들이 공장으로 들어감에 따라 그의
'노동거부' 개념—이는 4년의 기간 동안 시도되고 시험되었다—이
노동계급구성에 대한 그의 분석을 변화시켰기 때문이다. 그는 '사회적
노동자'—더 이상 개별적 작업장의 울타리 내부에 한정되지 않고, 더
광범위한 '분산된 공장' 속에서 그/그녀의 갈등을 사회적 재생산의 모
든 연결마디로 확장시키는 노동자—개념의 윤곽을 잡기 시작했다.

이즈음은, 공공수송운임의 자율인하(여기에는 엔지니어링 노동조합
이 적극적으로 가담하였다), 전기요금청구서의 자율인하, 주택점거,
대규모의 공유지불법점거 그리고 여성운동의 폭발이 있었던 시기였
다.

이 때는 또한 아우또노미아('자율')가 탄생했던 시기로서, 그것은 공
장 내부의 '자율위원회들'로부터 시작되어 모든 정립된 이데올로기들

에 적대적인 활동적 청년운동 속으로 확장되고 있었다. 1968년에 출현한 (지금에 와서는 무익하고 지루해진) 조직형태들에 대한 거부와 시간을 노동으로부터 해방시키는 것을 겨냥한 새로운 욕구와 목표들에 대한 정의는 다양한 자율적 집단들을 통일시킨 주제들이었다. 이 집단들은 그러한 공통의 투쟁주제들이 없었더라면, 실천에 있어서 매우 상이한 모습을 보여주었을 것이었다. 청년과 여성들은 (볼로냐의 '라디오 알리체' Radio Alice와 같은) 자유 라디오들에 모여 들었는데, 이 자유 라디오들은 모두 — 당들뿐만 아니라 노동조합들까지도 — 가 노동계급에게 요구하고 있었던 '내핍'과 '희생'의 정치에 반대하는 1977년의 저항운동 — '도시 속의 인디언들' — 에서 커다란 역할을 수행하였다.

이 저항운동은 네그리에게도 영향을 미쳤다. 대학 안팎에서 시위들과 집회들이 벌어지는 동안, 연구소의 시설물들이 학생들에 의해 심하게 파손되었다. 네그리는 도시의 무질서를 선동했다는 이유로 기소되었다. 1977년 봄에 정치과학연구소에 대한 법원의 첫 번째 조사가 시작되었기 때문에 네그리는 이탈리아를 떠날 수밖에 없었다. 그는 당시 루이 알뛰세가 지도하고 있었던 고등사범학교와 빠리 제8대학(Jussieu)에서 초청강사가 되었다. 조사과정에서 혐의가 완전히 풀린 뒤인 1977년 말에, 네그리는 빠도바로 돌아와서 그의 동료들과 합류하여 계속해서 급진적인 행보를 취했다. 사실 그는 파리에서도 자신이 하던 일들 계속했고, 따라서 두 나라 사이를 빈번히 오고갔다.

이것은 1979년 가을까지만 지속되었다. 그 해 프랑스에서 밀라노에 있는 자신의 집으로 돌아오자마자, 빠도바의 법관이 개시한 수사로 인해 체포되었기 때문이다. 그는 네그리가 1971년부터 현재까지 이탈리아 테러리즘의 '수뇌부'였다고 주장했다.

네그리와 자율운동에 가담했던 다른 많은 피고들이 연루된 '4월 7일 재판'은 현재까지 간행된 몇 권의 '레드 노츠' 소책자들에서 이야기되어 왔다. 현재 네그리는 프랑스로 망명하여 펠릭스 가따리와 작업하고 있고, 궐석재판에서 30년형을 선고받았다.[1]

---

1. [옮긴이] 네그리는 1997년 자진귀국하여 약 6년여의 수감과 연금생활을 마친 후 2003년 4월에 자유의 몸이 되었다. 네그리의 삶과 아우또노미아의 발생 맥락에 대한 더 자세한 서술로는 조정환, 『아우또노미아』(갈무리, 2003)의 제1장 「네그리와 아우또노미아」를 참조하라.

안또니오 네그리 저작 목록

1958 Stato e Diritto nel Giovane Hegel(「청년 헤겔에 있어서의 국가와 권리」), Cedam, Padova, 1958.

1959 Saggi sullo Storicismo Tedesco : Dilthey & Meinecke(「독일 역사주의 : 딜타이와 마이네케에 관한 논문들」), Istituto G. Feltrinelli, Milano, 1959.

1962 Alle Origini del Formalismo Giuridico(Kant)(「사법적 형식주의(칸트)의 기원들」), Cedam, Padova, 1962.

1962 Hegel : Scritti di Filosofia del Diritto(「헤겔 : 권리의 철학에 관한 논문들」), 번역·편집, Laterza, Bari, 1962.

1970 Descartes Politico o della Ragionevole Ideologia(「정치가로서의 데카르트 : 이성과 이데올로기」), Feltrinelli, Milano, 1970.

1970 Feltrinelli-Fischer Encyclopedia, Feltrinelli, Milano, 1970의 정치과학 편(Vol. 27, Stato e Politica)의 편집자 및 주요 기고자.

1972 John M. Keynes e la Teoria Capitalistica dello Stato nel'29(「케인즈 그리고 1929년 이후의 자본주의적 국가이론」); Marx sul Ciclo e la Crisi(「맑스의 순환론과 위기론」). 두 편 모두 Operai e Stato(Feltrinelli, Milano, 1972, p. 31, 41)에 번역·수록됨. [영역자: 1972년부터 네그리는 펠트리넬리 출판사에서 간행된 "맑스주의 자료들"이라 불리는 선집의 편집자가 되었다. 그 선집은 이탈리아와 외국의 필자들이 집필한 방대한 양의 텍스트들을 포함하는 것이었다.]

1974 Crisi dello Stato-Piano : Comunismo e Organizzazione Rivoluzionaria(「계획자국가의 위기 : 코뮤니즘과 혁명적 조직화」), Feltrinelli, Milano, 1974, p. 66.

1974 Partito Operaio contro il Lavoro(「노동에 맞선 노동자들의 당」), Crisi e Organizzazione Operaia, Feltrinelli, Milano, 1974, p. 94에 간행됨.

1976 Proletari e Stato : Per una Discussione su Autonomia Operaia e Compromesso Storico(「프롤레타리아와 국가 : 노동계급 자율성과 역사적 타협에 대한 논의를 위하여」), Feltrinelli, Milano, 1976, p. 67.

1977 Jerry Rubin, Do it!, Re Nudo, Milano, 1977의 서문.

1977 La Fabbrica della Strategia : 33 Lezioni su Lenin(「전략 공장 : 레닌에 관한 33가지 교훈」), CLEUP, Padova, 1977, p. 224.

1977 La Forma Stato : Per la Critica dell'Economia Political della Costituzione(「국가형태 : 헌법의 정치경제학에 대한 비판을 위하여」), Feltrinelli, Milano, 1977, p. 346.

1978 Il Doninio e il Sabotaggio : Sul Metodo Marxista della Trasformazione Sociale(「지배와 사보타지 : 맑스주의적 방법과 사회적 변형에 대하여」), Feltrinelli, Milano, 1978, p. 71 Working Class Autonomy and the Crisis, Red Notes, London, 1979에 번역되어 간행됨.

1979 Dall'Operaio massa all'Operaio Sociale : Intervista sull'Operaismo(「대중노동자에서 사회적 노동자로 : 노동자주의에 대한 인터뷰」), Multhipla Edizioni, Milano, 1979, p. 172.

1979 Marx Oltre Marx : Quaderno di Lavoro su Grundrisse(『맑스를 넘어선 맑스 :『요강』에 대한 연구노트』), Feltrinelli, Milano, 1979, p. 197 서문이 이 책에 번역·수록됨.

1980 Politica di Classe : Il Motore e la Forma. Le Cinque Campagne Oggi(「계급정치 : 원동력과 형태 : 오늘날의 다섯 가지 운동들」), Machina Libri, Milano, 1980, p. 60.

1980 Il Comunismo e la Guerra(「코뮤니즘과 전쟁」), Feltrinelli, Milano, 1980, p. 136.

1981 L'Anomalia Selvaggia : Saggi su Potere e Potenza in Baruch Spinoza(「야만적 별종 : 바루흐 스피노자에 있어서의 힘과 권력에 대한 논문들」), Feltrinelli, Milano, 1981, p. 298.

1982 Macchina Tempo : Rompicapi, Liberazione, Costituzione(「시간기계 : 새로운 문제들, 해방 그리고 구성」), Feltrinelli, Milano, 1982, p. 334.

1983 Pipeline : Lettere da Rebibbia(「수송관 : 레빕비아 감옥으로부터의 편지들」), Einaudi, Torino.

1986 Diario di Un'Evasione(「탈출의 일기」), XXX.

옮긴이 후기

이 책을 편역한 레드 노츠(Red Notes)는 "맑스의 발본적 충동을 약
화시키고 신비화하려고 했던 사람들의 손아귀로부터 '혁명적인' 맑스를
구출해내려는 네그리의 시도들을 표현"하기 위해 'Revolution Retrieved'
라는 제목을 선택했다고 말한다. 그들의 말처럼 『혁명의 만회』에서 네
그리는 맑스를 만회하고, 억압 속에서도 매번 더욱 강력한 모습으로 다
시 나타나는 새로운 주체들을 만회하고, 그들과 함께 국가폭력에 의해
짓눌렸던 자신의 삶을 만회하며, 그리하여 결국 혁명을 만회하려 한
다. 나는 그러한 시도들을 담은 이 책의 한국어판 발간이 '혁명적인'
네그리를 만회할 수 있는 계기가 되기를 소망한다.

여기 실린 글들은 모두 1967년부터 1983년 사이에 씌어진 것들이
다. 때문에 저 치열한 '만회'의 시도들이 지금 이 자리에서 '만회'되려
면 20~30년의 시간적 간격을 뛰어넘어야 한다. 그러한 '만회'의 방법
으로 가장 흔한 것은 이 책에 실린 글들을 네그리의 사상적 발전에

있어서의 한 단계로 위치짓는 것이다. 그럴 경우『혁명의 만회』는『제국』이나『다중』이라는 목적지를 향해가는 징검다리 중 하나로 인식되기 쉬울 것이다. 많은 사람들이『요강』과『자본론』의 관계에 대해서 그렇게 생각했던 것처럼 말이다. 실질적 포섭에 대한 강조는 제국 개념을 예비하는 것이고, 위기국가의 위기 활용 문제는『제국』의 '부패' 개념으로 이어지고, 사회적 노동자 개념은 다중 개념의 전단계이다 등등. 이처럼 이론적 연속성을 탐구하는 작업은, 불필요하다고 말할 수는 없겠지만, 새로운 것을 말해주지는 않는다. 목적지와의 관련 속에서 제기되는 과정이란 언제나 목적지에 대해 종속적일 수밖에 없으며, 그러한 한에서 (목적지 이전에 오는 것으로 파악될 수밖에 없다는 점에서) 결국 낡은 것일 수밖에 없기 때문이다.

네그리가『요강』을 읽는 방식으로, 즉 텍스트가 가진 발본적인 충동을 억제하지 않는 방식으로『혁명의 만회』를 읽었을 때 가장 새롭게 눈에 띄는 것은 '투사'로서의 네그리이다. 사실 어떤 의미에서건 네그리는 언제나 투사였다는 점에서 위의 말은 어폐가 있는 것이지만, 이전에 한국에 소개된 저작들에서 직접적으로 자신을 "혁명적인 정치적 선동가"로 규정하는 네그리를 발견하기 힘들었던 것도 사실이다. 요컨대『혁명의 만회』에서 네그리는 직접적인 정치적 현실에 발을 담그고, "이론상에서건 실천상에서건 자유와 예속은 오직 경향의 운동 내부로부터만, 체제의 파괴를 위한 지형을 준비하는 계급투쟁의 구체적 형태 내부로부터만 결정될 수 있을 뿐이다"라고 이야기하는 정치적 조직가이자 혁명가로서 스스로를 드러낸다. 예컨대 다음과 같은 구

절에서 나타나는 단호함은 (이러한 구분이 허용될 수 있다면) 이론가
―맑시스트의 것이라기보다는 레닌과 모택동의 전통을 잇는 실천가―
맑시스트의 것이다.

처음부터 주어지는 객관적 진리 같은 것은 존재하지 않는다. 진리는 투쟁
속에서, 투쟁을 통하여, 실천의 변형을 통하여 구축되어야 한다. 맑스주의
적 분석은 처음부터 계급적 관점을 부과함으로써 자신이 관여하는 현실
을 규정한다. 이것이 맑스주의적 분석의 작업이 이루어지는 테두리이다.
그것은 노동계급 편에 서며, 그것의 목표는 혁명적이다. 그것은 무엇보다
도 현실과 관련하여 실천적 도전 ― 힘의 행사 ― 을 전제한다. 그것의 진
리는 결과 속에 존재한다. 분석은 욕구하는 정치적 결과를 자신의 출발점
으로 삼는다. 따라서 "인간의 신체구조는 원숭이의 신체구조에 대한 열쇠
를 쥐고 있다." 오직 단호한 실천만이 우리에게 의미 있는 객관성을 구성
할 수 있다.

그리고 그러한 단호함과 혁명적 태도의 밑에 흐르고 있는 근원적인
힘은 노동계급의 관점에서 세계와 범주들을 비판적으로 재구성해내려
는 한결같은 노력이다. 이 책에서 네그리는 시종일관 역사의 주도권을
쥐고, 계급투쟁을 통해 자본의 변화를 강제하는 것은 바로 노동계급이
라는 사실을 강조한다. 이처럼 모든 범주를 계급투쟁에 회부하는 노동
계급의 관점을 취한다는 점에서 네그리와 그의 책 『혁명의 만회』는
철저하게 '맑스'적이고('맑스주의'적이 아니라), 또 그렇기 때문에 강력
하다. "충분히 사회화된 자본의 수준에서, 자본주의적 발전은 노동계
급의 투쟁에 종속되며 그것의 뒤를 따른다"는 뜨론띠의 저 유명한 '역

전’ 테제는 “영구적 이중권력 모델”을 주장한 뜨론띠 본인이 아닌 네그리에게서 그것의 가장 완전한 표현을 얻는다. 그리고 특히 기억해야할 것은 이처럼 ‘아래로부터’(미묘한 문제지만, 조금 거칠게 이야기한다면 ‘아래’의 이름은 노동계급일 수도, 프롤레타리아일 수도, 다중일수도 있다) 역사와 사회를 바라보는 네그리의 이론적·실천적 태도가이후의 저작 전반에 걸쳐, 특히 『제국』, 『다중』과 같은 최근의 저작들에까지도 그의 이론구조의 가장 근본적인 요소로 자리잡고 있다는 사실이다. 다시 말해, 『혁명의 만회』의 투사, 즉 언제나 노동계급의 관점에서 사유하고 활동하는 혁명가로서의 네그리가 『제국』과 『다중』 속에서 살아 숨 쉬고 있음을 인식하는 것이 바로 네그리의 ‘연속성’을 발견하는 유일하게 적합한 방법이다.

인간의 다른 모든 활동과 마찬가지로 이 책의 번역·출간도 공통적인 것을 구축하려는 여러 사람들의 협력 없이는 이루어질 수 없었을것이다. 서창현, 조정환 두 분의 초역작업과 정남영님의 조언이 없었더라면 이 책의 번역은 훨씬 더 지난하면서도 많은 오류를 낳는 과정을 거쳤을 것이다. 초역본을 함께 읽고 검토해준 강서진 님과 진성철님이 이 책이 좀 더 나아지는 데에 큰 힘이 되었음은 물론이다. 또한〈자율평론〉과 〈다중네트워크센터〉의 여러 구성원들과의 직간접적인지적·실천적 소통이 없었더라면 이 책의 번역은 아예 시작도 할 수없었을 것이다. 번역기간이 기약 없이 길어지는 외중에도 인내를 갖고기다려준 갈무리 출판사 여러분들과 번역기간 내내 역자에게 큰 힘이되었던 관심과 격려를 보내준 강지아, 김경민, 김지환, 권무석, 류현석

님도 이 책의 탄생에 함께 하신 분들이다. 그러나 무엇보다 『혁명의 만회』는 치열한 삶 속에서 그만큼 치열한 글들을 생산해낸 네그리와 그의 작업의 근본적인 힘인 '우리, 다중'에게 헌정되어야 할 것 같다.

2005년 9월 19일

영광

찾아보기

권리국가 30, 67
권위주의 321, 326, 337, 341, 458
균형 32~34, 37, 39, 41, 45~50, 56, 63~66, 69,
    74, 76, 79, 80, 85, 92~96, 98~102, 104~106,
    109, 110, 115~117, 120, 121, 128, 130, 131,
    136, 140, 141, 154, 156, 158, 175, 183, 184,
    187, 194, 205, 208, 210, 213, 214, 231,
    245~247, 252, 253, 259, 295, 308, 325, 330,
    331, 336, 364, 370, 372, 377, 379, 381~383,
    391, 395, 399
균형주의 253
그람시주의 348
극단주의 232, 414, 422, 457
금본위제 49
금융자본 135, 138, 178
〈끊임없는 투쟁〉 480
「기계의 자본주의적 이용」 87
「기계에 관한 단상」 305, 388
기능주의 350, 354, 365
기대 53, 55, 56, 58, 65, 66, 97, 98, 123, 134,
    227, 246, 279, 370
『기술비판요강』 88
기업 31, 55, 57, 65, 66, 70, 104, 106, 114, 142,
    167, 209, 213, 215~219, 224, 225, 227~233,
    235, 244~246, 248, 325~327, 335, 391, 417,
    419
기업가 37, 55, 57, 65, 66, 104, 106, 142,
    325~327, 419
기업가주의 57
기업국가 167, 246
기업명령 216, 225, 227, 228, 231, 248
기회주의 227, 230, 234, 242, 437, 438, 440
끌레망소(Clemenceau) 41

ㄴ

나로드니크(narodnik) 151
내핍정치 11
내핍체제 14, 267, 355
네오맑스주의 250, 253
노동가치 69, 84, 166, 174, 183, 185, 203, 214,
    267

노동거부 166, 354, 370, 439, 480
노동계급 12, 15, 16, 21~36, 38, 42~45, 48~52,
    55, 57, 58, 62~67, 74, 75, 77~80, 83, 84, 87,
    89, 95, 96, 108~110, 112, 119~121, 123~132,
    134, 135, 137~139, 142~161, 167, 169, 170,
    172, 183~185, 191~194, 197, 202, 203, 206,
    208~210, 214~217, 219, 220, 222, 224, 226,
    227, 232, 233, 242, 243, 245~248, 252~257,
    267, 288, 289, 291, 296, 303, 311, 323, 327,
    331~335, 337, 339, 342~344, 346, 349, 350,
    353~356, 358~364, 366~368, 370~374, 376,
    377, 379, 381, 384, 390, 392, 396, 397, 406,
    408, 410, 430, 434, 438~440, 442, 478, 480,
    481, 483, 487, 488
『노동계급 자율성과 위기』 87, 167
노동과정 59, 113, 125, 135, 144, 145, 191, 192,
    217, 224, 244, 346, 361, 363, 370, 382, 394
노동력 27, 28, 42, 85, 104, 127, 132, 174, 175,
    183~186, 208, 211, 224, 230, 245, 257, 326,
    327, 331, 334~336, 339, 353, 355, 361~369,
    371~375, 377~388, 390~400, 413, 418, 443,
    468
노동분업 47, 173, 178, 204, 216, 217, 382
노동생산성 14, 47, 53, 132, 205, 237, 238
노동시간 92, 178, 185, 204~207, 217, 218, 236,
    239, 327~329, 334, 370, 371, 384, 393, 442,
    463
노동시장 14, 319, 347, 355, 365, 367, 369, 374,
    375, 383, 384, 391, 394, 407, 413
노동일 274, 275, 287, 288, 318, 327, 345, 346,
    349, 350, 355, 361, 375, 376, 384~386,
    393~396, 412, 418, 426
노동자 11, 14, 19~23, 26, 27, 35, 42, 47, 83~87,
    96, 102, 117, 132, 165~169, 192~195, 201,
    203, 207, 212~214, 216~219, 244, 255, 256,
    259, 264~267, 271, 283, 318, 319, 336, 343,
    344, 346, 349, 350, 353~380, 382, 383, 385~393,
    396, 398, 400, 403, 406, 408, 412~415, 417,
    432, 434, 436, 438~441, 445, 462, 464, 466,
    471~473, 478~480, 483, 484, 486
『노동자 계급』 83, 479
노동자주의, 노동자주의자 11, 19, 21~23, 83,

비례[균형] 208, 210, 214, 325
비탈리 비고츠키(Vitaly Vygodsky) 265, 270,
    278, 290, 291, 295, 306, 307
빠도바(Padova) 19, 452, 455, 473, 477~479,
    481
빠올로 비르노(Paolo Virno) 405

ㅅ

사용가치 93, 113, 185, 201, 207, 236, 267, 294
사회민주주의 71, 76, 77, 120
사회적 개인 179, 183, 187, 197, 206, 207, 229,
    230
『사회적 공장』 87, 328, 329, 338, 365
사회적 국가 66, 69, 138, 140, 149
사회적 노동 319, 392
사회적 부 208, 210, 229, 237, 257, 259
사회적 생산 59, 61, 72, 74, 110, 124, 174, 177,
    186, 188, 200, 201, 204, 208, 210, 215, 216,
    229, 237, 240, 257, 294, 371, 413, 463, 464
사회적 임금 327, 355
사회적 자본 21, 22, 59, 69, 70, 138, 140, 273,
    277, 283, 291, 313, 328, 442
사회주의 14, 22, 25, 50, 51, 61, 84, 120, 145,
    166, 181, 183, 187, 192~195, 202, 203, 246,
    252, 253, 264, 279, 295, 318, 332, 360, 361,
    380, 387, 395, 406, 413
사회화 14, 24, 25, 28, 30, 33, 49, 51, 54, 56,
    68, 73, 84, 87, 110, 137, 138, 147, 150,
    178~180, 182~184, 186, 188, 196, 204, 318,
    326~328, 331, 335~337, 340, 343, 348, 355,
    360, 361, 368, 374, 375, 377, 378, 380~383,
    385~387, 390, 391, 393, 396, 398~400, 414,
    463, 487
산노동 129, 133
산업예비군 126, 383, 413
살쾡이 파업 349, 360
삶시간(life-time) 274, 350, 385, 386
상대적 잉여가치 28, 42, 43, 125, 286, 385, 393
상품 48, 71, 132, 173, 174, 176, 178, 236, 286,
    294, 327, 330, 346, 366, 369, 380, 391~393
생디칼리즘 42

생산과정 27, 47, 68, 92, 120, 129, 145, 180,
    193, 205, 207, 210, 216, 236, 239, 240, 278,
    286, 287, 335, 341, 346, 412, 419
생산관계 87, 170, 172, 175~177, 201, 252, 294,
    318, 324, 333, 340, 349, 354, 364, 368, 371,
    373, 380
생산력 43, 84, 87, 95, 96, 109, 110, 118, 133,
    149, 166, 179, 186~188, 200, 206~208, 211,
    229, 231, 236~239, 257, 279, 319, 328, 333,
    368, 373, 419
생산성 14, 23, 47, 53, 132, 166, 204, 205, 216,
    217, 237, 238, 242, 323~325, 335, 336, 347,
    377, 391, 396, 406
생산수단 124, 224
생산양식 30, 33, 80, 151, 178, 179, 197, 203,
    229, 230, 232, 239
생산이론 69, 71
생산적 노동 372
생산적 자본 58, 59, 61
생산조건 74, 174, 179, 185, 200, 208, 214, 229,
    238, 283
생산주의 84, 166, 264
선(先)형상화 168, 182, 382
선형성 381, 387
세계시장 37, 118, 172, 215, 286, 301
세르지오 볼로냐(Sergio Bologna) 35, 20, 26,
    266, 268, 270, 278, 310, 478
세이의 법칙 44~47, 57
소득 14, 23, 32, 64, 66, 98, 166, 252, 259, 267,
    286, 327, 336, 378, 406, 413, 416, 418, 419,
    426
소득혁명 32
소련, 소비에트 25, 26, 35, 37, 42, 43, 72, 197,
    306, 307, 358
소비성향 64, 66
소비주의 132, 151, 255, 379
수요 43, 45, 46, 50, 53~55, 63~66, 68, 73, 75,
    78, 79, 92, 98, 167, 369, 369
수정주의 23, 251, 253, 437
숙련노동 381, 382
순(純)투자 53, 64
순환 14, 26, 28, 38, 60, 61, 65, 83, 85, 86, 89,

90, 92~95, 97, 98, 100~108, 110~116, 118,
119, 121, 122, 126~132, 134, 137, 138, 140,
151, 153~155, 157, 160, 167, 177, 182, 184,
189, 216, 217, 230, 232, 244, 325, 331, 360,
365, 377, 404, 483
슘페터(Schumpeter) 85, 94, 97, 101~108, 110,
111, 130, 137, 139, 141, 142, 147
슘페터주의 97, 101, 102
스타하노프주의(Stakhanovism) 360
스탈린주의(stalinism) 307, 437, 438
스태그네이셔니즘 136, 137
『시간기계』 353
시간성 318
시간-척도 384
시뮬라크럼(simulacrum) 338~342, 348, 349
시민사회 30, 32, 424
시장경제 59
신고전주의 경제사상 68
신리카도주의 104
신(新)우파 319, 323, 326, 328~330
신자본주의 21
신자유주의 319, 326
실질임금 70, 102
실질적 포섭 252, 257, 259, 274, 275, 338, 339,
341, 369, 378, 380, 381, 387~389, 393, 396,
399, 486

ㅇ

아쏘르 로사(Asor Rosa) 19, 356, 479
아우또노미아 11, 87, 431, 432, 436, 438, 439,
442, 465, 469, 470, 471, 473~475, 480, 482
아이작 루빈(Isaak Rubin) 271, 291
안보국가 321
알도 모로(Aldo Moro) 336, 423, 470
알렉스 캘리니코스(Alex Callinicos) 356
역사적 타협 12, 320, 337, 415, 420, 422, 427,
431, 436, 483
역사유물론 172, 290, 292, 297
영국 10, 15, 20, 29, 44, 45, 87, 249, 271, 356
「영국의 레닌」 87, 249
영구혁명 10, 32, 76

에릭 홉스봄(Eric Hobsbom) 277
에밀리오 베스체(Emilio Vesce) 405, 445, 447,
452, 455
엔리코 베를링게르(Enrico Berlinguer) 356
엔초 그릴로(Enzo Grillo) 270, 277, 281
엘리트주의 167, 218, 427
예비군 14, 126, 375, 383, 413
예시(豫示) 21, 241~243, 257, 346, 397, 419
오이디푸스적 임금(Oedipal wage) 371
완전고용 47, 48, 68, 69, 95, 98, 132
위기, 공황 12~14, 21, 23, 24, 29~31, 34, 35, 37,
38, 43, 44, 51~57, 60, 62, 64, 74, 79, 83, 85~87,
90~94, 96, 103, 105~108, 110, 114~123, 125,
129~131, 133~135, 139~143, 146, 147, 149,
150, 153~161, 165~167, 172, 174, 175, 179,
182, 184, 185, 187, 188, 191, 193, 197, 202,
210~213, 215, 218, 231, 245, 246, 249, 250,
253, 259, 263, 264, 266, 273, 278~280, 283,
288, 289, 291~293, 295, 310, 311, 313, 317,
318, 323, 326, 332, 333, 335, 337~339, 342,
353~355, 358, 364, 366, 369, 372, 373, 376,
377, 389, 397, 399, 411, 414, 415, 421~423,
426, 437, 442, 443, 437, 483
위기국가 15, 86, 167, 210, 215, 246, 267,
317~319, 323, 324, 326, 330~333, 335~338,
341, 353, 486
유동성선호 68
유동화 216, 217
유럽 11, 13, 35~37, 40, 333, 334, 336, 337, 347,
357, 395, 420, 480
유물론 172, 197, 199, 220, 221, 223, 233, 277,
290, 292, 293, 297~299, 301, 302, 305~307,
348
유토피아주의 70, 73, 80
유통 60, 69, 73, 109, 113, 116~118, 175, 179,
182, 183, 266, 277, 283, 284, 286, 291, 295,
313, 339~341, 346, 355, 359, 364, 371, 372,
377, 379, 384, 469, 470
유효수요 50, 63, 64, 66, 73, 75, 78, 79
이데올로기 27, 34, 46, 49, 55, 63, 70, 71, 76,
85, 89, 97, 131, 140~144, 147, 152, 168, 169,
181, 184, 187~190, 192, 193, 195, 203, 248,

프롤레타리아, 프롤레타리아트 14, 24, 27, 28,
    42, 72, 73, 183, 189, 193, 195~197, 199, 209,
    212, 218, 226, 228~232, 234~237, 241, 243,
    247, 248, 252, 254~259, 275, 303, 313, 314,
    318, 320, 324, 326~328, 330, 332, 334~338,
    340, 342~345, 347~350, 356, 366, 371, 375,
    377, 378, 380, 384, 385, 390, 392~398, 400,
    413, 414, 416, 418, 430, 434~436, 439~468,
    473, 474, 475, 483, 488
프롤레타리아 독재 193, 413, 474, 475
프루동(Proudhon) 253, 282
피아뜨(Fiat) 336, 349, 424, 434, 442
필요노동 85, 129, 133, 205~207, 212, 213, 228,
    288, 393

ㅎ

하위문화주의 241
학생주의 196
한계주의 77, 169, 253
한스 위르겐 크랄(Hans Jürgen Krahl) 312
합의 26, 145, 215, 245, 311, 321, 323, 329, 337,
    338, 341, 358, 359, 371, 372, 395, 407, 417,
    440, 471
해리 클리버(Harry Cleaver) 263, 266
핵국가 341
헤게모니 21, 27, 30, 73, 76, 135, 151, 213~215,
    348~350, 371, 382, 407, 411, 435~437
헤겔(Hegel) 25, 96, 221, 280, 314, 483
혁명 5, 11, 12, 15, 16, 19~21, 24~29, 31, 32,
    34~37, 39, 42, 44, 45, 51, 52, 54, 65, 66, 71,
    72, 76, 84, 112, 127, 130, 133~135, 138, 148,
    150~154, 156, 157, 161, 165, 166, 169~173,
    181, 185, 191~193, 195, 199, 202, 203, 208,
    210, 213, 218, 219, 222, 224, 226~237, 239,
    241~243, 247~249, 253~256, 259, 260, 264,
    271, 276, 277, 279, 280, 288, 289, 291, 293,
    295, 296, 308, 310~313, 317, 319, 326, 327,
    331, 334, 344, 345, 348, 349, 354, 363, 373,

381, 397, 400, 403, 406~408, 410, 411, 413,
    415, 416, 430, 438, 441, 443~446, 458,
    461~465, 471, 475, 478, 483, 485~489
혁신 28~30, 43, 53, 62, 103~106, 110, 141, 142,
    213, 305, 308, 330, 334, 367, 391
형식주의 99, 101, 103, 106, 142, 483
화폐 15, 46, 58, 60, 61, 68~71, 73, 102, 116,
    117, 172~183, 187, 188, 192, 199~202, 236,
    237, 268, 270, 282, 283, 286, 292, 294, 310,
    313, 319, 325, 335, 338, 339, 341, 349, 364
화폐관계 71, 177
『화폐론』 60
「화폐에 관한 장」 172, 180, 181, 188, 192, 199
「화폐와 위기 : 뉴욕데일리트리뷴지(誌)의 통신
    원으로서의 맑스」 268, 271, 310
화폐임금 70, 102
화폐이론 61, 69, 71
화폐형태 173, 177, 179, 294
환원주의 293, 304
훈육 14, 187, 344, 346
흐름생산 28

기타

1848년 24, 25, 42, 290
1871년 24, 30
1917년 24~30, 34, 35, 51, 52, 74, 94, 135, 193,
    198, 235, 247
1929년 16, 19, 24, 29, 30, 35, 51~54, 66, 67,
    79, 85, 102, 135, 159, 201~203, 210, 213,
    483
1968년 19, 20, 86, 168, 265, 403, 404, 406~409,
    411, 413, 439, 481
1979년 11, 20, 320, 424, 425, 429, 431, 455,
    461, 481
4월 7일 12, 15, 20, 319~322, 403, 429, 431,
    445, 446, 455, 461, 482
「4월 테제」("April Theses") 198

갈무리 신서

1. **오늘의 세계경제 : 위기와 전망**

   크리스 하먼 지음 / 이원영 편역

   1990년대에 자본주의 세계경제가 직면한 위기의 성격과 그 내적 동력을 이론적·실증적으로 해부한 경제 분석서.

2. **동유럽에서의 계급투쟁 : 1945~1983**

   크리스 하먼 지음 / 김형주 옮김

   1945~1983년에 걸쳐 스딸린주의 관료정권에 대항하는 동유럽 노동자계급의 투쟁이 어떻게 전개되어 왔는가를 실증적으로 분석한 역사서.

7. **소련의 해체와 그 이후의 동유럽**

   크리스 하먼·마이크 헤인즈 지음 / 이원영 편역

   소련 해체 과정의 저변에서 작용하고 있는 사회적 동력을 분석하고 그 이후 동유럽 사회가 처해 있는 심각한 위기와 그 성격을 해부한 역사 분석서.

8. **현대 철학의 두 가지 전통과 마르크스주의**

   알렉스 캘리니코스 지음 / 정남영 옮김

   현대 철학의 역사에 대한 비판적 분석을 통해 철학에서 마르크스주의의 역할은 무엇인가를 집중적으로 탐구한 철학개론서.

9. **현대 프랑스 철학의 성격 논쟁**

   알렉스 캘리니코스 외 지음 / 이원영 편역·해제

   알뛰세의 구조주의 철학과 포스트구조주의의 성격 문제를 둘러싸고 영국의 국제사회주의자들 내부에서 벌어졌던 논쟁을 묶은 책.

11. **안토니오 그람시의 단층들**

    페리 앤더슨·칼 보그 외 지음 / 김현우·신진욱·허준석 편역

    맑스주의 내에서 그리고 밖에서 그람시에게 미친 지적 영향의 다양성을 강조하면서 정치적 위기들과 대격변들, 숨가쁘게 변화하는 상황에 대한 그람시의 개입을 다각도로 탐구하고 있는 책.

12. **배반당한 혁명**

    레온 뜨로츠키 지음 / 김성훈 옮김

    혁명적 맑스주의의 입장에서 통계수치와 신문기사 등 구체적인 자료를 바탕으로 소련 사회와 스딸린주의 정치 체제의 성격을 파헤치고 그 미래를 전망한 뜨로츠키의 대표적 정치분석서.

23. 안토니오 그람시 옥중수고 이전

리처드 벨라미 엮음 / 김현우 · 장석준 옮김

『옥중수고』 이전에 씌어진 그람시의 초기저작. 평의회 운동, 파시즘 분석, 인간의 의지와 윤리에 대한 독특한 해석 등을 중심으로 그람시의 정치철학의 숨겨져 온 면모를 보여준다.

24. 리얼리즘과 그 너머 : 디킨즈 소설 연구

정남영 지음

디킨즈의 작품들에 대한 치밀한 분석을 통해 새로운 리얼리즘론의 가능성을 모색한 문학이론서.

31. 풀뿌리는 느리게 질주한다

시민자치정책센터

시민스스로가 공동체의 주체가 되고 공존하는 길을 모색한다.

32. 권력으로 세상을 바꿀 수 있는가

존 홀러웨이 지음 / 조정환 옮김

사빠띠스따 봉기 이후의 다양한 사회적 투쟁들에서, 특히 씨애틀 이후의 지구화에 대항하는 투쟁들에서 등장하고 있는 좌파 정치학의 새로운 경향을 정식화하고자 하는 책.

피닉스 문예

1. 시지프의 신화일기

석제연 지음

오늘날의 한 여성이 역사와 성 차별의 상처로부터 새살을 틔우는 미래적 '신화에세이'!

2. 숭어의 꿈

김하경 지음

미끼를 물지 않는 숭어의 눈, 노동자의 눈으로 바라본 세상! 민주노조운동의 주역들과 87년 세대, 그리고 우리 시대에 사랑과 희망의 꿈을 찾는 모든 이들에게 보내는 인간 존엄의 초대장!

3. 볼프

이 헌 지음

신예 작가 이헌이 1년여에 걸친 자료 수집과 하루 12시간씩 6개월간의 집필기간, 그리고 3개월간의 퇴고 기간을 거쳐 탈고한 '내 안의 히틀러와의 투쟁'을 긴장감 있게 써내려간 첫 장편소설!

4. 길 밖의 길

백무산 지음

1980년대의 '불꽃의 시간'에서 1990년대에 '대지의 시간'으로 나아갔던 백무산 시인이 '바람의 시간'을 통해 그의 시적 발전의 제3기를 보여주는 신작 시집.